元華文創
頂尖文庫 EA008

僕僕風塵

戰後蔣中正的六次北巡

(1945-1948)

胡平生 著

自　序

　　本書的撰寫構想，發軔於 2005 年的 8 月。那時我剛卸下為期三年事務繁瑣的系主任兼研究所所長的職務，接下來我又有一年的休假研究，不必教課，於是我開始思索未來的研究題目，但迄無所獲。殆至次年春天，美國史丹福大學胡佛研究所圖書檔案館公開其收藏的《蔣介石日記》，供外界申請使用，掀起了蔣中正研究的熱潮，我也不禁怦然心動。

　　只是，以往有關蔣中正的研究成果已多不可勝數，如不欲拾人牙慧或炒冷飯，似乎可資開發再研究的空間甚為有限。一日在臺大圖書館中信手翻閱《西北雜誌》，看到其中載有張翼鵬所寫的一篇憶舊文章〈抗戰勝利先總統蔣公巡視北平見聞記〉，知蔣中正在抗戰勝利後的國共內戰期間，曾六度至北平巡視，因而觸動我的靈感，且經我仔細查證，這方面的學術性研究成果仍付諸闕如，乃認為此題目有其研究撰寫的價值。

　　研究題目既經決定，當即著手廣事蒐集相關資料。每當我一有餘暇，經常去的地方就是座落在新店青潭的中華民國國史館，館內藏有極其珍貴而豐富的《蔣中正總統檔案》(今名《蔣中正總統文物》)等史料文件。記得我多半是上午十時即到館閱覽蔣檔，至下午五時左右館方人員下班時方意猶未足地離館。當時該館的規定是到館閱覽檔案，只能用筆抄之，或以手提電腦打字錄之。我因為電腦打字速度不快，故均以筆抄之。如此兩三年下來，抄滿了四大本筆記簿，誠可謂字字皆辛苦。

　　2008 年春起，我開始動筆撰寫本書，一面繼續蒐集相關資料。2009 年夏，

我先將撰就的部分內容加以整理，名之為〈行色匆匆：1947 年蔣中正的兩次北巡〉，亦即蔣的第三、四次北巡，以單篇論文的格式，刊登於是年 12 月出版的《中央研究院近代史研究所集刊》第 66 期，全文約四萬字。當時我尚未前往胡佛研究所圖書檔案去閱覽抄錄《蔣介石日記》，而係以《蔣中正總統檔案》中的《事略稿本》為主要的依據。

《事略稿本》是蔣中正的大事長編。蔣自 1940 年起便授意幕僚人員編纂該稿本，其侍從室秘書模仿《春秋》體例，以事繫日、以日繫月、以月繫年，以蔣的日記為經緯，再參照並附列蔣的函電、公牘、講演、談話、書告、手諭等而編就。其內容的豐富，篇幅之鉅，遠過於《蔣介石日記》。惟其所摘錄的蔣的日記屢有刪改、壓縮和加工之處，為其一大缺陷，應直接去參閱徵引《蔣介石日記》才是。但無論是稿本或日記，均係以毛筆書寫，蔣的草書及稿本編纂人員的草書部分(有的係楷書)，偶有不易辨識確認之處，令閱者引為苦事。

2010 年起，本書的撰寫進度幾告停滯。主要的原因是某些部分的析論出現瓶頸，一時無法突破，遂轉而全力編著《民國電影史的論著和資料》一書。2012 年，國史館在臺北召開盛大的《近代國家的型塑：中華民國建國一百年國際學術討論會》，我將本書的部分內容加以整理成單篇論文，約兩萬字，名之為〈1948 年傅作義與陳繼承的齟齬——由《王叔銘日記》等觀之〉，在該討論會上宣讀。次年，該討論會論文集由國史館出版。

及至 2016 年 11 月起，國史館將大部分的《蔣中正總統文物》等檔案公諸該館的網站上，供外界人士點選使用。儘管不能影印下載，但不需出門即能在家上網閱覽該等檔案，實為國史館成立以來的一大便民創舉，我當年赴該館字字皆辛苦抄來的諸多檔案文件，亦可隨時上網與原檔一一核對，是否有抄錯疏漏之處。惟因其數量甚多，核對起來亦頗勞心費時。2017 年 6 月，本書終於突破論析上的一些瓶頸，得以定稿付梓。回首十一年來辛勤蒐集史

料撰寫本書的心歷路程，不禁五味雜陳。期盼本書的問世，能夠對蔣中正研究的豐饒園地，聊盡些許澆灌的作用。

　　峝此，要謝謝元華文創股份有限公司的贊助，願意出版本書。特別是蔡佩玲總經理的運籌帷幄，陳欣欣編輯的校勘編排，殊令我銘感無已。

目 次

自 序

第一章　緒　論　1

第二章　第一次北巡（1945.12.11.～12.23.）　5

　第一節　背景原因　5
　第二節　經過詳情　44
　第三節　特色和影響　76

第三章　第二次北巡（1946.5.23.～6.3.）　85

　第一節　背景原因　85
　第二節　經過詳情　127
　第三節　特色和影響　158

第四章　第三次北巡（1947.10.4.～10.9.）　163

　第一節　背景原因　163
　第二節　經過詳情　172
　第三節　特色和影響　184

第五章　第四次北巡（1947.11.26.～11.29.）　195

第一節　背景原因　195

第二節　經過詳情　202

第三節　特色和影響　208

第六章　第五次北巡（1948.9.30.～10.9.）　215

第一節　背景原因　215

第二節　經過詳情　288

第三節　特色和影響　309

第七章　第六次北巡（1948.10.15.～10.30.）　325

第一節　背景原因　325

第二節　經過詳情　340

第三節　特色和影響　369

第八章　結　論　405

徵引書目　413

圖 次

圖 1　蔣中正為日本已正式宣布投降特向全國軍民發表廣播演　　8
　　　說（1945 年 8 月 15 日）

圖 2　蔣中正為日本已正式宣布投降向全國軍民發表廣播演說　　8
　　　後巡視重慶市區民眾夾道歡呼（1945 年 8 月 15 日）

圖 3　蔣中正與由美國駐華大使赫爾利陪同抵達重慶共商國是　　21
　　　的毛澤東合影（1945 年 8 月 29 日）

圖 4　行政院長宋子文與毛澤東於國共重慶會談結束雙方代表　　26
　　　簽字握手祝賀時留影（1945 年 10 月 10 日）

圖 5　蔣中正飛抵西昌巡視行營主任張篤倫在機旁迎迓合影　　30
　　　（1945 年 9 月 27 日）

圖 6　蔣中正夫婦遊覽西昌名勝邛海（1945 年 9 月 28 日）　　31

圖 7　蔣中正夫婦與蔣經國及行政院長宋子文軍政部長陳誠偕　　32
　　　遊邛海合影（1945 年 10 月 2 日）

圖 8　蔣中正與其座機駕駛衣復恩合影（1945 年 6 月 30 日）　　46

圖 9　蔣中正於北平後圓恩寺行邸留影（1945 年 12 月 12 日）　　48

圖 10　蔣中正夫婦與洛基（Keller Rocky）將軍等在太和殿前留　　51
　　　　影（1945 年 12 月 13 日）

圖 11　蔣中正夫婦至西山碧雲寺謁孫中山衣冠塚後步下台階　　53
　　　　（1945 年 12 月 15 日）

圖 12　蔣中正夫婦於懷仁堂以茶會招待華北父老（1945 年 12 月 15 日）　　55

圖 13　蔣中正於學生大會上訓話完畢離去時學生爭相向前致意（1945 年 12 月 16 日）　　58

圖 14　蔣中正在東交民巷檢閱美國海軍陸戰隊（1945 年 12 月 16 日）　　59

圖 15　蔣中正由北平飛抵南京（1945 年 12 月 18 日）　　67

圖 16　蔣中夫婦於機場接受南京市市民代表迎迓（1945 年 12 月 18 日）　　68

圖 17　蔣中正於勝利回京後首次謁陵（1945 年 12 月 18 日）　　69

圖 18　蔣中正夫婦於機場親迎美國來華特使馬歇爾時留影（1945 年 12 月 21 日）　　73

圖 19　蔣中正夫婦出席陪都各界歡送還都大會（1946 年 4 月 24 日）　　91

圖 20　蔣中正於陸軍軍官學校集合官生員佐訓話（1946 年 4 月 26 日）　　92

圖 21　蔣中正勝利還都前夕蒞蓉告別川中父老（1946 年 4 月 27 日）　　94

圖 22　蔣中正還都途中飛抵西安（1946 年 4 月 30 日）　　95

圖 23　蔣中正夫婦勝利還都飛抵南京（1946 年 5 月 3 日）　　98

圖 24　蔣中正於還都典禮上率黨政軍民謁陵致祭（1946 年 5 月 5 日）　　100

圖 25　蔣中正夫婦飛抵瀋陽巡視受到民眾夾道歡迎（1946 年 5 月 23 日）　　128

圖 26　蔣中正視察東北行營（1946 年 5 月 25 日）　　　132

圖 27　蔣中正於對東北行營人員訓話後逐一點名（1946 年 5　　134
　　　月 26 日）

圖 28　蔣中正與東北高級將領合影（1946 年 5 月 26 日）　　134

圖 29　蔣中正與北大代理校長傅斯年遊覽北平文天祥祠（1946　152
　　　年 6 月 1 日）之一

圖 30　蔣中正與北大代理校長傅斯年遊覽北平文天祥祠（1946　153
　　　年 6 月 1 日）之二

圖 31　蔣中正在北平懷仁堂召集軍政幹部訓話（1946 年 6 月 2　155
　　　日）

圖 32　蔣中正在北平行轅聽取簡報（1946 年 6 月 2 日）　　155

圖 33　蔣中正夫婦遊覽頤和園留影（1947 年 10 月 5 日）之一　176

圖 34　蔣中正夫婦遊覽頤和園留影（1947 年 10 月 5 日）之二　176

圖 35　蔣中正夫婦遊覽頤和園留影（1947 年 10 月 5 日）之三　177

圖 36　蔣中正夫婦遊覽頤和園留影（1947 年 10 月 5 日）之四　177

圖 37　蔣中正檢閱青年軍第二〇八師軍容並點名（1947 年 10　180
　　　月 7 日）

圖 38　蔣中正蒞臨空軍第二軍區司令部訓話（1947 年 10 月 8　182
　　　日）

圖 39　蔣中正遊覽北平玉泉山（1947 年 11 月 27 日）　　203

圖 40　蔣中正與遊覽玉泉山隨行人員合影 （1947 年 11 月 27　203
　　　日）

圖 41　蔣中正與北平各軍政首長及北京大學校長胡適等人談　204
　　　話留影（1947 年 11 月 27 日）

圖 42　蔣中正於北平行轅主持軍事會議（1947 年 11 月 28 日）　206

圖 43　蔣中正離開北平行轅軍事會議會場 （1947 年 11 月 28 日）　207

圖 44　蔣中正與陸軍副總司令范漢傑合影（1947 年 6 月 9 日）　268

圖 45　蔣中正召集駐平津將領聽取會報（1948 年 10 月 1 日）　290

圖 46　蔣中正乘中美號座機飛瀋陽視察（1948 年 10 月 2 日）　292

圖 47　蔣中正巡視盧溝橋（1948 年 10 月 4 日）　296

圖 48　蔣中正登臨重慶號軍艦（1948 年 10 月 5 日）　299

圖 49　重慶號軍艦全貌（1948 年 10 月 5 日）　300

圖 50　蔣中正巡視葫蘆島各處留影（1948 年 10 月 6 日）　301

圖 51　蔣中正至第五十四軍軍部登高視察錦西附近地形（1948 年 10 月 6 日）　302

圖 52　蔣中正與第五十四軍軍長闕漢騫合影（1948 年 10 月 6 日）　302

圖 53　蔣中正與隨行之海軍副總司令馬紀壯、海軍總司令桂永清及黎玉璽三人合影（1948 年 10 月 6 日）　303

圖 54　蔣中正離重慶號軍艦前與全艦官兵合影（1948 年 10 月 7 日）　305

圖 55　蔣中正在塘沽登岸後搭乘火車回返北平（1948 年 10 月 7 日）　306

圖 56　蔣中正離北平飛往上海與送行人員合影（1948 年 10 月 8 日）　307

圖 57　蔣中正夫婦於西山碧雲寺瞻仰孫中山衣冠塚與華北剿匪總司令傅作義合影 （1948 年 10 月 17 日）　349

圖 58　　蔣中正夫婦遊覽碧雲寺在石牌坊前留影（1948 年 10 月　　349
　　　　17 日）

圖 59　　蔣中正夫婦遊覽西山在碧雲寺之含青齋留影（1948 年　　350
　　　　10 月 17 日）

圖 60　　蔣中正與華北剿匪總司令傅作義、東北剿匪總司令衛立　　356
　　　　煌合影（1948 年 10 月 21 日）

圖 61　　蔣中正夫婦與北平婦女指導委員會分會成員合影（1948　　365
　　　　年 10 月 28 日）

第一章　緒論

在中國史上，自秦始皇滅絕六國，一統「天下」，至清朝傾覆的二千餘年間，皇帝出巡四方的舉動屢見不鮮，較為人知的如秦始皇的東巡，漢武帝的西狩，清高宗的南幸江南等。其出巡的動因，或出於使命感，責任感，或出於虛榮心，好奇心。其目的一般而言，則不外如下幾點：其一、宣揚皇威，鎮攝地方。其二、視察疆吏，端正風紀。其三、激勵士氣，穩定軍情。其四、走訪民間，撫慰百姓。其五、遊山玩水，縱情逸樂。特別是國家遇有大的災難或動亂，皇帝的出巡更不可免，哪裡危險就到哪裡去，應是其無以旁貸的責任，只是有多少人能做到呢？

殆民國成立，改肇共和，除了曇花一現的洪憲帝制、宣統復辟，以及日本扶植下的滿洲帝國，基本上已無皇帝。然「尊君」的傳統觀念仍深中人心，因而在民主共和的內裡，猶潛藏人治傾向的陰影，難以揮之而去。北洋政府時期如是，國民政府時期亦復如是。茲就後一時期而論，蔣中正自 1928 年國民革命軍完成北伐，全國統一，已儼然成為中華民國的領導中心，是年 10 月就任國民政府主席，次年 4 月，兼任陸海空軍總司令，1930 年 9 月，又兼行政院長，集政、軍大權於一身。再由於時代的因素，自北伐初成，飛機的使用日趨普遍，使蔣的出巡更形便捷，不但減少許多舟車勞頓之苦，而且無遠弗屆，也增加其出巡的意願和頻率。1931 年 12 月，蔣雖以「廣東事變」寧粵分裂而去職，陸海空軍總司令部亦行裁撤，惟不旋踵，次年 1 月，蔣即被推為國民政府軍事委員會委員，3 月，更膺任該會之委員長，以此職位居於全國最高軍事領袖長達 14 年（至 1946 年 5 月），並在各地設立委員長行營（1946 年改為國民政府主席行轅），加強其對地方的掌控。1937 年 7 月全面

抗戰爆發，8 月，國防最高會議成立（1939 年 2 月改稱國防最高委員會，至 1947 年 4 月結束），是為戰時統一黨政軍指揮的最高決策機構，由蔣擔任主席。次年，蔣又被推為中國國民黨之總裁。1943 年 8 月，擔任 12 年虛位元首的國民政府主席林森逝世，10 月，主席由蔣接任（任至 1948 年 5 月）。在八年抗戰期間，蔣長駐重慶，領導抗戰，較少出川遠巡，揆其原因，其一、國土大半淪陷，民心惶然，西南大後方極需其坐鎮維持，非不得已，不輕易離川。其二、全國絕大多數擁有機場的大城市被日軍佔據，其他可供蔣座機起降的機場極少，出巡極其不便。其三、日軍握有空中優勢，日機到處滋擾，蔣甚少出巡，安全上的顧慮，恐怕還是最主要的考量。不過，1942 年蔣訪問印度（並曾至緬甸之臘戌），1943 年遠赴非洲，出席開羅會議，倒是開蔣搭機出國的先例。

1945 年 8 月，日本投降，抗戰結束，次年 5 月，國民政府自重慶還都南京。然國共內戰又起，而且愈趨激烈，在此內戰期間，蔣離京出巡的次數，遠較抗戰時期為多，原因是其一、蔣在抗戰勝利後已成為世界級的國家元首（中國躍為四強之一），責任感，榮譽心，較以往更重。其二、至 1948 年冬季以前，共軍只佔有全中國部分土地，絕大多數擁有機場的大城市猶在國軍手中，蔣出巡受到的制約甚為有限。其三、共軍裝備較差，且空軍尚在組建中，蔣乘座機出巡，航行天際，幾無顧忌。由於陪都重慶、首都南京，位處中國西南、東南隅，國共內戰又以北方（華北、東北、山東）最為熾烈，故蔣的出巡中以赴北方的次數最多。而北平係文化古都，北方首要名城和軍政樞紐，1948 年 1 月，國民政府且明令定北平為陪都，[1]是以，蔣的出巡北方多以北平為主要駐停地，在此召見北方軍政要員和各界重要人士。本書的的主旨，即在論述戰後國共內戰期間，蔣中正以北平為主要駐停地的六次北巡，包括其原因、經過和影響，可以一窺此國共內戰期間雙方勢力在北方戰場中

---

[1]　1948 年 1 月 9 日，國府國務會議通過定北平為陪都。見《華北日報》（北平），1948 年 1 月 10 日，第二版。令文則載國民政府文官處印鑄局印行，《國民政府公報》（臺北：成文出版社影印，1972）第 3030 號，1948 年 1 月 14 日，頁 1。

的消長演變。

　　據約略的統計，蔣自抗戰勝利（1945 年 8 月）後至其下野引退（1949 年 1 月）前的三年五個月中，共搭機出巡 31 次，其中 1945 年 3 次（出巡的起訖日為 9 月 27 日—10 月 5 日，10 月 20 日—10 月 23 日，12 月 11 日—12 月 23 日），1946 年 7 次（2 月 11 日—2 月 24 日，4 月 9 日—4 月 12 日，4 月 25 日—4 月 28 日，4 月 30 日—5 月 3 日，5 月 23 日—6 月 3 日，7 月 14 日—9 月 26 日，10 月 21 日—10 月 28 日），1947 年 12 次（2 月 24 日—2 月 25 日，4 月 2 日—4 月 14 日，5 月 3 日—5 月 4 日，5 月 30 日—5 月 31 日，8 月 7 日—8 月 8 日，8 月 31 日—9 月 8 日，9 月 20 日當天往返，10 月 4 日—10 月 9 日，10 月 16 日—10 月 22 日，10 月 27 日—11 月 2 日，11 月 26 日—11 月 29 日，12 月 28 日—12 月 29 日），1948 年 9 次（1 月 10 日—1 月 11 日，2 月 8 日—2 月 26 日，3 月 9 日—3 月 11 日，6 月 21 日—7 月 2 日，7 月 22 日當天往返，7 月 26 日—7 月 31 日，8 月 9 日—8 月 18 日，9 月 30 日—10 月 9 日，10 月 15 日—10 月 30 日），可以概見其出巡次數之多且密集，而其中的六次北巡，行程既緊湊，活動亦頻仍，故謂之為「僕僕風塵」。

　　本書所依據的最重要的資料，是中華民國國史館珍藏的《蔣中正總統文物》檔案文件，以及美國史丹佛大學胡佛研究所圖書檔案館收藏的《蔣介石日記》。並蒙國史館惠准下載其珍藏的相關照片，作為本書的附圖（共 61 幀），使本書生色不少，謹於此致謝。

第二章
第一次北巡（1945.12.11.～12.23.）

第一節　背景原因

　　一、八年抗戰卒獲勝利：「東京王氣慘然收，一片降旛掛城頭」。

　　這是 1945 年 8 月 12 日的重慶《新蜀報》所刊登的橫排大字標題，並以大字直書「倭寇昨已屈膝投降」。[1]蓋因五天之前，即 8 月 6 日，美國空軍投下第一顆原子彈於日本廣島，造成鉅大傷亡。8 月 9 日，再於長崎投下第二顆原子彈，日本已無再戰能力。是日，蘇聯對日宣戰，蘇軍分三路進入中國之東北境內。蔣中正於是日記云：「今晨接俄國已對日宣戰之消息，憂喜參半，而對國家存亡之前途與外蒙今後禍福之關係，以及東方民族之盛衰強弱，皆繫於一身，能不戰慄恐懼乎哉」。[2]

　　8 月 10 日，正午，蔣舉行軍事會報，指示日本投降時之各種措施與預備事項。晚八時許，忽聞求精中學美軍總部一陣歡呼，繼之以爆竹聲，蔣問其侍從副官蔣孝鎮如此嘈雜究為何事？蔣孝鎮答曰：「聽說什麼敵人投降了」，蔣令其再探，則正式報告、各方消息，不斷報來，乃知日本政府除其天皇尊嚴保持以外，其餘皆照中美英柏林公報條件投降。此時，蔣正約宴墨西哥大

---

[1]《新蜀報》（重慶），1945 年 8 月 12 日，頁 2。

[2]《蔣介石日記》（美國史丹福大學胡佛研究所圖書檔案館藏），1945 年 8 月 9 日。

使，[3]蔣記其「宴畢，墨使不識體統，糾纏談話不休，而不知抗戰最大事要在此時決定也，吳次長（按：即外交部次長吳國楨）兩次屬其，彼乃辭去」。即召軍事幹部會商，準備對前方各戰區照預擬電稿發電後，手擬對偽軍通令廣播稿，並令吳鐵城（國民黨中央黨部秘書長）、陳布雷（軍事委員會委員長侍從室第二處主任）對宣傳與黨部應辦各事之措施畢，已十二時。[4]

是日，蔣致電陸軍總司令何應欽，指示各戰區日軍投降應注意事項：（一）敵已無條件投降。（二）同時令敵駐華最高指揮官轉飭所部，即就現在態勢停止一切軍事行動，不得破壞物資、交通，擾亂治安、秩序，聽候所在地中華民國陸軍總司令或戰區長官之處置，並限二十四小時之內答覆。（三）各戰區應注意下列各項：（1）對敵可能之抵抗與阻撓，應有應戰準備。（2）並應警告轄區以內敵軍，不得向我方已指定之軍事長官以外任何人投降繳械。（3）對封鎖地偽軍應策動反正，並迅即確保聯絡掌握其，令先期包圍集中之敵，先控制敵軍撤離後之要點要線，以待國軍到達。（4）對投降之敵軍及俘虜，不得危害，並剴切通令所屬官兵。（5）各戰區除以主力挺進解除敵軍武裝外，應酌留所要部隊，維持當地治安。（6）國軍之整編，得由各戰區長官斟酌狀況暫緩實施。（四）該總司令對敵後各要點要線之挺進佔領，及令敵軍分區集結監視繳械辦法，仰即日擬具詳細計畫呈核。[5]

8月11日，蔣於是晨約見美國駐華大使赫爾利（Patrick J. Hurley），赫氏係來提其總統對日本答覆稿件，就商於蔣，蔣以日本內政由其人民自決一點，為蔣一貫之主張，其他要求日天皇簽訂投降書與置於聯軍統帥之下各件，亦先得其心，故即覆其同意。並電行政院長宋子文，告其「日本投降，國際局勢已定，兄不必急赴美國，且國內待決之事甚多，請先回渝，詳商政策，決定後再行赴美為宜，如何盼復」。是日，蔣在其日記中云：

---

[3] 《蔣介石日記》，1945 年 8 月 10 日。

[4] 《蔣介石日記》，1945 年 8 月 11 日，補記 10 日事。

[5] 《蔣中正總統文物（原名蔣中正總統檔案，以下簡稱蔣檔）‧事略稿本》（臺北：國史館藏），1945 年 8 月 10 日。

一、自星五夕獲得日本投降報告後，民眾興奮若狂，此只有廿五年聖誕節，在西安脫險時之情狀可與相比也。星六上午在國府開會時，民眾代表前來表示者，其精誠發自內心之一種狂歡，殊令人不能不對之感激與慚惶。八年枉屈所得慰藉者，惟此一點……。一、七日美國原子彈第一枚投於日本之廣島，九日俄國對日本宣戰，十日二十時，日本宣布投降文告與廣播，十一日晨，美總統電商接受對日投降，覆文同意其建議，此為八年來最大事件也，本週實為世界最大之一紀念週也。[6]

8 月 14 日，蔣記曰：每日禱告文中，驅逐倭寇一詞應改為「鞏固統一」。又「全線陣地穩固堅強」，改為「全國統一，穩固堅強，以後建設，日日進步，步步完成」。[7]8 月 15 日上午七時前，蔣接外交部次長吳國楨電話，知日本已向中美英蘇四國正式投降，其覆文七時在四國同時發表，乃即默禱，在靜默中即聽得日本投降之播音，此心並無所動，一如平日靜坐三十六分鐘。[8]十時，至廣播大廈作為抗戰勝利對全國軍民及世界人士廣播演說，講詞中嘗云：

> 我們對於顯現在我們面前的世界和平，要感謝我們全國抗戰以來忠勇犧牲的軍民先烈，要感謝我們為正義和平而共同作戰的盟友，尤須感謝我們國父辛苦艱難領導我們革命正確的途徑，使我們得有今天勝利的一天，而全世界的基督徒，更要一致感謝公正而仁慈的上帝。[9]

---

[6]《蔣介石日記》，1945 年 8 月 11 日，「上星期反省錄」。

[7]《蔣介石日記》，1945 年 8 月 14 日。

[8]《蔣介石日記》，1945 年 8 月 15 日。

[9]《蔣檔・事略稿本》，1945 年 8 月 15 日。

圖 1　蔣中正為日本已正式宣布投降特向全國軍民發表廣播演說（1945 年 8 月 15 日）

圖 2　蔣中正為日本已正式宣布投降向全國軍民發表廣播演說後巡視重慶市區民眾夾道歡呼（1945 年 8 月 15 日）

是日，蔣記曰：

今晨接獲敵國無條件投降正式覆文以後，惟有深感上帝所賦予我之恩典與智慧之大，殊不可思議，尤以其詩篇第九章無不句句應驗，毫無欠缺為感，上帝所予我之祝福如此其大，豈可不更奮勉戒懼，以竭盡其工具之職責乎。[10]

8 月 18 日，蔣記曰：

一、十四日日本正式接受無條件投降之宣言，而中俄同盟條約亦於相同時間訂定，是日實為我奠定國基革命勝利之一日。……一、十五日對世界廣播詞，自覺對今後世界和平與中日關係，當有莫大之影響乎。[11]

8 月 31 日，蔣在是日日記中云：

一、七日美軍原子炸彈發現於廣島，九日發現於長崎，而十日二十時日本乃宣布接受中美英在柏林所發表無條件投降要求之宣言。此原子炸彈，不僅解決此次世界大戰之惟一動力，亦為十年內解決世界戰禍之要素，科學之力如此其大，然無上帝賦予人類之神智，亦決不能有此發明也，而於我國之蒙福沐恩為更大。……。一、本月事務最繁，而成就亦最大，終日煩忙，除午睡之外，幾無暇暑，但心力頗健，遺忘尚少。每閱去年八、九月日記，吉凶安危之勢，適與成反比，可知道義與忍耐之重要也，如無上帝佑華，豈能有如此

---

[10]《蔣介石日記》，1945 年 8 月 15 日。

[11]《蔣介石日記》，1945 年 8 月 18 日，「上星期反省錄」。

旋乾轉坤之人力乎。[12]

9 月 2 日，蔣以「今日我國最大的敵國日本，已經在橫濱港口向我們聯合國無條件的投降了。五十年來最大之國恥，與余個人歷年所受之逼迫與污辱，至此自可湔雪淨盡。但舊恥雖雪，而新恥又染，此恥又不知何日可以湔雪矣，勉乎哉，今後之雪恥，乃雪新恥也，特誌之」。[13]蔣又以 9 月 9 日「日軍在南京向我正式簽訂降書，應為我國最光榮最快樂之一日」。[14]抗戰既獲勝利，淪陷的華中、華北國土得以收復，蔣的北巡始有可能。

二、收復區人心亟待慰勉：抗戰勝利後中國人心的呈現是多面向的。

1946 年 1 月 6 日，上海的《申報》刊登了著名的史地學家陳高傭所撰寫的一篇專文〈戰後人心的分析〉，具體而深入，要點為：

其一、八年的長期抗戰，凡屬中國人民無不受到極大的刺激，以致八年中神經緊張，生活痛苦。一旦抗戰勝利，環境轉變，於是由緊張而歸於鬆弛，由忙迫而歸於閒散，初時雖覺舒快，稍久又不免感覺空虛。感覺空虛自然要發生新的要求，新的要求不能具體確定，或雖確定而一時不能實現，自然要對當前的環境表示不滿。這是吾人對於戰後人心應該瞭解的第一點。

其二、經過八年的抗戰，淪陷區的人民親受類似亡國或甚於亡國之苦，固然把國家民族與個人的關係深深地體會到了。就是自由區的人民，因為與敵人直接間接從事八年的長期戰鬥，亦把國家民族的觀念特別加強了。總之，在長期抗戰中，中國人民都忍受絕難忍受的痛苦，過一種無法生活的生活，於是不約而同的大家以為一旦抗戰勝利，國家民族馬上復興，個人生活就能美滿如意，但事實並不這樣簡單容易的，抗戰固難，建國尤需吃苦，個人的生活在過渡時期，也許不惟不能美滿如意，甚至有些地方和以前一樣或甚且

---

[12] 《蔣介石日記》，1945 年 8 月 31 日，「上月反省錄」。

[13] 《蔣介石日記》，1945 年 9 月 2 日。

[14] 《蔣介石日記》，1945 年 9 月 15 日，「上星期反省錄」。

不如以前，因此不免要由失望而不滿，由不滿而怨懟。這是吾人對於戰後人心應該瞭解的第二點。

其三、社會秩序，破壞易而建設難。淪陷區域，日偽控制七八年甚至十數年，對於自然區域任意割裂，對於組織制度顛倒妄為，把一個好好的中國社會弄得亂糟糟地面目全非。在這種情形之下，就是好好地整頓，亦非短期間可以恢復原狀，何況不可諱言，接收工作有若干地方又沒有能夠科學合理化，甚且還有少數人藉接收而營私舞弊，那簡直是亂上加亂。人民因此而心生不滿，亦是難免之事。這是吾人對於戰後人心應該瞭解的第三點。

其四、此次抗戰勝利使中國得列為世界四強之一，可說是中國歷史上空前未有的一件豐功偉業。此豐功偉業，實際從事的可說凡屬中國人民，除卻喪心病狂的漢奸和趨炎附勢的準漢奸以外，均屬有份。大家同仇敵愾，一心一德。惟共患難易，共安樂難，自古已然，一旦抗戰勝利，各種爭端又起。其實，爭得到的人與爭不到的人都還有爭的資格，大多數純良的人民在抗戰期間出錢出力有份，受日偽壓迫蹂躪有份，到了勝利時祇有眼看著少數人爭這爭那，而自己八年來精神上與物質上的損失卻無處去問，甚至還不免夾到你爭我奪的當中繼續有所損失，這如何使人心平？是吾人對於戰後人心應該瞭解的第四點。

其五、漢奸為虎作倀，出賣民族，魚肉人民，凡屬中國人民無不切齒痛恨，而一般忠貞守節之士尤抱忠奸不兩立之態度。在抗戰期中，大家都以為戰爭一旦勝利，這些喪心病狂的大小漢奸一定都逃不了國法的制裁。但是勝利後三、四個月，漢奸之落網者究有若干無從詳知，而漏網者觸目皆是。反觀八年來忠貞不屈，堅苦卓絕之人，則仍度其清苦生活，甚至還有仍受當年做過日偽爪牙如今變為勝利官吏者之欺壓，世間不平之事孰有過於此者？儘管國府已積極從事審奸和懲奸中，但是人民八年來對於漢奸的積怨，總覺得國府辦得不夠嚴不夠快與不夠普遍。這是吾人對於戰後人心應該瞭解的第五點。

其六、生離死別，人所最苦。戰爭八年，家屬流離，一旦勝利，人人以

為可以骨肉團聚，重享天倫之樂。孰知三、四個月來交通不便之苦，仍無異於戰時，團圓仍未成真。此種情形當然只是一時的，但是在歸心似箭的多年流離者心中，即為一種極大的焦燥不安。這是吾人對於戰後人心應該瞭解的第六點。

其七、工商界人士，無論其對於國家民族的認識如何，其第一目的總是營利致富。抗戰期中，無論自由區與淪陷區，不必諱言是有許多藉國難而發財致富的人，其本事是投機囤積。勝利以後，投機者無機可投，囤積者無貨可囤，眼看自己的財產日少一日，而對於將來民族生產事業卻又感覺前途茫茫，無從著手，於是亦不得不表現一種焦躁不安的心理。吾人對於這些人，固不必表示同情，但如能因勢利導使其都走入民族生產事業的路上，對於國家的經濟建設總不能不算是一部份力量。這是吾人對於戰後人心應該瞭解的第七點。[15]

以上七點，自然不能道盡戰後所有的人心所思，但已大體切中其要。

蔣中正身為當時中國的最高領導人，對於勝利後的民情人心，自有其一定程度的瞭解，而思有所因應。特別是淪陷區人民所受的苦痛比大後方（即自由區）的人民更多更重，以航空武器為中心的現代戰爭，後方固然也可以直接受到戰火的侵襲，同時處於敵人軍事封鎖之中，交通阻滯，物資缺乏，生活程度的壓低，也為不可免之事。但是淪陷區人民所受的苦痛實不僅此。其居處大都曾經是火線，其物質生活，平均而言，也許還不如大後方，最難受的一點，便是身處敵人槍口刺刀之下，生死由人。此一精神上的苦痛，不知道要比物質上的苦痛重多少倍！大後方的人民儘管苦一些，精神上是自由的，是痛快的，這一點區別很大。[16]勝利後淪陷區成為收復區，其受創的人心靈亟待撫慰，華北、華中是當時最大的收復區（東北尚未收復），其中華北淪陷較早，經歷的苦痛較多，華中地區的南京，為國都所在地，且日軍曾在

---

[15] 陳高傭，〈星期論壇──戰後人心的分析〉，《申報》（上海），1946 年 1 月 6 日，（三）。

[16] 〈社評：慰收復區同胞〉，《大公報》（天津），1945 年 12 月 2 日，第二版。

此進行慘絕人寰的大屠殺。故蔣欲重臨北平、南京撫慰華北、華中民心之心甚切，這當係蔣北巡的要因之一。

更由於勝利來得突然，接收工作匆促進行，弊端頻傳，收復區人民身受其害，對國府漸由衷心期盼而轉為失望不滿。蔣亦深知戰後接收人員紀律的重要，曾於 1945 年 9 月 25 日責成在南京的陸軍總司令何應欽「嚴加督飭，務須恪守紀律，以維令譽」。[17]然 9 月 27 日，重慶《大公報》的社評指出：有自京、滬來者，謂京、滬的景況興奮極了，也亂極了。在熱烘烘亂嚷嚷中，這二十幾天時間，幾乎把京、滬一帶的人心丟光。有早已伏在那裡的，也有自後方去的，只要人人有來頭，就人人捷手先搶。一部汽車有幾十個人搶，一所房子有許多機關爭，尤其因為幣制遲遲無規定辦法，偽幣與法幣的比價未定，物價一日三遷，大大地苦了收復區人民。[18]平、津地區的接收稍晚於京、滬，亂像則未遑多讓，據勝利之初任國府軍事委員會委員長北平行營主任的李宗仁憶述：當時在北平的所謂「接收」，確如民間報紙所譏諷的，實為「劫收」。這批接收人員貪贓枉法的程度簡直是駭人聽聞，一旦金錢到手便窮奢極慾，大事揮霍，把一個民風原極淳樸的故都，旦夕之間便變成罪惡的淵藪。中央對於接收職權的劃分也無明確的規定，各機關擇肥而噬。有時一個部門有幾個機關同時派員接收，以致分贓不均，大家拔刀相見。最令當時平、津人民不能忍受的便是這批接收官員為便於敲詐人民，故意製造恐怖氣氛，隨意予以漢奸罪名而加以逮捕，因而凡是抗戰期間未退入後方的人，都人人自危。[19]10 月 25 日，蔣因得確報接收人員腐敗墮落而致電在南京之陸軍總司令何應欽、南京市長馬超俊、上海市長錢大鈞、第一兵團司令官湯恩伯、北平行營主任李宗仁、河北省政府主席孫連仲、北平市長熊斌、天津市長張廷諤，命其及時糾正，嚴加取締：

---

[17] 〈復興計畫綱要〉（1944 年 8 月 3 日-1945 年 11 月 19 日），《國民政府檔案‧總類：總類總綱──總類總目》（臺北：國史館藏）。

[18] 〈社評：莫失盡人心！〉，《大公報》（重慶），1945 年 9 月 27 日，第二版。

[19] 李宗仁口述，唐德剛撰寫，《李宗仁回憶錄》（香港：南粵出版社，1986），頁 560。

據確報：京、滬、平、津各地軍政黨員，窮奢極侈，狂嫖濫賭，並借黨團軍政機關名義佔住人民高樓大廈，設立辦事處，招搖勒索，無所不為，而以滬、平為尤甚，不知就地文武主官，所為何事，究有聞見否？收復之後，腐敗墮落，不知自愛至此，其何以對地方之人民，更將何以對陣亡之先烈，中正得此惡耗，中心徬徨，如喪考妣，實無異遭亡國之痛，不知將有何面目再立於國際之林，生存今日世界也。如各地文武主管再不及時糾正，實無以自容，當視為我革命軍之敵人，必殺無赦，希於電到之日，立刻分別飭屬嚴禁嫖賭，所有各種辦事處之類，大小機關名稱，一律取銷封閉，凡有佔住民房招搖勒索情事，須由市政當局負責查明，一面取締，一面直報本委員長，不得徇情隱匿，無論文武公教人員及士兵長警，一律不得犯禁，並責成各級官長連帶負責，倘再有發現，而未經其主官檢舉者，其主官與所屬同坐，決不寬貸，特此嚴令遵行。其他奢侈遊宴等事，併予嚴禁，希即切實辦理具報為要。[20]

11 月 3 日，蔣又致電在杭州之第三戰區司令長官顧祝同：

據報，三戰區人員及各部隊到杭接收後，即利用職權以武力封佔房屋，搜括家俱，使歸來人民無家可住，而且荒淫腐敗之舞場妓館到處皆滿。三戰區副參謀長張世希，浙西行署秘書長胡雲翼招謠（搖）挾妓，且藉政府勢力包庇漢奸茅仲復等，殊可痛恨，此種重大事端為何隱匿不報？希即負責切實查報，以憑處治為要。[21]

惟蔣亦深知此一接收惡風，決難完全禁絕，而思親臨鎮攝督導，嚴整風

---

[20] 《蔣檔・事略稿本》，1945 年 10 月 25 日。

[21] 《蔣檔・事略稿本》，1945 年 11 月 3 日。

紀，提振士氣，這當係蔣北巡的要因之二。時任蔣的軍事委員會委員長侍從室第六組組長唐縱，在其 1945 年 11 月 30 日的日記中記云：「收復區貪污之風盛行，魏德邁（按：蔣之中國戰區最高統帥部參謀長）曾建議委員長赴北平一行，鎮壓一些貪鄙反動分子，委座現已決定前往，為期當在十二月中旬也」。[22] 適足以證明此為蔣意圖北巡的主要原因。

　　安定民生，是抗戰勝利後收復區的急務。國府對此不能說是不關切，日本投降後，9 月 3 日，蔣中正即宣示凡曾經陷敵各省本年度的田賦，一律豁免一年（後方各省亦定於明年度豁免田賦一年），並責成主管機關和地方政府，依照二五減租的原則，參酌地方實況，擬定減租辦法。[23] 10 月 9 日，行政院院會決議收復區免徵本年度地價稅及土地增值稅，並決議先撥十億元辦理收復區農貸，以蘇民困。[24] 10 月底，行政院通令實施二五減租辦法，凡本年已免田賦省份，佃農應繳地租，一律照租約或本年約定之應繳額減四分之一（明年度豁免田賦一年之省份，於明年度起實施）。[25] 又成立最高經濟委員會，並且在行政院之下設善後救濟總署（署長蔣廷黻），專門辦理淪陷區收復後的急振、防疫及交通、工礦、農業、水利的恢復工作。[26] 惟如何使民生安定，需要做的事實在太多，僅此是不夠的。於是中央大員如行政院長宋子文、副院長翁文灝、交通部長俞大維、財政部長俞鴻鈞，先後自重慶赴華中及華北視察。[27] 蔣中正自亦亟思前往收復區，體察民生疾苦，傾聽人民意見，檢驗安定民生措施的績效等等，這當係蔣北巡的要因之三。

　　此外，蔣中正自 1934 年 11 月 3 日離開北平，至抗戰勝利，已逾十年未

---

[22] 唐縱，《唐縱失落在大陸的日記》（臺北：傳記文學出版社，1998），頁 514。

[23] 《大公報》（重慶），1945 年 9 月 4 日，第二版。

[24] 《大公報》（重慶），1945 年 10 月 10 日，第三版。

[25] 《大公報》（重慶），1945 年 10 月 31 日，第二版。

[26] 蔣廷黻，〈善後救濟總署：幹什麼？怎樣幹？〉，《大公報》（重慶），1945 年 11 月 16 日，第三版。

[27] 〈社評：復員工作如何？〉，《大公報》（重慶），1945 年 11 月 15 日，第二版。

到過北方。又蔣 1937 年 12 月 7 日離南京西遷，至抗戰勝利，亦將近八年。抗戰期間，國土大半淪陷，國勢危殆至極，蔣羈居陪都重慶，固守西南大後方，責任之艱鉅沉重，身心之勞苦困頓，實難以言喻。堅忍支撐至勝利到臨，舉國歡騰，蔣亦如釋重負。而勝利後中國躋身世界四強之一，蔣的聲望亦達於頂峰，中國人民對其領導抗戰的功績，多感念有加，擁戴之忱，過於往昔，蔣自是亟思早日前赴華北、華中收復區，接受歡呼，振奮人心，與民更始，這當係蔣北巡的要因之四。

總之，蔣的出川北巡宜速不宜遲，否則其效應將愈益減低。然勝利之後，一些新的問題隨之而來，尤其是國共衝突又起，幾經斡旋，雙方在重慶舉行談判，談判期間蔣並策動以武力解除雲南省政府主席龍雲職權之「昆明事變」。及重慶談判告終，昆明事變處理完畢，蔣方擬離川北巡，而昆明學潮復變生肘腋，及風潮稍歇，蔣以北巡不能再緩，乃決意啟行。

一、國共重慶談判

1945 年 8 月 11 日，蔣中正在重慶召開國民黨中央常務委員會，指示今後黨國大政方針與一切處置。並通令全國各部隊，聽候命令，根據盟邦協議，執行受降之一切規定。同時通令淪陷區及各地偽軍，應就現駐地點，負責維持地方治安，保護人民，各偽軍尤應乘機贖罪，努力自新，非本委員長命令，不得擅自移動駐地，並不得受未經本委員長許可之改編。[28]又電令延安之第十八集團軍總司令朱德，副總司令彭德懷，「所有該集團軍所屬各部隊，應就原地駐防待命；其在各戰區作戰地境內之部隊，並應接受各該戰區司令長官之管轄。政府對於敵軍之繳械、敵俘之收容、偽軍之處理及收復地區秩序之恢復、政權之行使等事項，均已統籌決定，分令實施。為維護國家命令之尊嚴，恪守盟邦共同協議之規定，各部隊勿再擅自行動為要。除分令外，希即嚴飭所部一體遵照」。[29]惟朱德於同日以「延安總部」名義，連下七道命令，

---

28 《蔣檔・事略稿本》，1945 年 8 月 11 日。

29 《大公報》（重慶），1945 年 8 月 13 日，第二版。

指示各地共軍全面出動，接受日偽投降。並令呂正操、張學詩、萬毅、李運昌等部開赴東北，配合蘇軍作戰。[30]由是，國共衝突勢將又起。

次日，蔣在日記中記曰：

> 自星五夕接得日本投降之報後，自知困難更多，責任尤重，一切接手與復員工作雖日夕趕辦，亦不及現實需要之速也。此心但有憂惶與耻辱，毫無快樂之感，而共匪各種叛變與脅迫之言行，雖至不堪忍受者，則惟有置之一笑，乃不足撼動吾心也。[31]

8月14日，蔣致電毛澤東，邀其來重慶共商國事，電曰：「倭寇投降，世界永久和平局面可期實現，舉凡國際國內各種重要問題，亟待解決，特請先生剋日惠臨陪都，共同商討。事關國家大計，幸無吝駕」。[32]8月16日，蔣接獲朱德來電，提出六項要求，措詞及語氣，都至為嚴峻，其大要為：中國解放區人民及中國共產黨曾經多次向你及你的政府提議召開各黨派會議，成立民主的舉國一致的聯合政府，以便停止內部紛爭，動員和統一全中國人民的抗日力量，領導抗日戰爭的勝利，保證戰後的和平，但均為你及你的政府所拒絕。凡此一切，我們是非常之不滿意的。現在敵偽投降將要簽字了，你及你的政府仍然無視我們的意見，而且於8月11日下了一個非常無理的命令給我，又命令你的軍隊以收繳敵人槍械為藉口，大舉向解放區壓迫，內戰危險空前嚴重。凡此種種，使我們不得不向你及你的政府提出下列要求：（一）你及你的政府與其統帥部在接受日偽投降與締結受降後的一切協定和條約時，我要求你事先和我們商量，取得一致意見，因為你及你的政府為人民所不滿，不能代表中國解放區及中國淪陷區一切真正抗日的人民武裝力量。（二）

[30]《蔣檔‧事略稿本》，1945年8月11日。

[31]《蔣介石日記》，1945年8月12日。

[32]《大公報》（重慶），1945年8月16日，第二版。

中國解放區、中國淪陷區及其一切抗日的武裝力量，有權根據波茨坦宣言條款及同盟國規定之之受降辦法接受我們包圍之日偽軍隊的投降，收繳其武器資材，並負責實施同盟國在受降後之一切規定。（三）中國解放區、中國淪陷區的廣大人民及一切抗日武裝力量，應有權派遣自己的代表參加同盟國接受敵人的投降和處理敵人投降後的工作。（四）中國解放區及一切抗日武裝力量，應有權選出自己的代表團，參加將來關於處理日本的和平會議及聯合國會議。（五）請求你制止內戰及擬定其辦法，即凡被解放區軍隊所包圍的敵偽軍，由解放區軍隊接受其投降，你們軍隊則接受被你的軍隊所包圍的敵偽軍投降。這不但為一切戰爭的通例，尤其是為了避免內戰必須如此，如果你不這樣做，勢將引起不良後果。關於這一點我現在向你提出嚴重的警告，請你不要等閒視之。（六）請求你立即廢止一黨專政，召開各黨派會議，成立民主的聯合政府，罷免貪官污吏及一切反動份子，懲辦漢奸，廢止特務機關，承認各黨派的合法地位，取消一切鎮壓人民自由的反動法令，承認解放區的民選政府及抗日軍隊，撤退包圍解放區的軍隊，釋放政治犯，實行經濟改革及其他各項民主改革。同日，毛電覆蔣曰：「未寒電悉。朱德總司令本日午有一電給你，陳述敝方意見，待你表示意見後，我將考慮和你會見的問題」。[33]

對此蔣在其 8 月 18 日的日記中云：

> 共匪朱、毛荒謬跳叫至不可名狀，專以內戰名詞威脅美國人士，竭力鼓吹美國停止我接濟，而美國有被其眩惑利用者，可見美國人識見之淺薄、浮動之一般，但其政府之政策似已穩定，或不致再為共匪所欺弄乎？朱之抗命，毛之覆電，只有以妄人視之，但不可不防其突變叛亂也。[34]

---

[33]《大公報》（重慶），1945 年 8 月 21 日，第二版。

[34]《蔣介石日記》，1945 年 8 月 18 日，「上星期反省錄」。

8月20日，蔣再電毛澤東，盼其速來重慶，並告以受降辦法係盟軍總部所規定，未便因朱德一電，破壞信守。電曰：

> 來電誦悉。期待正殷，而行旌遲遲未發，不無歉然。朱總司令電稱
> 一節，似於現在受降程序未盡明瞭。查此次受降辦法，係由盟軍總
> 部所規定，分行各戰區，均予依照辦理，中國戰區亦然，自未便以
> 朱總司令之一電，破壞我對盟軍共同之信守。朱總司令對於執行命
> 令，往往未能貫徹，然事關對內，妨礙猶小，今於盟軍所已規定者，
> 亦倡異議，則對我國家與軍人之人格將置於何地？朱總司令如為一
> 愛國保民之將領，只有嚴守紀律，恪遵軍令，完成我抗戰建國之使
> 命。抗戰八年，全國同胞日在水深火熱之中，一旦解放，必須有以
> 安輯而鼓舞之，未可蹉跎延誤。大戰方告終結，內爭不容再有。深
> 望足下體念國家之艱危，憫懷人民之疾苦，共同戮力，從事建設。
> 如何以建國之功收抗戰之果，甚有賴於先生之惠然一行，共定大計，
> 則受益拜惠豈僅個人而已哉。特再馳電奉邀，務懇惠諾為感。[35]

8月22日，毛澤東電覆蔣，謂其「從中央社二十日新聞電中，得讀先生覆電，茲為團結大計，特先派周恩來同志前來進謁，到後希予接洽為懇」。[36]次日，蔣第三度致電毛，務望其與周恩來同來：

> 未養電誦悉。承派周恩來先生來渝洽商，至為欣慰。惟目前各種重
> 要問題，均待與先生面商，時機迫切，仍盼先生能與恩來先生惠然
> 偕臨，則重要問題方得迅速解決，國家前途，實利賴之。茲已準備
> 飛機迎迓，特再馳電速駕。[37]

---

[35] 《大公報》（重慶），1945 年 8 月 21 日，第二版。

[36] 《中央日報》（重慶），1945 年 8 月 25 日，第二版。

[37] 《中央日報》（重慶），1945 年 8 月 25 日，第二版。

　　8 月 24 日，毛電覆蔣，謂：「梗電誦悉，甚感盛意。鄙人亟願與先生會見，共商和平建國之大計，俟飛機到，恩來同志立即赴渝進謁，弟亦準備隨即赴渝，晤教有期，特此奉復」。[38]對於毛態度的倏變，蔣於次日記曰：「毛澤東第三覆電溫順已極，匪性固如此也」；「共毛之態度橫逆與馴順，一週三變，可恥」。[39]但對毛允諾來渝，喜不自勝，記曰：「毛澤東果應召來渝，此雖為德威所致，而實上帝所賜也」。[40]除此之外，蔣以為毛允諾來渝尚有其他原因：

> 此乃由於八月初中俄同盟條約成立之前，俄實未曾以此事先示共毛，及至盟約發表，共毛落膽，幾乎無所措手足。而俄史亦令其來渝談商，故其不得不有此一行，是亦其中之一由也。再加余十四日及廿四日兩篇講播以後，共黨更無辭以對矣。[41]

　　8 月 26 日，蔣之中國戰區最高統帥部參謀長魏德邁（Albert C. Wedeyemer）接毛澤東電稱，請其派機並要求美國駐華大使赫爾利飛延安接其前往重慶，保證其安全。蔣誌所感曰：「此事最足貽笑大方，共匪之無恥無膽有如此也」。[42]8 月 27 日，蔣記其對中共方針，「決予其寬大待遇，如其果長惡不悛，則再加以懲治猶未為晚也」。[43]

---

[38] 《大公報》（重慶），1945 年 8 月 26 日，第二版。

[39] 《蔣介石日記》，1945 年 8 月 25 日，「上星期反省錄」。

[40] 《蔣介石日記》，1945 年 8 月 31 日，「上月反省錄」。

[41] 《蔣介石日記》，1946 年 1 月之日記前所附之「民國三十五年大事年表」。

[42] 《蔣介石日記》，1945 年 8 月 26 日。

[43] 《蔣介石日記》，1945 年 8 月 27 日。

**圖 3　蔣中正與由美國駐華大使赫爾利陪同抵達重慶共商國是的毛澤東合影
（1945 年 8 月 29 日）**

　　8 月 28 日，毛澤東由赫爾利、張治中（國府軍事委員會政治部長）陪同，自延安飛抵重慶，周恩來、王若飛同來，毛在重慶機場接見中外記者時嘗謂「國內政治上軍事上所存在的各項迫切問題，應在和平、民主、團結的基礎上加以合理解決，以期實現全國之統一，建設獨立、自由與富強的新中國」。[44]當晚，蔣約毛等共進晚餐。是日，蔣記曰：「對毛澤東應召來渝後之方針，決以誠摯待之，政治與軍事應整個解決，但對政治之要求予以極度之寬容，

---

[44]《新華日報》（重慶），1945 年 8 月 29 日，第二版。

而對軍事則嚴格之統一，不稍遷就」。[45]次日起，中共代表周恩來、王若飛，與國府代表張群（四川省政府主席）、王世杰（外交部長）、張治中、邵力子（國民參政會秘書長）開始談判。晚七時，蔣赴蓮屋親訪毛澤東，約談一小時，蔣記其係「普遍酬應也」。[46]是日，蔣考慮與中共談判方針，並記之曰：

> 一、不得以現在政府法統之外來談改組政府問題，即其所謂召集黨派會議討論國是，組織聯合政府也。二、不得分期或局部解決，必須現時整個解決一切問題。三、歸結於政令、軍令之統一，一切問題必須以此為中心也。[47]

9 月 2 日，蔣晚宴毛澤東，宴後與之單獨談話。[48]次日，蔣不滿共方提出之十一項談判要點，記其所感曰：

> 在此萬眾歡騰之勝利日，而共毛之態度又變，要求無饜，余以極誠對彼，而彼竟利用余精誠之言，反要求華北五省主席與北平行營主任皆要委任其人，並要編組其共軍四十八萬人，以為余所提之十二師三倍之數，最後將欲廿四師為其基準乎。共匪誠不可以理喻也，此事惟賴帝力之成全矣，痛心極矣！[49]

9 月 4 日晨五時未曉，蔣即起床，禱告「願共毛之能悔悟，使國家真能和平統一也」。[50]是日，蔣記云：

---

[45] 《蔣介石日記》，1945 年 8 月 28 日。

[46] 《蔣介石日記》，1945 年 8 月 29 日。

[47] 《蔣介石日記》，1945 年 8 月 29 日。

[48] 《蔣介石日記》，1945 年 9 月 2 日。

[49] 《蔣介石日記》，1945 年 9 月 3 日。

[50] 《蔣介石日記》，1945 年 9 月 4 日。

上午，約岳軍（張群）、文白（張治中）、力子（邵力子）等談話，
聽取其昨夜與周（恩來）共等全部談話經過，腦筋深受刺激，何天
生此等惡劣根性，徒苦人類乃爾耶？以余之意，應將其提議從速公
布，而文白等以為太早也，乃囑彼等繼續研究商談之法。[51]

又蔣於是日下午五時舉行慶祝勝利典禮後，約毛澤東，「在辦公室談話片
刻，直告其周恩來所提方案與態度皆應根本改變也，彼諾之」。[52]

9 月 12 日，蔣記其是日「正午，約毛澤東談話，約半小時，余示以至誠
與大公，允其所有困難，無不為之解決，而彼尚要求編其二十八師之兵數耳」。
[53]9 月 15 日，蔣記其所感曰：「共毛近來態度從容、交涉拖延之故，其必等待
美國政策之轉變，期望國際共同干涉內政也」。[54]9 月 17 日正午，蔣約毛澤東、
赫爾利照相談話。蔣記曰：

據岳軍言，恩來向其表示者，前次毛所對余言可減少其提軍額之半
數者其實為指其四十八師之數已照其共匪總數減少一半之意也。果
爾則共匪誠不可與言矣，以當時彼明言減少半數為二十八師之數字
也，其無信不誠有如此也。[55]

9 月 21 日晚，蔣與赫爾利談共黨問題，蔣告以國府對中共軍額最大限度
為二十師，如果其仍要求華北各省主席，則不再商談。[56]9 月 27 日，蔣閱毛
澤東對路透社記者談話，誌其所感曰：

---

[51] 《蔣介石日記》，1945 年 9 月 4 日。

[52] 《蔣介石日記》，1945 年 9 月 4 日。

[53] 《蔣介石日記》，1945 年 9 月 12 日。

[54] 《蔣介石日記》，1945 年 9 月 15 日，「上星期反省錄」。

[55] 《蔣介石日記》，1945 年 9 月 17 日。

[56] 《蔣介石日記》，1945 年 9 月 21 日。

彼要以割據淪陷地區為民主，以敵區為私有，此其八年來一面勾結
敵軍深入，唯恐抗戰政軍之不速敗，一面為敵軍保護後方，深得敵
軍信任，掩護其叛國殃民之所為。以敵軍所賦予之地區而名之為民
主解放區。是以勾結敵軍侵略，由敵軍卵翼之下所賦予者為解放；
以護衛敵軍後方，由敵軍所掩護之組織謂之民主。此種變相之漢奸，
假抗戰之名義（而在抗戰陣線內）以破壞抗戰，藉民主之口號以誣
衊民主國家，如欲不懲罰漢奸、處治叛逆則已，否則非從懲治此害
國殃民勾敵搆亂第一之罪魁禍首，實無以折服軍民、澄清國本也。
如此罪大惡極之禍首，猶不自悛悔，而反要求編組一百廿十萬軍隊
與割據隴海路以北七省市之地區皆為其勢力範圍所有，政府一再勸
導退讓，而總不能饜其無窮之慾壑，如不加審（懲？）治，何以對
我為抗戰而死軍民在天之靈也耶，應審慎無忽。[57]

10 月 1 日，中共提出公告稿，述及毛澤東在重慶之安全問題，以及赫爾
利保證問題。對此，蔣記曰：

共黨今日提出公告稿，最後兩條乃述共毛來渝安全問題及美使哈雷
保証問題，此與會談全無關係，僅為其賊膽心虛之表示，彼全不思
本國商談要由外人保証之恥，亦不思哈雷即使為其保証，亦已失效
也。蓋哈雷保証共黨統一團結提議者之安全，並未保証其通敵賣國
反動派之生命；況此為內政問題，無論任何外人不能干涉為我政府
對內亂犯之處治；而且哈雷回國之前，已對共黨聲明，今後國共問
題全為中國之內政，不能如往日敵軍未降時，可由其盟國共同作戰
之關係參加調解，今後應由中國雙方自動直接解決也。彼輩不能自
信而獨信外人，其何能革命，怕死取巧，實不值一笑也。[58]

---

[57] 《蔣介石日記》，1945 年 9 月 27 日;及 9 月 28 日所補記者。

[58] 《蔣介石日記》，1945 年 10 月 1 日。

10 月 2 日，蔣記其分析國共商談共方所持的態度云：

共黨反盜為主，其到重慶，在軍事、政治上作各種無理要求猶在其
次，而且要將國民政府一切法令與組織根本推翻，不加承認，甚至
實施憲政之日期與依法所選舉之國民大會代表亦欲澈底推翻重選，
而欲代之以共黨之法令與組織，必使中國非依照其主張，受其完全
控制，而成為純一共黨之中國終不甘其心，否則必以不民主之罪名，
而強置於一切民主制度之上也。[59]

10 月 9 日，毛澤東來向蔣辭行，蔣記其經過情形云：

毛澤東今日來作別，予以談約一小時，先問其國共兩黨合作辦法及
其意見如何，彼吞吐其辭，不作正面回答。余乃率直告他，國共非
徹底合作不可，否則不僅於國家不利，而且於共黨有害。余為共黨
今日計，對國內政策應改變方鍼，即放棄軍隊與地盤觀念，而在政
治與經濟上競爭，此為共黨今後惟一之出路。第一期建設計畫如不
能全國一致努力完成，則國家必不能生存於今日之世界，而世界第
三次戰爭亦必由此而起，如此吾人不僅對國家為罪人，而且對今後
人類之禍福亦應負其責也。彼口以為然，未知果能動其心於萬一否，
但余之誠意或為彼所知乎。[60]

　　10 月 10 日，重慶談判之國共雙方代表於「會談紀要」上簽字，是為將
近一個半月以來經歷五次會談的總結。其中關於政治民主化問題：由國府召
開政治協商會議，邀集各黨派代表及社會賢達，協商國是，討論和平建國方

---

[59] 《蔣介石日記》，1945 年 10 月 2 日。

[60] 《蔣介石日記》，1945 年 10 月 9 日。

案，及召開國民大會各項問題。關於國民大會問題：其代表、組織法、選舉法、及憲法草案等問題，未獲協議，雙方同意提交政治協商會議解決。關於軍隊國家化問題：共方提出國府應公正合理整編全國軍隊，確定分區實施計畫，並重劃軍區，確定徵補制度，以謀軍令之統一。在此計畫之下，共軍願由現有數目縮編為二十四至二十個師，並將應整編部隊移至隴海路以北及蘇北、皖北的解放區集中。國府方面表示對於共軍縮編為二十個師可以考慮，駐地問題可由共方提出方案，討論決定。關於受降問題：共方提出重劃受降地區，參加受降工作。國府方面表示，參加受降工作，在共軍已接受國府中央命令後，自可考慮。[61]

圖 4 行政院長宋子文與毛澤東於國共重慶會談結束雙方代表簽字握手祝賀時留影（1945 年 10 月 10 日）

是日下午，蔣訪毛澤東於桂園，以為送行。毛忽提議今晚來宿林園，蔣知其必另生問題，乃歡迎其來宿，約談十分鐘，即辭出。晚九時四十分，蔣晤見毛，談約半小時。[62]蔣於次日記云：

---

[61] 《蔣檔‧事略稿本》，1945 年 10 月 10 日。

[62] 《蔣介石日記》，1945 年 10 月 10 日。

昨夜共毛談話，忽提政治協商會議以緩開為宜，並稱彼回延安準備召集其所謂解放區民選代表會議後再定辦法。又稱國民大會提早至明年召開亦可。余聞之殊為駭異，乃覺共黨不僅無信義，而且無人格，誠禽獸之不若矣。余於此乃不能不和婉明告其如此態度，則國民大會無期延誤，我政府不能如此失信於民也，如果政治協商會能在本月底開會協商，則國大會議政府可遷就其意，改期召開，但至十一月十二日不能不下召集明令確定會期，示民以信也。余又明示其政協會即使不能如期開會，則政府不能不於十一月十二日下召集令也。余談至此，告辭，約其明晨再談而別。[63]

10 月 11 日晨八時，蔣約毛澤東早餐後，再與之懇切對談，「闡明數次談話要旨，明告其所謂解放區問題，政府決不能再有所遷就，否則不成為國家之意，堅決表示，望其瞭解也」。[64]是日，毛澤東由張治中伴送，自重慶飛返延安。

10 月 12 日，蔣誌其所感曰：

共毛態[度]鬼怪，陰陽叵測，硬軟不定，棉裏藏針，荊棘叢生，然陰狠卑劣之徒，只知投機取巧，絕無正氣誠意，何足為憂。余惟以正直處之，至於成敗利鈍聽之天命而已。[65]

10 月 13 日，又記曰：

共毛十一日飛回延安，彼雖罪惡昭著，而又明知其必乘機叛變，將

[63]《蔣介石日記》，1945 年 10 月 11 日，記前夜與毛晤談事。

[64]《蔣介石日記》，1945 年 10 月 11 日。

[65]《蔣介石日記》，1945 年 10 月 12 日。

為統一之大碍，但斷定其人決無成事之可能，而亦不足妨碍我統一
之事業，任其變動，終不能跳出此掌握之中，仍以政治方法制之，
使之不得不就範也。政治致曲，不能專恃簡直耳。[66]

二、昆明事變

發生在國共重慶談判期間，是年（1945 年）9 月下旬，蔣中正與夫人宋
美齡自重慶飛赴地處西南邊陲的高地城市西昌，徜徉於青山綠水之中，前後
約八、九天，這是蔣自抗戰勝利以後第一次離重慶出巡。此行十分隱密，當
時知之者極少，各報亦未有報導。大陸歷史學者汪朝光撰有〈蔣介石與 1945
年昆明事變〉之研究論文，謂蔣「攜妻子宋美齡等以『短期休養』名義出巡
西昌，擺出一副外出優遊姿態，實際卻是策定雲南問題的最後解決」。[67]俾一
舉解除「雲南王」龍雲其滇省主席等職權。惟這似非蔣西昌之行的惟一原因，
而其用意亦非僅為藉此掩人耳目，或許蔣唯恐自己在重慶主導發動滇變，會
受到政治上的影響，且容易洩露風聲。再者，遠離大都市的塵囂，置身於寧
謐的邊城山村，可以從容而冷靜地思考此一軍政大事，並有所決斷。

其他的的原因尚或有之：其一、自 9 月 9 日以來，蔣緊張忙碌至極，
身心勞苦困頓，頗思有所休息，以抒解之。蔣在其 9 月 17 日的日記中云：
「自九日敵軍正式投降之日起，內外形勢複雜，環境險惡，實為抗戰期間
所不及，因之自朝之暮，幾乎無片刻之暇晷，乃知『日理萬機』之古訓，
有如此其情狀也。加之近日鑲牙初成，時覺痛楚，夜難安眠，更形艱苦矣」。
[68]其二、蔣與毛澤東均未直接參與重慶談判，毛至重慶已將一月，蔣心深惡
之，與毛之間的互動甚少，如能暫離重慶靜處，亦心之所願。其三、宋美齡

---

[66]《蔣介石日記》，1945 年 10 月 13 日，「上星期反省錄」。

[67] 載《近代史研究》，2009 年第 3 期，頁 70。

[68]《蔣介石日記》，1945 年 9 月 17 日。

在國外（巴西及美國）養病一年又兩個月，於 1945 年 9 月 5 日自美國返抵重慶，[69]蔣於久別歡愉之餘，亦思偕其出遊獨處。試觀蔣的日記，並未明言此行是專為策定發動昆明事變，而且由其所記在西昌時的起居活動情形來看，可證其此行的目的是多重的。

　　9 月 27 日下午二時，蔣與宋美齡搭機自重慶白市驛機場起飛，四時，抵達西康省之西昌。五時，到新村（原名張家祠），駐宿是地，面邛湖（邛海），背瀘山，古木茂林，日暖氣清，蔣記所感曰：「離鄉八年有半，今又得遊如此勝境矣」。晡（下午 3 時至 5 時），與宋美齡便衣散步於湖濱，談笑自得。[70]次日正午，蔣與宋美齡在庭前傘樹下野餐，蔣記其「只覺日暖風清，鳥語花香，山明水秀之樂，業久不能度此生活矣」。晡，與宋美齡乘艇遊邛海，日沒時風大浪作，未及半小時即平定。[71]9 月 29 日，蔣記曰：「來此休養已一日，心曠神怡，夫唱婦隨，老年夫婦益覺其美而愛矣」。是日，蔣因傷風，未敢外出遊覽，終日留在寓所，先草擬中共罪狀各案，復「研究滇龍處理之步驟」，並寫致行政院長宋子文、考試院副院長周鍾嶽各函。晚，「再審核令稿，決於越南受降之後，乃即發表明令也」。其預定工作為：滇事之解決，派機接滇龍，電盧漢指示，滇省府秘書長人選盧鑄，李宗黃之指示與準備，禁止士兵入昆明城市，考慮龍雲如不應召，仍留滇或赴越南當如何。[72]是日，蔣致電刻在重慶的東北外交特派員蔣經國，「望即走訪李宗黃先生，請其近日在渝候信，並望其即作準備為盼，彼在渝否」。[73]又宋美齡是日對蔣言：「汝來此並非休息」，對此蔣記曰：「孰知余此來比之平時之思慮與工作更為迫切而急要也，他日統

[69] 宋美齡偕其長姐宋靄齡，於 1944 年 7 月 5 日自重慶飛赴巴西，旅居兩個月，9 月 6 日，離巴西，至美國紐約市長住一年，至抗戰勝利後始返回重慶。見佟靜，《宋美齡大傳》（北京：團結出版社，2002），下冊，頁 337～338。

[70] 《蔣介石日記》，1945 年 9 月 27 日；及 9 月 28 日，補記 27 日事。

[71] 《蔣介石日記》，1945 年 9 月 28 日。

[72] 《蔣介石日記》，1945 年 9 月 29 日；及「本星期預定工作課目」。

[73] 《蔣檔・事略稿本》，1945 年 9 月 29 日。

一如能告成，或得之於西昌遊程中也」。[74]

圖 5　蔣中正飛抵西昌巡視行營主任張篤倫在機旁迎迓合影（1945 年 9 月 27 日）

　　9 月 30 日上午，蔣於朝課後，專心籌劃滇事，致軍政部長陳誠、昆明防守司令杜聿明、宋子文、蔣經國各函，指示準備處理要領，修正令稿與計畫完畢，已下午一時半。下午，蔣校正吳經熊譯《聖經》新約路加傳至第九、十章畢，與宋美齡乘船遊湖一小時餘。晚，校閱，記事，批閱公文，而其傷風已癒。是日，蔣記應注意之事三項，其第一項為「龍（雲）如潛入越南謀叛，喪失國體」。[75]是日，蔣經國自重慶來電，謂：「申艷電諭拜悉，今晨走訪李宗黃先生，並已當面將大人之意轉達矣」。[76]10 月 1 日，上午，蔣於朝課後，校正路加第十一章約一小時，頗費心力。記事後，校閱事略，手書致龍雲函。下午，蔣接軍事委員會軍事統計調查局局長戴笠報告，關於寧、滬、

---

[74]《蔣介石日記》，1945 年 9 月 29 日。

[75]《蔣介石日記》，1945 年 9 月 30 日。

[76]《蔣檔・事略稿本》，1945 年 9 月 29 日，附錄有該電。

漢奸處置辦法，覺得甚為不妥，乃致函戴，教其更正之。旋蔣於召見已故西
康靖邊司令鄧秀廷（原名鄧文富）之妻與子後，翻閱是年大事工作預定表，
自覺極為有益。晚，記本月工作預定表。[77]

圖6　蔣中正夫婦遊覽西昌名勝邛海（1945年9月28日）

　　10月2日上午，蔣於朝課後，記上月反省錄，批閱公文。正午，宴鄧秀
廷之妻與子等，加以優遇。下午，寫致杜聿明、盧漢各函後，陳誠、蔣經國
抵西昌見蔣，宋子文亦來。蔣記宋「對龍雲撤換令主暫緩，恐美國借款因之
不成也，余決心已定，若不於此時撤龍，則今後共毛如回延叛亂，或東北問
題不順時，則更難撤換矣。要在乘此內政漸安時，先將西南基礎奠定，而後
建國平亂、對內對外皆有運用餘地。至於美國借款之事，與此相較實不值一
計，舍本圖末非謀國之道。此事縱有危機，亦不能不冒也，況上帝早已許可
乎」。[78]蔣意既決，當即派遣航空委員會副主任王叔銘、國民黨雲南省黨部主

---

[77]《蔣介石日記》，1945年10月1日。

[78]《蔣介石日記》，1945年10月2日。

任委員李宗黃、第一方面軍副總司令關麟徵等飛昆明見杜聿明，面授其軍政處置機宜。稍後，蔣與宋子文、陳誠、蔣經國分別談話，並同遊邛海，以浪大未乘艇，而循南樓、北樓沿湖散步。晚餐後，為宋子文、蔣經國等指示建國基礎與時局形勢，及對東北接收事項予以申述，使有以自信。[79]

圖 7　蔣中正夫婦與蔣經國及行政院長宋子文軍政部長陳誠偕遊邛海合影　（1945 年 10 月 2 日）

另據李宗黃回憶，他應蔣之召，於是日下午一時半，與陳誠、蔣經國、關麟徵、龍澤波（憲兵第十三團團長）等同機自重慶起飛赴西昌，宋子文則另乘一機前往。二時半左右相率抵達，即晉見蔣，和蔣共進午餐。席間，蔣指授改組雲南省政府的方案，頒布政治改組命令五項及軍事改組命令七項。其政治改組命令為：

國民政府十月二日令：（一）雲南省政府委員兼主席龍雲另有任用，龍雲

---

[79]《蔣介石日記》，1945 年 10 月 3 日，補記 10 月 2 日事。

應免本兼各職。（二）雲南省政府委員兼民政廳長陸崇仁另候任用，陸崇仁應免本兼各職。（三）任命盧漢兼雲南省政府主席。（四）任李宗黃為雲南省政府委員，兼民政廳長。（五）雲南省政府主席盧漢未到任以前，派民政廳長李宗黃兼代主席。其軍事改組命令為：（一）軍事委員會委員兼軍事參議院院長李濟琛，著專任軍事委員會委員，勿庸兼任軍事參議院院長。（二）特任龍雲為軍事參議院院長。（三）昆明委員長行營、昆明警備司令部、昆明憲兵司令部，著一律撤銷。（四）昆明軍事委員會委員長行營主任、陸軍副總司令、雲南省政府委員兼軍管區司令龍雲，著即免除本兼各職。（五）昆明行營原屬獨立旅、砲兵團、工兵團、高射砲大隊、交通兵大隊，著即歸由昆明防守司令部指揮。（六）昆明憲兵司令部原屬各憲兵，改編為中央憲兵獨立團，歸昆明防守司令部指揮，著即日開往晉寧附近，改編整訓。（七）昆明市郊及雲南省各機場守備，統由昆明防守司令部派隊接防，與美陸空軍各司令官確取聯絡，令所屬部隊妥為警戒，以防奸偽搗亂。

　　以上政治改組命令，蔣將之交由李宗黃，軍事改組命令，則囑王叔銘轉交昆明防守司令杜聿明。蔣另有一封致龍雲的親筆信，命李宗黃面致，尚有一封寫給考試院副院長周鍾嶽和雲南省政府委員胡瑛的信。下午四時，李宗黃、關麟徵、龍澤波等搭機，由王叔銘駕駛，自西昌起飛，黃昏時分六點左右，抵達昆明。[80]王叔銘將軍事改組命令轉交給杜聿明後，杜即於當晚召集團長級以上的幹部及李宗黃等開會，下達命令。命令下達完畢，已至午夜，隨於次日晨展開行動。[81]

　　10 月 3 日上午，蔣作朝課，記事，閱五日來之各報紙。正午，到西昌城內望遠亭寓所宴教友與軍政主管後，看夷人跳舞，蔣記其表演「幼稚不堪」。

[80] 李宗黃，《李宗黃回憶錄——八十三年奮鬥史》（臺北：中國地方自治學會，1972），第 4 冊，頁 208～210。

[81] 杜聿明，〈蔣介石解決龍雲的經過〉，中國人民政治協商會議全國委員會文史資料研究委員會編，《文史資料選輯》第 5 輯（北京：中華書局，1960），頁 42～43。惟文中將其得令及發動時日誤記為 9 月 29 日晚，將昆明行營誤書為雲南行營，特予更正。

並記是日「下午，聞昆明北校場今晨滇軍反抗，發生衝突，并聞其城東北搶劫消息，聿明處事太無經驗，亦我之過也。事既如此，不能不使龍雲如期離昆來渝。此種獰種只畏威而不懷德，有此一擊，彼當不能不俯首遵令乎」。[82]當即致電杜聿明，囑其不可使龍雲離開昆明城，並問其最近龍有何表示，是否接受命令如期飛渝就職？望速電復。又致電杜，囑其昆明飛機場及其附近至東門之滇軍步砲工各部隊，應先令其撤去，限明日撤完，並指定其駐地，應選其易於監視地點為要。[83]是日，杜聿明致電蔣，報告其遵命在昆明發動政變經過情形云：

> 雲南軍政改組，一切悉依預定計劃於本日部署完畢，進行極為順利，僅部隊接近城外，一時曾有少數無知地方憲警引起衝突，旋亦平息。城內及郊外秩序良好，迄本（三日）巳，龍主席遣羅市長（按：即昆明市長羅佩榮）、龔廳長（按：即教育廳長龔自知）、裴存藩、李之厚等，表示接受中央命令，刻羅等到指揮所洽談中，餘續報。[84]

又致電蔣報告云：

> 江戌以來，各部隊似已就範，各區衝突部隊，經已分別繳械，潛伏未衝突之部隊，亦分別表示聽命調遣，憲兵已逐次向城外集結，獨立旅主力表示服從命令，支（四日）晨可望結束，以後當協同李委員宗黃商洽省政府改組及地方治安諸問題，謹聞。[85]

---

[82] 《蔣介石日記》，1945 年 10 月 3 日。

[83] 該二電均見《蔣檔·事略稿本》，1945 年 10 月 3 日。

[84] 「杜聿明致蔣中正西江巳電」（1945 年 10 月 3 日），《蔣檔·革命文獻：政治——邊務（二）》。

[85] 「杜聿明致蔣中正西江亥電」（1945 年 10 月 3 日），《蔣檔·革命文獻：政治——政經重要設施（一）》。

10 月 4 日，蔣記其「上午朝課後，未得昆明確報，所屬不知道通信之重要與時間之注意，因之消息遲滯，不勝沉悶。直至晡時，乃接昨夜所發各電，獲悉大體平定，龍已遵命就範，但尚無如期來渝之表示也」。[86]至於蔣為何直至 4 日晡時才接獲杜聿明昨夜所發各電？杜憶述其原因云：

> 這時在西昌蔣氏左右最親信的僕從們，還不了解蔣介石究竟鬼鬼祟祟地在搞什麼，所以連對我通訊的電報密碼也未帶去，當晚及三十日（按：應為 10 月 3 日）先後收到我拍去的的電報也無法譯出（這是事後俞濟時對我說的），蔣反而來電（是由空軍第五路司令晏玉琮譯轉的）責備我作事疏忽，對於處理這樣重大的事，一天一晚不給他發一份電報，說明對於命令實施的情況。據俞濟時說：他們當時既未帶密電碼，又不敢同蔣介石說明，因為說了蔣會罵死人。[87]

蔣即於當天電囑杜聿明，如陸軍副總司令衛立煌在昆明，可請其陪同龍雲飛渝，只要龍遵命如期到渝就職，則一切為之皆無問題，衛並可代為保証。否則延期不到中央，則當以違抗命令別有企圖視之，不能不另行處理。事果至此，蔣亦將愛莫能助。[88]

又 10 月 4 日蔣記稱，是日上午十時至下午六時，皆會見士紳與軍政主管談話，訪問地方要務，與夷人攝影，校閱事略（情報工作之地位）一篇。下午三時後，登瀘山大寺巖，參觀藝技學校。見柏樹蒼老偉大，蔣認為「此必漢柏無疑也」。再經劉公祠下山回寓。[89]

10 月 5 日上午，蔣於朝課後，手擬電稿，處理滇案，[90]其中如致杜聿明

---

[86] 《蔣介石日記》，1945 年 10 月 4 日。

[87] 杜聿明，〈蔣介石解決龍雲的經過〉，《文史資料選輯》，第 5 輯，頁 43。

[88] 《蔣檔·事略稿本》，1945 年 10 月 4 日。

[89] 《蔣介石日記》，1945 年 10 月 4 日。

[90] 《蔣介石日記》，1945 年 10 月 5 日。

轉龍雲電，促龍速遵中央明令，即將雲南省政交予李宗黃，軍事交杜聿明接
管，如期飛渝，宣誓就職，以正視聽，萬勿滯遲行期，致誤前途，失中央同
人之望。[91]至十時半方畢，乃由西昌出發，蔣記述當地「民眾、夷胞夾道歡
呼，情殊可感也」。下午二時，回到重慶。[92]

　　以上所述蔣西昌之行的經過，全係取自蔣日記所載，其他人對此的報導
極其罕見，當時隨行擔任蔣座機駕駛及機長的衣復恩，曾在回憶錄中有所述
及，雖甚簡略浮泛，仍有其參考價值。他憶述云：

> 蔣委員長和夫人相偕登機，我們飛越西康高山，在萬里晴空的天氣
> 下，降落在海拔六千呎高的西昌機場。西昌位於偏遠的山區之中，
> 但在邛湖（按：應為邛海）邊已經蓋了不少房子。原來在對日抗戰
> 中，為了長期抗戰，政府不但撤到腹地四川，其後也以西昌為第二
> 陪都，以備局勢緊急時，轉移到那裡。
> 蔣委員長此行輕車簡從，只有西昌行轅（按：應為行營）主任張篤
> 倫負責接待，中央方面並無任何人相陪。蔣委員長夫婦那幾天若非
> 在庭園漫步，就是泛舟湖上，避開所有塵囂，來此世外桃源，享受
> 寧靜的休閒生活。那七天，蔣委員長完全放鬆自己，他連鬍子都不
> 刮。全國皆為勝利來臨沸騰，我們陪著蔣委員長在西昌七日，和他
> 享受美景美食。西昌美景全在一個邛湖，湖在白雲青山中，青山有
> 千里澗水入湖，沉鬱渾厚的山與含煙裊裊的湖輝映，秋水澄澈，使
> 這個湖成了大地最美的瞳仁。蔣委員長喜歡徜徉其上，享受泛舟之
> 樂。當然，面對突如其來的勝利，以及千端萬緒的復原工作，我想
> 他實在需要一個寧靜環境，思考未來的國家大計和工作方針。
> 另一方面，張篤倫的太太是廚藝高手，她烹飪的火腿，豐腴滑口。

---

[91] 《蔣檔‧事略稿本》，1945 年 10 月 5 日。

[92] 《蔣介石日記》，1945 年 10 月 5 日。

她甚至會自製白蘭地。張夫人的火腿配酒，至今仍難忘懷！我們隨行而來的機組人員，每天都在一所天主教學校裡，以打籃球打發時間。天主堂裡的外國神父，也不時和我們閒聊一番。我們在城牆上看到一種美麗的花草，一位比利時神父告訴我那是罌粟花。他說若不是這次蔣委員長前來，只要一踏出城，就可見到滿山遍野的種植鴉片植物！他且斷言等蔣委員長一離開，當地人會即刻再把罌粟種起來，他似乎對當時的政府和人民有深切了解。[93]

蔣自西昌回到重慶的第二天，即 10 月 6 日，龍雲在行政院長宋子文、陸軍總司令何應欽、副總司令衛立煌陪同下，於下午二時半自昆明分乘兩架專機赴重慶。隨同龍氏赴渝者僅國民黨雲南省黨部委員裴存藩、龍氏之女龍國璧（15 歲）、幼子龍繩勳（7 歲）及侍從參謀、副官等共七人。四時三刻，抵達重慶珊瑚壩機場，國府首長到場歡迎的有考試院副院長周鍾嶽、軍政部長陳誠、參軍長商震、空軍總司令周至柔、海軍總司令陳紹寬、蔣經國、王叔銘等數十人。[94] 當晚重慶《大公報》記者於往訪龍氏，龍發表書面談話，刊載於次日之該報云：

雲自來認定國家必須統一，於主持滇政十餘年中，始終擁護中央國策，服從領袖。在抗戰期間，發動雲南人力物力，貢獻國家，以期早收抗戰勝利之功。日本投降以後，整軍建國，工作尤為繁重，奉蔣主席令調，入長軍事參議院，參贊戎機，而行營省府各機關亦奉

---

[93] 衣復恩，《我的回憶》（臺北：立青文教基金會，2000），頁 111～112。按：衣復恩為山東人，中央航校第五期畢業，曾赴美國接受訓練一年餘，1942 年 12 月 10 日自美國駕機（C-47）經南美洲、非洲、阿拉伯半島、印度、中南半島，於 12 月 24 日安抵國門，前後歷時約半月，凡三千英里，整個飛行時數為 99 小時（參見衣復恩述，朱民威記，〈自美駕機返國的經歷〉，《大公報》（重慶），1943 年 1 月 19 日，第三版。及氏著，《我的回憶》，頁 66～70）。次年起擔任蔣中正座機機長，前後長達十年。

[94] 《大公報》（重慶），1945 年 10 月 7 日，第二版。

令調整。雲擬交代清楚即行來渝，適承宋院長、何總司令昨（五）日飛昆邀約，故提前於今（六日）午飛渝，今後更當一本初衷，秉承中樞及元首之領導，努力建國。至滇省部隊，月前已奉委員長命令開入越境，城中僅有少數衛隊，因是日晚第五軍突然入城，情況不明，以致小有衝突，嗣後接命調職及改組命令，情況已明，當即停止，城郊秩序已陸續恢復云。[95]

此一書面談話，不著痕跡地將蔣蓄意發動昆明事變的經過予以點出。接著，龍又在 10 月 9、11、12 日的重慶《大公報》上刊登「龍雲啟事」云：

敬啟者：雲此次奉命調長軍事參議院，荷承各長官暨各友好枉駕機場歡迎及造訪寓所，私衷至感。雲自去歲拔牙以還，精神迄未恢復，旅途勞頓，愈覺疲憊，故未能一一答拜，殊深歉仄，除晉謁委座外，惟有暫謝酬酢，稍事靜養，一俟平復，當再踵謝，藉聆教益。特此，先申謝悃，敬希諒鑒。[96]

其弦外之音，隱約可聞。10 月 15 日，龍雲於國府舉行聯合紀念週時宣誓就軍事參議院院長職。[97]龍乃在國府中央的監管之下，形同被軟禁。

對於「滇龍」問題得以順利解決，蔣深感欣慰，於 10 月 6 日記曰：

雲南龍雲問題已如期解決，此乃全國統一與西南國防及建設前途最重要之基本大事。自此共毛、俄史、東北與西北問題雖變亂叵測，但建國已有南方純一之基地，而且俄國未有如日本往昔之海軍可以

---

[95]《大公報》（重慶），1945 年 10 月 7 日，第二版。

[96]《大公報》（重慶），1945 年 10 月 9、11、12 日，第一版。

[97]《大公報》（重慶），1945 年 10 月 16 日，第二版。

干擾或封鎖我基地。八年抗戰至此，方得建立此革命基地，不亦難乎？惟心神乃得自慰矣。[98]

10 月 31 日，蔣在其「上月反省錄」中謂：「滇龍如期撤換，國防基地穩定實為統一之本，因之川潘（按：即潘文華）各軍亦就範聽命移防，成都亦可安定」。[99]

又在其 1946 年 1 月日記前之「民國三十五年大事年表」中記曰：

共毛滯渝期間約四十餘日，其間平津與正太以及膠濟各要點已為我軍接收完妥，滇龍亦於此期間被我撤換解決，川軍則無形就範聽調，瓊州、臺灣皆如期收復，西南革命基礎至此始得穩固，而江南之共軍亦自動北撤，於是長江以南乃成為幹（乾？）淨土矣。若非上帝佑華，豈能容易如此乎。[100]

惟龍雲雖去，其在雲南根深柢固的舊勢力猶存，致代表中央勢力暫代雲南省政府主席的李宗黃，新任雲南警備總司令的關麟徵，處境艱困，與龍雲為同母異父兄弟盧漢又行將率滇軍主力自越南返回昆明。國府迫於情勢，乃於 11 月 20 日明令：（一）雲南省政府委員兼主席盧漢，委員兼民政廳長李宗黃，委員兼教育廳長龔自知，均免本兼各職。（二）李培天著毋庸代理雲南省政府財政廳長，楊文清著毋庸代理雲南省政府建設廳長。（三）雲南省政府委員張邦翰、丁兆冠、繆嘉銘、胡瑛，均免本職。（四）任命盧漢、李宗黃、華秀升、王政、隴體要、胡瑛、繆嘉銘、張邦翰、馬鍰為雲南省政府委員。（五）任命盧漢兼雲南省政府主席，李宗黃兼雲南省政府民政廳長，華秀升兼雲南

---

[98] 《蔣介石日記》，1945 年 10 月 6 日，「上星期反省錄」。

[99] 《蔣介石日記》，1945 年 10 月 31 日。

[100] 《蔣介石日記》，1946 年 1 月之日記前所附之「民國三十五年大事年表」。

省政府財政廳長，王政兼雲南省政府教育廳長，隴體要兼雲南省政府建設廳長。（六）任命馬鍰兼雲南省保安司令。[101]是為雲南省政府第二次改組。

三、昆明學潮

其致成的背景是由於抗戰期間，國民黨在各大學普設黨部，將黨的組織觸角全面深入高等教育界。同樣地，中共亦在各高校裡建立了自己的地下組織，故戰時大學校園遂成為國共兩黨爭鬥較量的重要場所。國民黨向各大學推廣黨務，其中以在國立西南聯合大學中最具成效，約半數的教授加入了國民黨。[102]惟西南聯大係由原北京大學、清華大學、南開大學三校聯合組成，本就較具自由學風傳統，故加入中共或思想激進的教授和學生亦所在多有。益以校址所在地之昆明，在龍雲長期坐鎮之下，處於半獨立的狀態。李宗黃謂龍雲在抗戰期間「阻撓政令，危害抗戰，包庇左翼份子，使昆明成為共黨的溫床」，[103]此一氛圍，自亦大有助於西南聯大校內左派氣勢的提升。抗戰勝利後，國共內戰繼起，中共在大學校園的活動日趨活躍，因國民黨已關閉學校黨部（1945 年 5 月，國民黨召開第六次全國代表大會，通過撤銷軍隊黨部及學校黨部，會後不久，即付諸實行），只能直接藉軍警的力量加以震懾，國共兩黨在大學校園的爭鬥，遂由過去「組織對組織」的「文鬥」，迅速升級為「行動對行動」的「武鬥」。[104]西南聯大素有「民主堡壘」之稱，校園內的反國民黨的活動向稱頻繁，何況龍雲的舊勢力亦伺機而動，對此，繼龍之後暫時主持雲南省政的李宗黃，負責軍事的關麟徵，自然是格外地戒備，高度地防範，終至衝突無法避免。昆明學潮，即循此而興，被視為抗戰勝利後民主

---

[101] 《大公報》（重慶），1945 年 11 月 21 日，第二版。

[102] 王奇生，〈戰時大學校園中的國民黨：以西南聯大為中心〉，《歷史研究》，2006 年第 4 期，頁 125 之「提要」。

[103] 李宗黃，《李宗黃回憶錄──八十三年奮鬥史》，第 4 冊，頁 215。

[104] 王奇生，〈戰時大學校園中的國民黨：以西南聯大為中心〉，《歷史研究》，2006 年第 4 期，頁 143。

運動及學潮的開端。

1945 年 11 月 25 日晚，由中共雲南省工委與中共外圍組織之「民主青年同盟」策動，由國立西南聯大、國立雲南大學、中法大學、雲南省立英語專科學校四校學生自治會聯合舉辦的反內戰時事晚會，在聯大新校舍草坪上進行，聯大教授錢端升、伍啟元、費孝通、雲南大學教授潘大達，先後發表演講。晚會中遭到軍隊包圍，並開槍砲威脅等。[105]據聯大教授聞一多描述其情形云：

> 到會者五千餘人，似乎反動者也不肯遲疑，在教授們的講演聲中，
> 會場四周，企圖威脅到會群眾和擾亂會場秩序的機關槍、衝鋒槍、
> 小鋼砲一齊響了，散會之後，交通亦被斷絕，數千人在深夜的寒風
> 中躑躅著，抖顫著。昆明憤怒了！[106]

於是 11 月 26 日起，昆明各大中學校學生開始罷課，每天罷課的學校不斷地增加，26 日有 18 校，27 日是 27 校，28 日增加到 31 校，29 日又增加到 34 校，至 12 月 1 日發生慘案後，全市的大中學校都加入了罷課的行列。[107]學生的罷課等行動，因遭到軍警的取締而迭生衝突。12 月 1 日，從上午到下午，大批的國民黨黨團人員與軍官總隊學員衝入雲南大學、中法大學、西南聯大工學院、師範學院、聯大附中等處，打人毀物，且有人投擲手榴彈，造成三名學生及一名中學教員死亡，十餘人重傷之慘劇。[108]風潮因之擴大，故有人

---

[105] 《一二‧一運動史》編寫組編，《一二‧一運動史》（昆明：雲南大學出版社，1989），頁 50～54。

[106] 聞一多，〈一二‧一運動始末記〉，「一二‧一」運動史編寫小組，《「一二‧一」運動史料匯編》（內部發行，1980），第 1 輯，頁 3。

[107] 《一二‧一運動史》編寫組編，《一二‧一運動史》，頁 57。

[108] 死亡 4 人為西南聯大學生李魯連、潘琰、昆華工校學生張華昌、南菁中學教員于再先。歷史學者楊奎松謂「造成 4 名學生死亡」（見楊奎松，〈國民黨人在處理昆明學潮問題上的分歧〉，《近代史研究》，2004 年第 5 期，頁 3），蓋誤。至於重傷人數，說法不一，楊奎松文謂有 16 人；前引之聞一多文謂有 11 人；《一二‧一運動史》則謂有 25 人（見該書，頁 79）。

名之為「一二・一運動」。

　　據李宗黃憶稱，是日上午，新任雲南省主席盧漢登五華山（省政府所在地）接篆，李率同各省委廳處局長暨全體職員赴大禮堂，舉行交接典禮。典禮結束後，慘劇即相繼發生。與此同時，昆明街頭巷尾，也出現了「打倒關麟徵，驅逐李宗黃，擁護盧主席」的標語，李以此標語殊堪玩味。[109]對於是日的昆明慘劇，蔣中正在次日記曰：「昆明學潮，昨日共黨又利用青年威脅群眾罷課，致死傷數人，噫！共匪必期使我民族於萬劫不復矣」。[110]可見其對此事的認知和態度。國府教育部（部長朱家驊）則電令正在昆明查究學潮的高等教育司司長周鴻經，命其勸導學生，照常安心上課，並對死傷學生分別妥為處理，辦理善後，一面查明真相，電請地方軍政當局，嚴究行凶人員，從嚴法辦。[111]12 月 3 日上午，蔣中正召見其侍從室第六組組長唐縱，垂詢昆明學潮問題，對投彈兇手，飭即電令槍斃。唐當即與關麟徵電話，傳達蔣之意旨。下午四時，蔣打電話給唐，垂詢昆明情形，唐即一一向其報告。[112]12 月 4 日晨，北京大學代理校長傅斯年飛抵昆明，處理一切。下午，在雲南警備總部公開審訊 12 月 1 日在西南聯大投擲手榴彈之兇犯（陳奇達、劉友治）。[113]12 月 5 日，蔣與雲南省政府主席盧漢通電話，指示其對昆明罷課風潮之處理。[114]並再召見唐縱，謂昆明學生慘案之公開審訊消息，公開指明共產黨所為一點，頗不妥，該姜凱如何與陳奇達相遇，其詳情應予公布。次日，蔣又兩度打電話給唐縱，詢問昆明學潮情形。[115]並於是日記曰：

[109] 李宗黃，《李宗黃回憶錄——八十三年奮鬥史》，第 4 冊，頁 245～246。

[110] 《蔣介石日記》，1945 年 12 月 2 日。

[111] 《大公報》（天津），1945 年 12 月 4 日，第二版。

[112] 唐縱，《唐縱失落在大陸的日記》，頁 516。

[113] 《大公報》（天津），1945 年 12 月 5 日，第二版。審訊詳情則載《大公報》（天津），1945 年 12 月 7 日，第二版。

[114] 《蔣介石日記》，1945 年 12 月 5 日。

[115] 唐縱，《唐縱失落在大陸的日記》，頁 516。

最近昆明學潮突起，雖為共匪所主持與煽惑，而我黨幹部軍政當局之無智識、無能力竟造成慘案，徒供反動派之口實。在此東北、外蒙、新疆與共亂各種問題包圍於一身之時，而又添此意外之憂患，自家而國以至世界無一而非向我壓迫環攻。嗚呼，國幾不國，人亦非人，言念前途，不知所懷。上帝其能救我脫此萬惡之環境乎。[116]

可見昆明學潮帶給他莫大的壓力和困擾。12 月 7 日上午，蔣於朝課後寫致傅斯年、盧漢等信，指示處理昆明學潮之方針，囑其應作不得已時解散西南聯大之一切準備。蔣認為「該校思想複雜，秩序紊亂，已為共匪反動派把持，不可救藥矣。自由主義誤國害學之罪甚於共匪，為不可宥也」。是日，蔣另派霍揆彰（第六軍軍長）、朱經農（教育部次長）、倪文亞（三民主義青年團中央團部組織處處長）等前往處理，並致書各校教職員，修正二次乃即發表。[117]12 月 8 日，蔣記「上星期反省錄」，謂其「發告昆明教育界書與處置學潮，用心最苦」。[118]並對告昆明教育界書的效應頗具信心，以為「除共黨及其工具以外，其他稍有愛國思想者，當能激發天良，不致盲從也」。[119]是日，蔣作北上之準備，另為緩和罷課風潮，將關麟徵停職議處，令霍揆彰暫行代理雲南警備總司令。[120]

12 月 10 日，蔣記曰：「昆明學潮尚未平息，共黨自必操縱鼓盪，波瀾起伏正多，復課尚須相當時間也」。[121]次日，蔣致電盧漢云：

此時省府內部須團結一致，如有人挾學潮以驅逐政府中之一人，則

[116]《蔣介石日記》，1945 年 12 月 6 日。

[117]《蔣介石日記》，1945 年 12 月 7 日。

[118]《蔣介石日記》，1945 年 12 月 8 日。

[119]《蔣介石日記》，1945 年 12 月 9 日。

[120]《大公報》（天津），1945 年 12 月 11 日，第二版。

[121]《蔣介石日記》，1945 年 12 月 10 日。

無異顛覆整個之政府，此法所不允也。今對關司令已予以明令停職
處議，政府已表示十分之容忍，不可再有其他讓步，否則姑息養奸，
國不國矣。如十五日尚未復課，則十六日必須完成集中軍訓一切之
準備，待命實施可也，並轉告霍代總司令為盼。[122]

是日，蔣啟程赴北平巡視。其於 12 月 15 日之日記中云：

昆明學潮未能平熄，最為煩悶苦痛。共匪禍國害種，不知伊於胡底，
但一般趨勢自我電報發表以後，已不致擴大橫決，故決於星期二日
（按：即 12 月 11 日）飛平巡視，蓋此行不能再緩也。[123]

第二節　經過詳情

　　中國因幅員廣大，遠距離的往返，自以乘坐飛機最為便捷。抗戰以前，
蔣中正的座機為一種福特式的雙發動機之旅行機，駕駛員是美國人。直至抗
戰期間 1942 年，才改用美國 C47 型運輸機為座機，由原中央航校第二期學
生轉至歐亞航空公司從事飛航的林大剛任駕駛員，其後則由空軍空運隊長衣
復恩接替之。[124]戰後初期，蔣的座機為「美齡號」。是 1945 年 4 月，美國總
統羅斯福（Franklin Roosevelt）病逝，由副總統杜魯門（Harry S. Truman）繼
任。杜氏為了對中國政府示好，特別致贈了一架嶄新的銀白色 C-47 型座機給
蔣中正，蔣以妻名名之。機內陳設考究而舒適，除了沙發座椅外，前艙設有

---

[122] 《蔣檔・事略稿本》，1945 年 12 月 11 日。

[123] 《蔣介石日記》，1945 年 12 月 15 日，「上星期反省錄」。

[124] 朱民威，〈蔣主席的座機〉，《新聞天地》，第 30 期（1947 年 12 月），頁 17。

一間辦公室，一張軟床，後艙則有沙發十餘張，以及廁所和簡單廚具。比起原來的座機「大西洋號」（為 C-47 型運輸機，既無空調，又無隔音，只有兩排運兵用的鋁製座位，綁上兩張籐椅，就成了蔣的座機）強得太多，空調及隔音在當時亦堪為上乘。[125]1946 年 5 月，南京《中央日報》採訪主任陸鏗，曾隨同蔣乘該機赴瀋陽、長春、北平，據陸憶述「『美齡號』專機設備舒適。主艙內相對而列兩張單人沙發床，由于斌總主教和我各佔一張」。[126]座位共有 17 個，每個座位都有各自的通風口、燈光、氧氣及菸灰缸等設備。[127]稍後，又有新的座機「中美號」，係抗戰勝利後由中國航空公司所奉獻的（名義上是中航所獻，實際上這家中美合資的公司，在董事會上，贈機事被美方所否決；只好由宋子文決定，由財政部付全部造價一百八十萬美金），[128]於 1946 年 12 月 19 日，在上海江灣機場交付衣復恩接收。[129]這架 DC-4（C-54）型巨大而豪華的座機，除了性能比 C-47 強了很多以外，其內部陳設，更是琳瑯滿目。登機樓梯是以電力操縱的，俾方便登機。進入艙房之後，可見其極考究的裝潢，設有客廳、臥室及盥洗間，廚房裏還擺著精緻的銀器和其他餐具等；機上甚至還備有一副麻將牌，可見承辦人員用心之良苦。[130]戰後蔣的六次北巡，其第一次係乘坐「美齡號」往返，第二次係乘坐美特使馬歇爾（George C. Marshall）之專機（C-54 型豪華專機，亦常為國共兩黨要人使用）及「美齡號」（瀋陽飛長春，長春飛北平），第三至六次則大多乘坐「中美號」。

---

[125] 衣復恩，《我的回憶》，頁 107～108。

[126] 陸鏗，《陸鏗回憶與懺悔錄》（臺北：時報文化出版公司，1997），頁 110。

[127] 周宏濤口述，汪士淳撰寫，《蔣公與我：見證中華民國關鍵變局》（臺北：天下遠見出版公司，2003），頁 28。周宏濤曾任蔣中正的侍從秘書，多次隨蔣乘坐「美齡號」。

[128] 衣復恩，《我的回憶》，頁 108～109。

[129] 見 1947 年 1 月 31 日國府空軍總司令周至柔上蔣中正之呈文，《蔣檔‧一般資料：呈表彙集（一〇八）》。

[130] 衣復恩，《我的回憶》，頁 108～109。

圖 8　蔣中正與其座機駕駛衣復恩合影（1945 年 6 月 30 日）

　　1945 年 12 月 11 日上午九時半，蔣偕夫人宋美齡出發，十時後乘座機前往北平。[131]國民政府參軍長商震、軍務局長俞濟時（兼為蔣的侍衛長）、總務局長陳希曾、國民黨中央黨部副秘書長鄭彥棻等隨行。[132]蔣在機上校閱吳經熊譯聖經〈非力比書〉一篇。是日，風順氣清，蔣俯視沿途地形，見大巴山以北至嵩山一帶，數百里之山地，盡是童山濯濯，不見森林，感到無任憂慮，因思如何發展造林工作，使豫、陝之水利、氣候與土壤恢復漢、唐之舊，以利民生。又見豫北至北平平原，人口稠密極矣。下午三時半，到北平上空，

---

[131]　《蔣檔·事略稿本》，1945 年 12 月 11 日。

[132]　《大公報》（天津），1945 年 12 月 13 日，第二版。

巡視一匝，蔣覺得其城池之偉大壯麗，可愛極矣，一別十年，而今又得蒞臨，
回憶昔日在北平約見日軍駐華司令官梅津美治郎，而不之理，侮辱備至，今
在「日寇」繳械降伏之後重來此地，情緒自不相同。然而復興建國前途遙遠，
人才病乏，共亂未已，惟有感嘆而已。

　　在南苑下機入城，駐安定門大街後圓恩寺胡同，據稱昔為前清大臣榮祿
住宅，後為日人華北開發公司所佔。[133] 據當時在北平擔任蔣特勤警衛的張翼
鵬描述後圓恩寺胡同蔣的行邸：

　　係一座西式建築，中式園景，富麗堂皇，清新脫俗的宅院。院宇座
　　北向南，大門開向圓恩寺，門牌編號十六號。後門開向後圓恩寺，
　　門牌編號十七號。寬敞的大門，外沿是一色的漢白玉八字砌牆。一
　　對青石獅子分蹲左右，崢嶸晶亮。門樓高聳，氣象巍峨。大門內兩
　　傍（旁）耳房，為警衛人員工作、休息之所。進入大門，迎面一座
　　假山，橫亙眼前。蜿蜒東西，曲折盡緻。假山上，怪石嶙嶙。奇花
　　異草，遍植其間。假山下，曲逕迂迴，通幽探勝。由月洞門穿過假
　　山，前面一處院落，當中一座噴水池。水柱映日，五彩繽紛，煞是
　　好看。繞過噴水池，正前方是一幢純白色三層樓房。建築精巧，雕
　　飾藻麗，不涉俗套。入門，一樓是宏大的會客室、會議室。皆沙發、
　　茶几、靠椅、長棹。一色純白布套，清雅潔淨。二樓是臥室。其他
　　曲曲折折，側屋、套房很多，下（不？）及備觀。大樓東邊有一極
　　精緻的日光浴室，全用玻璃建造。旭日東升，光照全室。室內有噴
　　泉，清柱濺濺，注入圓池。池中錦鯉數尾，攸（悠）游自得。還有
　　閱覽間、休息檯、躺椅等，一應俱全。[134]

[133] 《蔣介石日記》，1945 年 12 月 11 日。

[134] 張翼鵬，〈抗戰勝利先總統蔣公巡視北平見聞記〉，《西北雜誌》，第 13 期（1988 年 2 月），
　　　頁 38～39。

圖 9　蔣中正於北平後圓恩寺行邸留影（1945 年 12 月 12 日）

其後三年間蔣又曾五度至北平巡視，也都寓居此處。是日下午，蔣於會客後，審閱北平地圖，指示隨員工作。晚課如常。接長春蔣經國來電稱：

（一）頃馬林諾夫斯基派其參謀長前來催問我軍何日開始空運，並望行政人員亦早赴任。同時雙方規定我軍向蘇軍防地推進時之聯絡方法，以及蘇軍協助我方接收市政之詳細辦法。（二）關於空運接防以及接收行政各事，尚有若干問題，必須與熊主任、杜長官、王副主任當面商決之處，兒擬於日內赴錦州、北平一行，俟空運開始前再返長春照顧一切，約在本月二十日左右，此地工作告一段落後，即返重慶。（三）如大人同意兒日內赴平，則請派彥棻兄來平。[135]

12 月 12 日，朝課畢，考慮令東北空運部隊及接收人員暫緩出發，必待

---

[135]《蔣檔‧事略稿本》，1945 年 12 月 11 日。

蘇方對經濟合作問題及其要求條件有一合理之解決以後，再行派遣，應一本行營撤退時之方針進行，以免中途再受其脅制，陷於進退維谷之境。如果此次一經接收，則不能如過去未接收時不負責任，故更應特別慎重，而不急求接收也。旋指示對昆明學潮及政工會議要旨與對民眾慰勉方式後，十一時，與宋美齡到中海勤政殿訪北平行營（全名為國民政府軍事委員會委員長北平行營）主任李宗仁，巡視後，即到瀛台、豐澤園、懷仁堂、居仁堂、春藕齋，經聽鴻樓、萬字廊、觀石室後，再經芳華樓而出南海，到翠華樓飯館，與李宗仁、蕭一山（北平行營秘書長）便餐，此為蔣二十年來第一次上飯館便餐。下午，觀太廟後到景山憑弔明思宗（崇禎皇帝）殉國處之古槐，登萬春亭後，遊觀德殿與壽皇各殿，殿內塵土寸許，狼藉不堪。回行邸，已五時許。[136]

晚課後，宴美國駐華海軍陸戰隊司令洛基（Keller Rocky）將軍。之後，手擬對民眾慰勉文稿及批閱要件。蔣經國由東北來北平，面報交涉經過情形。再召見天津市正副市長（張廷諤、杜建時）後，審閱中南海地圖，至十一時後方睡。蔣在日記中記是日「終日遊覽，未有午睡，尚不覺疲倦，十年以來遊興之濃之深，以今日為最，如此美良之氣候，亦十年未得享受矣」。[137]又是日，蔣令行轅秘書處布告人民，凡受敵偽枉曲或接收人員苛擾，均可提出控訴，當依法懲治。[138]

12月13日，為蔣母冥誕，對此蔣記云：

> 本日為舊曆十一月九日，我先慈八十二歲誕辰，在此八十二年之中，民族盛衰，社會進步，國家險夷，世界變遷，實極三千年來人類最大之鼎舉，喜懼交加，小子毋忝所生也。[139]

---

[136] 《蔣介石日記》，1945 年 12 月 12 日。

[137] 《蔣介石日記》，1945 年 12 月 13 日，補記 12 日事。

[138] 《蔣檔・事略稿本》，1945 年 12 月 12 日。

[139] 《蔣介石日記》，1945 年 12 月 13 日。

　　朝課後，處理公務，召見東北行營主任熊式輝及蔣經國，明示其暫緩派軍東北之方針，並告以蘇聯認東北動產為戰利品之非，因東北為其盟國領土，不可以對歐洲敵國領土內之敵產相比擬也。[140]熊式輝對於此次召見詳情有所記述：

　　十三日蔣經國由長春來平，同至行轅會談東北事，承主席指示：其大要為：1.經濟合作：蘇聯以為彼將以戰利品之半數讓給中國，換取合作，我方不能承認之。以其借合作之名攫取我一部份之物資，反不如由我方作為讓予，以酬其出兵相助之勞。2.交涉進行：除留張嘉璈在長春與之談判外，蔣經國宜於廿日以前到渝轉莫斯科與史太林直接談判，東北乃蘇聯盟友之土地，不能視如德國者，戰利品之廣義解釋，不能用之於東方云云。[141]

　　十一時半，蔣入天安門，遊覽三大殿後，再遊武英殿畢，到絳雪軒午餐，洛基將軍亦隨行伴遊。下午，遊鐘粹、承乾二宮後，即轉坤寧宮、交泰殿、乾清宮，出隆宗門，轉養心殿，經西六宮，由漱芳齋經澄瑞亭，出順貞門，經珍妃井、倦勤齋、符望閣，折至景祺閣、頤和軒、樂壽堂、養性軒、寧壽宮、皇極殿，由錫慶門乘車出北上門，回行邸，已四時半。蔣記稱：「今（十三）日窮一日之力，禁城內之宮殿已識其大略，惟外西路之延春、英華等殿舊址，以及雨華閣、春禧殿等，猶未涉足耳。大內以樂壽堂、養性軒為最華美，皇極殿之堂皇，甚於乾清宮，此為乾隆所建築，想見其人規模之宏偉矣」。晚，與第十二戰區司令長官傅作義談察哈爾、綏遠作戰方略。傅係自歸綏被共軍包圍中派機接來北平面授機宜。[142]

---

[140] 《蔣介石日記》，1945 年 12 月 13 日。

[141] 熊式輝，《海桑集──熊式輝回憶錄 1907-1949》（香港：明鏡出版社，2008），頁 504。

[142] 《蔣介石日記》，1945 年 12 月 13 日；及 12 月 14 日，補記 13 日事。

圖 10　蔣中正夫婦與洛基（Keller Rocky）將軍等在太和殿前留影（1945 年 12 月 13 日）

是日，行轅秘書處發布公告云：

案奉主席蔣諭：「華北淪陷最久，同胞痛苦最深，而抗敵之志節始終不屈，奮鬥到底，殊為我民族無上之光榮，應加慰勉。余與我華北父老兄弟諸姑姊妹睽違已十年於茲，關懷想念，無時或已。凡我同胞，其在淪陷期間所受各種枉曲以及收復以後接收工作人員如有非法苛擾之動，余極願詳知其事實，一經查明，當即分別處理，依法懲治，以平冤抑，而伸法紀。應即公告，定期接受各項陳述，但以開具真實姓名住址及具體可徵之事實為限，且不可挾嫌誣告或虛捏聾聽。」等因，奉此。茲定於本月十五日上午八時至下午六時在左列五處郵局：（一）前門大街第四支局，（二）東四牌樓第二十支局，（三）煤渣胡同二十六支局，（四）後門大街第九支局，（五）西四牌樓第七支局，分別特設密封木箱，以便市民投遞上項有關函件，

並可於本月十五日以前郵寄北平郵局特一號信箱，以便轉陳，所有
陳述人之姓名住址，自當負責保守秘密。合諸公告週知。[143]

12 月 14 日，朝課後，率蔣經國禱告，為紀念蔣母冥誕，停止朝餐。教
蔣經國對俄人交涉，宜明白直說經濟合作宗旨後，指派隨員工作。記事。正
午，與宋美齡、蔣經國聚餐後，休息。三時，先到第十一戰區司令長官部（舊
慶親王府），再到市政府巡視後，入福華門，入紫光殿，再遊萬善門、大悲殿、
望水中亭後，即到懷仁堂對黨政軍各主管人員訓話，約一小時半，再對軍官
訓話。[144]蔣在訓話中講到北平接收情形時，聲色俱厲，嚴詞訓斥云：

在未來北平前已聽到種種傳說，現在到北平看過後，感觸甚多。你
們不要以為我是第一次到北平，這是第三次了，我對北平的印象很
清晰。過去受敵人之統治，一切均遭受破壞，損失很重。現在，由
我們接收了，應該比敵人統治時候做的好，反比以前更骯髒。固然，
接收以後須有經濟來推動，但是，我們不能一切非錢不能推動。我
們革命事業，是在窮苦中幹起來，為什麼我們不能有苦幹精神。我
知道你們不是不能推動，是因為吃得太飽了。人家在旁邊罵我們不
行，笑我們沒落，還不知道猛加反省，力求進步，這樣下去，國家
的前途要遺憾在我們手裏。我希望各人速速反省，自行淘汰；若不
自行淘汰，將來政府必然淘汰你們。[145]

訓話畢，回寓。蔣記稱：「目見黨政麻木狀態，毫無新生氣象，憤慨無已，
乃有此激刺之痛心語也」。晚，再約見隨員，將今日訓話擬定具體實施方案，

---

[143]《大公報》（天津），1945 年 12 月 13 日，第二版。

[144]《蔣介石日記》，1945 年 12 月 14 日。

[145]《益世報》（天津），1945 年 12 月 16 日，第一版。

約各主管研究與力行。[146]

　　12 月 15 日，上午，朝課後，召集黨政軍主管指示整修與改革方法。十一時，赴西山碧雲寺謁孫中山之衣冠塚，並巡視含青齋。蔣記稱：「此為〔民國〕十七年謁陵時駐宿之所也，碧雲寺之形勢雄偉，至今更覺可愛，惜森林尚未造作，童山濯濯，實為國家之羞」。在塔上進茶點，留戀一小時後回城，已午後二時。[147]

圖 11　蔣中正夫婦至西山碧雲寺謁孫中山衣冠塚後步下台階(1945 年 12 月 15 日）

　　下午三時，在居仁堂召見華北及東北於淪陷期間被捕脫險留平之國民黨男女黨員團員一百四十六人，蔣以四時須出席招待茶會，不及一一慰問，乃

---

[146]《蔣介石日記》，1945 年 12 月 14 日。

[147]《蔣介石日記》，1945 年 12 月 15 日。

於點名之後，略致訓詞。[148]隨後，蔣夫婦於懷仁堂舉行盛大茶會，招待中外來賓，到者有平津士紳耆宿靳雲鵬、張作相、朱啟鈐、谷鍾秀、王樹常、于珍等；教育界陳垣、李玉麟、陸志韋、王桐齡、左宗綸、余棨昌、石志泉；邊疆代表丹巴達扎、葛必達、德哈爾巴夫婦；宗教代表常子春、司格脫等；婦女界周梁令嫻等；新聞界成舍我、曹谷冰等；及美聯社、合眾社、路透社、時代雜誌、生活雜誌、紐約時報、芝加哥日報記者；參政員莫德惠、饒鳳璜、榮照；工農商及學生代表楊紹業等；美軍駐平津長官洛基將軍、瓊斯將軍、華登將軍；及盟國駐北平外交人員等二百六十餘人。蔣中正夫婦於四時徐步入場，全體熱烈歡迎，掌聲震耳。席中蔣親至各席，與高齡耆宿一一握手，垂詢健康。返座後，含笑致詞，對華北父老同胞與各界人士八年來在敵偽壓迫之下困苦艱難，堅貞不屈，備致讚揚。以為此種精神，實足以代表民族之正氣，而為我抗戰勝利之保障。並盼大家一本過去之精神，領導同胞，輔助政府，以完成建國之大業。詞畢，全體一致鼓掌。七十高齡的靳雲鵬起立致答詞，以為今日的茶會，為歷史上之盛會。國家在過去十餘年中，賴蔣主席之英明領導，始克戰勝強敵，奠定國基，然建國大業方當開始，但望蔣主席繼續領導中國三十年（眾大鼓掌）。全國上下，同心協力，埋頭苦幹，則三十年後我中國必可成為現代化之國家。茶會於五時許盡歡而散，蔣夫婦一一與來賓握手道別。[149]

---

[148]《申報》（上海），1945 年 12 月 18 日，（一），「中央社北平十六日電」。

[149]《大公報》（天津），1945 年 12 月 16 日，第二版，「中央社北平十五日電」。

圖 12　蔣中正夫婦於懷仁堂以茶會招待華北父老（1945 年 12 月 15 日）

　　晚，召見門致中部各軍師長後，再接見傅作義，晚課後，十時半就寢。
是日蔣記云：「今日為人民投遞訴陳函件之日，據報各種情形多有涕零揖拜而
後投遞者，其至誠可知矣」。[150]

　　又是日蔣經國來電稱：

　　　兒今午抵錦州，在該處遇杜長官，並交換關於接防及剿匪意見。午
　　　後離錦州，傍晚安抵長春，公權先生因經濟問題正在進行交涉，尚
　　　難提出具體意見，故決定不來北平。[151]

　　是日，蔣記曰：

---

[150]《蔣介石日記》，1945 年 12 月 15 日。

[151]《蔣檔・事略稿本》，1945 年 12 月 15 日。

一、…………。二、對東北軍事與經濟方鍼，到北平後，乃決定暫緩進行，觀察國際與蘇俄態勢再作計較。三、此次巡視北平，收效極大，華北民心從此收攬安定，當不致為共匪所誘惑，尤其感動青年之深，更非可以值量計也。四、華北各主管嚴訓力督，是否有效，尚未可卜，而其紛亂複雜，謠諑疑謗之不安現象自能肅清乎。五、此次遊覽故宮，憑弔碧雲，對北京之影象，更深一層矣。[152]

12 月 16 日，上午，朝課、記事、分配要務後，至太和殿，對北平全市中學以上各校學生訓話，約二十分鐘。訓話畢，先往場中巡閱。先時學生尚有秩序，蔣與數人握手後，其他學生皆離隊來前圍住蔣，致蔣不能前進。蔣乃登壇答禮，正向西階步出時，未下階之學生擁擠上來，圍匝時緊一時，乃至蔣不能吐氣。蔣侍衛心慌，擁蔣向外，而愈不能出，蔣欲立足亦不可得，如此擁進擁出，擁在一圈之內，足有一小時之久。蔣記稱：「此為從來所未有試嘗之滋味，青年之狂熱有如此者，能不為之感奮乎」。[153]據時任蔣之侍衛長負責蔣維安的俞濟時回憶：

十六日上午，蔣公於太和殿對大專學生訓話，全體學生自始至終均恭立聆訓，秩序井然，訓話一小時許畢，全體學生高呼主席萬歲口號，情緒熱烈，至為感人，蔣公含笑頻頻領首道好，此時吾等侍衛人員正擬隨護蔣公進入太和殿，忽見蔣公緩步轉下平台石階，並步向學生隊伍前，向學生握手垂詢，學生以蔣公在眼前，一時情不自禁，爭相伸手，後排學生更蜂擁向前，頓時秩序大亂，原有隊伍前緣之警備線已被衝破，人潮羣向蔣公逼來，情勢險甚，但蔣公仍毫不在意，孫長官連仲、黃總幹事仁霖及余皆力請蔣公返回平台，但

---

[152] 《蔣介石日記》，1945 年 12 月 15 日，「上星期反省錄」。

[153] 《蔣介石日記》，1945 年 12 月 16 日。

此時學生已紛紛攀登平台欄桿（杆），平台迅即擠滿人羣，原在平台擔任警衛之侍衛人員與便衣憲警，乃勉強在人叢中理出一條通道，護衛蔣公通過，進入太和殿內休息，大夥學生此時又羣擁向西殿門，希望能在蔣公登車時再瞻丰采。余基於安全著眼，乃稟報蔣公奉准改由東殿門登車，由孫長官在蔣公右側就座，余與侍衛官楊鳳藻並坐於前排駕駛右側座車隨即駛離太和殿，安返行轅。[154]

另據一位青年投稿者描述那時的景象云：

訓話終了時，鼓掌及萬歲之聲又起。主席微笑著走下石階，像一個慈祥的老人去走近他離散八年的孩子，台下千百雙眼睛凝視著，在眼睛裏充滿了虔誠的期待。主席至學生隊前就有活潑的孩子跑出和主席握手，未握幾人大家便蜂擁而上爭著和主席握手，主席走上石階上來後，又轉至西方下去，主席身後的侍從忙急呼「不要下去好吧！」但是主席怎忍得不撫摸一下受苦八年的孩子們呢？主席又走至學生隊前時，大家又團團圍住，大學生和主席握手，中學生拉主席的衣服，主席慈祥地微笑著，等主席再登上石階時，大家又如潮般湧上，忙煞孫長官及侍衛們，但攔不住同學們的如狂的熱情，萬歲之聲永無間停，「中華民國萬歲！主席萬歲！」萬歲之聲響徹雲霄。當主席上階走向西去時，階下學生們這時興奮的情形幾乎到了瘋狂，熱烈地歡呼無約束的跳躍真實坦白的心在這時全現露出來，拼命的往上擠，學生們太多，台階到現在到感覺狹小了，女學生也為了爭先瞻仰主席的容顏，不顧性命的向上跑，有的因此而跌倒。主席在人羣中擁擠著走向西門，在未上階時，有一位小學生扯住主席的斗篷，戀戀不捨的心情無遺的現在臉上。主席回過身來，慈愛

---

[154] 俞濟時，《八十虛度追憶》（臺北：國防部史政編譯局，1983），頁79～80。

地把這位小學生抱了起來。孫長官被擠得讓兩三位大學生扶著走出
學生羣，好像有些吃不消。最後主席擠向西門，可是西門早已擠滿
了人，十九團憲兵和九十二軍兵士，這時也不能擺脫他們的被擠，
好容易，主席在學生的擁抱中一直到了西門，登上汽車時，學生還
在汽車四圍歡呼呢！最有趣的，却是主席的白手套也被擠失了一
隻，不知道這隻有永久性紀念性的珍貴物品落著在誰手？[155]

**圖 13　蔣中正於學生大會上訓話完畢離去時學生爭相向前致意（1945 年 12 月
16 日）**

　　正午，至東交民巷美軍操場，檢閱美國駐華海軍陸戰隊，受檢閱者為其
第五團之一營，砲兵一營等共一千五百人。蔣於檢閱前，授予該陸戰隊司令
洛基中將、參謀長華敦少將、駐北平陸戰隊司令瓊斯少將、第五團團長賀多

---

[155] 徐盈，〈蔣主席在北平〉，《大公報》（上海），1945 年 12 月 25 日，第二版。撰者係該報記者，
　　此文係其 12 月 17 日寄自北平。

上校及所屬官兵二十三人雲麾勳章，以酬其協助國軍受降及遣送日俘返國之
功績。[156]是日之「聯合社北平電」報導檢閱情形云：

> 主席夫婦驅車往閱兵場時，民眾數千人，咸以一睹豐（丰）采為快。
> 主席露立於蒙古草原吹來之強勁北風中，風過之處沙塵滿天，一度
> 吹去某美兵之頭盔。蔣夫人暨紅十字會護士三人，均避於華北美軍
> 司令洛基少將（按：應為中將）之汽車中。……海外部隊全副戎裝，
> 攜帶戰車驅逐車，榴彈砲及平射砲，行經主席面前。美國軍警五十
> 名，並中國軍警多人，擔任主席護衛。天空則有「海賊」式戰鬥機
> 三十六架，分十二排，飛經場上。[157]

圖 14　蔣中正在東交民巷檢閱美國海軍陸戰隊（1945 年 12 月 16 日）

---

[156]　參見《大公報》（天津），1945 年 12 月 17 日，第二版，「中央社北平十六日電」及《蔣檔‧事
略稿本》，1945 年 12 月 16 日條。

[157]　《申報》（上海），1945 年 12 月 17 日，（一）。

　　檢閱結束後，蔣又赴美軍電台，對美國官兵發表訓詞，即由該電台轉播華北各地及美國。蔣夫婦並應洛基將軍的邀宴，歡宴之後，蔣返回行邸，蔣夫人則赴美國紅十字會婦女服務隊巡視。[158]下午，蔣約集耆老十餘人茶會畢，晚課。八時半，到懷仁堂，約美國官兵觀劇，[159]由京劇名伶（包括在抗戰八年期間久未出演的程硯秋、孟小冬）共同演出，劇目為：（1）加官進爵，（2）空城計（譚富英飾孔明），（3）汾河灣（馬連良飾薛仁貴，李世芳飾柳迎春），（4）八大錘（孟小冬飾王佐，李萬春飾陸文龍），（5）風塵三俠（程硯秋飾紅拂，貫盛習飾李靖，侯喜瑞飾虬髯公）。[160]十二時，始回行邸。蔣記是日之感受云：「今日最為辛勞，前訓學生，後閱美軍，擁擠一小時，鵠立授勳一小時，皆為近年所未曾遭逢者，但心神興奮，不覺其以為苦也」。[161]

　　是日，重慶吳鼎昌（國民政府文官長）來電，報告美國特使馬歇爾將軍偕隨員等來華，定 12 月 15 日啟程，12 月 19 日到上海。吳另一來電，謂中共代表周恩來、吳玉章、鄧穎超、陸定一、葉劍英等，本日午後五時抵重慶。開會日期及辦法，我方正在協商中，明日由邵力子與周恩來一談，詳情另電續呈。[162]

　　另蔣之侍從室第二處主任陳布雷，自重慶來電云：

（一）命擬文件，中共部分，頃外部始譯成，尚待打字，其東北部分，外部已擬有英文稿，但雪艇（按：王世杰字雪艇，時任外交部長）認為東北文件決不宜交。（二）馬歇爾星期四（按：即 12 月 20日）可到渝，雪艇力主鈞座勿在其他地點與之晤面，此不僅為體制關係，現中共代表已到渝，協商會議諸待承商，咸望鈞座星期二回

---

[158] 《大公報》（天津），1945 年 12 月 18 日，第二版。

[159] 《蔣介石日記》，1945 年 12 月 16 日。

[160] 《世界日報》（北平），1945 年 12 月 17 日，第一版。

[161] 《蔣介石日記》，1945 年 12 月 16 日。

[162] 吳鼎昌兩電文，見《蔣檔‧事略稿本》，1945 年 12 月 16 日。

渝。（三）上述中英文件是否仍須寄滬，乞迅示。[163]

　　12 月 17 日，朝課後，自上午九時至下午二時，蔣先召見前日本駐華北總司令根本博，蔣以其人似粗而拙，以正言告之，並善意勸勉，勿使其難堪。續接見黨政軍各主管及東北各省市主管，前後約三十餘人，有一于姓者，前為張學良侍從，西安事變時，張曾令其服侍蔣者，蔣賞其五萬元，並允其代覓工作而去。[164]據是日率領東北各省市主管（省主席及市長）晉見蔣的熊式輝記述，蔣當時對大家的指示為：（1）大局漸好轉，各人應準備早往接收。（2）對各人安全，是所置懷，不會忽略，各人應放膽工作。（3）各省武裝實際要充實，形式宜縮小，勿張揚，要各省互相協助，自信互信。[165]下午，蔣與宋美齡遊覽天壇，先至祈年殿，繼至皇穹宇與圜丘台，以「此宇與台，甚有意義，其建築亦甚可觀，昔時余雖兩遊祈年殿，而竟未遊此台，今日得遊於此，誠不虛此行矣」。晚課後，手擬禁烟與焚毒等令稿，並指示工作，十一時後方寢。[166]

　　是日，蔣曾手諭河北省政府主席孫連仲：「河北全省各縣市禁毒禁烟，亦應照平津二市限收復之後三個月內一律禁絕，否則應將各該地方主管長官以失職處治」。手諭北平行營主任李宗仁、第十一戰區司令長官孫連仲、北平市長熊斌、天津市長張廷諤：「平津教職員學生與警察之糧食配給，必須依照未接收以前辦法如常實施，應將沒收之糧食提用，先定兩個月半，即定明年二月底為止可也」。電上海市長錢大鈞轉中國戰區統帥部參謀長魏德邁曰：「昨日來電欣悉，中定翌日（按：即 12 月 20 日）前可到南京，希望與馬（按：即馬歇爾）」在南京晤面，並請閣下代為招待陪同來京為盼」。[167]

---

[163] 《蔣檔‧事略稿本》，1945 年 12 月 16 日。

[164] 《蔣介石日記》，1945 年 12 月 17 日。

[165] 熊式輝，《海桑集——熊式輝回憶錄 1907-1949》，頁 505。

[166] 《蔣介石日記》，1945 年 12 月 17 日。

[167] 以上三電均見《蔣檔‧事略稿本》，1945 年 12 月 17 日。

又國府文官長吳鼎昌自重慶來電云：

孫哲生（按：孫科字哲生）、王亮疇（按：王寵惠字亮疇）、吳鐵城、
邵力子、王雪艇（按：王世杰字雪艇）、張厲生、陳布雷、雷震及職，
昨晚齊集鐵城宅會商，僉以（一）政治協商會議似可定於下星期一
（二十四日）開始，俾會前稍事準備。（二）地點可借用前憲政期成
會所用會場，較為合宜。（三）議會秘書長請鈞座在參政會邵、雷兩
秘書長中派定一人擔任，著手準備。至會議進行辦法，更盼鈞座早
日回渝，針對現勢，有所指示，謹陳，請核示。[168]

蔣即電重慶陳布雷，請其轉告王世杰、張群（字岳軍）等人，對共黨切
勿再談任地區主席等問題，必須先要求其各鐵道線讓開，恢復全國交通，撤
退其包圍及攻擊各地之共黨部隊為要。[169]

是日，蔣記曰：

閱報得悉日本戰俘「七七」時之首相近衛文麿，曾揚言非打至蔣某
屈膝不休者，昨已自殺；黑龍會首領之一，朝日新聞社長緒方竹虎，
亦以戰犯懼審而自殺。近衛實為「七七」戰爭之禍首，余以其非武
人，故未列其戰犯名單之內，而美國仍列其為戰犯而不能幸免，是
誠所謂天網恢恢矣。[170]

12月18日，決於是日由北平飛南京。並記曰：「昨閱美總統所宣布對華
政策之宣言，尚持大體，其不為共黨之妄念陰謀所算，自於我國有益也，乃

---

[168] 《蔣檔·事略稿本》，1945 年 12 月 17 日。

[169] 《蔣檔·事略稿本》，1945 年 12 月 17 日。

[170] 《蔣介石日記》，1945 年 12 月 17 日。

約馬歇爾在南京相晤，其來電謙恭，當與杜魯門總統之宣言有關也」。[171]記重
要事務：

> 一、海運艦船之交涉問題。二、徐、鄭兩路部隊之督促前進。三、
> 與馬歇爾會晤。四、決定剿匪計劃應分三區：甲、臨城與魯南區（陳
> 毅）；乙、磁縣、邯鄲與太行區（劉伯誠（承））；丙、察綏區（賀龍）；
> 丁、必先佔領承德，以斷共匪竄入東北之路；戊、並佔煙臺，以斷
> 共匪海運東北之路也。[172]

　　上午，朝課後，指示工作與發手令數通。[173]手諭北平行營主任李宗仁、
第十一戰區司令長官孫連仲、天津市長張廷諤、副市長杜建時：「天津教職員
學生與警察之糧食配給，亦應照北平市同樣辦理」。手諭糧食部、交通部特派
員：「北寧路員工成績卓著，每人特犒賞糧食三十市斤，凡為業務死傷之員工，
飭由該路局長負責查報，以憑撫卹可也」。召見馬占山（東北軍耆宿，抗日名
將）、王鴻韶（北平行營參謀長）等。[174]十時許，輕車簡從，至國民黨北平市
黨部，由主委許惠東前導全體委員陪同視察一週，旋即登車，於十一時至絨
線胡同三民主義青年團平津支團部視察，先至禮堂及各辦公處所巡視，並召
集全體工作人員訓話，並與之在大禮堂前合影。[175]

　　回行邸，已十一時半。沿途見小學生已鵠立道旁，心甚不安，乃提早啟
程。正午，由後圓恩寺行邸出發，自安定門起，直至正陽門外之天橋止，民
眾、學生夾道歡送，重疊擁擠。[176]據《大公報》記者報導：夾道歡送的民眾

---

[171] 《蔣介石日記》，1945 年 12 月 18 日。

[172] 《蔣介石日記》，1945 年 12 月 18 日。

[173] 《蔣介石日記》，1945 年 12 月 18 日。

[174] 均見《蔣檔・事略稿本》，1945 年 12 月 18 日。

[175] 《大公報》（天津），1945 年 12 月 19 日，第二版。

[176] 《蔣介石日記》，1945 年 12 月 18 日；及 12 月 19 日補記 18 日事。

「多至數十萬人，均手持國旗」，其中「學生最多，女生為藍布旗袍，男生為黑布制服，打綠色裹腿，一望無際」，當「蔣主席汽車經過時，高呼主席萬歲之聲，響徹雲霄」。[177] 蔣對此有感而記之曰：「其狂熱情態不減於前日之太和殿也。余何人斯，受民眾如此愛護，能不自勉以感謝上帝乎」；「其至誠熱烈有如此者，令余終身不能忘懷，吾將何以報之，不辜負其所望也」。抵南苑機場，與中外記者談話。[178] 參加此記者招待會的計有《華北日報》社長張明煒、《天津民國日報》社長卜青茂、《世界日報》社長成舍我、《益世報》社長馬在天、《明報（紀事報）》社長孔效儒、《大公報》經理曹谷冰、中央社北平分社主任丁履進、北平通訊社記者賀筱村、國際宣傳處魏景蒙，及美聯社記者戴維斯、柏高爾、茲裴蘭（攝影記者）、時代雜誌記者葛雷、生活雜誌記者威爾克斯、路透社記者駱賓、合眾社記者派卡德、紐約泰晤士報記者李伯曼、美國新聞處卜魯斯、美國海軍陸戰隊新聞組邁卡洛夫、卜希米、芝加哥太陽報記者道凌等二十餘人。十二時三十五分，談話開始。[179] 蔣與記者答問的要點為：

記者問（以下簡稱問）：主席對於美國總統杜魯門最近宣言聲明美國對華政策之意見如何？主席答（以下簡稱答）：杜魯門總統深知中國情形，尤其對中國現在情形更為瞭解，其最近宣言表現對華友誼深摯，至堪欽佩。問：杜魯門總統宣言之聲明，是否可使國民政府與共產黨之談判獲得進步？答：要看共產黨態度如何，對於杜魯門總統之意見是否接受。我個人對杜魯門總統之意見甚表同意。問：共產黨代表葉劍英及隨員三十人已經到渝，對於共產黨問題之解決有無幫助？答：我昨日才知彼等到渝，其態度及計劃如何，我尚無所

[177] 《大公報》（天津），1945 年 12 月 19 日，第二版。

[178] 《蔣介石日記》，1945 年 12 月 18 日；及 12 月 19 日補記 18 日事。

[179] 《大公報》（天津），1945 年 12 月 19 日，第二版。

知。問：杜魯門總統之聲明認為國民政府與共產黨雙方應互相遷就，
尤其政府對共產黨更為遷就，則可能成立妥協，主席對此意見如何？
答：我三年以來一貫的政策與意見係以和平友誼之方法，與共產黨
解決問題。杜魯門總統在其宣言中所聲明之意見，正與我之意見相
合。問：杜魯門總統對華政策主席是否感覺並無改變？答：美國對
華傳統政策及友誼並無改變，我甚敬佩。問：杜魯門總統聲明中之
一點，即希望中國政府擴大範圍，容納其他政黨參加政府，主席意
見如何？答：我於今年三月一日在憲政實施協進會發表演說，聲明
國民大會開會後將容納各黨各派人士參加政府。杜魯門總統之聲
明，正與我之聲明一樣，杜之意見亦正係我之意見。問：馬歇爾特
使將來中國，主席將在何地與馬歇爾會面？主席何時回渝？答：我
或可在返渝途中，如南京、漢口，與馬歇爾晤面。[180]

　　談話至此，已十二時四十分，蔣起身與記者握別，並特別向中國記者表
示此次來平，與北方民眾見面，甚為快慰，彼對北方民眾至為關懷，今後將
常來此地，希望兩月以後可能再來，望以此意轉達民眾。[181]十二時五十分，
蔣前往登機坪，北平軍政長官自李宗仁（北平行營主任）、孫連仲（第十一戰
區司令長官兼河北省政府主席）、熊斌（北平市長）及其以下各機關首長、各
界代表二百餘人，均至機場歡送，七十高齡之靳雲鵬，亦趕來相送。蔣下車
後，與靳雲鵬徐步談話，行抵專機，送行人員歡呼萬歲，蔣登機後滿面含笑，
立在機門，揮帽與送行人員示別，精神煥發，神情愉快。[182]座機於一時一刻
起飛，途中蔣俯瞰黃河、濟南、泰山、汶水、泗水，感曰：「黃河已成溝渠矣」。
休息。四時半，到南京，飛巡一匝，蔣記其「此心起伏，萬感交集，不知云

[180]〈主席駐節北平誌盛〉，《益世報》（天津），1945年12月19日，第一版。

[181]《大公報》（天津），1945年12月19日，第二版。

[182]〈主席駐節北平誌盛〉，《益世報》（天津），1945年12月19日，第一版。

何，只有感謝天父賜我勝利光榮，平安回京，但願一切榮耀歸於上帝，不敢領為己有也」。[183]座機在南京明故宮機降落，在場歡迎人員多達千餘人，陸軍總司令何應欽，海軍總司令陳紹寬，南京市長馬超俊，國民黨南京市黨部主任委員卓衡之，與陸軍總部參謀長蕭毅肅、副參謀長冷欣、蔡文治以次高級人員、黨部各委員，市府各局長，均到。又在南京之國民黨中央執行委員鄧家彥、蕭錚、陳逸雲，及國府各部會駐京之交通部次長凌鴻勛、財政部次長魯佩璋等，亦均在場迎候。[184]其迎蔣經過情形，《中央日報》（重慶）記者鄭炳森寄自南京的報導至為詳盡而傳神：

> 午飯以後，市民們開始成羣結隊，各大中小學校，工商團體，一條條長蛇陣似的從南京每一角落走向機場及機場附近的街道上，準備歡迎。中山東路大行宮至明故宮機場的一段，寬闊的馬路上，人山人海，擠得連螞蟻也無法通過。……。機場裏，一圈圈地，烘烘的擠著不少人，估計：至少二千人。蕭參謀長毅肅忙於指揮，請到場的人排成四行的隊伍，檢查一番之後，何總司令再看一次，「好！就這樣，解散！聽號音照樣集合」。四時二十分鐘，集合號響了，隊伍馬上排好，天空上警戒飛機在飛翔，不久，一架巨型客機降落。……軍樂隊跟著機門的打開而奏起歡迎的曲子，皮帽跟大氅，秀髮跟海勃龍大衣，主席夫婦出現，相偕緩步而下，何總司令等起前迎接並致敬，主席夫婦一一含笑答禮後，即步行檢閱在場歡迎行列。檢閱在場隊伍後，何總司令的女公子何麗珠小姐領着沈明珠、王紅英、楊印佩、徐奇臻四位小姐獻鮮花三束與「英明神武」、「領導羣倫」的兩幅錦旗之後，主席夫婦就登車出發，開始巡行八年未見，無時不在念中的南京，大忙一頓之後的記者們，也馬上跟著跳上專車，

---

[183] 《蔣介石日記》，1945 年 12 月 19 日，補記 18 日事。

[184] 《中央日報》（重慶），1945 年 12 月 19 日，第二版，「中央社南京十八日下午六時半急電」。

準備追隨，其他歡迎人員也驅車隨行，吉普，小轎，流線型，各種大小汽車連成一條長龍。……。巡行路線是中山東路、太平路、健康路、中華路、白下路、中山路、國府路，然後駛往官邸。巡行車列所經之處，國旗飄展，爆竹喧天，拍手，高呼，跳躍，歌聲，你若單以「熱烈」兩字來形容，我是不贊同的，但記者也無法將實情形容出來。……陽光照著南京，照在南京市歡愉的臉上，照著主席高興的面容，照著每一個竚（佇）立街頭擔任警戒衛兵的刺刀上，這是八年從未有的輝煌的光芒！主席的車子，轉向去官邸的路上了，歡呼與爆竹聲，還在鬧個不停。傍晚六時，太陽還不肯下去，紅霞滿天，似乎蔣主席已提前把春天帶到了南京！[185]

圖 15　蔣中正由北平飛抵南京（1945 年 12 月 18 日）

[185] 鄭炳森，〈蔣主席凱旋南京〉，《中央日報》（重慶），1945 年 12 月 23 日，第五版（集納版）。

圖 16　蔣中正夫婦於機場接受南京市市民代表迎迓（1945 年 12 月 18 日）

　　對此蔣誌感曰：「民眾歡迎一如北平，不能不由我熱淚盈眶矣」。入軍校舊寓後，即書「基督凱歌堂」一匾，特懸掛於小紅山大廳，以償 1937 年離南京時之誓願。[186]旋電重慶陳布雷並轉吳鼎昌：「中本日抵京，擬與馬歇爾在此晤面，再回渝」。電重慶行政院長宋子文：「中本日抵京，擬與馬歇爾在此晤面後，再回渝，請囑雪艇兄來京一敘」。接重慶轉來航空委員會副主任王叔銘亥巧（12 月 18 日）電，謂「張公權（按：張嘉璈字公權，時任東北行營經濟委員會主任委員）先生暨經國兄於本日十一時三十分同機來平，明日飛京，謹聞」。[187]晚課後，蔣「仰見明月初昇，乃念『花未全開月未圓』句。是日舊曆十四夕也，但有感謝上帝而已」。記事後，十時半禱告畢，就寢。[188]

---

[186] 《蔣介石日記》，1945 年 12 月 19 日，補記 18 日事。

[187] 以上三電均見《蔣檔・事略稿本》，1945 年 12 月 18 日。

[188] 《蔣介石日記》，1945 年 12 月 19 日，補記 18 日事。

圖 17　蔣中正於勝利回京後首次謁陵（1945 年 12 月 18 日）

　　12 月 19 日，上午，朝課後，處理公務。召見參謀總長及陸軍總司何應欽，聽取其報告，蔣以其「對於重要業務與軍事部署毫無行動，皆陷於沉睡狀態，輒談共匪各處之如何嚴重，而並未提出辦法。如此不負責任，不知職守，無血性、無志氣之習性，仍如往昔，毫未改變，不覺悲憤起伏，無可抑制，但亦不加苛求，無可如何也。陳紹寬之狹小無能，乃為陸海軍無獨有偶，處處非我親到，即如枯朽沉睡，無一息生氣，尤以南京為然，萬不料恢復四個月之首都，死氣沉沉如此也，幹部如此，何以建國，思之鬱悶」。故自上午謁孫中山陵寢，巡視靈谷寺陣亡將士墓園，便至小紅山舊邸後回寓，直至下午巡視古林寺。「一日之間毫無歡心樂趣，實為黨國無才悲也」。[189]其謁陵詳情，是日之中央社南京電有所報導云：

[189] 《蔣介石日記》，1945 年 12 月 20 日，補記 19 日事。

蔣主席十九日午偕夫人往陵園，展謁總理陵寢，俞局長濟時隨行。謁陵後，並赴靈谷寺院之將士紀念塔及譚故院長墓憑弔良久。主席車抵陵墓前門，徐步拾級而上，約二十分鐘，達享堂，當與夫人並立總理塑像之前，獻花圈，俯首默念三分鐘後，始行最敬禮，禮畢，復瞻仰遺容，默然久之。旋入寢堂，繞棺一匝。步出享堂，一一檢視。堂前祭物有一巨大銅鼎，八年前為敵人砲彈所穿，主席當面諭陵園管理委員會護衛處長馬湘立牌加註，以留永念。[190]

晚課後，蔣經國與張嘉璈、王世杰來談關於東北與蘇聯經濟合作方針，蔣以為在此美國態勢強硬之時，中國對蘇方式，應示以寬和，不宜峻拒，不妨先與試談，而王世杰以為不可增高其希望。最後仍決定先與試談，但由中央將另派專家往東北洽商。十一時後，就寢。[191]關於是晚的談話大要，王世杰的日記（1945 年 12 月 22 日）有所提及：

> 張公權、蔣經國于前日由長春來京謁蔣先生，報告東北接收情形及蘇軍要求合辦重工業事。予仍力主對蘇之經濟合作，必須在東北接收完成後，始能有所協議。公權要求先由經濟部派人往東北與之談商，蔣先生允予考慮。[192]

張嘉璈（字公權）是日的日記所述則更為詳細：

> 八時至蔣委員長官邸晚飯，同席有王雪艇外長，及蔣經國兄。飯後長談，至十一時半始散。決定事項如下：（1）年內先接收長春、瀋

---

[190] 《大公報》（天津），1945 年 12 月 20 日，第二版。

[191] 《蔣介石日記》，1945 年 12 月 20 日，補記 19 日事。

[192] 王世杰，《王世杰日記手稿本》，第 5 冊（臺北：中央研究院近代史研究所，1991），頁 233～234。

陽、哈爾濱、大連四市，各省政府於下月初陸續接收。（2）空運軍
隊自二十五日起，先運一團至瀋陽。每日以十架飛機裝運，下月十
日運齊。（3）經濟問題，關於合辦事業種類，由經濟部派員至長春
研究，並與蘇方討論。（4）戰利品問題，改為由我方與蘇方一筆酬
勞，作為補償延期撤兵費，其數目以國幣十億元為度（國幣指東北
流通券而言）。（5）合辦事業分成若干單位，不成立一個公司，電力
業務不加入合辦之內，（6）一俟撤兵完竣，雙方派員商談，取公開
談判方式。散後，雪艇外長又同至勵志社略談。[193]

　　12 月 20 日，上午，朝課畢，約張嘉璈、蔣經國來談對蘇經濟合作要旨，
認為不妨與之試談，此時不能將固拒不談之意告之。分派工作，記事後，率
同蔣經國遊覽明孝陵、孫中山陵寢、靈谷寺陣亡將士墓與中央體育場後，回
寓，已下午一時餘。與王世杰研究對馬歇爾談話要領，先談對共軍事、對蘇
政策，而以經濟借款問題暫置緩圖。並表示對共黨仍主張政治解決，但以國
民黨為主體，不能如東歐南斯拉夫等之假民主為聯合政府之口實。至於對蘇，
一本增進中蘇同盟之義，並不願因共黨關係而阻礙中蘇邦交，非至其組織傀
儡政府，則決以極端忍耐處之，談至三時方畢。晡，與夫人宋美齡到五台山
童子軍總會視察後，指示南京市長馬超俊市政工作與箭道口建築廣場。晚課
後，分派工作畢，與宋美齡車遊南城及下關一匝，回寓，研究南京改造計畫，
至十一時半方睡。[194]是日，蔣記云：

　　審閱南京地形，實無法建立方正整齊之首都如北京與西安者之易，
　　不得已，惟有先將明故宮舊址決定為政治區，國府仍建在舊紫金城
　　地址，五院建在午朝門之南，中央黨部建在國府之東，則比較合宜

---

[193] 姚崧齡輯，〈張公權日記中有關東北接收交涉經過（八）〉，《傳記文學》，第 38 卷第 1 期（1981
　　年 1 月），頁 112。

[194] 《蔣介石日記》，1945 年 12 月 21 日及 22 日，補記 20 日事。

也。[195]

是日，蔣之行轅秘書處以奉蔣諭令：首都人民凡「有身經當日大屠殺慘禍，暨在敵偽暴力壓迫之下受有各種枉曲者，余均願詳知其事實及屠殺壓迫者之主謀。其目擊事實，基於正義感，而作負責之檢舉者，余尤樂於接受。一經查明屬實，定當分別以戰罪先付審判，或依懲治漢奸條例，從嚴懲處，以謝同胞，而伸法紀。至於收復以後如有接收工作人員之非法苛擾者，亦應望其據實報告，以憑依法處治」。特公告自是日起至 12 月 23 日止，每日上午八時至下午六時在南京市下列五處郵局：（1）建康路第一支局，（2）昇州路第四支局，（3）中華路第六支局，（4）三牌樓第三支局，（5）廣州路第五支局，分別特設密封木箱，收受市民投遞陳述函件，亦可郵寄南京郵局特一號信箱，以便隨時轉陳。[196]又蔣於是日派何應欽赴滬迎接馬歇爾。[197]

12 月 21 日，蔣記曰：「馬歇爾來談，應先與之討論對俄政策，而後再談中共問題，應使之知中美共同關係，其利害為不可分也」。上午，朝課，處理公務，手擬訓令數通。巡視陸軍總部後，復往明故宮紫金城舊址審度建築國府基地後，直出洪武門（即光華門）至大校場機場，沿途污穢，不堪言狀，尤以洪武門城關為甚，蔣內心悲傷慚惶，不知所云。下午，到機場迎馬歇爾時，機場之雜亂污穢更甚，蔣不禁興亡國之懼，乃手批機場站長之頰，以痛憤殊難自抑。蔣感歎「來京兩日，自上至下，無一而非懶慢卑劣毫無生氣之幹部，奈之何哉」。[198]三時十六分，馬歇爾之專機降落於南京大校場機場，中國戰區美軍司令魏德邁、美國駐華大使館代辦羅賓遜，亦同機偕來。雲集機場歡迎的中外人員，有外交部長王世杰、國府參軍長商震、行政院參事張平羣、美大使館駐京代表包茂勛、海軍副武官台維斯、駐京美軍參謀長斯達德、

[195] 《蔣介石日記》，1945 年 12 月 22 日，補記 20 日事。

[196] 《大公報》（天津），1945 年 12 月 21 日，第二版。

[197] 《蔣檔‧事略稿本》，1945 年 12 月 20 日。

[198] 《蔣介石日記》，1945 年 12 月 21 日；及 12 月 22 日，補記 21 日事。

領事白克斯頓等二百餘人。日昨赴滬代表蔣歡迎馬歇爾之何應欽，則先六分
鐘飛抵機場，亦與同機偕來的上海市長錢大鈞、新六軍軍長廖耀湘參加歡迎。
[199]飛機場上的風甚大，刮得滿場風沙。馬歇爾（身穿軍服，佩帶五星）步出
機艙時，向歡迎者點頭致謝，望望機場和遠方，商震、何應欽、王世杰先後
上前握手寒暄，此時三十幾位記者已接成半圓形陣勢，拿出照相機，準備攝
影。馬歇爾只站著不動，聽憑攝入鏡頭。蔣中正夫婦乘黑色轎車悄然涾止，
商震高聲說「蔣主席到了」。馬歇爾聽了之後，非常興奮，迅步走向蔣座車，
蔣（頭戴長形草綠色軍帽）下車與馬及魏德邁握手（蔣與馬自1943年開羅會
議以來，尚係首次見面）。蔣說：「好好」，馬對商震說：「請告知主席，本人
至感榮幸，並深切感謝」，蔣說：「歡迎閣下涾京」。幾分鐘後，蔣、馬、魏德
邁一同走到車前，馬、魏與蔣夫人宋美齡（衣華麗之棕色海獺皮大衣，獨留
車廂後座）握手。蔣請馬登車，蔣夫人坐在中間，左邊是蔣，右邊是馬。蔣
座車等一長列汽車自機場開往陸軍總司令部蔣的官邸。[200]

圖18　蔣中正夫婦於機場親迎美國來華特使馬歇爾時留影（1945年12月21日）

[199]《中央日報》（重慶），1945年12月22日，第二版，「中央社南京二十一日下午七時電」。

[200] 邵慎之，〈馬歇爾在南京〉，《中央日報》（重慶），1945年12月24日，第二版。邵慎之係該
報駐南京特派員。括號內的補充文字，係引自《申報》（上海），1945年12月22日，（一），
「聯合社南京二十一日電」。

抵達後，即於官邸舉行茶會，歷時五十分鐘。蔣首先對馬表達歡迎之意，略謂：戰事結束之前，即盼馬能於戰後來華一行，今日果惠然蒞止，可謂如願以償。馬當答稱：在戰爭期中已有三數次可能前來中國之機會，惟均因故未能成行，此番終得實現，深感欣幸。馬繼詢中日戰爭爆發後蔣離京之日期。蔣告以 1937 年 12 月 8 日離京時，距其淪陷僅及四日，是時南京城中已可聞日軍砲聲。馬旋為蔣述其昔年遊華之回憶，謂其對中國毫不生疏，不特對中國悠久歷史及崇高文化素表敬仰，尤熟悉平津一帶的農村情形。因其當時在華任職，常出外狩獵，深入平津鄉間，於附近數十村落最為熟稔，對於當地農民性情之純樸，及其對外國友人之真誠友誼，至今猶留深刻印象！蔣甚欣然告以此次巡視北平期間，當地年老士紳猶多道及馬之名字，並津津樂道當年故事者，對馬充分平民化之丰度，咸推崇不置。當蔣與馬敘談時，宋美齡招待殷勤，以純熟流利之英語代為傳譯。至下午四時二十分，馬始辭去。[201]蔣繼而記事，晚課。[202]晚間，蔣在其中央軍校舊寓邸宴馬歇爾。[203]餐後，敘談至十一時半辭去。其談話重點在中央對共黨愈謙讓，則共黨愈驕矜，杜魯門助華之目的愈易達成之一點，再三陳述不已。[204]次日（22 日），蔣在其「上星期反省錄」中記述 21 日晚與馬歇爾敘談之結論如下：

甲、杜魯門援助我中央甚切，但其必須聽取議會與民眾之輿情。乙、望我中央對中共愈謙讓，則於中央愈為有利，即杜之政策亦易實現。丙、彼須先到渝聽取中央和各方意見後，方肯表示意見，竭力採取客觀態度，甚恐被人包圍。丁、彼之立場，必以中央政府為主體，力助統一，僅對余負責建議。戊、對中共不易就範之一點，特具戒心。己、中共欺妄之宣傳，彼已有所感覺。庚、對俄之於東北態度

---

[201] 《大公報》（天津），1945 年 12 月 22 日，第二版，「中央社南京二十一日電」。

[202] 《蔣介石日記》，1945 年 12 月 22 日，補記 21 日事。

[203] 王世杰，《王世杰日記手稿本》，第 5 冊，頁 233，1945 年 12 月 21 日條。

[204] 《蔣介石日記》，1945 年 12 月 22 日，補記 21 日事。

與心理，尚待切實研究，方敢下斷語，此時尚取懷疑態度。辛、彼對史大林尚具信心也，余對馬直告其對共必盡力獲得政治解決之方鍼，但一面必須如杜總統宣言，必須取消共軍，改編為國軍，而對俄則一面派代表見史，一面待莫斯科此次外長會議之結果，俄之對東北態度表明後，再定派軍進入瀋陽、長春之時期，並待海運部隊之續到，以厚兵力也。[205]

12 月 22 日，上午，朝課，分派工作，批閱公文，記事後，美國海軍第七艦隊司令巴貝（Daniel E. Banbey）將軍來見，報告美政府已命令其可運華軍前往東北之海口，蔣心略慰，留其午餐。下午，美國駐菲律賓高級專員特由滬來京訪晤，約談一小時半，辭去後，蔣偕宋美齡遊覽清涼山麓，以天雨未登山而回，順道遊百步坡，再往中山門外，巡視遺族男女各校舍、第七十四軍駐地，蔣以其「管理組織毫無生氣，可嘆」。再往洪武門外，指示市長馬超俊以整頓修理要旨後，回軍校。晚課後，約宴黨政軍各幹部二十餘人，加以訓誡，指出南京工作皆陷於睡眠狀態，毫無生氣，彼等不啻為革命之罪人，言之憤恨難遏。並當何應欽面，「痛斥其不負責，不知恥，若不再奮勉，任你去職，由我自己來幹可也」。[206]據與宴的何應欽傳述蔣訓示之要點，計有四項：（1）中央與地方接收人員，對接收敵偽物資工廠尚未能盡為利用，今後應設法利用。（2）南京各機關部隊所駐地方尚欠整潔，醫院內病兵每人只有軍毯兩床，尚嫌不足，應速改善。（3）南京市破壞部分，尚未完全整理，市郊公路應速整理修復，此項工作應速多利用日俘擔任。（4）陸軍總部尚未盡量運用職權，指導監督黨政各機關，將各事推行盡善。在正式還都以前，陸軍總部應完全運用權力，監督指導總部收復區內之黨政事宜，俾一切復員工作能

---

[205] 《蔣介石日記》，1945 年 12 月 22 日。

[206] 《蔣介石日記》，1945 年 12 月 23 日，補記 22 日事。

順利推動。[207]十時，再接見巴貝將軍，仍談一小時，蔣認為「此實一良友也，但魏〔德邁〕則對之不滿異甚」。十一時，就寢。[208]

　　12 月 23 日，上午，朝課後，召見日俘岡村寧次（前日本駐華派遣軍總司令）與小林淺三郎（前日本駐華派遣軍參謀長），約談五分鐘，辭去。繼見錢大鈞（字慕尹，時任上海市長兼淞滬警備司令）與何應欽等。十時後，離京起飛，沿途瞰視巢湖忠廟、姥山與三河，經大別山，十二時半，到武漢，飛繞一匝後，繼續西上，假寐一小時。下午，霧重，不能遠望，乃研究對共、對蘇與政治協商會議方針，四時，抵重慶。[209]

第三節　特色和影響

一、特色方面

　　其一、這是抗戰勝利後蔣中正首度離開西南大後方的出巡。按理勝利既已來臨，蔣亦成為世界四強之一的國家元首，正應光榮出巡，告慰全國軍民，振揚歡欣鼓舞的氣氛才是。惟以勝利來得突然，各地受降接收等工作的匆促草率，使得問題叢生，亂像頻頻，甚不利於蔣的出巡。益以共軍藉受降名義，大舉出動，攻城掠地，乃致國共衝突又起。其二、此次北巡係以陪都重慶為起訖點，不同於其後五次北巡均以南京為起訖點。其三、先至北平，再至南京，兼及收復區南北兩大名城。其四、北巡期間適美國特使馬歇爾抵達中國，蔣乃先在南京迎接之，並與其晤談。其五、蔣此次北巡，先後在北平、南京發佈公告，准許人民直接投函予蔣陳訴痛苦，這在民國史上是空前的創舉。

---

[207] 《中央日報》（重慶），1945 年 12 月 25 日，第二版。

[208] 《蔣介石日記》，1945 年 12 月 23 日，補記 22 日事。

[209] 《蔣介石日記》，1945 年 12 月 24 日，補記 23 日事。

其六、蔣對於北平、南京的市政曾多所指點。

二、影響方面

其一、華北、華中收復區部分民心一時得以撫慰。

蔣這次北巡首要的目的，即為撫慰華北、華中收復區歷經八年抗戰苦難受創的民心，雖然此行只巡視了北平和南京，其致生的作用及影響並不局限於此兩大名城，舉凡知悉蔣有此行的華北、華中人民應多感鼓舞振奮。除了親自目睹蔣此次行身影的民眾外，其他得悉自口耳相傳、宣傳招貼的揭示、報紙雜誌的報導、收音機的廣播，乃至此行紀錄影片的放映[210]的人必然多不可勝數。此外，蔣於此行前後並派有宣慰特使代表其前往全國各地宣慰，如蘇、浙、皖及京、滬宣慰使葉楚傖、鈕永建於 12 月 11 日自重慶飛抵上海，[211]預定在上海停留一週，分別與各法團及各界人士晤面，宣示中央德意及慰問之忱，然後去杭州，再轉往鎮江、南京，最後將去安徽，期於一個半月內完成該三省兩市的宣慰工作。[212]12 月 13 日，粵桂宣慰使陳濟棠、李文範自重慶飛抵柳州，次日可飛抵桂林。[213]華中宣慰使劉文島則於 12 月 18 日自重慶飛漢口，將展開宣慰工作。華北宣慰使張繼、鹿鍾麟亦於是日自重慶飛抵北平。[214]12 月 21 日起，張、鹿二人在北平開始其宣慰工作，[215]次年（1946）1 月 2 日，自北平轉往天津，於次日起在津繼續其宣慰工作。[216]足見蔣對收復

---

[210] 據中央社北平 1945 年 12 月 17 日電稱：「蔣主席蒞平，連日由中央宣傳部中央電影攝影場北平分場攝製有聲影片，不日即可完成，分發全國各地影院公映，藉使全國民眾得觀主席勝利後初臨收復區之情況」；見《中央日報》（重慶），1945 年 12 月 18 日，第二版。如蔣蒞北平特載之新聞片，與馬歇爾在南京謁蔣之新聞片，於 12 月 28 日在上海試映，成績美滿，次日起開始在滬公映；見《中央日報》（重慶），1945 年 12 月 29 日，第二版。

[211] 《申報》（上海），1945 年 12 月 12 日，（三）。

[212] 《申報》（上海），1945 年 12 月 13 日，（三）。

[213] 《大公報》（天津），1945 年 12 月 15 日，第二版。

[214] 《大公報》（天津），1945 年 12 月 19 日，第二版。

[215] 《大公報》（天津），1945 年 12 月 22 日，第三版。

[216] 《益世報》（天津），1946 年 1 月 4 日，第二版。

區的宣慰有其配套措施，不僅限於其一己的北巡，以及華北、華中地區，其收效自較廣且大。

其二、准許人民投函陳訴痛苦，有其一定程度的效應。

據天津《大公報》記者「北平電話」之報導，北平市自 12 月 15 日晨起，各指定郵局已遵照辦理，在郵局門外牆上貼有行轅秘書處大幅公告，公告下置方桌一張，木箱即置於桌上。木箱見方一尺許，未加漆，上有洋鎖，並加有封條，一般市民圍觀者甚眾。截至下午一時止，各木箱中投函甚多，煤渣胡同第二十六支局箱已有半箱，東四牌樓第二十支局箱已達三分之二，據聞倘箱過滿，尚有第二箱之設置，總期儘量接受。至各郵箱均有行轅秘書處人員及各該支局負責人看守，一部分郵局門首除佈告外，且以紅布大書「民眾快來陳訴痛苦」。民眾覷觀趨前投入函件，即調頭而去，多有紅漲雙頰者。據悉前門大街郵局所收人民陳訴痛苦函最多，有自天津專程趕來投遞者，投畢流淚而去。是日五個支局所收函件將彙交總局，由行轅秘書長密封清點，標以號碼，由蔣中正親自或派夫人拆閱。[217]至於總局方面所收函件，以郵寄者為多，有自天津、石家莊、保定及上海寄來者。總、支局收件總數在兩千封左右。[218]南京人民亦投函踴躍。[219]

至 1946 年 1 月下旬，據國民黨副秘書長鄭彥棻在北平對記者談稱：蔣在平、京所收到的人民陳訴函件，自蔣返抵重慶後即開始處理，歷時兩週已將各函件分類整理完竣，除姓名住址不詳無法答覆者外，大體均已分別作覆，其應分交主管機關調查研議調處或核辦者，亦已分別妥發。僅北平一地，據北平郵政管理局報告，已收到重慶寄來覆函一千七百零二封，除無法投遞及待投者外，已妥為投送者一千五百四十九封，所有函件均用航空快遞及專差送達，俾求迅速，所有分交各主管機關辦理者，復限期具報，專備登記，以

---

[217]《大公報》（天津），1945 年 12 月 16 日，第二版。

[218]《中央日報》（重慶），1945 年 12 月 19 日，第二版。

[219]《大公報》（天津），1945 年 12 月 24 日，第二版。

便查考，寄發各函亦商得郵局同意，妥為封發投遞，其原函姓名地址不確實，經再三投送均無人收領者，始註明迅回，計現已退回者共一百四十三件。

陳訴人境況困苦或情節堪憫者，除交主管機關依章恤助外，並已開始派員分別按址訪問撫慰，凡此均係求得處理上之確實，各項函件之處理因求迅速確實，尤重法定程序，如關於檢舉敵人罪行者，均交司法行政部審查確實後提交敵人罪行調查委員會列為戰犯，依法處理。關於檢舉漢奸者，均由司法行政部轉發該管法院依法偵查確實後訊辦。關於普通民事糾紛，如買賣租賃等糾紛，亦由司法行政部發交該管法院依法辦理。為便利人民起見，並得斟酌情節，視為提起訴訟，予以訟訴，不必再具訴狀及繳納訟訴費用。關於控告公務人員、軍警及接收人員違法失職者，亦依照毋枉毋縱之原則慎密辦理。各項處理辦法及程序，均須詳細研究，周密考慮，如交郵投遞函件，均以特別方法封發以免遺誤，對陳訴人姓名住址，更嚴守秘密，除如民事糾紛等可公開者外，其交主管機關查辦者，均不告知陳訴人姓名住址，在在均係力求周密。要之，此次陳訴函件，均依據此等原則分別處理，各經辦人員均極謹慎，刻初步辦理工作業已告成，正催促各主管機關分別迅速辦理中。[220]

由上述可知，蔣此次北巡准許人民投函陳訴痛苦，的確收到一些成效，但其諸多不足的是：（1）這只係蔣北巡期間一時的即興之舉，隨著蔣的離去，此一舉措即人去政息。（2）准許人民投函陳訴的時限太短，致意者準備不及，而影響其投函率。如北平於 12 月 13 日公告此一舉措，即限於 12 月 15 日一日內（上午八時至下午六時）將函投入市區各指定之密封木箱內，而函寄者亦限於 12 月 15 日以前郵寄。南京的情況亦大抵相同，於 12 月 21 日公告，限期為 12 月 23 日。為何需如此緊迫？殊令人不解。（3）未及投函或此後再遭非法苛擾者，如仍需陳訴，將何以為之？

當時報紙社論嘗以在重慶，最高法院檢察署設有人民告密箱，讓人民申訴痛苦，一經最高檢察署調查屬實，即為提起公訴，依法處理，這項辦法就

---

[220] 《中央日報》（重慶），1946 年 1 月 23 日，第二版。

很妥當。如今收復區的地方高等法院多已成立，就可仿照重慶辦法，准許民眾告密。此為一條大路，只要司法機構日趨健全，司法權威確立不移，民眾的痛苦，亦可由此獲得解除。[221]有的社論則質問：華北收復不久即有監察使署的設置，而且監察使早已到北平，為什麼不去行使職權？假使根本不能行使職權，這種衙門為什麼要設置？該社論雖對蔣中正公告許人民投函訴苦此一「民國歷史上空前的創舉」備致讚揚，感佩有加，但同時建議國府，「對澄清吏治，作根本的籌劃」，並直言「一個國家吏治的澄清，要勞動國家元首親自主持，實在太不經濟」，「我們不希望蔣主席再有第二次這類的公告」。[222]（4）此舉獨厚蔣北巡所至的北平及南京兩大都市民眾，兩都之外的民眾雖亦可投寄函陳，畢竟其人數極少，足見其局限性。

　　時人白金曾在天津《益世報》上撰文，慨嘆天津人太不幸運，無緣瞻仰「闊八年久別之主席風采」，更不幸的，天津無機會將苦情血書投在告密之箱，苦悶仍須深壓在內心。[223]奉派在上海等地從事宣慰的大員葉楚傖，雖自比為「活動的密告箱，一如主席在北平所設的密告箱」，[224]其效用恐亦有限。惟儘管如此，其對於受惠或知悉此舉的少數收復區人民精神上的鼓舞，應不在小，誠如當時上海《大公報》的社評所云：

> 蔣主席在北平接受陳訴，數日中接到投函達二千餘件；甚至有些農夫村婦，數百里趕到北平投訴，有的還對著信箱痛哭，向著信箱下跪。這種情形，真使人感動，我們看到這新聞也忍不住流淚。……我們的大多數民眾，不會說話，不會寫字，有痛苦不能說，有時也不敢說，但辨別力都非常強，反應也非常迅速真摯。只要有一兩件善政，使他們身受實惠，他們就衷心愛戴，感念不置。尤其收復區

[221] 〈社評：讓人民多表達意見〉，《大公報》（天津），1945年12月14日，第二版。

[222] 〈社論：有感於蔣主席的公告〉，《益世報》（天津），1945年12月16日，第一版。

[223] 白金，〈天津人的苦悶〉，《益世報》（天津），1945年12月26日，第二版。

[224] 周雨，〈上海各界首領歡迎宣慰大員記〉，《大公報》（上海），1945年12月14日，第三版。

的同胞，飽經憂患，欲望不高，「飢者易為食」，只要滴水之恩，就
會使他們終身不忘。[225]

其三、使戰後北平、南京的接收惡風收斂一時，氣象短暫一新。
匡正收復區接收人員貪瀆、枉法、奢靡的惡風，是蔣此次北巡重要的目
的。蔣在北平駐停八天，在此期間，北平不肖的官員懼於蔣的親臨，行為自
是有所收斂，《大公報》以「故都冬景」為標題，詼諧地描述蔣抵故都後的北
平，十分傳神：

「五子登科」的現象頓然煙消雲散，就像從來沒有發生過的樣子。
館子裏的大腹食客如故，但已不敢叫條子。貼著「蔣主席萬歲」的
紅標語的戲園裏，已不見官員們。大鬧油荒中的汽車，似乎也不再
銜尾巴似的橫衝直撞。[226]

南京的景象亦應與北平近似，惟一旦蔣離此他往，原先的惡風自可能復
萌，以致收效甚為有限。
其四、加速及強化平、津、冀等地禁毒戒煙工作的推行。
蔣於北巡期間對日偽在平、津等地所施長期毒化政策的遺禍深惡痛絕，
在離平之日，曾手令北平市長熊斌、天津市長張廷諤，限三個月內（自1945
年12月20日至次年3月20日）將鴉片等煙毒一律禁絕，否則即唯各該市長
是問。蔣並手令河北省政府主席孫連仲，河北全省各縣市禁毒戒煙，亦應照
平、津二市限收復之後三個月內一律禁絕，否則應予各該地方主管長官以失
職處治。另外蔣下手令，飭國府軍事委員會委員長北平行營主任李宗仁等，
將北平現存以前破獲聽候處置之毒品，於次年1月1日當眾焚燬，並組織檢

---

[225] 〈社評：代民眾陳訴〉，《大公報》（上海），1945年12月21日，第二版。
[226] 《大公報》（天津），1945年12月14日，第二版。所謂的「五子登科」，是指不肖的接收人員
肆行接收「金子、房子、車子、票子、女子」。

察委員會，邀請地方公正士紳及教會知名之士等共同參加監視執行，以表示除毒務盡之決心。[227]故北平行營即擬將接收偽華北政委會時所封存的煙土 86 萬兩公開焚燬。[228]天津市長張廷諤亦於 12 月 20 日發表談話，稱奉到蔣手諭後，刻正積極計畫，決取禁毒、戒毒並行之步驟，擬於兩個月內禁絕。其販賣或偷運毒品者，倘被查獲，定處以極刑。吸食毒品者，應速向衛生局登記，聽候分配送往市立醫院或私營醫院戒除。其不能赴各醫院者，經核准後可由衛生局發給藥品自行戒除，惟於戒除後倘被發覺復吸時，自當處以極刑。[229]當時，收復區毒氛瀰漫，吸食者為數達三千餘萬，致國府頒發收復地區禁煙緊急措施 11 條，通令各省市政府切實施行。[230]上述蔣在北平時所下的手令，足以顯示蔣深知華北收復區毒害之嚴重性及予以禁絕之急迫性。

其五、平、京地的人民蒙受一些實惠。

如舊曆冬至將屆，北平市各中小學教職員仍在饑寒之中，[231]北平市大中學校住宿生因籍隸外縣，交通梗阻，經濟來源斷絕，伙食無法維持。蔣抵北平後對此頗為關懷，特飭免費撥糧，北平市教育局即遵命於 12 月 19 日將市立、私立各中學教職員工及住宿學生名單作詳細調查，於 20 日呈交國府軍事委員會委員長北平行營，聞自即日起一律配給，至次年 2 月止，共配給食糧兩個半月。另蔣手令：北寧鐵路員工成績卓著者，每人犒賞食糧三十市斤，為業務死傷之員工，由路局局長負責呈報撫卹，以資獎勵。[232]此外，蔣夫人宋美齡於 12 月 18 日，參觀北平之聾啞學校，允贈予學生糖果一百包，以資獎勵。[233]均可見受惠的僅係極少數的北平人。倒是蔣停留在北平的那幾天，

[227] 《中央日報》（重慶），1945 年 12 月 20 日，第二版。

[228] 《益世報》（天津），1945 年 12 月 21 日，第二版。

[229] 《大公報》（天津），1945 年 12 月 21 日，第三版。

[230] 《中央日報》（重慶），1945 年 12 月 20 日，第三版。

[231] 《大公報》（天津），1945 年 12 月 14 日，第三版。

[232] 《大公報》（天津），1945 年 12 月 20 日，第三版。

[233] 《大公報》（天津），1945 年 12 月 19 日，第二版。

經常停電的北平夜間卻大放光明，市民受惠。然也許是巧合，蔣離平當天，北平又恢復停電，天津《大公報》記者在 12 月 18 日晚間一片漆黑中聽到一位北平人說：「電燈也好似是蔣主席帶來的，今天他剛走，電燈又滅了」。[234]蔣抵南京後，對該市的市容及市政備致關心，在南京駐停期間，曾數度抽暇巡視市區，離南京前夕，曾召集首都黨政軍負責人員諄諄訓示南京為舉世觀聽所繫之中國首都，對於全市市容的整肅，及新生朝氣的培植，實為復興工作中之要圖，蔣旋列舉各點，指示周詳。至於市政的革新，蔣曾數次手令市長馬超俊指示：（1）中山路須予全部翻修；（2）中山門及挹江門門樓須重加改建；（3）自來水及下水道尚須改進；（4）市區標語應予改良。市政當局奉令後，刻正籌劃實施中。[235]

其六、蔣在南京機場親迎甫抵中國的美特使馬歇爾，不僅不符體制，且適足以助長馬氏的驕氣。

依體制蔣係中國國家元首，馬歇爾係美國總統所派特使，馬氏理應在當時國府所在地重慶覲見蔣呈遞國書才是，當時在重慶的國府外交部長王世杰力主蔣勿在重慶以外的其他地點與馬氏晤面，謂此不僅為體制關係。惟不知王氏除了以體制關係不贊成蔣在南京與馬氏晤面外，其他的顧慮為何？可能是他深知馬氏的個性及所素持輕視中國的態度，不欲更助長馬氏的驕氣。1940年秋，國府駐美國大使館武官郭德權曾與時任美國參謀總長的馬歇爾晤談，馬氏在聽完郭報告中國國內敵情及國軍作戰的進展後，竟答稱：「你們是用竹筷子對日軍作戰，豈能制勝？若以美軍對日，只要三個師就夠了」。[236]其對國軍如此輕視，並如此驕狂，其後更因聽信史迪威向其諸多報告的一面之詞，對蔣中正及國府的成見益深。

蔣決定在南京親迎馬氏，應出於就北巡至南京之便，及表示對其禮遇、

---

[234]《大公報》（天津），1945 年 12 月 21 日，第三版。

[235]《華北日報》（北平），1945 年 12 月 24 日，第一版。

[236] 郭德權，〈我所認識的馬歇爾將軍〉，《傳記文學》，第 30 卷第 1 期（1977 年 1 月），頁 75。

友善，俾消除其對國府的成見，然效果似乎適得其反。揆諸馬氏抵華後，既不遞國書，亦無政府文件，實有失國際禮儀，馬氏並在重慶蔣為其舉行的盛大生日宴會上，儼然以殖民地總督的口吻發表訓辭，責備國府，致使在場人士均感不快。[237]可見其一斑。

---

[237] 同上，頁 77。梁敬錞，〈馬歇爾奉使來華（初稿）（下）〉，《傳記文學》，第 29 卷第 5 期（1976 年 11 月），頁 117、118。

第三章
第二次北巡（1946.5.23.～6.3.）

　　蔣中正自 1945 年 12 月 23 日從南京返抵重慶，結束了為時約兩週的第一次北巡。是時東北仍在蘇聯軍隊佔據之下，國軍雖已出山海關北進，但進展有限，且與東北共軍時有激戰，局勢動盪，蔣自是無法出巡東北。接下來 1946年 1 月 10 日，由國府邀集全國各黨派代表及社會賢達討論國是的政治協商會議在重慶開幕，至 1 月 31 日閉幕，而自重慶還都南京的工作尚有待加緊進行。5 月 5 日，蔣在南京主持還都典禮，心願既了，國軍規復東北又大有進展（攻克四平，迫近長春），蔣的出巡東北乃付諸實行。

第一節　背景原因

一、告別重慶還都南京

　　1937 年 11 月中旬，由於日軍已經進佔上海，南京國民政府各部院開始作內遷的準備。11 月 20 日，國府正式發表遷往重慶的宣言。自 11 月下旬起，各部首長先後離京，乘輪西上，國府主席林森旋於 11 月 26 日抵達重慶，當時重慶民眾曾舉行盛大歡迎會。12 月 1 日起，遷渝各機關開始辦公，至此，重慶正式成為戰時陪都。[1]及至 1945 年 8 月 16 日，亦即日本投降後的第三天，

---

[1]《申報》資料室，〈國府還都回顧〉，《申報》（上海），1946 年 5 月 5 日，國府還都紀念特刊之四，（四）。

中央通訊社首先發出國府發言人（張平群）對記者團透露國府預定於最短期內還都南京的息。[2]

8月18日，國府行政院邀集黨政軍各機關代表五十餘人，會商還都問題。當經決定：（一）由國民政府，國防最高委員會秘書廳，中央執行委員會秘書處，軍事委員會，五院，各派代表一人組織委員會，會商統籌還都事宜，由行政院召集。（二）還都公私運費均免收，由戰時運輸管理局妥擬辦法。（三）機關搬運費應由各機關編送概算，其辦法由委員會擬定。（四）公務員酌發搬遷費，辦法由委員會擬定。（五）各機關搬運公物數量及免費運送公務員眷屬人數等項標準，均由委員會擬定。（六）沿途及到京後糧食之供應，由糧食部擬具辦法，俟各機關代表派定後，委員會即可開始工作。[3]9月初，復都接收委員會成立，由在南京之陸軍總司令何應欽兼主任委員，谷正綱為副主任委員，參加者為各部會的代表（國民黨中央黨部為駱美奐、羅學濂、汪公紀，教育部為甘家馨，經濟部為徐肇宗，內政部為酆裕坤，衛生署為朱章賡、姚克方，社會部為賀寒、朱景暄，財政部為陳行，糧食部為尹靜夫，交通部為韋以黻，外交部為尹葆宇）。9月5日晨，由谷正綱率領，自重慶飛芷江，轉南京辦理接收事宜。[4]9月中旬，國府當局命各機關作還都之準備。[5]惟還都的日期尚未決定。11月15日，國民黨中央黨部秘書長吳鐵城自南京返抵重慶，中央社記者特於16日午往訪之，詢問關於還都等問題，吳答以還都日期因交通及籌備關係，目前尚難確定，但在國民大會召開之前，必可實現。[6]

12月初，行政院特派陳參事前往南京勘察各部會房屋、家具和各部會人

---

[2] 《申報》資料室，〈凱旋南京記——國府還都的新頁〉，《申報》（上海），1946年5月5日，國府還都紀念特刊之四，（四）。

[3] 《大公報》（重慶），1945年8月19日，第三版。

[4] 黃時樞編著，《還都南京》（上海：大成出版公司，1948），頁20。

[5] 《申報》資料室，〈凱旋南京記——國府還都的新頁〉，《申報》（上海），1946年5月5日，國府還都紀念特刊之四，（四）。

[6] 《大公報》（重慶），1945年11月17日，第二版。

員到京後的食宿問題。此行結果，決定行政院暫假舊鐵道部辦公，各部會多數仍在原址辦公。同時行政院依據最高當局的指示，決定了政府人員還都的具體辦法：（一）行政院和所屬各部會依照實際需要，派遣一部分人員赴京，各部會人數不等，最多的如財政、交通等部，為一百五十人，最少的如僑委會等，祇有十人，總數共一千五百人。（二）限 12 月 15 日以前，一律到達南京。（三）行政院例會，移南京舉行。從 12 月 5 日起，國府各機關還都人員開始分水陸空三路進發。[7]行政院長宋子文，財政部長俞鴻鈞，次長魯佩璋，司長戴銘禮，教育部次長杭立武，社會部次長洪蘭友，及其他各部次長等，均將還京辦公，各部重要司長與收復區急需有關人員均將隨行。但各部長除財政俞鴻鈞外，將暫留重慶。四聯總處秘書長顧翊羣及國家各行局總經理，均將首批還京。[8]

重慶與京滬間的航空班機，為了趕運首批還都人員，特地將客運停辦十天。第一批還都人員（包含行政院各機關人員）一百五十人，於 12 月 12 日首先飛抵南京，司法行政部職員六十人，於 12 月 13 日接踵到達南京。另有行政院首批還都人員四百人，搭乘華源輪沿江東下，直趨首都。外交部職員六十人，則於 14 日分搭飛機及輪船赴京。第一批行政院各機關還都人員，於 12 月 15 日已全部到齊，17 日起開始正式辦公。教育部人員六十餘人，於 12 月 20 日左右抵京。[9]此時已還都之院部會署的主持人、人數、地址為：（一）行政院：已到京者有參事朱佛定、管歐，秘書冉鵬等八十餘人，現由簡任秘書曾大鈞主持。該院與糧食、交通、農林三部在中山北路舊鐵道部辦公。庶務主任嚴雲飛正忙於佈置中。（二）糧食部：由次長龐松舟率領，計到京者有田賦署長李崇年，秘書處長張清源，管制司長僕孟九，財務司長汪君良，會

---

[7]《申報》資料室，〈凱旋南京記——國府還都的新頁〉，《申報》（上海），1946 年 5 月 5 日，國府還都紀念特刊之四，（四）。

[8]《大公報》（天津），1945 年 12 月 5 日，第二版。

[9]《申報》資料室，〈凱旋南京記——國府還都的新頁〉，《申報》（上海），1946 年 5 月 5 日，國府還都紀念特刊之四，（四）。

計處幫辦李師珏，人事處幫辦葉國璋等共約五十餘人。（三）交通部：現到京者為技監韋以黻，秘書樂永慶、林祥慈、張毓鵬、湯鶴逸、譚振名等一百五十餘人。次長凌鴻勛已於 12 月 17 日來京，主持部務。（四）農林部：到京者有林業司長李順卿，農村經濟司長趙保全，漁牧司長虞振榮，顧問孫洪芬等二十五人。（五）外交部：計到京者有會計長黃慶華，總務司幫辦崔鑄寰等五十餘人，在中山北路外交部原址辦公。（六）教育部：到京者有參事趙太伸、劉英士，司長黃如今，督學彭百川，科長李洪謨等七十餘人。次長杭立武亦於 12 月 17 日飛京主持部務，在成賢街原址辦公。（七）經濟部：到京者有電氣司長張家祉，礦業司長李鳴龢等六十人，由總務司長吳培鈞主持部務，在鐵湯池辦公。（八）財政部：先後到京者已達一百三十人，現由政務次長魯佩璋主持部務，在中山東路原址辦公。（九）司法行政部：到京者四十餘人。由總務司長顧汝勳主持部務，在中山中路原址辦公。（十）社會部：到京者有首席參事黃友郢，參事郴若谷，主任秘書梅旅，總務司長閔劍梅，合作局長壽勉成等四十五人，在舊行政院與地政署、水利委員會、僑務委員會同址辦公。（十一）內政部：到京者有司長鄧裕坤、包惠僧、哈雄文，幫辦陳沼煌等二十五人，在瞻園路原址辦公。現正修葺房屋，甚為忙碌。（十二）水利委員會：到京者有主任秘書周仰文，工務處長宋澎等十三人。（十三）僑務委員會：到京者有秘書處長郭威曰，管理處長周演朋等十餘人。（十四）資源委員會：到京者有會計技正席颺，秘書戴我與等五十六人，在三元巷辦公。（十五）蒙藏委員會：到京者有參事李煒，處長熊耀文，秘書劉啟濬等七人，在豆府園辦公。（十六）善後總署：到京者有主任秘書宓賢明，專門委員李國幹等一百餘人，在中山北路新華大樓辦公。（十七）地政署：到京者有主任秘書程子敏，秘書王翰傑，處長劉岫青等十餘人，由副署長祝平主持。（十八）衛生署：到京者有特派員兼中央醫院院長姚克方，專員楊樹信等四十餘人，在黃浦路原地址辦公。[10]

---

[10] 〈已經還都的院部署──主持人‧人數‧地址〉，《益世報》（天津），1945 年 12 月 24 日，第一版。

　　此後國府各機關工作人員陸續離渝赴京，一時京渝道上，冠蓋如雲，洋溢著蓬勃的氣象。到 1946 年 2 月初，還都人員已達一千餘人。但是據有關方面估計，留渝的中央機關應隨同政府還都的公教人員及其家屬人數，當在四十三萬以上，於是還都工作遇到了兩大難關，其一、是運輸困難，水陸空運量未能配合實際需要。據運輸方面主管報告：3 月份運輸數量，全國各線空運方面，共運出一萬人，其中到達上海、南京約計四千五百人。陸路分南北兩線，南線到長沙，北線到寶雞，再分別轉京，數量可達二萬人。水運方面，因未能直達漢口，重慶、宜昌段約運送八千四百人。照此運輸能率，如以四十萬人計，一年後方能運送完畢。國府當局除加強空運力量外，對機位的分配不得不加以限制，對於國民大會代表及國民參政會參政員約一千人，及中央黨政各機關還都人員四千二百人，決定優先空運。其二、是還都人員的住屋問題。據粗略估計：在南京的政府機關辦公房屋和公務人員的眷屬住所，約計缺少二萬八千棟。國府當局為求補救，已令聯合國善後救濟總署撥借七十億元作建築房屋之用。此外，並向美國訂購活動房屋一千七百棟。在活動房屋未曾全部運到以前，各機關在京辦公房屋，由各機關自理，職員眷屬暫行留渝，如須先行赴京者，所需房屋應自行辦理。[11]

　　2 月 4 日，蔣中正在重慶回答外國記者發問時云：「政府準備在五月以前還都，但亦須視交通情形如何，始能決定」。[12]2 月下旬，國防最高委員會通過「中央黨政機關由重慶還都辦法」，其要點為：（一）政府各機關還都人員之規定：1.員工名額以在職為限，並不能超過本年度預算人數。2.員工眷屬以配偶及直系親屬為限。3.員工眷屬平均每職員攜帶三人，每工役攜帶一人。4.各機關在渝死亡之公務員，其眷屬未在其他機關任職須還都者，由本服務機關辦理還都手續。（二）公物之規定：各機關公物自行辦理，以每職員一人配帶一百公斤為限。（三）員工行李之規定：職員暨眷屬每人以百公斤，工役

---

[11] 《申報》資料室，〈凱旋南京記——國府還都的新頁〉，《申報》（上海），1946 年 5 月 5 日，國府還都紀念特刊之四，（四）。

[12] 《大公報》（天津），1946 年 2 月 6 日，第二版。

暨眷屬每人以五十公斤為限。（四）經費預算：1.由渝赴京人員上下碼頭及沿途之車船費，按實計算，由各機關自行統籌辦理。2.輪船票費暨宿費，每人平均按十二萬元計。3.每百公斤二萬元計算。4.公私物品由渝運京，一切費用在內，每噸按按十五萬元計算。5.各機關還都後之購置設備費，按每職員十萬每工役三萬元計算。（五）員工還都補助費之規定：每人特級四十萬元，簡任級卅五萬，薦任級卅萬，委任級廿五萬，雇員十五萬。工役每人八萬元。各機關雇員、工役如不隨同還都者，各發給三個月遣散費。（六）重慶以外之中央機關遷還首都，及由重慶遷駐首都以外各地之中央機關，均比照此項規定辦法辦理。至此，國府還都事宜進入了具體實現階段。[13]

　　由於國民政府還都在即，首都各界籌備舉行慶祝大會，國民黨南京市黨部於 4 月 19 日下午二時半召集有關機關團體舉行首次籌備會議，討論慶祝大會辦法，慶祝地點將假明故宮機場舉行。惟大會日期未作決定，然籌備工作決即開始進行，籌備委員會下分設總務、宣傳、佈置、警務、救護等組。[14]4 月 22 日上午九時，國府中央舉行「國父紀念週」，國府主席蔣中正領導行禮如儀後，由行政院善後救濟總署副署長浦薛鳳報告該署最近工作情形，報告畢，蔣中正對於還都事宜有所指示：（一）各院部會公務人員及其家屬於還都時有特殊困難者，各主管應斟酌情形代為解決，或予以救濟。（二）目前交通工具缺乏，各主管對於人員檔案之運送，應分別先後緩急，其與業務無重要關係之人員檔案，可暫留重慶，俟水運暢通時再行運赴南京。[15]4 月 24 日，以蔣中正已定 5 月 2 日還都，重慶各界特舉行歡送會，蔣懇切致詞，告別陪都人士，盛讚陪都市民忠貞為國精神。[16]重慶市議會議長胡子昂特於會中朗

[13] 《申報》資料室，〈凱旋南京記──國府還都的新頁〉，《申報》（上海），1946 年 5 月 5 日，國府還都紀念特刊之四，（四）。

[14] 《中央日報》（重慶），1946 年 4 月 20 日，第二版。

[15] 《中央日報》（重慶），1946 年 4 月 23 日，第二版。

[16] 《中央日報》（成都），1946 年 4 月 25 日，第二版。

讀頌詞。[17]

圖 19　蔣中正夫婦出席陪都各界歡送還都大會（1946 年 4 月 24 日）

　　次日，國府中央決定「由下星期一（按：即 4 月 29 日）起，中央國府聯合紀念週改在南京舉行，並定於五月五日在南京舉行還都典禮」。[18]

　　4 月 25 日下午三時，蔣中正自重慶乘專機前赴成都，俾於還都前慰勉並辭別四川人民，隨行的有四川省政府主席張羣，國府軍務局長俞濟時等二十餘人。四時三十分抵達成都太平寺機場，西康省政府主席劉文輝、川康綏靖公署主任鄧錫侯、國民黨四川省黨部主任委員黃季陸、陸軍軍官學校教育長關麟徵等，均在機場迎接。[19]蔣下機後即至陸軍軍官學校休息。晡時，蔣於城上獨自散步，見所植之樹已然成林。[20]4 月 26 日上午十時半，蔣在陸軍軍

---

[17] 頌詞全文見《中央日報》（重慶），1946 年 4 月 25 日，第三版。

[18] 《中央日報》（重慶），1946 年 4 月 27 日，第二版。

[19] 《中央日報》（成都），1946 年 4 月 26 日，第二版。

[20] 《蔣介石日記》，1946 年 4 月 25 日。

官學校大操場召集成都各軍校（陸軍軍官學校、空軍參謀學校、空軍軍官學校、空軍通訊學校、空軍機械學校）官生及空軍第三路司令部官佐共七千六百一十九員名訓話。[21]

圖 20　蔣中正於陸軍軍官學校集合官生員佐訓話（1946 年 4 月 26 日）

　　下午三時半至六時半，蔣召見成都黨軍政各主官。晚八時半觀劇，至十二時方畢。是日，蔣腦痛，在日記中記此「乃半月來苦楚憂辱所積之結果，乃知當時精神緊張，憂憤煩悶之程度為如何矣」。[22]

　　4 月 27 日上午八時半，蔣驅車至南門外前四川省主席劉湘、第三十六集團軍總司令李家鈺墓園致弔，並致花圈。[23]蔣記所感曰：「劉墓之浪費極矣，應提倡儉葬。如余死後，決不使後人為我墓地與墓園越一畝之大也」。[24]十時，蔣在陸軍官校中正堂前，召集該校全體隊職軍官，及空軍官校一部分學員點

---

[21]《中央日報》（成都），1946 年 4 月 27 日，第二版。

[22]《蔣介石日記》，1946 年 4 月 26 日。

[23]《中央日報》（成都），1946 年 4 月 28 日，第二版。

[24]《蔣介石日記》，1946 年 4 月 27 日。

名，計參加受點人員七百餘人，蔣一一點之，並表示關懷之意，歷時兩小時始畢。正午，蔣在陸軍官校新生社公宴成都耆紳、黨政軍民、各機關團體領袖、社會賢達、陸空軍學校高級官長、抗戰陣亡將士遺族、及在蓉外僑。到有劉豫波、邵從恩（字明叔）、張羣、鄧錫侯、劉文輝、關麟徵、黃季陸、向傳義、章嘉、李璜、吳貽芳、及牧師夏敬亭、醫生林則等二百四十一人。席間蔣間向年屆九十高齡的劉豫波及七十五歲的邵從恩諮詢，[25]蔣記所感曰：「劉豫波八十九歲之老者，可敬，而邵從恩乃為一官僚與投機分子，可鄙也」。[26]餐畢，蔣起立致詞，述說四川在國民革命歷史上的光榮，四川在此次抗戰期間的地位，以及四川在今後建國時期的重要性與四川同胞對於建國所負責任之重大。且語及決於三、五年內完成成渝、成天、川滇、川黔等鐵路及川西都江大水電廠。詞畢，四川省參議會議長向傳義代表各界民眾呈獻簽名紀念冊，朗讀頌詞，並陳述民間疾苦，與熱烈擁護政府建設四川之舉措。公宴結束後，蔣即召見各故將領、烈士的遺族劉濟英（劉湘之子）、李克熙（李家鈺之子）、趙世誠（第一二二師參謀長趙渭濱之子）、楊紀倫（縱隊長楊經權遺族）、許應康（第一五〇師師長許國璋之子），一一垂詢其家庭環境、經濟狀況，更殷切囑其努力求學，繼續乃父等精神，將來為建國大用。並謂如遇困難，可隨時呈報。對許應康以父母俱亡，於其善後方面特別關切。下午四時半，蔣前赴空軍參謀學校及機械學校視察。[27]並訪張羣寓所，然後返回軍校，修正講稿未完。[28]4 月 28 日上午九時，自軍校出發，九時半於鳳凰山機場搭機起飛，十時三刻抵重慶白市驛機場。[29]

---

[25] 《中央日報》（成都），1946 年 4 月 28 日，第二版。

[26] 《蔣介石日記》，1946 年 4 月 27 日。

[27] 《中央日報》（成都），1946 年 4 月 28 日，第二版。

[28] 《蔣介石日記》，1946 年 4 月 27 日。

[29] 《蔣介石日記》，1946 年 4 月 28 日。

圖 21　蔣中正勝利還都前夕蒞蓉告別川中父老（1946 年 4 月 27 日）

　　4 月 29 日上午，蔣於朝課後，優遊林泉，記事，省察時局，召見三員後，在蓮池廊上消遣自得。下午，修正告別四川人民講稿（即 4 月 27 日在成都公宴四川各界時之致詞），到重慶南郊黃山官邸，巡視雲岫、歲寒亭、松廳、桂堂各處作別，「以此皆為自構之物與久住之地，甚覺依依不捨，而雲岫及三樓之祈禱室，更感可愛也」。[30]至晡時，始自黃山回林園住所。4 月 30 日上午，蔣於朝課後修正告別川民書稿。十時，到陸軍大學舉行將官訓練班第二期開學典禮後，至曾家岩「德安寄寓」（即「渝寓」）整理書籍，[31]及接見國民大會駐渝代表王兆榮、王普涵、石體元及曾濟寬等四人，說明此次國府明令國民大會延期之經過，及國府為求和平團結容納各方面意見之苦心，並殷望將此意轉告在渝各國大代表，陪同詣見者有國府文官長吳鼎昌及國大籌備會主

---

[30]《蔣介石日記》，1946 年 4 月 29 日。

[31]《蔣介石日記》，1946 年 4 月 30 日。

任委員邵力子。[32]結束後，指示軍警憲兵各主官，回林園已下午一時半。三時後，蔣夫婦由白市驛機場乘座機起飛，離開居住八年之久的重慶，中途蔣再修正告別川民書稿，六時，抵達西安。[33]副參謀總長白崇禧、鄭州綏靖公署副主任胡宗南、陝西省政府主席祝紹周等均在機場迎接。[34]旋至城內招待所休息，蔣以原在西安的馬歇爾已飛赴南京，「故今日心神略舒也」。[35]

圖 22　蔣中正還都途中飛抵西安（1946 年 4 月 30 日）

　　5 月 1 日，國府頒佈還都令，定 5 月 5 日凱旋南京，並謂國家獲致勝利四川貢獻偉大，決以全力建設，使四川永為國家之重心，而樹全國建設之楷模。[36]同日上午十一時半，蔣在西安行邸接見陝西省政府主席祝紹周及省府

[32] 《中央日報》（重慶），1946 年 5 月 1 日，第二版。

[33] 《蔣介石日記》，1946 年 4 月 30 日；及補記昨日之事。

[34] 《中央日報》（重慶），1946 年 5 月 1 日，第二版。

[35] 《蔣介石日記》，1946 年 4 月 30 日。

[36] 《中央日報》（重慶），1946 年 5 月 1 日，第二版。

各廳長、委員、處長。隨後再召見國民黨陝西省黨部書記長潘廉方、三民主義青年團陝西支部幹事長楊爾瑛、隴海路特別黨部主任委員馮大淼，聽取黨團工作報告，並有所指示。[37]正午，蔣夫婦赴華清池巡視，即在蔣 1936 年 12 月原住房室之外廊上午餐，蔣「回念雙十二之情景歷歷在心，不勝感慨之至，難地重遊無異隔世再生，惟有感謝天父恩澤，竟賜余今日能再有此一遊也」。下午四時前，回行邸，即對軍官訓話一小時四十分，不覺疲乏。晚課後，約宴高級將領聚餐。[38]是日，蔣之「告別四川同胞——蔣主席蒞蓉時訓詞」全文刊登於報端。[39]蔣認為此「告別四川同胞書，自為於革命史上甚有價值，而於國民對統一建國之必成，亦必發生重大影響也」。[40]5 月 2 日晨，蔣在陝西行轅召集陝西省參議會議長王宗山、副議長李夢彪及地方士紳等，對地方情形垂詢甚多。隨即出發離陝，民眾歡送行列，自北大街至西關機場，夾道肅立，約在十萬人以上，蔣專車經過時，均報以熱烈歡呼，蔣頻頻揮帽點首作答。[41]蔣記所感曰：「沿途民眾歡送，發乎至誠之情態，殊為感動，苦痛冤屈中所足自慰與自信，革命必成共匪必滅之信心，亦惟此而已」。旋登機起飛，中午十二時抵新鄉，對二十個軍少校以上官長訓話約一小時，然後會餐、照像。四時，登機起飛，六時，抵漢口。[42]武漢行營主任程潛、副主任孫蔚如、郭懺、湖北省參議會議長何成濬、湖北省政府主席萬耀煌、國民黨湖北省黨部主委方覺慧等三百餘人在機場迎候，陳納德（前美駐華第十四航空隊司令）適於是日午抵漢口，亦參加歡迎。[43]蔣夫婦下機接受歡迎後，即登車前赴怡和村行邸，一百多輛小汽車跟隨其後，迤邐成帶。沿途市民，扶老攜幼，夾

[37] 《中央日報》（重慶），1946 年 5 月 2 日，第二版。

[38] 《蔣介石日記》，1946 年 5 月 1 日。

[39] 《中央日報》（重慶），1946 年 5 月 2 日，第三版。

[40] 《蔣介石日記》，1946 年 5 月 4 日，「上星期反省錄」。

[41] 《申報》（上海），1946 年 5 月 3 日，（一）。

[42] 《蔣介石日記》，1946 年 5 月 2 日。

[43] 《申報》（上海），1946 年 5 月 3 日，（一）。

道歡迎，爭欲一睹蔣之丰采。[44]蔣記所感曰：

> 沿途民眾歡迎情緒之天真熱烈，無以言狀，每念及廿七年冬夜離漢
> 飛衡之情景，悽慘荒涼，吾民之愁鬱沉痛，不知所止之時，實不堪
> 回首想像矣，將何以報之？[45]

旋即召見程潛、孫蔚如、郭懺、何成濬、萬耀煌、方覺慧及漢口市長徐
會之、國民黨武漢市黨部主委袁雍、暨國民黨中委何鍵、魯蕩平等。[46]晚上
八時許，蔣偕夫人乘車巡視全市，對於漢口建設極表重視。[47]

5月3日上午九時三刻，蔣夫婦乘座機飛離漢口，途中蔣審視上月之日
記，而感於「軍事停頓，外交不利，借款失敗矣」。正午，抵達南京明故宮機
場。[48]得訊最早在場照料者，祇有航空委員會主任周至柔，空軍南京區司令
孫桐崗二人。因國府3日晨接獲軍務局長俞濟時自漢口來電，謂奉蔣諭請各
機關首長暨新聞記者不必至機場迎候，以免虛耗時間，耽擱公務。但在蔣座
機抵京前，陸軍總司令何應欽、考試院副院長周鍾嶽、銓敘部長賈景德，均
曾先後至機場迎候，旋聞蔣侍從人員所乘之二七三號專機業於八時零五分到
京，以為蔣座機下午方可抵京，乃先後返城，待蔣座機到時，祇有去而復返
之何應欽及軍政部長陳誠在場歡迎，機場極為清靜。[49]蔣下機時衣黑色大衣，
手攜呢帽，夫人宋美齡便裝，簡單樸素。[50]

---

[44] 周崖影，〈武漢三鎮人民迎主席〉，《申報》（上海），1946年5月8日，（七）。

[45] 《蔣介石日記》，1946年5月2日。

[46] 《申報》（上海），1946年5月3日，（二）。

[47] 《中央日報》（重慶），1946年5月4日，第二版，「中央社漢口二日電」。

[48] 《蔣介石日記》，1946年5月3日。

[49] 《申報》（上海），1946年5月4日，（一）。

[50] 《朝報》（南京），1946年5月4日，第一版。

圖 23　蔣中正夫婦勝利還都飛抵南京（1946 年 5 月 3 日）

　　旋即登車至中央軍校舊官邸休息，酣睡一小時半。下午三時，美國前總統胡佛（Herbert Clark Hoover）來訪，談約一小時，茶點後送其上飛機。[51]五時，蔣由南京市長馬超俊陪同驅車巡視市區，由國府路經太平路、中正路、中山北路直至下關，蔣對南京市政多所指示，對市府設立工業區之計劃表示贊同，並指示市區內路兩旁之空地宜由政府徵收，建築房屋，以壯市容。[52]同日，下午二時半，國府文官長吳鼎昌賚中華民國國璽自渝還都抵京，下機後置國璽於機場草地上，與歡迎者環立拍照留念，旋即賚國璽乘車赴國府，此為還都聲中極有意義的一幕。[53]又下午五時，周恩來率中共代表團成員鄧穎超，秘書長齊燕民，中共中央南方局負責人廖承志、錢瑛等人，以及電台機要組人員十多人搭乘美在華特使馬歇爾的專機飛抵南京，駐足於梅園新村，

---

[51]《蔣介石日記》，1946 年 5 月 3 日。

[52]《申報》（上海），1946 年 5 月 4 日，（一）。

[53] 黃時樞編著，《還都南京》，頁 23。

隨著國府的還都，國共談判的中心，亦從重慶移至南京。[54]5 月 4 日上午，蔣
中正召見吳鼎昌（字達銓，國府文官長）、吳鐵城（國民黨秘書長）。巡視軍
事委員會與軍令部，見通訊處機器積土生銹，不知整修，極感痛心，將其所
長懲處。至香林寺，見其敗壞已極，因而感嘆「軍隊之不知修理與建設，只
知拆毀與破壞，應在軍事教育特加注意」。下午，偕內弟宋子安巡視湯山，驚
嘆其「完全改觀矣，軍醫院範圍頗大，此乃敵軍照我意而代建立也」。[55]

　　5 月 5 日上午，慶祝國民政府還都暨革命政府成立紀念典禮，在南京紫
金山之中山陵合併舉行。是日晴天一碧，陽煦燦爛，陵園內充滿一片歡愉融
合之氣氛。[56]八時許，文武百官及民眾代表五千餘人陸續到達，排列靈堂門
首石階兩旁，文右武左（武官戎裝，文官中山服或長袍馬褂、西裝，式樣不
一。文官的一邊，中央執監委員在前，參政員及國大代表在後，第一排第一
人為國民黨女中委張默君。武官的一邊，第一排第一人為上將黃琪翔，第二
人為上將唐式遵），排列整齊，俯瞰蜿蜒之陵園大道，一片蒼松翠柏中無數國
旗迎風招展，美麗莊嚴。[57]八時五十分，蔣中正偕夫人到達，蔣身穿草綠色
新陸軍服，胸間佩勳章四枚，戴白手套，著黑皮鞋，執杖，神采煥發，步履
輕健，挽蔣夫人緩步登坡，夫人穿黑呢大衣，內襯印花旗袍，胸際左右分佩
勳章二枚，下著玄色半高跟鞋，面露歡愉之色。

---

[54] 劉曉寧，《國府還都》（南京：南京出版社，2005），頁 131。

[55] 《蔣介石日記》，1946 年 5 月 4 日。

[56] 《朝報》（南京），1946 年 5 月 6 日，第一版。

[57] 《中央日報》（重慶），1946 年 5 月 6 日，第二版。其括號內的說明則參見《朝報》（南京），1946
　　年 5 月 6 日，第一版；趙浩生，〈唱呵，南京！——誌國府還都典禮盛況〉及毛樹奎，〈還都大典
　　片羽〉，均載《申報》（上海），1946 年 5 月 6 日，（二）。

圖 24　蔣中正於還都典禮上率黨政軍民謁陵致祭（1946 年 5 月 5 日）

　　進入靈堂後，九時正，大典開始，蔣居中，夫人在右，次為宋子文、居正、孫科、戴傳賢、吳敬恆等十餘人，蔣右首為何應欽、吳鼎昌、吳鐵城、王世杰、陳誠等。第二排為中央各院部會首長及中央常委。[58]於軍樂高奏，一零一響禮砲大鳴中，蔣就位，唱國歌，獻花畢，由張道藩（國民黨文化運動委員會主任委員）恭讀告文，繼而蔣領導行禮如儀，並向孫中山遺像暨抗戰陣亡國軍、盟軍將士與死難同胞靜默三分鐘。嗣後復率中央常委、國府委員、各院部會首長及參政會主席團代表等，魚貫入內，繞行陵寢一週，[59]瞻仰孫中山遺容，九時二十七分禮成。[60]蔣步出靈堂，即在門首向參加人員致詞，歷時約五分鐘，詞畢，偕夫人步下石階，[61]登車返城，於廣播後即入國

---

[58]《朝報》（南京），1946 年 5 月 6 日，第一版。

[59]《申報》（上海），1946 年 5 月 6 日，（一），「中央社南京五日電」。

[60]《益世報》（天津），1946 年 5 月 6 日，第一版。

[61]《申報》（上海），1946 年 5 月 6 日，（一），「中央社南京五日電」。

民政府巡視一匝，蔣記所感曰：「屋宇整潔，後層林故主席時所建築之三樓倍覺壯嚴，擬命名為子超樓」。[62]

十時，南京市各界民眾齊集於國民大會堂側廣場舉行慶祝還都大會，自清晨六時許，各界民眾代表，各機關團體職員，各學校學生等，分別整隊出發，至會場集合，未及九時，廣場擁擠無隙地，達五萬餘人。近十時，各界首長參加還都典禮歸來，先於國民大會堂內略事休息，旋即到場參加慶祝大會。十時二十三分，蔣中正偕夫人蒞臨會場，全場歡聲雷動，旋即宣佈開會，由陳裕光（金陵大學校長）任大會主席，行禮如儀後，蔣致訓詞，中央廣播電台特派員到場轉播全國人民收聽。致詞歷二十分鐘始畢，全體人員在陳裕光領導下，高呼口號，震天撼地。[63]大會隨即結束。蔣記所感曰：

> 今日得能重返南京，與同胞共聚一堂，不勝感慨。曾憶廿六年冬離京時獨自謁陵，悲愴傷心，拂曉乘機赴贛時，一種黯然銷魂依依不忍別去之情景，更不堪想像矣。[64]

下午四時半，蔣偕夫人在國府禮堂舉行茶會，名曰「五五茶會」。[65]到會的駐京各國使節及盟軍官長有美國特使馬歇爾、蘇聯大使彼得羅夫、法國大使梅里靄、英國首相駐華代表魏亞特、加拿大大使歐德瀾、土耳其大使杜凱、比利時大使德爾福、阿根廷大使阿爾西、巴西大使游蘭略、捷克大使米諾夫斯基、及各國參事、秘書、武官等。國府各院部會首長參加者有行政院長宋子文、立法院長孫科、國民黨秘書長吳鐵城、陸軍總司令何應欽、國民參政會秘書長邵力子、國民黨中央委員丁惟汾、行政院副院長翁文灝、內政部長張厲生、外交部長王世杰、經濟部長俞鴻鈞、軍政部長陳誠、司法行政部長

---

[62] 《蔣介石日記》，1946 年 5 月 5 日。

[63] 《朝報》（南京），1946 年 5 月 6 日，第二版。

[64] 《蔣介石日記》，1946 年 5 月 5 日。

[65] 趙浩生，〈「五五茶會」紀盛〉，《申報》（上海），1946 年 5 月 7 日，（二）。

謝冠生、教育部長朱家驊、國民黨海外部長陳慶雲、社會部長谷正綱、國民黨組織部長陳立夫、國民黨宣傳部長吳國楨、銓敘部長賈景德、航空委員會主任周至柔、行政院秘書長蔣夢麟、考試院副院長周鍾嶽、衛生署長金寶善、主計長陳其采、立法院秘書長吳尚鷹、考試院秘書長史尚寬、國民參政會副秘書長雷震、國民黨中央監察委員賀耀祖、上海市長錢大鈞、南京市長馬超俊、善後救濟總署副署長浦薛鳳、陸軍總司令部參謀長蕭毅肅。[66]以及程天放（國防最高委員會常務委員、中央政治學校教育長）、黃少谷（國民黨政治考核委員會主任委員、中央監察委員）、甘乃光（外交部常務次長）、賴璉（國民黨海外部副部長）、劉鍇（外交部政務次長）、于斌（天主教南京教區總主教）、鄧穎超（中共代表）等四百餘人。

四時四十分，蔣偕夫人步入禮堂，於樂聲悠揚中，與到會者含笑點首，旋由外交部禮賓司司長李駿陪同各外賓，一一與蔣握手道賀，蔣夫人陪同馬歇爾夫人、彼得諾夫夫人、何應欽夫人、鄧穎超等於禮堂右首坐談。未幾蔣復親自與各夫人握手寒喧，賓主歡洽。[67]

五時半，蔣偕夫人向大家告辭走出禮堂，茶會還在繼續進行，至六點多才盡歡結束。[68]晚，蔣約宴馬歇爾夫婦，與馬談至十時半，蔣記所感曰：「彼對共黨心理似已自知其難處矣，此心為之略慰」。[69]

至是，國府之還都終於在抗戰勝利九個月後付諸實現。儘管各院部會機關仍有眾多的人員（約二十萬人，多為較次要及底層的職員）滯留在重慶，等待輸運還都，南京的公事房，門面雖早經打開，但辦公桌椅一時苦於無人填滿。停留在重慶的則羣龍無首，既無公事可辦，想走也暫不可能，兩地相互翹盼，彼此都在催促。[70]而還都以後的建國工作仍極艱鉅，然蔣還是感到

[66] 《朝報》（南京），1946年5月6日，第二版。

[67] 《中央日報》（重慶），1946年5月6日，第二版。

[68] 趙浩生，〈「五五茶會」紀盛〉，《申報》（上海），1946年5月7日，（二）。

[69] 《蔣介石日記》，1946年5月5日。

[70] 其詳情見〈談還都運輸〉，《華北日報》（北平），1946年6月5日，第二版。

無比的歡愉和安慰。蔣在 5 月 10 日記曰：「回京以後經濟、外交與匪亂憂患重重，恥辱交加，然而心神泰然，睡眠亦酣，此種心寬體胖之象，十年來所少有也」。[71]而且蔣此後的北巡，亦即將以南京為起迄點，可以省卻不少的飛行時間。試觀蔣於還都十八天之後即自南京飛赴東北，展開第二次北巡，故還都之舉毋寧為其第二次北巡的前奏曲。且其自重慶還都南京，本可直接飛抵，乃特意經漢口、西安駐停巡視，不啻為其北巡前之「北巡」。

二、東北問題尚待處理

對於戰後之初的東北問題，蔣中正最關心的莫過於如何使蘇軍儘快地撤兵，而順利地接收東北故土和主權。欲達成此一目標，顯非易事，因為它牽動到戰後的中蘇關係、中美關係、國共關係、中蘇經濟合作、美蘇關係等，非僅為中國單方面的內政問題。今日與其相關的研究論著已所在多有，不擬再作贅述，而僅就蔣中正當時對東北問題的認知和思維來探索之，因為它主導着蔣的決策走向。

1946 年 1 月，蔣在其所撰之「民國三十五年大事表」中分析蘇聯對華政策云：其一、希望中國政府成為親俄扶共之政府，離美排英，為獨霸遠東之盟主。其二、保持中共現有之軍力，勿使因內戰而為國軍所消滅。其三、扶助中共使能參加國民政府：（1）可牽制國府親美之政策；（2）可引導國府改變外交政策，而為親俄之政府。其四、務使國共長期對立，既不能真正統一，又不能全力建設，使中國國力相剋對消。其五、在此期間暗助中共之成長，以為推翻中國政府，樹立其遠東世界革命之張本。其六、達成對東北、內蒙與新疆政權為其外圍，以控制全中國之最後目的。[72]

因此，蔣對於蘇軍在東北應依約如期撤兵一事至表關切。根據 1945 年 8 月 14 日簽訂的「中蘇友好同盟條約」其最末的「紀錄」中稱：史達林統帥與

---

[71] 《蔣介石日記》，1946 年 5 月 10 日。

[72] 《蔣介石日記》，1946 年 1 月 1 日之前所附的「民國三十五年大事表」。

國府行政院長宋子文於是年 7 月 11 日在莫斯科第五次會議時，曾討論蘇聯參加對日本作戰後其軍隊自中國領土撤退之問題，史達林不願在蘇聯軍隊進入東三省之協定內，加入在日本戰敗後三個月內將蘇聯軍隊撤退一節。但史達林聲明在日本投降以後，蘇聯軍隊當於三星期內開始撤退。宋詢及撤退完畢需要若干時間，史達林謂彼意撤軍可於不超過兩個月之期間內完竣。宋繼詢是否確在三個月以內撤完，史達林謂，最多三個月足為完成撤退之期。[73]此一「紀錄」雖亦曾簽字，卻如同條約後之附記，史達林不願將之置於條約之各協定中，可見其別有用心，實無遵守誠意。

8 月 31 日，國民政府設置軍事委員會委員長東北行營於長春，處理東北各省收復事宜，行營內設政治委員會及經濟委員會，特派熊式輝為東北行營主任。10 月 12 日，熊式輝與東北行營經濟委員會主任委員張嘉璈、外交特派員蔣經國等自北平抵長春，次日起與蘇軍總司令馬林諾夫斯基（Rodin Ya.Malinovski）展開談判。

10 月 14 日，熊式輝電呈蔣中正，報其告與蘇方談話經過情形，其中關於蘇軍撤退問題：馬林諾夫斯基稱蘇軍現已開始撤退，並決定於 11 月底撤退完畢。其步驟為自南向北，預計 11 月 20 日撤至瀋陽、敦化一線，11 月 25 日撤至哈爾濱線，12 月 1 日以前全部撤至蘇聯國境。希望中國政府接防部隊能隨蘇軍之後撤逐步向北接收。對於空軍之撤退，則無從表示。關於國府接收部隊登陸地點問題：國軍擬在大連登陸一節，馬氏稱須由兩國政府解決，彼無權答覆，不過對於在營口、葫蘆島、安東三處港口登陸，彼表示不反對，蘇方並可派一部分車輛協助國軍接收部隊之運輸，同時允許國府先派人員至上述三處視察港口設備。[74]對此，蔣於 10 月 15 日記曰：「東北部隊不在大連登陸，由我自動更改計劃，決由鐵路陸運」。又「俄提由張家口轉東北之運兵計劃，可怪」。[75]

---

[73] 《大公報》（重慶），1945 年 8 月 27 日，第三版。

[74] 《蔣檔‧事略稿本》，1945 年 10 月 14 日。

[75] 《蔣介石日記》，1945 年 10 月 15 日。

　　10 月 17 日，中蘇雙方在長春會商結果：其一、蘇聯軍隊除旅順港駐軍外，於 11 月 20 日撤退至多倫、赤峰、瀋陽、通化之線，自 11 月 10 日開始，每日將撤兵情形通知中方，中方之接防先頭部隊應於 11 月 20 日到達上開之線，望中方部隊能在 11 月 10 日以前於熱河南部、錦州區、葫蘆島、營口一帶集中，準備向北接防。蘇方聲明，以撤一地接一地為接防之原則，以明責任。其二、大連登陸問題，蘇方認為在兩國政府未解決前，不能作任何決定，但在營口、葫蘆島登陸，蘇方不反對。其三、由瀋陽經承德至古北口，及由瀋陽經錦州至山海關兩段鐵路，蘇方願在最近期內修復，並設法通車，並希望平、津方面能將機車車廂北調，以供中方運兵之用。其四、凡在交通線上有非中方政府之部隊，蘇方將下令解除其武裝。其五、在蘇軍撤退前數日，中方可用飛機運送憲警到長春及其他大城市維持治安。[76]

　　10 月 20 日，蔣中正電令陸軍總司令何應欽曰：

　　　　我空運天津之一軍，應集中天津暫駐，不必接美軍之防務，並將此
　　　　軍準備於本月杪由鐵路經山海關先入東北接防也。其他海運部隊應
　　　　照常起運，仍準備在大連登陸，否則屆時即在大沽與秦皇島、葫蘆
　　　　島各口暫泊候命，惟望於十一月十日以前均須如期到達大沽與葫蘆
　　　　島一線為要。因之海運船艦及北寧路修復工作，皆須由總司令部促
　　　　督如期運輸完成為要。[77]

　　對於國軍仍準備在大連登陸，東北蘇軍當局聲明堅決反對，認為大連為自由商港，不能作運兵之用，同時亦不能同意東北行營派軍事人員往大連視察。此外，對於美軍在華北登陸，蘇聯長春電臺於 10 月 21 日夜廣播表示反對。[78]10

[76] 見蔣經國是日電呈蔣中正之報告，《蔣檔・事略稿本》，1945 年 10 月 19 日附錄之。

[77] 《蔣檔・事略稿本》，1945 年 10 月 20 日。

[78] 見 10 月 22 日蔣經國電呈蔣中正之報告函，《蔣檔・事略稿本》，1945 年 10 月 22 日附錄之。

月 23 日，蔣中正在重慶召見熊式輝、宋子文（行政院長）、王世杰（外交部長）與蘇聯駐華大使彼得羅夫（A. A. Petrov），彼得羅夫明告蔣，謂史達林以大連為一商埠，如國軍在大連登陸，無異破壞中蘇友好同盟條約。蔣直答以「如我不能在大連登陸，乃真破壞同盟條約也。但余今日不願以條約與法律與爾爭執，我今特將條約與法律問題不談，而僅與史大林以個人關係及同盟互助精神，要求史仍允我軍在大連登陸也，請其再電史從速作覆也」。[79] 是日蔣並記曰：

> 一、美國遠東政策宣佈後，俄國第一反響為再拒絕我軍在大連登陸，乃不示其弱也，此乃外強中乾之表示，料其對美非屈服不可。二、此時形勢於俄於共皆不利，故對共應放寬一步，以示其中央政策不受美國影響，但共必冥頑不悟也。[80]

10 月 24 日晡時，熊式輝面告蔣其與俄使彼得羅夫談話經過，謂俄使以中方對中蘇友好同盟條約未有注意大連在戰時為屬於旅順軍港之統制一條，如國軍強制在大連登陸，則係破壞條約，對於國交必發生影響。蔣記其「始聞此不甚為然，況中俄同盟關係雖在戰時，亦不能受此條約之拘束」。然蔣「再四考慮，俄國執此相爭，不宜予以堅持，乃藉此轉圜，自動提議在未與俄國商談妥洽以前，我可暫不在大連登陸，而改在營口、葫蘆島登陸，但必須於廿五日起用美機在該兩處偵察，作登陸之準備，以運艦租借於美國，故亦不能不用美機偵察也，如此轉圜或可緩和中俄與美俄間緊張局勢乎」。[81]

10 月 26 日，蔣經國、熊式輝自長春分別電呈蔣中正，謂蘇方態度自 21 日起突然變惡，10 月 25 日上午，蘇方派員率武裝兵，至長春國民黨東北黨

---

[79] 《蔣介石日記》，1945 年 10 月 23 日，及 24 日補記 23 日事。

[80] 《蔣介石日記》，1945 年 10 月 23 日。

[81] 《蔣介石日記》，1945 年 10 月 25 日，記當日事及補記 24 日事。

務專員辦公處，及吉林省黨部，禁止出入，分別傳訊全體工作人員，旋將所有檔案文件及款項搜載一空，並帶去認為重要之人員五人，於兩小時後放回，命即停止一切活動。同日自檢查黨部之時起，東北行營各部分電話，一律被停止通話，至次日始恢復極少數之一部分。25、26 兩日，蘇軍並在長春城郊作大規模之演習，26 日午，蘇且改任擁有武裝千餘人附和共軍之張慶和為長春市公安局長。是日蘇方正式向蔣經國提出聲明謂：自東北行營人員來長春後，東三省各地即發生武裝反蘇情事，並有「打到莫斯科去」之反蘇傳單發現，因此蘇軍當局決定執行其軍事行動期間應有之最高權，並不准行營人員赴各地視察，蔣經國對此當即嚴正反駁。並自省行營人員來此之後，處處謹慎，決無非法之舉動，更無反蘇之念，按此完全係蘇方假造情況，定有其他更大之企圖。目前情況雖已趨嚴重，但似尚未至不可收拾之地步。[82]

　　10 月 27 日，國軍接收東北之先頭部隊到達葫蘆島試圖登陸，竟遭到岸上開火射擊，無法靠岸，乃折回青島。10 月 29 日，熊式輝、張嘉璈等與馬林諾夫斯基在長春作第四次會談，張嘉璈記其對是日會談的感受云：

> 馬林諾夫斯基一再提及美軍艦駛入大連港，及艦長登陸之事，可見其對於我方借助美國力量，運送軍隊進入東北之不滿，更顯見蘇聯不願見美國勢力侵入東北。馬氏懷疑東北黨部有反蘇色彩，且疑及行營。可見蘇聯對於我政府，尚未能深信可與蘇聯親善，因此尚不願見我方軍隊迅速順利運入東北。其對於我方部隊在葫蘆島登陸，不能協助，營口需用車輛亦不能確切允諾供給，且勸我方仍用飛機運兵，意在延緩我方部隊之到達東北，灼然可見。至對於長春市長尚不能即時答復可以接事，仍對於我方之行政接收，亦有所待。今日蘇方將長春市公安局局長趙萬斌免職，易以共產分子張慶和，其

---

[82]《蔣檔・事略稿本》，1945 年 10 月 26 日。

不願我行營即時在東北接收行政，更為明顯。[83]

是日，蔣中正以手書致熊式輝（熊於次日接到）：

刻與美軍商定，我軍決在秦皇島先登陸一軍（即十三軍）先頭運輸，
至另軍約須下月初旬到達葫蘆島，如形勢未能變更，亦仍在天津登
陸，由鐵路向東北運輸，惟與蘇軍仍應繼續交涉，要求其負責協助
我軍在葫蘆島登陸，一面必須要求其由瀋陽至山海關段鐵路負責保
護，協助我運輸，此應作為主要交涉也。[84]

10 月 30 日，蔣中正電告熊式輝，國軍進入東北之途徑與時間：刻決定
第十三軍在秦皇島登陸後，與第九十四軍由山海關向錦州前進，至第五十二
軍約下週可到葫蘆島與營口附近兩地登陸，希即轉令杜聿明（字光亭，時任
東北保安司令長官）照此準備一切為要。[85]是日晚，國軍第十三軍之第八十
九師抵達秦皇島，次日晨登陸。10 月 31 日，蔣在其日記中曰：「俄軍將我東
北所有工礦機器拆遷盡淨，則其似無久踞之計畫，但其必使我接收後一無所
有，不能利用日軍舊有之經濟基礎，使我空而窮，一面製造共匪，使我亂而
弱，以達其控置中國之目的。」，而「共匪最近之窮凶極惡，造亂作梗者，其
目的乃在要求承認其地盤與參加中央政府，為俄國外交張目乎，應注目於此
而研究其結果可也」。[86]

11 月 1 日，蔣中正函示熊式輝，主張國軍仍在葫蘆島、營口二處登陸。

---

[83] 轉見於姚崧齡編著，《張公權先生年譜初稿》，上冊（臺北：傳記文學出版社，1982），頁 537。

[84] 見熊式輝，《海桑集──熊式輝回憶錄 1907-1949》（香港：明鏡出版社，2008），頁 498，所錄之
該手書。

[85] 《蔣檔・事略稿本》，1945 年 10 月 30 日。

[86] 《蔣介石日記》，1945 年 10 月 31 日，「上月反省錄」。

[87]11 月 5 日，再致電熊式輝，告以「我軍決照約定地點，必在營口登陸，萬難變更，亦不再猶豫」。[88]然次日蔣即以「秦皇島我登陸部隊，前日已與共匪接戰，長春俄軍正式對我聲明葫蘆島與營口皆為中共佔領，彼軍皆已撤出此二地云。如此則可另定東北計畫，向俄正式抗議與重新交涉矣」。[89]11 月 7 日，蔣經過鄭重考慮後，決定國軍（第五十二軍）不在營口登陸，而改在大沽口與秦皇島集中，全力由山海關循鐵道出入東北，免遭不測。一面設計空運部隊先到長春，一面再與蘇方交涉，示以如此不能負責交代，則國府不能不撤退長春行營，使其不能推諉責任，但決不能表示放棄東北，使其得藉口製造其純粹中共傀儡之第二偽滿。[90]

11 月 10 日，蔣中正在日記中云：

一、此時對東北重定方鍼應注重之點：甲、不可使俄藉口以為我自動撤退行營，放棄東北。乙、必使俄國無所藉口，且使其不能不負其違反協定之責。丙、萬不可使之安全製造共產東北之第二偽滿國。丁、彼既不能使我完全收復東北，使我立於被動地位，今我決心亦使之不能安定東北，處於主動地位。戊、空運以前必須俄有安全之保証，否則正式聲明撤退行營，由我政府自行收復東北也。

一、本週除歡送韓國臨時政府回國，略覺自慰以外，其他皆為俄國與共匪合而謀我，東北情勢幾乎絕望，共匪咆哮鴟張至今為極，未知上帝何時賜予靈力，以打破此最後之一關矣。[91]

11 月 12 日，蔣在重慶約見甫自長春回渝的熊式輝，聽取其報告，知長

---

[87]《蔣檔·事略稿本》，1945 年 11 月 1 日。

[88]《蔣檔·事略稿本》，1945 年 11 月 5 日。

[89]《蔣介石日記》，1945 年 11 月 6 日。

[90]《蔣介石日記》，1945 年 11 月 8 日，補記 11 月 7 事。

[91]《蔣介石日記》，1945 年 11 月 10 日，「上星期反省錄」。

春形勢惡劣日甚，中共已公開招兵組織，蘇軍亦公開掩護不諱。[92]是日，蔣經國亦自長春電陳，謂長春諮議會決定成立「自治政府」，並向行營示威，要求表示態度。裝備完整之共軍二千人今日開入長春市內，離長春二十華里大屯坼飛機場方面，有共軍二千人集結等情形。由此觀察，即國軍空運部隊能到長春，亦定將立即與共軍武裝衝突。[93]11 月 15 日，蔣中正即令東北行營撤出長春（暫移北平，轉至山海關），是日，蔣記曰：「本日決心撤退長春行營之情勢，無異於十七年五、三以後之五、五，決心暫離濟南而與日始終周旋乎」。[94]時在長春的張嘉璈在其當天的日記中記云：

> 推測蔣委員長用意，撤退行營是一種反攻蘇方阻碍接收暗助八路軍之策略，且試探其真實態度。同時吾方準備在軍事政治經濟三方面予蘇方以定心丸，袪除其對於國府之猜疑。在此輪廓之中，吾外交當局如能靈活運用，未始不可有一轉機，且看今後之發展如何。[95]

11 月 16 日，國軍進駐山海關，蔣中正以「山海關自俄軍讓給共匪以後，我出入東北之關門被匪堵塞，各海口又被盤踞，海陸之道全絕」，今該關「於十六日為我攻佔，共匪向東北逃竄，於是進出東北之門戶復啟矣」，[96]因而至感欣悅。次日，長春之東北行營人員開始撤退。是日，蔣中正記曰：

> 東北行營由長春遷移至山海關通告向俄提出（十五日廿一時）後，本日十六時俄復我之態度轉變，表示其必履行中俄同盟協定，助我便利接收東北，且稱將待中國軍隊接收，故其撤兵亦願延遲一、二

---

[92] 《蔣介石日記》，1945 年 11 月 12 日。

[93] 《蔣檔・事略稿本》，1945 年 11 月 12 日。

[94] 《蔣介石日記》，1945 年 11 月 15 日。

[95] 轉見於姚崧齡編著，《張公權先生年譜初稿》，上冊，頁 554。

[96] 《蔣介石日記》，1945 年 11 月 17 日，「上星期反省錄」。

月亦可云。據此，則彼俄過去之逼迫行動出於其威脅，使我為求得
東北之收復，不能不與共匪之妥協，而且允許其特權也；後以我寧
放棄東北不願作俄共之傀儡，決心撤退行營之態度表示以後，知其
不可為威脅所屈服，故有此態度之轉變。可知其此時對國際尚有顧
忌，而猶不敢冒天下之大不韙，故我亦不能不再作與之周旋，移轉
行營之公告暫不發表，以觀其後也。[97]

11 月 18 日，蔣再記曰：

俄國在東北各種威脅行動，其目的在望我提議請求其撤兵日期延
展，而彼乃因之久駐不撤也。不料我乃不僅不要求其延展，而我先
自動撤退行營，以示東北責任在彼不在我，使彼提議展期，則今後
彼果無理久踞，乃應由其負全責也。[98]

11 月 19 日，出山海關北進之東北國軍佔領綏中。11 月 20 日，蔣記其「半
月來以昨夜睡（足七小時）眠為最佳，此乃撤退行營決心後之所致」。[99]11 月
22 日，東北國軍攻佔錦西、興城及葫蘆島，11 月 26 日，攻佔錦州，蔣記稱：
「錦州已於二十六日收復矣，對東北第一步計劃完成」。[100]11 月 30 日，蔣再
在其日記中提及撤退行營之舉，且以其運用得當而獲顯著效果為慰云：

本月以撤退東北行營之舉動，為我對俄外交成敗最大之關鍵，實為
安危和戰之所繫。然僅有決心與行動，如非運用之得當，則亦不能
收預定之效果。此舉結果乃得收效，且間接使俄國表示遷就謙和，

---

[97] 《蔣介石日記》，1945 年 11 月 17 日。

[98] 《蔣介石日記》，1945 年 11 月 18 日。

[99] 《蔣介石日記》，1945 年 11 月 20 日。

[100] 《蔣介石日記》，1945 年 11 月 29 日。

前以中俄同盟條約延緩不交者，最後且亦約期交換矣。此乃對俄外交精神上一大勝利，使其知我國不可欺侮與玩弄也。此實為轉危為安之機乎。[101]

是日，蘇聯駐華大使彼得羅夫照會國府，關於展期撤兵事，為滿足中方要求，乃延期一個月，至 1946 年 1 月 3 日為止。[102]

12 月 4 日，「中央社」自錦州電稱：東北國軍進駐錦州後，為徹底肅清後方交通線，同時由三路並進，北路已達義縣，且超至以西地區，南路已迫近盤縣邊境，東路於過溝幫子後，更前進三四十里。[103]其第一線部隊頃已距瀋陽不及三百華里。[104]12 月 7 日，蔣中正致電在長春與蘇方交涉的張嘉璈、蔣經國，告以：其一、空運部隊待準備完妥即可開始，機場地面勤務及部隊設營人員，日內即可飛長春準備。其二、由錦州前進部隊須待鐵路交通恢復，方能決定日期。向瀋陽開拔時，當先飭派員與蘇軍切實聯絡。其三、蘇軍撤兵日期如嫌太促，可由外交部與蘇聯大使再商變通辦法，即將蘇軍最後撤完日期改為 2 月 1 日，但開始撤兵日期不必規定，此係雙方之同意，我方可在口頭上表示贊同，俟本月底再交換文書，此時不必對外宣布，因前所議定 1 月 3 日之限期宣布未久，不宜又即予改期。[105]

12 月 8 日，東北國軍已越過白旗堡，向瀋陽穩進。以當時速率，入瀋陽為期不遠。[106]是日，蔣在其日記中記云：

經兒已回長春，史大林已約我私人代表會見，東北之長春、瀋陽等

---

[101] 《蔣介石日記》，1945 年 11 月 30 日，「上月反省錄」。

[102] 《蔣介石日記》，1945 年 12 月 1 日，補記 11 月 30 日事。

[103] 《中央日報》（重慶），1945 年 12 月 7 日，第二版。

[104] 《中央日報》（重慶），1945 年 12 月 8 日，第二版。

[105] 《蔣檔・事略稿本》，1945 年 12 月 7 日。

[106] 《大公報》（天津），1945 年 12 月 8 日，第二版。

城市共匪部隊已為俄軍驅逐，其態度當已變更，但其此乃形式上掩飾世人耳目于一時，而其縱容共匪散步于東北之陰謀更令人心寒。今日對東北之處置，實陷於不能不接收，而又無力防制接收以後俄、共合以謀我之毒計。惟有知此險象，審慎將事，與時變遷，相機制宜，以期減少禍患而已。[107]

　　12 月 11 日，蔣中正偕夫人宋美齡自重慶飛赴北平巡視，12 月 18 日，自北平飛赴南京巡視，12 月 23 日，自南京飛返重慶。在此期間，規復東北之事並無甚進展，因蔣到北平後對東北軍事與經濟方針決定暫緩進行，觀察國際與蘇聯態勢再作計較。[108]但規復東北計劃的研擬並未稍停，12 月 16 日，軍政部長徐永昌上蔣簽呈，略謂：其一、據東北保安司令長官杜聿明電請調十個軍進入東北，於一個半月內控制全面，三個月內肅清散匪，完成綏靖後，再由東北抽出三至五個軍，轉用於熱河、察哈爾等情，本案經提中美小組研究。其二、查收復東北必先打通平綏鐵路，鞏固熱、察兩省，並切實控制華北交通，前奉核准之收復東北及第二期綏靖計劃，應為接收東北之第一步驟，擬請准照原計劃實施。第二期可能使用於東北九省之兵力，最大限為五個軍（第十三軍、五十二軍、九十四軍、第五軍、新一軍），擬以第十三軍、五十二軍、九十四軍先控制長春以南各交通線要點要線，俟第五軍、新一軍全部到達後，再向前延伸接收，配置重點，似應在長春以南地區。
　　蔣對此簽呈的批示為：照原擬計劃，應以新六軍改任新一軍原任務，待新六軍運到葫蘆島後，即以該軍全部向瀋陽、四平街、長春、哈爾濱推進，而現駐錦州及其以西地區三個軍，應以一個軍任天津經錦州至瀋陽交通線護路，其他二個軍先用全力收復承德、多倫、赤峰。[109]

---

[107] 《蔣介石日記》，1945 年 12 月 8 日，「上星期反省錄」。

[108] 《蔣介石日記》，1945 年 12 月 15 日，「上星期反省錄」。

[109] 簽呈及蔣的批示均見《蔣檔・事略稿本》，1945 年 12 月 16 日。

12 月 21 日，蔣中正在南京與甫抵中國的美國特使馬歇爾晤面，並有所商談，自此馬不僅調停國共之衝突，而且對國府接收東北亦多所介入。12 月 23 日，東北國軍佔領北鎮，次日，進駐打虎山及黑山。12 月 25 日，蔣在重慶與馬歇爾談東北空運部隊事，馬詳告蔣史達林之心理及其與史屢次交涉之經驗，其對史本人甚具信心。是日，蔣經國以蔣中正私人代表之資格，應史達林之邀赴蘇訪問。[110]12 月 28 日，東北出關國軍佔領義縣，蔣以為此「對熱河軍事之進展當易為力，而第一期出關之軍事計劃至此始告一段落」。[111]總計出關之東北國軍共攻佔城市十一座，重要鄉鎮二十個，基本控制了北寧路。[112]12 月 30 日，蔣致電在北平之熊式輝，告知其蘇軍撤退日期，已由外交部與蘇方商定次年 2 月 1 日撤完，並由外交部正式復知蘇方，請熊即電囑在長春之東北行營副參謀長董彥平與蘇方商洽各地撤退及接防之程序辦法與日期。至於瀋陽之撤退與接收，則定為 1 月 15 日，特電達遵辦。是日，蔣經國抵莫斯科，訪晤史達林。[113]

1946 年 1 月 9 日，東北國軍進駐營口。1 月 10 日，馬歇爾與國府代表張羣，中共代表周恩來商定停止衝突，恢復交通辦法，國府隨於是日頒布停戰命令。蔣在 1 月 12 日記稱停戰之目的為：其一、收復鐵路交通。其二、整頓國軍。其三、整編共軍。尤其以一、二兩項為主要。並謂國家基礎與建國輪廓，經二十五年之奮鬥實已大備，不患其不成，「故一切橫逆、污蔑、侮辱之來，皆當一笑置之，視為外物」。對於頒布停戰命令等的影響，蔣以為「在現時觀之政府甚為不利，尤其是熱河赤峰可以進佔而中途停止，在軍事上言最為失算，但余信在政治上及將來必得良果，此時只有忍辱負重」。[114]

---

[110] 《蔣檔·事略稿本》，1945 年 12 月 25 日。

[111] 《蔣介石日記》，1945 年 12 月 29 日，「上星期反省錄」。

[112] 柳金銘、趙恩有、沈兆璜，〈東北解放戰爭大事記（一）（1945 年 8 月 8 日～12 月 30 日）〉，《東北地方史研究》，1987 年第 4 期，頁 14。

[113] 《蔣檔·事略稿本》，1945 年 12 月 30 日。

[114] 《蔣介石日記》，1946 年 1 月 12 日，「上星期反省錄」。

　　1月11日，東北國軍進駐新民。1月14日，蔣經國由蘇聯返國抵重慶，面見蔣，報告與史達林會談情形。1月19日，蔣中正分析蘇軍延期撤退之用意，認為：其一、必須經濟合作條件達成其要求目的，而後撤兵。其二、或待美國在華北陸戰隊撤退時，彼乃同時撤退。「我今只可就其前一目的而為之研究，惟有忍痛犧牲利益，以求達成我收復領土之目的」。[115]是日，蔣在其日記中謂「本週心神悒鬱，愧悔無時或已」，乃因「受盟友之輕侮與扼我之吭」，「受協商會共黨及其走狗之誣辱與要脅種種」，「受俄軍之威脅，營口之失陷，而其延宕東北撤兵日期，最足使人憂慮也」。[116]

　　1月20日，蔣夫人宋美齡自重慶飛抵北平，擬轉赴東北，代表蔣慰問刻尚逗留東北之蘇軍暨宣慰東北民眾。宋美齡行時，攜有蔣慰勞在華蘇軍將士書四十萬份，蔣在書中謂其「代表中國政府及東北軍民，向您們表示誠摯的慰勞，和衷心的感謝」。「茲當貴軍在我國東北的任務將告完成行將回國的時候，我特派蔣夫人，代致懇切的慰勞，並表惜別之意」。[117]蔣意「蓋在敦促蘇軍早日撤出東北，蘇軍逗留一日，我主權即受損一日，而共軍亦即坐大一日也」。[118]1月21日，蔣研究東北局勢，以蘇軍已定於2月1日自東北撤退，現期限將屆，而其猶藉故稽延，居心叵測，為期促成蘇軍如期撤退達到收復主權之目的，特電在長春之張嘉璈，指示其對蘇商談東北經濟合作問題之方案。[119]

　　1月22日，宋美齡自北平飛抵長春，是日，蔣經國自長春致電蔣，告以「母親已於今日十五時安抵長春，母定廿二日離長，如不赴錦州慰勞國軍，則可於廿六日返渝，是否必赴錦州，則請大人電示」。[120]蔣當即回電謂：「母

[115] 《蔣介石日記》，1946年1月19日。

[116] 《蔣介石日記》，1946年1月19日，「上星期反省錄」。

[117] 該書全文見《大公報》（天津），1946年1月25日，第二版。

[118] 《蔣檔・事略稿本》，1946年1月20日。

[119] 《蔣檔・事略稿本》，1946年1月21日。

[120] 「蔣經國致蔣中正電」（1946年1月22日），《蔣檔・家書——致蔣經國》。惟該電文中謂宋美齡定1月22日離長春，恐誤，豈有當日下午三時甫抵長春，即定當日離長春之理？

親安抵長春，甚慰，錦州慰勞傷兵，只要停機三小時即可，當日回北平，故能經錦州稍息最好，但務望廿六日回渝為盼」。[121]此乃因 1 月 27 日（即下星期日）馬歇爾有要事與蔣晤談，蔣盼宋在晤談前趕回重慶。[122]次日（1 月 23 日）起，宋美齡在長春展開慰問蘇軍等活動，張嘉璈是日的日記云：

> 上午陪同夫人參觀長市街市。下午三時，與蔣特派員、董副參謀長會同在中央銀行舉行歡迎茶會。蘇軍參謀長特羅增科中將代表馬元帥到會致詞，並陳述歉意，謂馬元帥未能趕到（按：馬氏適赴赤塔投蘇聯大選選舉票）。余致歡迎詞後，宣讀蘇軍將領受勛名單，由夫人舉行授勛並致詞。特中將致答詞。[123]

1 月 24 日，宋美齡在長春的各項活動，張嘉璈日記記云：

> 主席夫人上午參觀蘇軍兵營及病院。十二時，長春市民舉行歡迎大會。二時三十分，舉行慰問各界民眾代表茶會，發表廣播演說。晚七時，蘇軍總司令部招待宴會，夫人致詞，謂「中國為蘇聯之真正友人，將來在經濟上、文化上，必能獲致密切之合作」等語。宴畢觀電影。[124]

所放映的電影，第一部為莫斯科紅場上的勝利檢閱和運動大會，而第二部片子上，蔣經國兩次在銀幕上出現。[125]

---

[121] 「蔣中正致宋美齡電」（1946 年 1 月 22 日），《蔣檔·家書——致宋美齡（五）》。

[122] 「蔣中正致宋美齡電」（1946 年 1 月 21 日），《蔣檔·家書——致宋美齡（五）》。

[123] 轉見於姚崧齡編著，《張公權先生年譜初稿》，上冊，頁 635。

[124] 轉見於姚崧齡編著，《張公權先生年譜初稿》，上冊，頁 635。

[125] 方仁，〈蔣夫人長春行〉，《申報》（上海），1946 年 1 月 31 日，（一）。

　　1 月 25 日，宋美齡離長春，飛錦州，轉赴北平。總計其 1 月 22 日下午二時飛抵長春，25 日上午八時離開該地，在長春雖住了三夜，但所有時間還不到七十個小時。[126]期間共發表演說四次，其中以羣眾大會上的演講最精采動人，以參加蘇軍招待晚會演講最為深刻。前者安定了東北人心，後者使中蘇友好更加密切。[127]在錦州則僅停留約兩小時（上午十一時飛抵錦州，下午一時起飛赴北平），出席各界歡迎大會，致詞慰問東北同胞，並赴第四、第十兩醫院慰問傷病官兵。下午四時飛抵北平南苑機場。[128]1 月 26 日，蔣中正在其日記中曰：「夫人飛長春慰我東北民眾與俄軍之計劃已經完成，此亦一要務也」。[129]1 月 27 日，宋美齡自北平返抵重慶。

　　1 月 28 日，蔣中正預計蘇軍是否會如期撤退，認為就近日國際形勢與蘇聯重視歐洲及反英政策而言，其或能如期撤退，但不能不防其意外，故仍須照預定計劃進行：其一、如沿線要地皆為共軍佔陷，決心待蘇軍撤退後進剿。其二、國軍主力集結於北寧路，並進入瀋陽近郊，完成接收工作之準備，待其正式交代，得以確保瀋陽。其三、在瀋陽未正式接防前，決不派正式部隊空運長春，使其無所脅制。其四、最後一著如蘇軍真違約久佔不撤，則提交聯合國會議解決之，此為一貫之主張。[130]1 月 31 日，蔣在日中言及東北問題曰：

　　　軍事上北寧路自山海關至瀋陽止已完全控置，惟皇姑屯與瀋陽尚未
　　　接防耳。熱河軍雖未進佔承德與赤峰，但已確保平泉與黑水，實已
　　　控置承德與赤峰矣。此一忍讓承德與赤峰，可佔而不進之政策，自

[126] 方仁，〈蔣夫人長春行〉，《申報》（上海），1946 年 1 月 31 日，（一）。

[127] 張膽，〈「長春春常在」──蔣夫人蒞長花絮〉，《益世報》（天津），1946 年 1 月 30 日，第二版。

[128] 《中央日報》（重慶），1946 年 1 月 26 日，第二版。

[129] 《蔣介石日記》，1946 年 1 月 26 日，「上星期反省錄」。

[130] 《蔣介石日記》，1946 年 1 月 28 日。

信於停戰與統一必有重大之影響，不貪小利，不急近功，此之謂乎。……。東北之俄軍不僅未遵約撤完，而且瀋陽亦未交防也，其他旅順、大連更無從談起，惟多數省城與市政已逐漸接收矣。[131]

2 月 1 日，蘇軍第二次展期撤兵期滿，但仍未撤退。2 月 7 日，國府經濟部東北接收委員張莘夫等八人 1 月 18 日在撫順接收煤礦時被蘇軍殺害的消息揭露。2 月 9 日，蔣中正在日記中記曰：「俄軍未能如期撤離我東北，而我接收撫順煤礦主任張莘夫等竟為共匪謀害，情勢嚴重，俄心叵測不能不下最後之決心也」。[132]2 月 11 日，美、英、蘇公布其一年前是日所簽訂之雅爾達秘密協定，2 月 16 日，蔣在其日記中認為此舉「於我殊為不利，且為美國背棄其盟友之污點。但此事已成過去，且中俄同盟條約已成，則此秘密約已無效用，況我國並未參與其間更未經我同意，我國自不能承認也。故可置之不理，而且美國政府已同時聲明應以中俄同盟條約為依據，明示此密約對中國部份已不生效力矣」。又「美國政府要求中、俄兩國對我東北交涉與經濟合作進行商談，須通告於彼，此或於我不無補益也」。[133]

2 月 22 日，重慶二十餘所大中小學學生兩萬餘人，舉行愛國大遊行，沿途高呼蘇軍必須立即退出東北，蘇聯應切實履行中蘇友好同盟條約，徹查張莘夫慘案，中共應徹底實行停戰協定中對東北之協議等口號。並散發告全國同胞書、質中共、致蘇聯抗議書、慰問東北同胞書、告東北同胞書等七項文件。[134]次日起，成都、上海、南京、北平、武漢、昆明、青島等各地學生及民眾團體紛起響應陪都學生愛國運動。2 月 24 日，蔣中正記其感想，認為「各地學生對東北問題遊行示威，實為俄國在華廿五年來未有之教訓，自此應即

---

[131]《蔣介石日記》，1946 年 1 月 31 日，「上月反省錄」。

[132]《蔣介石日記》，1946 年 2 月 9 日，「上星期反省錄」。

[133]《蔣介石日記》，1946 年 2 月 16 日，「上星期反省錄」。

[134]《中央日報》（重慶），1946 年 2 月 23 日，第二版。

阻止矣，不可擴大」。[135]

　　3月2日，蔣在其日記中指出：其一、「東北問題，美國對俄之表示漸形露骨，而俄對美軍駐華之態度，亦已表明其美軍如不撤退，則俄軍駐東北之部隊亦不撤退也」。其二、「二月廿二日美機在旅順上空被俄機襲擊」。其三、「各地學生對俄示威遊行至本週已達高峰，應以此為止矣」。[136]3月9日，蔣在其日記中以為：其一、蘇軍在東北之行動，假借演習為名，極盡威脅強制之能事，「尤以奪還其前已繳我之長春電氣總公司，停止我錦州附近各礦廠之發電，使我經濟受莫大之打擊」。其二、「美國視察我東北瀋陽、長春一帶之新聞記者回來後，俄國在東北之黑暗與陰謀已完全暴露，美國輿論對俄之攻擊亦已發洩無遺。加之邱吉爾在美主張美、英同盟，準備對俄戰爭之演說，更使人覺第三次世界大戰有即在目前之感，而俄國報紙則未敢有一詞之反攻，其忍心耐力有如此也」。其三、「週末俄軍在東北調動極其頻繁，且形式上皆向北撤運為多，未知其作用何在，或有因美國態度之堅強，而其不能不自動退讓之意乎，惟須待今後事實之証明」。[137]

　　3月11日，美特使馬歇爾自重慶返美，商對華經濟援助。3月12日，瀋陽蘇軍戰鬥部隊已完全撤走（3月7日開始撤退），僅留有極少數部隊守衛蘇軍司令部及其在瀋陽之倉庫，國軍（第二十五師）於是日進入市區接防。[138]對此蔣中正記曰：「俄軍退去瀋陽，事前並不通告我軍，亦未有交代手續，其不友誼之態度自可相見，但我軍已照預定步驟收復已失陷十四年半，東北第一重鎮之瀋陽矣」。[139]同日，東北共軍佔領昌圖、開原。3月13日，襲擊瀋陽南郊，被拒退。次日，蘇軍撤出遼北省會四平街，共軍即將該城包圍，並佔

[135] 《蔣介石日記》，1946年2月24日。

[136] 《蔣介石日記》，1946年3月2日，「上星期反省錄」。

[137] 《蔣介石日記》，1946年3月9日，「上星期反省錄」。

[138] 參見《中央日報》（重慶），1946年3月13日，第二版。及邵慎之，〈瀋陽觀撤兵〉，《中央日報》（重慶），1946年3月30日，第五版。

[139] 《蔣介石日記》，1946年3月16日，「上星期反省錄」。

領吉林之農安。3 月 15 日，又佔領鐵嶺。3 月 17 日，共軍攻佔四平街，國府遼北省政府主席劉翰東等失去自由（至 3 月 24 日方獲准離開，26 日安抵長春）。時在長春與蘇方交涉的董彥平嘗檢討四平之役，認為其「為緊接蘇俄詭密撤軍之首次表演，為爾後長春戰事，哈爾濱、齊齊哈爾撤退之階」。「中共匪幫處心積慮謀奪政權，對政治協商懷存陰謀，企圖以暴力脅迫在四平組織聯合政府，為東北各省首開先例」等等。[140]

3 月 19 日，蔣中正與外交部長王世杰談對蘇軍抗議事，認為「其撤軍不事先通告，使我不及接防，無異交給共匪也」。[141]次日，蔣批復熊式輝呈報董彥平與蘇方會談運輸軍隊至長春情形：「在蘇軍未撤出長春前，國軍以不直運長春為原則，應酌情利用鐵路由瀋陽向北推進，逐次接收」。[142]3 月 22 日，國軍自瀋陽進駐撫順，與共軍激戰，南路進至遼陽。次日，蔣在其日記中言及，其一、蘇軍在長春以鼠疫為名，不允國軍由瀋陽運兵前往，而共軍主力由熱、察進入東北，蘇、共顯然勾結，意在割據北滿，對此形勢，故決接受馬歇爾之意見，准先派遣東北執行小組從事調處。其二、美國對蘇態度堅強，故蘇方氣焰漸殺，3 月 22 日，蘇聯已回覆國府催促撤兵照會，定 4 月底撤退完畢。[143]3 月 24 日，國軍進抵鐵嶺。

3 月 25 日，中共黨主席毛澤東自延安致電東北局書記彭真、東北共軍（東北民主聯軍）總司令林彪，謂「美方專機接周（按：指周恩來）赴渝談判，判斷數日內即可談妥，派停戰小組去東北，望你們準備一切，尤其是不惜犧牲，打一兩個好勝仗，以利我談判」。次日，林彪即口授並簽發東北共軍政治部《關於保衛四平，奪取長（春）、哈（爾濱）、齊（齊哈爾）作戰的政治動員指示》。[144]3 月 27 日，蔣檢討派遣東北執行小組的得失曰：

[140] 董彥平，《蘇俄據東北》（臺北：反攻出版社，1965），頁 156。

[141] 《蔣介石日記》，1946 年 3 月 19 日。

[142] 《蔣檔・事略稿本》，1946 年 3 月 20 日。

[143] 《蔣介石日記》，1946 年 3 月 23 日，「上星期反省錄」。

[144] 李德、舒雲編著，《林彪日記》，上冊（香港：明鏡出版社，2009），頁 315。

今日與中共協定派執行組到東北執行任務已經簽字，此為中共最近
延宕支吾，認為於彼不利之事，以我政府代表忍讓放棄第四、第五
各條，而又允其加入「政治另行商議迅求解決」之附記，至此彼乃
無法逃避，加之美員督促，故其不能不強勉而行。此為美國人員參
加我東北問題，實植東北門戶開放政策之基因，勿使俄國獨佔壟斷，
故現雖於我不利，而根本則我對東北政策有益也。[145]

　　3 月 30 日，東北執行小組自北平飛抵瀋陽。次日，蔣中正記曰：「東北
執行組必須堅持中央軍隊接收主權不受限制之協定」。並曰：「共匪乘俄軍北
撤時，佔領鐵嶺以北各省市，捕殺我行政主官，俄軍仍在長春以鼠疫為名，
不允我軍過公主嶺以北地區，俄、共狼狽當在預計之中」。而「本月俄軍在東
北之態度，始則威脅壓迫無所不至，繼則為美國記者揭破其在東北之黑暗暴
行，美國政府對俄態度斥責警告，而尤以對伊朗問題為然。故至月杪其勢漸
殺，乃對我正式覆文聲明，東北俄軍定四月底撤完，且對經濟問題，彼亦自
動願在重慶與我政府直接商談矣。俄之外交其剛柔進退雖因時而轉，但其貪
橫目的與宗旨則始終不渝」。[146]

　　4 月 1 日，共軍揭開進攻長春序幕，由范家屯、大嶺、新立城各方面，
圍攻大屯，並砲擊大屯警察分局，警察四十名，保安隊五十名全部身亡。復
砲擊大屯以北十二里之靠山屯，並予以佔據。[147]次日，東北國軍進入營口、
鞍山、海城、沙河。4 月 3 日，長春中蘇會談，蘇方正式通告各地蘇軍撤退
完竣日期：長春為 4 月 14 日至 15 日，哈爾濱 4 月 25 日，吉林（市）4 月 13
日至 16 日，齊齊哈爾 4 月 26 日至 27 日，牡丹江 4 月 28 日至 29 日，北安、
佳木斯、勃利及其以北地區 4 月 10。蘇軍可於 4 月底以前自東北全境撤退完

---

[145] 《蔣介石日記》，1946 年 3 月 27 日。

[146] 《蔣介石日記》，1946 年 3 月 31 日，及「上月反省錄」。

[147] 董彥平，《蘇俄據東北》，頁 174。

竣。[148]4 月 3 日，東北國軍進至牛莊及昌圖附近，本溪湖方面激戰。次日，國軍進駐昌圖及法庫，東北共軍則進入哈爾濱。4 月 6 日，東北國軍進駐大石橋。毛澤東正式發出四平保衛戰指示電給林彪並告知彭真，「希望你們在四平方面，能以多日反復肉搏戰鬥，殲滅北進部隊的全部或大部，我軍即有數千傷亡，亦所不惜」。[149]

同日（4 月 6 日），蔣中正致電在瀋陽之熊式輝，指示其調整東北國軍部署云：

> 新一軍方面戰況如何，無時不在深慮之中。詳察我軍在東北部署散漫薄弱，而在北寧全路後方基地尤為空虛，此最為不可，應即重新調整，尤應將第五師歸還津灤方面其本軍之建制，切勿再事延宕，以免貽誤大局，如我軍決心向北挺進，則對南除收復本溪湖以外，不必再求發展，應暫取守勢，而用全力向長春挺進，對法庫、康平方面是否應用第七十一軍全部前進，亦應研究，中極不以現在此種散漫部署為然也。目前「共軍」主力全在瀋北，應抽調新六軍及其他有力部隊向北推進，集中全力擊破其四平街以南之一股而消滅之，則大局定矣。而今後新到之第六十軍等應全部控置於北寧路全線，萬勿再忽視後方交通基地。此次東北作戰，如果一地略遭挫失，則全局皆危，國脈將斷，希兄負責審慎，勿使有萬一之挫失也。[150]

可見蔣擬於四平街以南地區與共軍決戰，以期徹底消滅其主力，則接收東北易於為力。同日，蔣另有電報致熊式輝及航空委員會副主任王叔銘，囑其瀋陽、錦州應派機保護基地，前方如有需要，應派機偵察共軍情形，協助

---

[148] 董彥平，《蘇俄據東北》，頁 178～179。

[149] 李德、舒雲編著，《林彪日記》，上冊，頁 316。

[150] 《蔣檔‧事略稿本》，1946 年 4 月 6 日。

國軍陸上作戰，若遇緊急戰況或發現重要有利目標，亦可對共軍炸射；然此祇可偶而為之，不可常用，惟蘇軍所駐地點及其附近上空，應避免進入，以免發生波折，故偵察機以北至四平街以南為止，其炸射行動，僅以前線作戰最烈之地為限。[151]又是日，蔣頗欲親飛錦州、瀋陽指示一切，惟以對蘇對美關係，為免其懷疑起見，乃決定緩行。[152]

　　4 月 9 日，蔣致電在上海的宋美齡，告以「兄（按：蔣自稱）本擬即飛東北視察，現因事作罷，日內或飛貴州檢閱青年軍後星期五以前回渝，再派機來滬迎迓」。[153]4 月 13 日，蔣中正致電熊式輝，囑其「我向北前進部隊，必須於翌日（按：即 4 月 20 日）前收復四平街與公主嶺，勿誤」。[154]次日，熊電復蔣，謂國軍新編第一軍（軍長孫立人）及第七十一軍（軍長陳明仁），本日向四大窪前進，東北保安司令部鄭洞國、梁華盛兩位副司令長官在前方督軍，4 月 20 日前收復公主嶺當無問題。[155]是日（14 日），長春蘇軍盡撤，國府所委派的長春防守司令陳家珍，副司令劉德溥正式就職，同時宣布接收長春全市防務，並張貼布告，宣布臨時戒嚴。共軍周保中部約三萬人，立即進攻長春近郊飛機場等地。[156]4 月 15 日，蔣中正電熊式輝，指示蘇軍既完全撤出長春，國軍應設法由瀋陽空運長春，並令駐長春部隊確實固守機場為要。[157]次日，熊電復蔣，謂長春機場已被挾有優勢砲兵之共軍佔領，無法空運部隊，擬明日派機偵察，並相機掃射，俾振軍心。並請求仍準備運輸機二十架，在北平待命，必要時以便運輸傘兵。[158]

[151] 熊式輝，《海桑集──熊式輝回憶錄 1907-1949》，頁 522～523。

[152] 《蔣檔·事略稿本》，1946 年 4 月 6 日。

[153] 「蔣中正致宋美齡電」（1946 年 4 月 9 日），《蔣檔·家書──致宋美齡（六）》。

[154] 《蔣檔·事略稿本》，1946 年 4 月 13 日。

[155] 《蔣檔·事略稿本》，1946 年 4 月 13 日附錄之該電報。

[156] 《申報》（上海），1946 年 4 月 15 日，（一），「中央社 14 日長春電」。

[157] 《蔣檔·事略稿本》，1946 年 4 月 15 日。

[158] 《蔣檔·事略稿本》，1946 年 4 月 15 日附錄之該電報。

4月18日，共軍攻佔長春。同日，共軍所謂之「四平保衛戰」展開。次日，東北共軍總司令林彪致電中共中央、東北局：

1.長春攻佔意義甚大。2.敵新1軍三個師，71軍兩個師正向四平進攻。現一個師已被我大部殲滅，另一個師被我殲兩個營，我方傷亡甚大。敵昨日開始攻四平，我守軍決戰至最後一人。3.望令攻長春之楊國夫部、曹里懷部及第八旅等有戰鬥力的部隊星夜南下，向四平急進，決不以因攻長春傷亡與疲勞而有所影響，否則對大局不利。4.長春只留少數部隊保衛城市。[159]

4月20日，蔣中正據悉中共《新華日報》載有共軍攻佔長春之消息，乃急電熊式輝並轉東北保安司令長官杜聿明，指示其「長春既陷，我軍後續部隊未集中以前，應即停止前進，如四平街尚有迅速攻克把握，則全力圖之，否則應即縮短戰線，逐漸撤退至開原、彰武一帶，暫取攻勢防禦，務期立於不敗之地也」。[160]是日，蔣在其日記中記云：

一、共匪公然攻陷長春，明目張膽阻礙國軍接收主權，破壞停戰協定，叛亂國家，甘為禍首。俄國公然派機接濟匪軍，哈爾濱至長春鐵路不斷為共匪運兵南下，其決心分裂我東北，製造其共匪為北滿之傀儡政權，此其業於執行組美員參加，即認美國勢力滲入東北，故其下此決心也。
一、對東北政策與戰略：甲、佔領四平街後再不北進，先肅清南滿瀋陽，鞏固重工業區與北寧路全線。乙、執行組與三人會議暫停。丙、聲明共占陷長春已叛亂國家。丁、政府自動改組。戊、政治協

---

[159] 李德、舒雲編著，《林彪日記》，上冊，頁318。

[160] 《蔣檔‧事略稿本》，1946年4月20日。

商停止。己、國民大會是否如期召開，及其利害如何。[161]

4月21日，蔣考慮東北問題對共黨忍讓之限度：（1）共軍須讓開鐵路幹線兩側，不妨礙國府接收主權。（2）共軍與其偽政權允改組國府後可談判。（3）實施軍隊整編案。（4）劃定一地區歸其暫駐軍隊。（5）以5月5日共黨參加國民大會會議與否為限期。（6）停戰協定適用於東北。（7）東北政治允在國府改組後可以迅速協商。（8）恢復交通協定之實施。[162]4月25日，蘇軍撤離哈爾濱，次日，共軍進佔哈爾濱與齊齊哈爾。4月27日，蔣中正在其日記中言及上週哈爾濱之蘇軍「或名雖撤退，而實則交其傀儡共匪接手，而且廿五日以後該地電信斷絕，情況不明，惟聞我北滿各地接收人員與軍事代表團已隨俄軍向俄境撤退矣，可痛」。[163]

同日（4月27日），四平街戰局呈對峙狀態，毛澤東致電林彪，指示其「四平守軍甚為英勇，望傳令獎勵」，「請考慮增加一部分守軍（例如一至兩個團）化四平街為馬德里」，「死守四平，寸土必爭」。[164]4月30日，蔣中正在其日記中言及「俄國始終以威脅利誘並用，最後彼以美國參加之三人小組，權力既滲入東北而卒不能不用其既定計劃，指示共匪在四平街阻制我北進，并令共匪正式進攻長春，以示其對我絕望之決心。此則我外交部奉令不力交涉貽誤亦一原因，然而俄無信義，即使當時王雪艇照我意旨允彼要求，而其最後亦必將北滿讓與共匪割據，則我政府地位更不利也」。而「東北攻四平街之軍事受挫以後，共匪猖獗更甚，經濟情勢拮据，東南物價高漲，有比戰前指數三千五百倍者，法幣發行激增，共匪四出作祟造謠，社會不安，日加動盪，外交以本月為最不利，政治自處劣勢」。[165]

---

[161] 《蔣介石日記》，1946年4月20日，「上星期反省錄」。

[162] 《蔣介石日記》，1946年4月20日，「本星期預定工作課目」。

[163] 《蔣介石日記》，1946年4月27日，「本星期預定工作課目」。

[164] 李德、舒雲編著，《林彪日記》，上冊，頁318。

[165] 《蔣介石日記》，1946年4月30日，「上月反省錄」。

5 月 3 日，東北國軍進駐本溪。次日，蔣中正在其日記中言及「馬歇爾以余至誠告戒，彼似已覺悟對余不可以威壓也，最後卒照余意見，對中共提出其主張，非中共退出長春歸中央軍隊接防後，不能再談其他條件，否則彼不願再為中共向中央作調人矣。然中共對彼迄無任何反響，可知俄共之不願美國參與東北問題之態度益明矣」。[166]5 月 5 日，蔣在南京主持還都典禮。5 月 9 日，蔣記稱：「乃知馬歇爾對東北與共匪問題之觀念已漸轉變與覺悟矣」。[167]5 月 11 日，蔣審閱馬歇爾所呈之備忘錄，見其中竟提議在長春設置調停執行部，不禁深致慨嘆，蓋俄共必不願美國參加調停東北問題，但蔣仍允其作為正式建議，對中共提出交涉，以作最後之試探。[168]5 月 15 日，蔣手擬對東北方針意見書，並繼續考慮東北問題，認為此時與蘇方再作最後之折衝，已無必要，因蘇聯已公開支助中共軍隊佔據長春，阻撓國府接收東北，其猙獰面目已完全揭露。[169]

5 月 16 日，東北國軍開始對四平街總攻。5 月 18 日，林彪致電中共中央、東北局：「四平以東陣地失守數處，此刻敵正猛攻，情況危急」。是日晚十時，再電中共中央、東北局：「敵本日以飛機大炮坦克車掩護步兵猛攻，城東北主要陣地失守，無法挽回，守城部隊處於被敵切斷的威脅下，現正進行退出戰鬥」。5 月 19 日，中共中央發出由毛澤東起草的《關於主動放棄四平爭取主力休整問題》給林彪並告彭真電。[170]同日，東北國軍佔領四平街。5 月 21 日下午，蔣中正在南京接見馬歇爾，商談東北對共方針甚久，獲得協議如下：（一）必須共黨遵照所訂各種協定，先恢復全國交通，即修復鐵路。（二）共黨駐東北之兵力與駐地應先規定。（三）准委共黨籍省主席一至二人。（四）長春、哈爾濱二市應由中央直轄，其市長擬在無黨籍人士中遴派之。

---

[166] 《蔣介石日記》，1946 年 5 月 4 日，「上星期反省錄」。

[167] 《蔣介石日記》，1946 年 5 月 9 日。

[168] 《蔣檔・事略稿本》，1946 年 5 月 11 日。

[169] 參見《蔣檔・事略稿本》，1946 年 5 月 15 日。《蔣介石日記》，1946 年 5 月 15 日。

[170] 李德、舒雲編著，《林彪日記》，上冊，頁 319。

是日，蔣記稱：「自我軍攻克四平街後，共匪主力潰敗，故其態度又為之一變。而我拒絕俄史訪俄之約，則共匪知不能不托美國繼續調停，是亦一原因也」。是晚，蔣決定親自赴瀋陽處理一切。[171]

第二節　經過詳情

5月23日，午後，蔣與夫人宋美齡自南京大校場乘機（馬歇爾專機）直飛瀋陽。隨行的有副參謀總長白崇禧、東北行營經濟委員會主任委員張嘉璈。十二時二十分起飛，至四時正，抵瀋陽北營陵機場。東北行營主任熊式輝、東北保安司令長官杜聿明、遼寧省政府主席徐箴等均在機場迎接。蔣下機後，即乘車入市，駐節前日本總領事館。[172]據時任瀋陽市長的董文琦憶述：

> 五月原是東北地區初春佳季，二十三日那天更是春陽普照，草木爭榮，瀋陽人民甫歸祖國懷抱，又逢國軍在吉林長春掃蕩共軍大捷之時，聞元首蒞臨視察，莫不歡欣鼓舞，爭先恐後出來歡迎。由北陵機場至行邸，沿途民眾均手持國旗，列隊歡迎，座車所經之處，歡聲雷動，「蔣委員長萬歲」、「蔣主席萬歲」之聲此起彼落，不絕於耳，此情此景，宛如昨日。[173]

---

[171] 均見《蔣介石日記》，1946年5月21日。

[172] 《蔣檔‧事略稿本》，1946年5月23日。據曾任蔣侍衛人員的張毓中憶述：該前日本總領事館，位於瀋陽市的鬧區之外，為一樸實之日式平房，內部設施現代化，環境隱蔽幽靜，安全設備良好，選為蔣的行邸，堪稱相當理想。其佔地廣大，闢有典型的東方庭園，樹木扶疏，花卉多朵，亭榭水池相映成趣，景色宜人，意境幽雅，為一休閒安憩之好處所。見張毓中遺著，〈滄海拾筆——張毓中回憶錄（九）〉，《傳記文學》，第86卷第6期（2005年6月），頁75。

[173] 張玉法、沈松僑訪問，沈松僑紀錄，《董文琦先生訪問紀錄》（臺北：中央研究院近代史研究所，1986），頁114。

圖 25　蔣中正夫婦飛抵瀋陽巡視受到民眾夾道歡迎（1946 年 5 月 23 日）

　　旋聽取杜聿明報告戰況，獲悉國軍已於今晨進入長春市，至十二時已將在市區內的殘餘共軍完全肅清。又據飛機偵察報告，未刻長春廣場已有市民數萬人集合開會。蔣意長春秩序當已恢復，無甚毀壞，人民歡忭，引以為慰。又熱河共軍猛攻葉柏壽等地甚急，蔣乃命新一軍抽調一師，增援熱河為預備隊。晚課後，聽取熊式輝與航空委員會副主任王叔銘報告。據王叔銘是日之日記云：

　　委座（按：尊稱蔣）晚九時召見，詢余空軍本日出動之情形，熊主
　　任在座，彼當面向委座控告金恩心擅離職守，退出長春。余為之力
　　爭金恩心是奉余令退出。彼又稱金恩心挑撥是非，必須撤職等等，
　　委座囑查之辦理而已。熊式輝之小氣量窄，且無道德，乃小人也。[174]

---

[174] 王叔銘，《王叔銘日記》（手稿本），1946 年 5 月 23 日。

之後，蔣記事，並於是日記云：

> 關於東北軍事、政治與對俄、對共、對美方鍼，應作重新考慮。此
> 次長春收復之速，共匪主力潰敗之慘，實在想像之外，非有上帝保
> 佑，何能有此奇蹟也。[175]

5月24日，朝課後，審閱夫人宋美齡致馬歇爾函稿。此蓋所以申述蔣對
於迅速停止衝突與恢復和平統一之意見，唯望中共切實履行停止衝突與恢復
交通秩序協定及實施整編與統編軍隊方案，不阻礙政府接收東北主權與修復
全國鐵路交通，以為成立諒解之基礎，並建議賦予美方代表以仲裁之決定權，
以調解政府與中共代表間之爭執，而保證中共之切實履行。[176]蔣復親函行政
院長宋子文，指示其將函件轉交馬歇爾時，可再予補充說明，函曰：

> 致馬特使函附上，請面交，如其與兄相商時，除將原函之意予之切
> 商外，以下要旨亦可相機說明，使之更能明瞭也：（一）自一月訂立
> 停止衝突協定以來，「共黨」對各種政治協商問題，故意刁難，無論
> 大小問題，皆未能解決一件，徒使政局動搖，人心不安，以致國家
> 危殆。（二）「共黨」對軍事三人小組會議所訂各種協定，亦皆曲解
> 推諉，不能如約履行。（三）「共黨」對於調處執行部職權內所應執
> 行之事，皆取反對與阻礙之態度，以致執行部無法實施其工作，如
> 此執行部之作用，徒為掩護其不法，保障其叛亂之護符，而於美國
> 希望我國早日和平統一之原意完全背道而馳，更使馬特使之使命無
> 法執行。（四）「共黨」最近明目張膽，對於破壞協定限制調處工作
> 之行動，實為存心搗亂，是其有計畫的一貫之政策，更顯而易見。

---

[175] 《蔣介石日記》，1946年5月23日。

[176] 《蔣檔・事略稿本》，1946年5月24日。

此後若不有確實之保證，使之不能再作如過去之延宕擾亂等違法之舉動，則我國人民之痛苦，日甚一日，更陷於水深火熱之中，而對盟邦美國之好意，將起相反之結果。而我政府之地位與威信，且將因之動搖喪失，不久難保其無崩潰之虞，果爾，則「共黨」可達其奪取政權赤化東亞之陰謀，故此時不得不提最低限度之辦法，並對「共黨」所作最後之試驗也。以上之意，務望委婉詳曲闡述，使之能澈底了解共下決心也。此間軍事情勢，「共軍」之慘敗，實為意想所不及者也。[177]

又蔣記對馬歇爾之感想曰：

馬歇爾不問我國之利害禍福，亦不顧其本國之政策如何實現，而惟以其個人功利之成敗與緩急是圖，誠不知我中華民國為何必須受此凌辱，而始獲解放，天乎，祈速拯救吾國於水深火熱之中，使彼從速覺悟，俾得如計消滅共禍也。馬與子文等表示，對我軍攻佔長春甚不贊同，此乃其一貫政策，無足為異，惟在吾人如何使之了解與同情耳。[178]

十一時，召見副參謀總長白崇禧與東北行營經濟委員會委員長張嘉璈，及上次守衛長春之東北保安第二總隊長兼長春防守副司令劉德溥。[179]據張嘉璈在是日日記中云：

蔣主席約於十二時見面，當即準時前往。詢問最近當地情形，與今

---

[177] 《蔣檔・事略稿本》，1946 年 5 月 24 日。

[178] 《蔣介石日記》，1946 年 5 月 24 日。

[179] 《蔣介石日記》，1946 年 5 月 24 日。

後應付辦法。當答以：今蘇聯不悅，而將軍隊撤離東北，勢必暗中
扶助共軍，其舉動大可注意。（1）吾人切不可有刺激蘇方之行為；
長春鐵路仍應遵照協定辦理；當地蘇僑應予保護。（2）已接收地區
之交通，應加強維持與保護工作。（3）東北行營在關內受黨方之攻
擊，不遺餘力，不免貶損其地位，妨碍其職權之行使。希望中央設
法提高其威信，加強其職權。（4）東北經濟之恢復，以目下中央財
力薄弱，加以當地兵事倥傯，恐不易推進，只好先將接收工作，辦
一段落。[180]

　　下午，雨霽，蔣偕熊式輝視察遼寧省政府，聽取主席徐箴關於省政之報
告。繼赴清故宮遊覽。故宮在瀋陽市西南隅，廣約三里許，丹牆金瓦，雄傑
美奐，三百年前建築，依然無恙。再至文溯閣檢閱四庫全書抄本。旋順道巡
視舊省府，復出大南門，經大西門入城返回寓所。晚，召見王叔銘、杜聿明。
南京外交部長王世杰電陳，謂「蘇聯大使對本部第二次關於撤兵之詢問，於
昨（二十三日）日正式以照會答覆，謂蘇軍已於五月三日自東北完全撤退」。
[181]對此蔣記曰：

　　俄國正式答覆其軍隊已於五月三日完全撤出東北境外，此乃一個月
　　以來之難題而由余來東北之舉獲得解決，此後東北共匪問題自較易
　　處置矣。[182]十時半，就寢。[183]

　　5月25日，朝課後，指示宋子文，囑其對馬歇爾說明國軍進入長春，對
於和平統一只有效益，而毫無阻碍，並剖析中共與俄國之心理，轉請其不必

[180] 轉見於姚崧齡編著，《張公權先生年譜初稿》，上冊，頁735。

[181] 以上均見《蔣檔・事略稿本》，1946年5月24日。

[182] 《蔣介石日記》，1946年5月24日。

[183] 《蔣介石日記》，1946年5月24日。

過慮。接見熊式輝等，各將領均認為軍事調處執行部來東北調處，將影響我方接收主權之行動，與貽誤消滅「共禍」之機會。[184]下午，研究奉天地誌後，與宋美齡乘車巡視舊日租借地與鐵西區。蔣以其規模之大，事業之鉅，殊感歎將來無人經管，無財力繼續維持之。便道視察東北行營與東北保安司令長官部後，回行邸。是日，蔣審察戰況，並考慮東北調處事。認為「東北共匪主力既經擊潰，應速定整個收復全境之方鍼，自以調處執行部不來東北，獲得自由行動，不使共匪再有喘息掩護之機會為妥。但東北地位與外交國際關係對美、對俄，皆有微妙之因素，稍一不慎，將受嚴重之影響，故在美馬〔歇爾〕未諒解以前，不能不有委曲與和解之表示，而以理論，則俄國政策與美國調處東北之國共問題，不如予我以自動解決乎。故執行小組不來，自於我為有利也」。[185]

圖 26　蔣中正視察東北行營（1946 年 5 月 25 日）

---

[184]《蔣檔‧事略稿本》，1946 年 5 月 25 日。

[185]《蔣介石日記》，1946 年 5 月 25 日。

是日，蔣日記記曰：

一、本週繼上週之努力，對於軍事、政治與經濟之整頓改革以及組織之加強工作，不遺餘力也。二、俄國正式覆文，聲明俄軍在東北者已於本月三日完全撤盡，此實為東北最重要問題也。三、楊虎城舊部孔從周〔洲〕在河南叛變，即時撲滅，至此楊逆後患方得盡除矣。四、我軍已於本星期收復長春，此為奠定東北最大之關鍵，其勝利之速出於意料之外，不有上帝保佑華，盍克臻此。五、余入瀋陽，不僅為軍事與東北問題之定力，而對俄國外交之轉機亦實繫於此也。六、大部心神皆為馬氏而耗費也。[186]

　　5 月 26 日，朝課後，到東北行營對軍官及青年軍第二〇七師士兵代表訓話，約三刻鐘。[187]聆訓者共 542 人，訓詞略謂：東北九省為中國之生命線，過去十五年來，全國一致，百折不回，堅苦奮鬥，其目的即在於收復東北之領土主權，解放我東北四千三百萬同胞。今各位率領軍隊進駐東北，應知本身之責任。第一、在安定社會，保護人民。東北同胞在敵偽長期壓迫之下，生活痛苦不堪，軍隊必須整飭紀律，盡其保國愛民之天職，以解除人民之痛苦。第二、要協助地方，從事建設。東北兵燹之餘，殘破不堪，工業與交通損失尤重，凡我軍隊所到之處，均當協助地方政府，努力建設，以期東北經濟得以迅速恢復。最後並勉各將領以明禮義，知廉恥，負責任，守紀律，為東北同胞倡導，以期由精神之建設而推進物質之建設，進而使我中華民國成為三民主義的現代國家。[188]詞畢，再點高級將領之名，並與之個別攝影。[189]

---

[186] 《蔣介石日記》，1946 年 5 月 25 日，「上星期反省錄」。

[187] 《蔣介石日記》，1946 年 5 月 26 日。

[188] 《大公報》（天津），1946 年 5 月 27 日，第二版，「中央社瀋陽二十六日電」。

[189] 《蔣介石日記》，1946 年 5 月 26 日。

圖 27　蔣中正於對東北行營人員訓話後逐一點名（1946 年 5 月 26 日）

圖 28　蔣中正與東北高級將領合影（1946 年 5 月 26 日）

　　正午，宴駐東北各將領後，與夫人宋美齡往遊北陵，即清太宗皇太極之陵寢。[190]據中央社瀋陽是日電稱：

　　蔣主席偕夫人二十六日下午二時十五分，於天朗氣清風和日麗中，由瀋陽市董市長文琦及新運婦女指導委員會東北分會籌備委員律陳榮禮等陪同，驅車由行轅出發，經市府門前，沿一馬路赴瀋陽市唯一古蹟歷史悠久之北陵遊覽。途中主席手持地圖，對經過道路及瀋陽市人口、面積、戶籍、保甲組織及工廠復工情形等詳加垂詢，董市長躬謹一一陳述。主席指示，對中國人之住居區，今後應加意修葺。是日適值星期日，北陵道上遊人如織。主席至北陵下車，攜杖緩步，遊覽景色，狀至愉快。遊人初不知主席及夫人之蒞臨，及察覺後，歡聲雷動。主席旋登角樓眺望，繼至清太宗陵寢，並至階（隆）恩殿巡視。主席及夫人巡視一週後，對年久失修之處，囑董市長應隨時修葺，以復舊觀。沿途市民學生等均爭與主席握手，引為無上光榮，主席則一一與之握手，民眾前呼後擁，主席旋乘車就歸途，時遊人皆戀戀不捨，主席登車時，舉帽頻頻答禮。[191]

　　另據陪同往遊的董文琦憶述：

　　車抵北陵公園，主席伉儷即緩步走入陵園，看見三百年參天古柏，至為欣賞。該日適為星期假日，遊陵民眾甚多，主席見有女學生二十餘人，遂走至跟前，問道：你們是什麼學校的學生？現在好，還是日據時代好？她們均異口同聲說：我們是東關女師學生，現在好。其中一女生突以手指主席說：你是不是蔣委員長？主席微笑說：我

---

[190]《蔣介石日記》，1946 年 5 月 26 日。

[191]《大公報》（天津），1946 年 5 月 27 日，第二版。

給你們介紹蔣夫人。此語一出，在場群眾即高呼「蔣委員長萬歲」，
呼聲此起彼落，不絕於耳。群眾愈來愈多，包圍得水洩不通，皆欲
爭觀民族救星蔣委員長的風采，當時侍衛長俞濟時先生直喊不得
了，我也連喊帶推，推開一條通路，主席伉儷仍面帶微笑遊覽陵園
後欣然離去。[192]

對於民眾的熱情，蔣於日記中誌感曰：「男女學生及各界遊眾，及其知余
即蔣主席時之表情，其熱烈與親愛，實不啻十三歲自外讀回家見家慈時，無
言而痛哭之情緒相仿也」。繼而視察北陵水源地與東北大學舊址，回寓，休息。
召集軍政部來瀋陽之各署長，指示糧服、醫藥、武器運輸接濟各部隊業務，
及其畢，已六時正。即與宋美齡往遊東陵，即清太祖努爾哈赤之陵寢，蔣認
為「其形勢、風景、森林，皆較北陵優美」。回寓，已八時半。約前東北軍政
要人王樹翰（字維宙）、張作相便餐，召見人員，十時半始畢。

又是日行轅秘書處奉蔣「東北九省淪陷最久，歷年以來，備受壓迫，四
千三百萬同胞日處水深火熱之中，本主席時甚關懷，此次蒞瀋視察，我東北
同胞在淪陷期間對敵偽所施之暴行及收復初期地方上種種不法之情事，均准
據實陳訴，以便依法嚴辦，以申冤由」之手諭，於是日將人民陳訴辦法公告
週知：（一）本處接收陳訴函件自五月二十七日起至五月二十九日止。（二）
本處為便利人民陳訴及慎重處理起見，設置下列各密封信箱，人民均可自由
按時前往投遞呈訴函件：特一號信箱，市府大路郵局（原名協和街郵局）；特
二號信箱，一心街郵局（原名城內郵局）；特三號信箱，楊武街郵局（原名南
市場郵局）；特四號信箱，瀋陽市郵局（原名中央郵局）；特五號信箱，雪恥
街郵局（原名皇姑屯郵局）。（三）信箱投遞時間，每日自上午八時起至下午
六時止。（四）上列各信箱均由本處派人親自守護，並於每日投遞時間截止後，

---

[192] 張玉法、沈松僑訪問，沈松僑紀錄，《董文琦先生訪問紀錄》，頁 119。惟其將遊北陵日期誤記
為 5 月 25 日。

由本處開啟，彙呈主席核閱。（五）本處對陳訴人之姓名、身體，均予保守秘密，但陳訴人須寫明真實姓名住址，以便覆查。[193]

是日，行政院長宋子文自南京來電，報告轉交馬歇爾函並與之商談情形云：

昨晚奉到鈞函，即約辭修（按：陳誠字辭修，時任軍政部長）詳細商談，今早文往訪馬歇爾，將鈞函面交，馬謂：（一）鈞座對東三省軍事似不願至此告一段落，惟據其所聞，此次「共軍」死傷一萬二千，俘虜僅四百餘人，如是「共黨」主力並未擊散，「共軍」現在避戰，如國軍跟踪而進，則必延長戰線，予「共軍」以處處可以截擊之機會，文即告以據各方所得「共軍」慘敗情形，「共軍」除一部分外，本屬烏合之眾，經此次打擊，勢必瓦解無疑。（二）馬又謂：「共軍」現正集中由熱河向鐵路沿綫各地截擊，文告以此舉我軍早有防備，且數日前已有接觸，均為我軍擊退。（三）馬詢濟南情況如何，文謂：據辭修報告，可不必顧慮，最後文謂：鈞座始終希望和平解決，東北勝利實可促成和平，惟「共黨」必須具有誠意，不可如以前之議而不決，決而不行，此種不戰不和之情況下，在「共黨」為有意造成予我以最不利之情勢，我方實在不能容忍。馬謂：今日下午約周恩來談，將鈞座第一封信情形告周，至鈞座第二封信，仍守秘密，俟見後當再告等語，謹先電陳。[194]

善後救濟總署東北分署署長劉廣沛懇請轉飭農民銀行東北分行籌備處，勿待其正式成立，先行會同該分署舉辦農貸，以濟春耕。蔣當即批交東北行營經濟委員會主任委員張嘉璈核辦，並飭其從速決定，但不必規定每畝貸以

---

[193]《大公報》（天津），1946 年 5 月 27 日，第二版，「中央社瀋陽二十六日電」。

[194]《蔣檔・事略稿本》，1946 年 5 月 26 日。

東北流通券五十元為限也。[195]

　　5 月 27 日，朝課後，至遼寧省政府擴大紀念週訓話，約一小時。[196]蔣在訓詞中謂其自 1914 年來東北，迄今已三十二年，此次重來，頗多感想。東北為中國之生命線，淪陷係經十五年，此次國土重光，吾人於接收之後，應洗刷積恥，努力建設，庶不負為保衛及收復東北而犧牲之先烈。東北為中國工業最發達之地區，但大戰之後，殘破不堪，恢復之道，不可專恃機械，而應遵照孫中山「雙手萬能之遺訓」：其一、運用東北廣大之人力，重新建設，而文武官吏如能以身作則，則東北同胞，將樂於效命。其二、東北同胞受敵偽長期之壓迫，故對於國家民族之觀念特別堅強，加以社會組織嚴密，經濟基礎穩固，政府若能因勢利導，實行新縣制，推進地方自治，則東北必可成為三民主義之實驗區。其三、東北同胞有二大優點，即勤勞與節儉，今後若能作到迅速確實，以補救遲緩與虛浮之缺點，則精神方面之革新，俾可促成物質建設迅速的發展。最後蔣諄囑軍政人員愛護人民，同時亦盼望東北同胞輸財輸力，協助政府，以謀本身之幸福，與東北地方之安定。[197]繼而召見黨政人員，至十二時半始畢，蔣「甚憂黨政人員之器度識見之狹小，思想與精神皆為舊習所傳染，毫不具有開國之氣象也，此乃我革命事業之制命傷也」。下午，研究時局，四時，在瀋陽市政府約集中外人士茶會。[198]到會的約有四百人，著軍裝的佔了二分之一，幾乎都是將官以上階級。除東北行營、保安司令長官部各廳廳長、委員外，還有八位軍長、四位師長、兩位空軍司令官。以外，是黨政經濟員職，和各省主席。並有士紳二十五位，婦女界十五位，外賓七位（五美二蘇），中國記者十四位，外籍記者十位。[199]蔣在茶會上致詞，謂其夫婦今日與各位在瀋陽相見，實為機會難得。回想 1931 年「九一八」，

[195] 《蔣檔・事略稿本》，1946 年 5 月 26 日。

[196] 《蔣介石日記》，1946 年 5 月 27 日。

[197] 《大公報》（天津），1946 年 5 月 28 日，第二版，「中央社瀋陽二十七日電」。

[198] 《蔣介石日記》，1946 年 5 月 27 日。

[199] 樊放，〈蔣主席在瀋陽（二）〉，《世界日報》（北平），1946 年 6 月 4 日，第一版。

瀋陽淪陷迄今十五年。當時中央因準備不及，不能及時相救，以致我們東北
同胞受敵偽的壓迫，日處水深火熱中，過著長期痛苦的生活，於今聚首一堂，
痛定思痛，其本人還是覺得非常遺憾。現在東北已經光復，我們東北同胞已
重返祖國的懷抱，希望我們東北同胞記取過去異族侵凌、壓迫的痛苦，與我
們求得自由獨立之不易，從此上下一致，同心一德，努力埋頭苦幹，來建設
我們東北，以作為我們建設三民主義新中國的基礎，這是東北同胞人人應盡
的責任，也是全國同胞對於各位殷切的期望。[200]會後，觀賞新六軍四維劇社
所演平劇，其演員皆為蔣夫人宋美齡九年前所收容之難童，今已長大且能演
劇了。[201]關於此次茶會及會後的餘興表演，天津《大公報》有詳細生動的報
導：

> 二十七日，主席及夫人聯名下了通知，說舉行茶會，那一天到會的
> 是各機關首長及士紳，記者們沒有得到一個發問的機會。那是主席
> 到瀋後第一次公開出現，在那一次會面中，大家都覺得主席精神很
> 愉快。下午四時一過，客人們入了座，主席暨夫人蒞場，一陣掌聲
> 後，坐了下來。這兩位不凡的主人，在一刻鐘之內沒有講什麼話，
> 吃著茶點，看看各式各樣的人。那天主席說：「茶點不豐富」，事實
> 上也真不算豐富，不過卻剩了不少，人們像沒有心情吃茶點似的。
> 主席第一個招呼的人是于斌主教：「你是那一省人？」主席的致詞很
> 簡短，對東北同胞勉勵一番。市民代表致答詞的是張子文，他是此
> 地回教徒的代表，講的幾乎是聲淚俱下。張氏一講完，馬上有人站
> 起來，自稱「落伍軍人」，他自己大概也沒有準備，加上過度的緊張，
> 說話顯得不大流利，不過他的意見雖條理不清，卻說得扼要，他希
> 望早日恢復工廠建設，確定收回紅軍票的辦法。第三個發言的重點

---

[200]《益世報》（天津），1946 年 5 月 28 日，第一版，「中央社瀋陽二十七日電」。
[201]《蔣介石日記》，1946 年 5 月 27 日。

在教育與衛生，並一再引證外國的例子，對教育他希望大學私立，中小學的教育特別加強。對於衛生，他說：我們有宣傳部、社會部，為什麼不添一個衛生部？衛生部，他說外國都有，社會部可以併入內政部。最後他又加上兩點意見：一是希望對在東北作過偽官的寬大，一是主張瀋陽改特別市。這兩位自告奮勇者發言的時候，對地方上一些首長們是一個波動，大家都暗中向正座上看。主席卻仍不時微笑點頭，銀白的眼鏡不時戴上又不時取下。意見說完了，主席又站起來繞場走了一次。跟著表演的節目是四維劇團的「斬顏良」，演劇前，小孩子唱了歌，獻了旗，大家把身子轉過來看戲。主席及夫人左右的鄰座都沒動，那是白崇禧、熊式輝、王樹翰、張作相、張嘉璈等，杜聿明與徐箴坐在兩個桌角上。熊夫人、杜夫人的兩個位子是空著的，她們沒有到。小孩子穿著幾千年前老式的衣服，打來打去，滾滾翻翻，這戲台上的戰爭在小孩子表演下有點可笑。在微笑中閉了幕。散會時宣布來賓可去向主席及夫人握手，有的人去了，有的人沒敢上前。[202]

繼而蔣在市府廣場與民眾相見後，與宋美齡先遊覽古宮，再往兵工廠視察，蔣稱讚「其規模為全國之首也」。[203]回寓後，接馬歇爾 5 月 26 日覆函，其譯文如下：

今午，接奉蔣夫人來函，敬悉閣下五月二十四日所示之條件，余今日已與周恩來作三小時之會議，彼將於今晚提出一項聲明，以闡明「共方」對於閣下所聲明一般條件之同意及認可各點之細目。關於政府接收主權之步驟，及閣下第四節（丙）項所建議授權與美國官

---

[202] 呂德潤，〈蔣主席蒞瀋記（二）〉，《大公報》（天津），1946 年 6 月 4 日，第二版。此係呂德潤 5 月 29 日寄自瀋陽的報導。

[203] 《蔣介石日記》，1946 年 5 月 27 日。

員之限度，彼尚不能作確切之表示，謹先述余之觀感及建議如下：
（甲）周恩來與余共同建議調處執行部應立即派一前方小組進入長
春，並即駐在該地。（乙）余敦促閣下立即下令國軍在下令二十四小
時以內停止前進攻擊及追擊，並宣佈此一行動之目的在促進閣下停
止戰鬥及以和平談判解決問題之願望。余覺繼續閣下目前軍事上之
推進，徒足招致國軍初入東北時所遇不幸結果之重演，及在長春「共
黨」首領最近之敵對態度，況在此時，而作其他舉動，則與閣下最
近向「共黨」所提之建議相反矣。（丙）請詧核尊函所提余願否保證
「共黨」之誠意一點，「保證」一名詞如何解釋，並祈賜示。（丁）
問題在閣下是否有意給予北平美方委員以全權，使能決定雙方委員
所不同意之一切事宜，此舉自能推進工作無疑。惟余覺事實上將使
美國人寖至美國政府負責決定甚多即將發生之重大問題，其範圍似
覺太廣，是否可將美國人之最後決定權限於特定之事項，例如各小
組應於何時前往何地，如何出發，接見何人，以及涉及地方之決定
等項，在長春方面之緊急措施以及有關在東北停止衝突之事宜，美
國人亦有最後決定之權，各小組及小組主席提呈調處執行部之事
宜，以及有關恢復交通之事宜，亦有決定之權。在上述各項中，凡
一切有政治性之事宜，除非以後協定中有特殊規定者，均應除外。[204]

　　馬之覆函並附有周恩來答覆馬之留函。蔣以周「其狡詐可惡，自在意中，
而馬之心意亦一如往日，只求其使命速成，希望我即刻下停戰命令，而不問
我國家存亡，亦不考慮其使命如何方能達成也」。[205]
　　行政院長宋子文於是日函陳蔣曰：

---

[204]《蔣檔‧事略稿本》，1946 年 5 月 27 日。

[205]《蔣介石日記》，1946 年 5 月 28 日，補記 27 日事。

昨日已將與馬使商談經過情形電陳，諒達鈞鑒。馬使昨將致鈞座電文抄送一份交文，即約辭修、雪艇商量，文等意見，咸以鈞座復電大意似可措辭如次：我方如自動將軍隊暫不前進，惟對於本年一月十日中央政府接收東北不受任何約束之協定，不能變更。至由馬使保證一節，可指停戰協定、恢復交通協定、與整軍方案，能由馬使規定期限，負責使「中共」接受執行，對於美軍官在三人小組有最後決定權一節，文等咸以決定派赴各地視察權及對於切實執行恢復交通等為限。再陳者，今日與雪艇談話時，雪艇提及曾於鈞座離京時面陳，最好公權（張嘉璈）不再前往，因其交涉太懦弱之故，惟茲已隨鈞座前往，最好勿使與蘇聯談商經濟合作等事，此事可完全由外交部辦理，謹併附陳。[206]

外交部長王世杰、軍政部長陳誠電陳對東北問題之意見曰：

馬使復鈞座函，暨周恩來答覆，已由宋院長派專機送呈。至於東北政治解決方案，職等認為宜與停止衝突問題同時解決。對周恩來所詢接收東北主權之意義一節，似可答覆如下：（一）為商定之整軍方案，在東北立即提前實施，則政府可暫不派軍隊進至尚未接收之區域，只派行政長官及警察赴各該地接收，「中共」不得阻止。（二）政府改組東北行營政治委員會，可容納「中共」分子，其詳細辦法由國「共」代表於六月十日以前商定。以上意見，「中共」能否接納，尚不可知，謹請鈞裁。[207]

晚課後，召見軍事三人小組駐瀋陽之政府人員二十餘人，再召見各軍政

---

[206] 《蔣檔‧事略稿本》，1946 年 5 月 27 日。
[207] 《蔣檔‧事略稿本》，1946 年 5 月 27 日。

治部主任二十餘人，十一時半方畢。[208]張嘉璈在是日日記中云：

> 晚十時，往見蔣主席，報告擬定蘇聯軍用票登記及收兌辦法，及軍
> 隊進入東北時發行蓋印法幣，截至九月十五日止，收兌辦法，請予
> 核准，俾便實行，庶東北流通券成為唯一流通使用之紙幣。[209]

5 月 28 日，朝課後，手擬對馬歇爾覆電稿，至十二時半始脫稿，頗費心
力。[210]對其 26 日來函之提議表示同意，並闡明對中共問題之一貫主張，以及
政府接收東北主權之意義。又對其建議下令國軍停止前進攻擊與追擊一節，
只要其能使已訂立之整軍協定，在東北提前實施，並即規定實施之具體辦法，
則政府自可停止軍事行動，而長春執行小組自可於此時成立。同日，宋美齡
致函馬歇爾，解釋蔣對中共問題之意見。[211]

下午，蔣與宋美齡赴第九十一後方醫院，慰問傷病士兵，蔣記其見「斷
肢殘趾，無任悽愴」，而「有一士兵對余所問曰：緬甸受傷以後就有罐頭號波
羅蜜吃，現在亦想吃此物，余乃送以昨日由京新到之荔枝，不知其能可口否」。
[212]中央社記者記述若干士兵見蔣夫婦親臨慰問，感激涕零。乃問一流淚士兵
有何痛苦，答謂並無痛苦，惟以九死一生之身，受統帥及夫人之慰問，不自
覺而流淚也。[213]復至盛京醫院慰問負傷的師長趙琳（第七十一軍之第九十一
師師長，5 月 17 日黎樹之役，趙身先士卒，猛攻林彪之東北共軍總部，激戰
三日，始將黎樹攻克，趙於是役中頭部負傷，蔣夫婦躬親慰問，並致贈自食
蘋果等）後，回寓。批閱公文，處理衛生、經理補充兵與糧食等補給事項。

---

208 《蔣介石日記》，1946 年 5 月 28 日，補記 27 日事。

209 轉見於姚崧齡編著，《張公權先生年譜初稿》，上冊，頁 736。

210 《蔣介石日記》，1946 年 5 月 28 日。

211 《蔣檔・事略稿本》，1946 年 5 月 28 日。

212 《蔣介石日記》，1946 年 5 月 28 日。

213 《大公報》（天津），1946 年 5 月 29 日，第二版，「中央社瀋陽二十八日電」。

晚課後，與王叔銘、白崇禧談話，乃知永吉今晚必能收復。晚約張道藩、鄭
彥棻、谷正鼎等聚餐，商談東北黨務。[214]據參與作陪的張嘉璈記云：

> 中央黨部張道藩、谷正鼎、鄭彥芬（按：應為棻）三君來瀋，蔣主
> 席約晚飯，前往作陪。席間，我建議接收敵偽房屋，應妥予分配，
> 合理使用。並陳述當地物價日漲，即東北流通券日見貶值，殊為可
> 慮。[215]

是日，蔣電東北行營主任熊式輝轉東北各省主席，令地方行政人員隨軍
前進，並指示工作方針，「凡國軍收復之地區，行政人員應立即著手組織民眾，
清查戶口，推行新縣制，實行新生活，以期早日恢復地方秩序為要」。又指示
熊式輝，對四平戰役協助國軍作戰遭受損害之民眾，應予撫卹、賠償及救濟。
又行政院長宋子文電陳，與馬歇爾談話，馬對目前軍事局勢極感憂慮，希望
蔣即行宣佈東北國軍停止前進攻擊及追擊。[216]

5 月 29 日，朝課後，將昨日致馬歇爾覆函，派機送南京宋子文轉交，並
電告宋曰：

> 覆馬歇爾特使函，請即譯成英文面交，此原函可暫存兄處，待中回
> 京時可與前次兩函仍交還侍從室存案也。關於此原函內，如有需斟
> 酌損益之處，亦請與有關諸同志切商改正可也。達銓、鐵城、敬之、
> 次宸、辭修、立夫、大維與雪艇、浩然諸同志，皆應交其一閱也。[217]

---

[214] 《蔣介石日記》，1946 年 5 月 28 日。其括號內的補充說明，係參見振聲，〈血洒四平街——趙琳
師長接防東北，主席親贈蘋果慰勞〉，《和平日報》（上海），1946 年 6 月 2 日，第五版。

[215] 轉見於姚崧齡編著，《張公權先生年譜初稿》，上冊，頁 736。

[216] 均見《蔣檔・事略稿本》，1946 年 5 月 28 日。

[217] 《蔣檔・事略稿本》，1946 年 5 月 29 日。

　　旋據南京宋子文「豔電」轉呈馬歇爾致蔣電，認為國軍在東北繼續前進，使其調停工作感到困難。又據宋子文「陷電」云：

　　鈞座二十八日手示，暨答馬使函均奉悉。昨晚已與敬之等磋商，頃將答馬使函略加整理送去。惟馬使重視我方自動制止我軍停止前進，職等以為鈞座不妨先行下令，暫停各軍前進，並一面向馬使暨全國聲明，政府已下令各軍停止前進，以期於極短期內獲得完滿解決。惟接收東北各地主權之神聖任務，斷不能久延，故政府對於一月十日停戰協定內所保有關於接收主權之行動自由，不能放棄，如何祈裁奪，並祈電示返京時期。又莫斯科報紙現仍猛烈抨擊美方及我政府，併此奉聞。[218]

　　手批示東北行轅對抗戰陣亡將士之遺族從優撫卹救濟。指示中央黨部，對東北殉難烈士之家屬及被難同志優予撫卹。電南京參謀總長何應欽，軍事委員會所屬各部會應如期改組。又據報國軍已於昨日收復永吉，秩序立即恢復，並已佔領永吉小豐滿之發電廠，此為東北最大發電所之一，幸無損壞，蔣聞之，至慰。十時，於瀋陽市政府接見抗戰期間本黨蒙難同志三百餘人，溫諭慰勉。十一時，與宋美齡出席瀋陽各界民眾歡迎大會，登市府二樓平台時，在市府廣場上聚集的民眾達二十萬人，皆鼓掌歡呼不已，至情發露。[219]蔣旋致詞，歷時十五分鐘，民眾鼓掌達九次之多。致詞畢，蔣夫婦至平台四角，與民眾揚帽相見，一時民眾跳躍歡呼，熱烈情形達於極點。旋舉行獻旗典禮，歡迎大會獻給蔣夫婦之旗為「民族救星」，婦女界所獻者為「功在國家」，中華救國協會為「世界偉人」，蔣夫婦含笑接受，並示謝意。[220]另據董文琦憶述：

218 《蔣檔・事略稿本》，1946 年 5 月 29 日。

219 《蔣檔・事略稿本》，1946 年 5 月 29 日。

220 《大公報》（天津），1946 年 5 月 30 日，第二版，「中央社瀋陽二十九日電」。

市政府前有一廣場，面積約倍於臺北總統府前廣場，如有秩序排列，可容納二十餘萬人。不料瀋陽郊區民眾雖知歡迎大會在十時開始，但他們在夜間二、三點即絡繹不絕向市府廣場擁進。我於八點鐘到市府一看，廣場已被民眾擠滿，而附近街道人潮仍不斷向廣場擁入，真是萬人空巷，傾城而出，軍警維持秩序至感困難。九時半恭迎主席伉儷至市長辦公室稍事休息後，即相偕向窗外眺望。主席伉儷見廣場上萬頭攢動，一片人潮旗海，至為愉快，即問我有多少人，我答約有三十萬人，夫人在旁微笑道：可能有四十萬人。十時，大會開始，當主席伉儷在陽臺出現時，民眾高呼萬歲，聲震天地，其狂熱情緒令人感動。此時廣場外三面街道均站滿民眾，市府大門陽臺下亦為人潮擠滿，誠如夫人所說不下四十萬人之多。主席向民眾訓話時，首先連呼三聲「東北同胞」，此時廣場民眾寂靜無聲，想係大受感動，喜極而泣。……大會舉行完畢，群眾如怒濤一般擁向市府門前主席上車之處，爭欲靠近一些，一睹元首丰采。[221]

當時在現場採訪的南京《中央日報》記者陸鏗亦記述云：

廿九日瀋陽市民大會歡迎主席的熱烈情形，記者拍發專電時曾經指出是記者採訪生活中，前所未見的場面。記得太陽剛出山，平日沉寂的市面，這一天就顯得有些鬧烘烘，大會本定十時開始，九時未到，人潮就向市府廣場湧，尤其是學生們，以孩子的天真，對主席和夫人的訓話與服裝作預先的猜講，市民們則好像過新年樣的，撿出新衣服紛紛赴會，有龍鍾老太婆牽着頭上插一朵花的小孫女，有白髮老頭子一手扶著杖，一手扶著兒子，有兩夫婦帶著小孩兒，像

---

[221] 張玉法、沈松僑訪問，沈松僑紀錄，《董文琦先生訪問紀錄》，頁115～117。惟其將大會舉行時日期誤記為5月25日上午10時。

走馬燈似地，在大會場上出現，九時半沒有到，可容十萬人的場子，
已經擠得只剩最後一個邊沿，十時，他們用了數不盡的歡呼，數不
盡的鼓掌，聆取了主席的訓示，在陽光照耀金黃色的大地上，人羣
中，閃爍著數不盡的旗影，數不盡的淚光，太感動了，主席的聲音
一聲比一聲大，主席的訓示一句比一句緊，講演完畢還不忍離去，
在陽台的正面，左面，右面三方領首揮帽示意，站在陽台上的人，
眼光都跟着主席的步子越轉越快，同時，大家的心都好像要跳了出
來！[222]

此情此景，令蔣動容，特誌感曰：「其熱烈情緒，亦不能不使余熱淚盈眶，
此乃十五年事民眾之積悃與余個人之冤屈所積而成一場大悲劇，與現前之史
實也。感謝上帝使余得有今日之一日也」。回寓後，蔣甚覺身體疲乏，體溫增
至三十八度二。即休息就寢，直至晚七時，略食些許，禱告。晚課後，仍睡，
不敢強勉也。[223]

又是日為接受東北人民投函陳訴的最後一日，投函者較前更為踴躍，總
計三日來共收到函件 903 件，是日為 526 件。[224]

5 月 30 日，蔣熱度已退，心身復原。朝課後，記事，召見熊式輝、杜聿
明、張嘉璈等政、軍、經要員，分別予以指示，至正午方已。[225]據張嘉璈在
是日日記中云：

晨九時半，蔣主席約見，首表示要我繼續留在東北工作。力辭不允。
當告以祇得擔任一短時期，並告以中央有人建議將東北經濟委員會

[222] 陸鏗，〈東北十五年來第一件大事：蔣主席慰問行（上）〉，《中央日報》（南京），1946 年 6
月 2 日，第三版。

[223] 《蔣介石日記》，1946 年 5 月 29 日。

[224] 《華北日報》（北平），1946 年 5 月 30 日，第二版，「中央社瀋陽二十九日電」。

[225] 《蔣介石日記》，1946 年 5 月 30 日。

名義，改為東北經濟專員公署，似不甚妥洽（恰），須再詳加考慮。再經濟委員會今負統一接收經濟事業之責，中央有關經濟各部門之接管人員，宜事事與經濟委員會接洽，其用款與工作，須受經濟委員會之考核，請下一手令，俾該會得遵照執行。當荷允准。[226]

　　下午一時，蔣偕副參謀總長白崇禧、東北保安司令長官杜聿明由瀋陽飛長春視察，蔣夫人宋美齡則同時離瀋赴北平（於下午三時許抵達）。蔣自瀋飛長途中，不時憑窗眺望，對此苦戰多年始得光復之東北之錦繡河山，念復為共軍踐藉，瘡痍未定，不勝其太息痛恨。二時十分，抵達長春。[227]東北保安副司令長官鄭洞國、警備司令新六軍軍長廖耀湘、代市長尚傳道及士紳百餘人在機場迎候，蔣下機後至空軍站招待所休息。旋即接見士紳六十餘暨婦女二十餘人，其中數老人與蔣握手時，已淚流滿面。蔣頻加慰藉，並讓全體入座。當即致詞，謂長春遭受變亂，長春父老深受驚擾，損失重大，本人極為同情，今日能與長春同胞聚首一堂，衷心有說不出之安慰。慘遭十四年奴役生活之東北同胞，今日得回祖國懷抱，實為中華民族史上一大快事。十四年來，中央無日不痛念東北同胞，然直至今日，國軍始能接防長春，本人深感慚愧。今後盼望全東北同胞努力協助政府恢復地方秩序，加緊復興工商業，使東北迅速成為富強康樂之地。耆老數人相繼表示，謂主席拯救東北人民於水火之中，吾人得沐再生之德，此為我東北同胞世世所不能忘懷者。言下多悽然落淚。蔣繼詢以國軍紀律好否？全場一致高呼紀律太好了。蔣並謂長春同胞如有冤屈之事，可向地方軍政長官報告，本人必依法處辦。旋全體合攝一影，以留紀念。[228]
　　蔣繼而對駐長春官長訓話與各將領攝影，聽取鄭洞國、廖耀湘各將領報

---

[226] 轉見於姚崧齡編著，《張公權先生年譜初稿》，上冊，頁 737。

[227] 《蔣檔·事略稿本》，1946 年 5 月 30 日。

[228] 《大公報》（天津），1946 年 5 月 31 日，第二版，「中央社記者律鴻起長春三十日下午二時急電」。

告，乃知吉林小豐滿發電廠所以未被共軍破壞者，「一為其炸藥不足，裝置不
及，一為我軍抄襲急速，出於其意料之外，故其在吉林前線之匪部皆被我軍
包圍，其武器遺棄，匪部潰散，亦以此次為最慘。據報林彪所指揮之基幹部
隊，由冀魯派赴之老八路與新四軍及其所謂第一師等部，皆在此役消滅矣」。
[229]三時，由長春起飛，在空中瞰視新長春一匝以後，即經北戴河、灤縣、唐
山上空瞰視，以「灤縣在古代實一重要形勢也」。繼經通州，七時半始抵北平
南苑機場。[230]其飛行時間為何長達四小時餘？據先蔣自瀋陽飛抵長春預做安
排的航空委員會副主任王叔銘，在是日的日記中記云：

> 余于十二時由瀋陽乘 B25 飛長春，並約定委座機于下午一時起飛。
> 余抵長春後，即在各處巡查一次。約一時十分，委座機到達，P51
> 六架作掩護。委座下機後對前方將士訓話，于三時三十分由長春起
> 飛赴平，美齡號機輪不能收上，速度大減。P51 機以油量關係，不
> 能隨護，特由瀋陽另調四機，在錦州等待掩護。該四機由董啟恆領
> 隊，與美齡號會合後，冒極惡劣之天氣安降北平。[231]

蔣下機後，即直赴後園恩寺行邸，蔣覺得「市容與寓所皆較去臘來時整
潔矣」，「到平以後，心情舒適，比在東北之空氣不可同日而語矣」。以宋美齡
病，晚課後，十時半，沐浴畢，就寢。[232]

5 月 31 日，朝課後，記事，擬定在北平工作日程表。召見第十一戰區司
令長官孫連仲，聽取華北一般報告。修正講稿，訓示青年軍退伍士兵甚費心
力。下午，召見天津市長杜建時等畢，遊覽孔廟，觀賞樂器、禮具與仿刊之
百鼓後，參觀國子監之辟雍與彝倫堂，石刊經蔣湘帆十三經，蔣歎以「誠一

---

[229]《蔣介石日記》，1946 年 5 月 30 日。

[230]《蔣介石日記》，1946 年 5 月 31 日，補記 30 日事。

[231] 王叔銘，《王叔銘日記》（手稿本），1946 年 5 月 30 日。

[232]《蔣介石日記》，1946 年 5 月 31 日，補記 30 日事。

大觀也」。巡遊畢，與北平市長熊斌視察西郊新市區後，回行邸。晚餐後宴李宗仁等高級幹部，指示後，談話畢，十一時，就寢。[233]

是日，蔣以國軍已收復永吉，而吉林省政府主席鄭道儒尚未到任，特電東北行營主任熊式輝，謂「吉林省政府主席未到任以前，即派梁華盛代理該省政府主席可也」（熊奉電後，即於 6 月 1 日令東北保安副司令長官梁華盛剋日前往赴任）。[234]又是日，蔣記曰：

一、本月二十日以前，共匪鼻張更甚，到處破壞協定，阻碍調處，對美代表亦無所顧忌，已等於公開叛亂矣。各大都市糧食缺乏，物價大漲，各處公務人員因生活困難罷教罷業，中央內部為住食問題，亦多生支吾與怨恨，政治、經濟與軍事情勢可謂險極矣。乃因四平街於十九日克復以後，軍心民氣為之一振。復因長春、永吉相繼收復，共匪潰敗，其勢大殺，於是大局乃得轉危為安。而各省麥收頗豐，雨水亦足，秋收有望。於是糧價低落，金融漸穩，及至月杪，各方情勢轉入順境矣。二、還都以後心神振奮，各種工作雖夜以繼日，但毫無倦容，自覺本月工作最努力而亦最有效也。三、婉拒史大林在俄會談之約，乃為外交上之重要決斷也。四、對馬歇爾工作之痛苦與艱難，可謂異甚，但已因忍耐而生效用，天父必不負此苦心之人也。五、巡閱東北，不僅對東北黨政軍務皆能解決有進益，而對俄外交、對內人心之影響更大。十四年來為東北所受之如此恥辱與痛苦冤抑得以伸雪於一旦，豈非天父神力所致乎。六、行政院之交通、經濟兩部長易人，以及軍委會改組國防部，如計實現，此乃整政整軍之一大事也。七、上海市長易人，糧食囤積奸商嚴屬取締，當地軍警機構調整統一，紀律漸振，物價穩定，實以此為樞

---

[233] 《蔣介石日記》，1946 年 5 月 31 日。

[234] 《蔣檔・事略稿本》，1946 年 5 月 31 日。

機也。[235]

6 月 1 日，朝課後，修正告青年遠征軍退伍士兵書。[236]接南京行政院長宋子文電云：

文今（五月三十日）晨攜鈞座函譯文及三妹函，交馬使，談二小時，馬謂：鈞座意甚懇切，可希望作為解決之根據，渠即將召周恩來來談，告以渠之意見：（一）交通即行設法恢復。（二）美方對於若干事件，保有決定之權。（三）「共軍」應退出哈爾濱、齊齊哈爾。以上三點，應由「共方」接受，除此以外，無法調停。至於停止軍隊前進命令，鈞座雖不願即行頒布，渠引為遺憾以外，仍望鈞座准許執行部前進人員進駐長春，開始布置，其餘可注意者：（甲）此項前進人員雖赴長春，不能即行工作，而可使國內情形對於時局發生安定及開展之觀感。（乙）此次執行部前進人員，並非執行小組，其性質類似軍事調處執行部指揮分部。謹電請鑒核電示。[237]

蔣電覆，謂馬歇爾所提執行部前進人員進駐長春，開始布置，而暫不執行其工作之建議，其可贊成，待其回南京與馬歇爾面商後決定之。旋又接宋子文 5 月 31 日來電轉馬歇爾致蔣之急函一件，申述對東北軍事意見，請即下令國軍停止前進攻擊與追擊，並准許調處執行部前進人員立赴長春。十一時，在行邸召見河北、平、津黨團負責同志，及中央各部特派員劉瑤章、吳鑄人、邵華、石志仁、陳雪屏、屈凌漢、張子揚、張明煒等二十一人，垂詢工作情

---

[235]《蔣介石日記》，1946 年 5 月 31 日，「上月反省錄」。

[236]《蔣介石日記》，1946 年 6 月 1 日。按：全國青年遠征軍（除二０七師士兵自請延長服役外），自 1946 年 6 月起開始退伍，故蔣手定告青年遠征軍退伍士兵書，於 6 月 3 日晚九時在南京對該軍各師士兵廣播致訓。其訓詞全文見《益世報》（天津），1946 年 6 月 4 日及 5 日，第一版。

[237]《蔣檔・事略稿本》，1946 年 6 月 1 日。

形，並對各部門工作有所指示。午，約高級將領午餐並訓示。[238]

　　下午，約北京大學代理校長傅斯年談教育問題後，即偕傅氏遊覽府學胡同文丞相文山（文天祥）祠，瞻仰先哲及其廟貌。蔣記「其庭前指南古榆尚蔥蘢可愛，惟其樹腹已蛀空，應急培修，而其廟宇亦應重光。此為余今日始知文山之殉節與囚室即在此也」。晚課後，與第十二戰區司令長官傅作義談話。晚九時，到懷仁堂觀劇，至深夜二時方畢。[239]

圖 29　蔣中正與北大代理校長傅斯年遊覽北平文天祥祠（1946 年 6 月 1 日）之一

[238]《蔣檔・事略稿本》，1946 年 6 月 1 日。
[239]《蔣介石日記》，1946 年 6 月 1 日。

圖 30　蔣中正與北大代理校長傅斯年遊覽北平文天祥祠（1946 年 6 月 1 日）之二

是日，蔣記曰：

一、巡視東北心神振奮，處理諸務不遺餘力，甚覺自慰，到北平寓
舊址，更覺欣爽舒適也。二、長春、永吉先後克復，尤以小豐滿水
電廠未被共匪破壞，更覺快慰。三、瀋陽地勢開敞，古跡猶存，甚
覺西北之荒涼遠不及東北之豐富，如此錦繡山河如不能恢復固守，
誠愧為黃帝子孫矣。四、到東北後雖忙碌異甚，但毫不覺困苦，而
獨對馬歇爾之函電煞費苦心，時悲弱國元首之受辱忍恥有如此也。
五、瀋陽民眾大會與長春民眾代表歡迎之熱情，殊令余感動不能或

忘也，何以報之。[240]

6月2日，晨七時起床，朝課後記事，與北平行轅主任李宗仁談時局。十一時，至懷仁堂聯合擴大紀念週訓話一小時餘。[241]聆訓者為北平、天津、保定黨政軍團高級幹部計四百餘人，蔣首先對北平市之重要，華北復員工作之亟待改進，加以闡述。並以「愈挫愈奮，不畏艱難」勗勉各員，繼就目前公務人員之遇事敷衍，加以非難，謂「不求有功，但求無過之心理，實為革命建國之大敵。吾人瀕此繁劇之局面，必須有創造之精神，對一切事務，自動負責，任勞任怨，然後事務乃能推進」。嗣對敵產之處理，收復區學生之安撫，市容之整頓等分別加以指示，大意為：（一）華北各省市之接收工作，已逾八月，所有敵偽物資之處理及利用，仍漫無頭緒。負責人員亟應善加處理，妥為利用，以免坐視廢棄。至於各軍事機關，概不得擅自處理敵產，必須聽從行營之分配。公務人員用房每室不得超過五間，更不宜有強佔民房之情事。（二）學生為國家之柱石，政府對收復區學生，同等愛護，從未加以歧視。主管當局應一掃偽學生之錯誤心理，循循善誘，使青年學生安心就學，為國家造就革命建國人才。（三）平津京滬漢等地，為中國最重要之五大都市，因國際觀瞻所繫，市容之整飭，衛生之講求，均應徹底改善。尤以衛生一項，必須由警局協助，發動民眾，自動清除積穢，講求清潔，乃能收效。至十二時許，始禮成散會。[242]

---

[240] 《蔣介石日記》，1946年6月1日，「上星期反省錄」。

[241] 《蔣介石日記》，1946年6月2日。

[242] 《益世報》（天津），1946年6月3日，第一版。

圖 31　蔣中正在北平懷仁堂召集軍政幹部訓話（1946 年 6 月 2 日）

圖 32　蔣中正在北平行轅聽取簡報（1946 年 6 月 2 日）

　　接外交部長王世杰電陳云：「今日午後，馬使來職處長談，其態度確實嚴重，懇鈞座即返京，並懇抵京時，容職先行面陳一切」。[243]下午，批閱公文，會客，聽取敵偽資產接收人員報告等要務。五時，設茶會款待外賓。七時，與宋美齡同遊萬生園，巡視李文（第三十四集團軍總司令）之總司令部，此為蔣1913年舊遊之地。面對空軍人員訓話及晚課畢，記事。是日，蔣研究與馬歇爾商談對共黨之方針，認為「應堅持法與理到底，而不動情感，但勿傷對馬歇爾個人之情感，務以禮義與道，不屈不撓，不亢不卑處之，使其不能懷恨」。[244]

　　6月3日，朝課後，早餐，批示要務畢。九時起會客，至十時半方畢，即與夫人宋美齡由寓所後圓恩寺胡同出發，在西苑機場登機，十一時十六分起飛離北平赴濟南。[245]據王叔銘是日之日記云：

> 委座于十一時十五分乘馬歇爾專機，由西苑起飛赴濟南。余乘 B25先起飛，並派四大隊之 P51 八架掩護，但孫伯憲事先準備不妥，竟未能隨行。掩護各機聯絡既不確，而通訊又不靈，以致在碧空無雲之天氣中，竟不能與 C54（按：指蔣乘坐的專機）會合，殊為不滿。[246]

　　十二時半，蔣抵達濟南，駐節空軍司令部。召見第二綏靖區司令官王耀武、山東省政府主席何思源及山東黨政幹部龐鏡塘（國民黨山東省黨部主任委員）、裴鳴宇（山東省參議會議長）等，詳詢山東近情及膠濟路共軍情況，有感於「總括山東全境土地與人口，百分之九十以上為匪所佔也」。午餐後，召集營長以上軍官訓話，至四時登機離濟。[247]關於蔣巡視濟南的經過，濟南

---

[243]《蔣檔‧事略稿本》，1946年6月2日。

[244]《蔣介石日記》，1946年6月2日。

[245] 參見《蔣檔‧事略稿本》，1946年6月3日；及《蔣介石日記》，1946年6月3日。

[246]《王叔銘日記》（手稿本），1946年6月3日。

[247] 參見《蔣檔‧事略稿本》，1946年6月3日；及《蔣介石日記》，1946年6月3日。

的《山東民國日報》有更詳細的報導：

主席乘機於三日上午十一時半由平起飛，俞侍衛長濟時率侍衛人員
先行乘機抵濟，王副主任委員叔銘則另乘中型轟炸機到達。十二時
三十分，四發動機 C-54 型巨機一架，由北方飛來，略事盤旋，於十
二時四十分平安着陸。王司令官、何主席首先登機問候，旋主席夫
婦下機，主席著戎裝帶（戴？）墨鏡，下機時反身親扶夫人，何夫
人及楊主委寶琳，當趨前向夫人獻花，主席對在機旁列隊之歡迎人
員，含笑答禮，對黨政首長之歡迎，則連聲稱「好好，你們辛苦了」，
週來，主席雖經巡視北方各省然迄無風塵之色，精神亦極盛旺，蔣
夫人著黑色白花旗袍，下機後以大草帽為遮陽，主席登車時並親扶
夫人上車，隨主席蒞濟者，尚有曹秘書聖芬、夏空軍侍從武官功權
等。一行旋赴行轅休息，王司令官、何主席當正式觀見，蔣夫人則
召見何夫人及楊主委寶琳，有所指示。二時，午餐，主席夫婦分坐
兩端，侍宴者計有王司令官耀武、何主席思源、丁副司令官治磐、
李副司令官仙洲、夏總司令楚中、龐主任委員鏡塘、裴議長鳴宇、
臧主任元駿、王副主任委員叔銘、賀參謀長執圭、趙參謀長季平、
郭司令官漢庭、李軍長彌、霍軍長守義、陳軍長金城、傅處長立平、
何主席夫人、楊主任委員寶琳等，席間對當地各項情形垂詢甚詳。
餐畢，主席對在濟各部隊少校以上官佐訓話，時濟南執行小組美方
代表邸偉思、郝浦金斯，及北平執行部代表巴羅等聞主席蒞臨，趕
來請謁，主席正值訓話，由夫人代為接見，主席訓話畢，即召集何
主席、龐主委、臧主任、裴議長有所垂詢，嗣復見軍方師長以上人
員，加以指示。四時，主席夫婦在行轅門前與各部隊中上級幹部合
攝一影，旋登車赴機場，各機關首長亦均到場歡送。主席於臨行前，
又在機旁與各首長分別攝影以留紀念，復與歡送人員告別登機，飛

機於四時廿五分起飛返京，侍從機亦同時起飛。[248]

同日下午六時，返抵南京。[249]

第三節　特色和影響

一、特色方面

其一、這是蔣中正繼 1914 年首度至東北後，再度踏上斯土，相隔已逾三十年。1914 年夏，蔣奉中華革命黨總理孫中山令，主持滬、寧討袁（袁世凱）軍事，兼任第一路司令，密謀在上海舉事。惟尚未發動，即為上海鎮守使鄭汝成偵悉，分頭嚴緝，於 5 月 30 日夜破獲黨人機關，捕殺黨人，並包圍蔣之住所捕蔣未逞。6 月，蔣應陳其美之召自上海回日本。伺據黨人報告，吉林、黑龍江二省軍隊已運動成熟，其統領請派員迅往主持。是年秋，孫中山與陳其美乃令蔣與丁景梁前往。及抵哈爾濱，視察革命程度，與各地情況，始知黨人報告誇張不實舉事未易進行。居月餘，適歐戰爆發，乃急返東京覆命。[250]逾三十年後蔣方得重臨東北，應是百感交集。

其二、這次北巡的往返是以南京為起訖點，且係由南京逕行飛赴瀋陽。蔣在瀋陽停留約八天，然後至北平停留約四天多，可見此次北巡係側重於東北，且隨行的有副參謀總長白崇禧、東北行營經濟委員會主任委員張嘉璈，也可見蔣對於東北的軍事與經濟，尤為關注。

其三、蔣於此次北巡中，特至長春及濟南作短暫視察。顯示其對於國軍

---

[248] 《山東民國日報》（濟南），1946 年 6 月 4 日，第一版。

[249] 《蔣介石日記》，1946 年 6 月 3 日。

[250] 毛思誠編纂，《民國十五年以前之蔣介石先生》（臺北：中央文物供應社重印，1971），第 1 卷，頁 39～40。

在東北戰場及山東戰場的進展，甚為重視。蔣自瀋陽飛抵長春，長春甫於一週前被國軍收復，國軍正繼續向北追擊共軍進抵松花江畔，是蔣此次北巡在東北最接近前線的時刻，頗有親臨督師的意味。自北平回南京途中在濟南短暫停留，亦有類似的用意在內。

其四、此次北巡中，蔣所乘坐的座機在飛行時曾一度以機件、天候因素致生危險。蔣自長春前往北平，所乘之美齡號座機起飛後機輪不能收上，以致帶給飛機極大之空氣阻力，對飛行安全產生不良影響，速度亦因之大減。過錦州後，又遇極惡劣之天氣，所幸有驚無險，卒得以安抵北平。

其五、國共內戰正日趨擴大，故蔣在此次北巡中，仍不時需與居間調處的馬歇爾函電往還，進行溝通協商。

二、影響方面

其一、使東北受創十五年的民心稍可撫慰於一時。在戰後收復區中東北淪陷最久，民眾所受的創傷最深，先是被侵略者日本佔領，接著是受日本卵翼下之滿洲國的統治，抗戰勝利後，還被蘇聯軍隊佔領近九個月。蔣此次北巡飛抵瀋陽之日，蘇軍甫於三週前完全撤出東北，蔣適時地到來，更令東北人民歡欣鼓舞，受創的心靈足堪稍慰。試觀 5 月 29 日上午蔣與夫人宋美齡登瀋陽市府二樓平台出席民眾歡迎大會時，在市府廣場上聚集的民眾多達三、四十萬人，盛況空前，

情緒熱烈至極，足資證明。無怪乎蔣在是日日記中謂「其熱烈情緒，亦不能不使余熱淚盈眶，此乃十五年民眾之積惘與余個人之冤屈所積而成一場大悲劇、現前之史實也」。

其二、准許東北人民投函陳訴冤屈及舉發不法，於民怨的抒發，不無作用。即舉凡東北人民在淪陷期間對敵偽所施之暴行及收復初期地方上種種不法之情事，均准據實陳訴，以便依法嚴辦，以申冤由。其辦法與蔣上次北巡期間曾在北平及南京公告准許人民投函陳訴痛苦大致相同。如投函期限都是三天（5 月 27 日至 29 日），於瀋陽市街頭設置信箱供民眾投遞，時間係每日

自上午八時起至下午六時止。其投函期限短促的缺點，仍未見改進，且未允民眾以郵寄方式為之，致此一「德政」，更流於表面化、形式化。

其三、有助於東北及山東國軍士氣的提振。此次北巡期間，國軍在東北戰場情勢大好，蔣自南京飛抵瀋陽的當日（5 月 23 日），國軍收復長春，正繼續北進追擊共軍中，蔣的到臨東北，駐停約八天，並曾至長春視察宣慰，應予東北國軍士氣有所提振。東北國軍隨於 5 月 28 日收復吉林省會永吉，次日收復松花江的大門德惠及松花江北岸橋頭堡，5 月 30 日蔣飛抵長春當日，東北國軍收復農安，6 月初，中共已準備放棄哈爾濱。6 月 3 日，蔣飛抵濟南，聚集第二綏靖區司令官王耀武、副司令官丁治磐、李仙洲及其以下之總司令、軍長等將領餐敘，並召見之，予以垂詢指示，此外，並對部隊官佐訓話，激勵士氣。時山東絕大多數地方為共軍據有，山東國軍正準備大舉進攻膠東地區，俾扭轉情勢，開創新局，蔣對此期待甚殷。

其四、致蔣與馬歇爾之間的溝通協商不甚便捷。由於蔣離南京北巡，期間與馬歇爾的溝通協商自遠不如往昔多以面談為之方便而直接，談話時間長短亦無限制，以 1946 年 4 月 28 日為例，蔣是日下午五時至十一時，皆與馬歇爾討論對共條件及政策。面談時且可隨對方的語氣、神色、手勢等，而有所因應。蔣此次北巡中必需不時與馬氏溝通協商，雙方僅能以函電文字為之，蔣需先擬稿，再修正之，如 5 月 24 日蔣「手擬致馬函稿，頗費思索」；5 月 24 日「手擬子文第二函稿，再修正致馬函」；5 月 28 日「朝課後，手擬對馬歇爾覆電稿，至十二時半始脫稿，頗費心力」；5 月 29 日「朝課後，修正致馬函稿後，召見人員」。致蔣於 6 月 1 日感嘆「到東北後雖忙碌異甚，但毫不覺困苦，但獨對馬歇爾之函電，煞費苦心」。此外，隨蔣北巡的蔣夫人宋美齡亦有致馬歇爾函，在寄發前蔣亦需審閱之。蔣與馬的函電往還，除寄發外，且有派專機送達者，大多由行政院長宋子文為中介予以轉交，蔣亦時有函電給宋予以指示，促其轉告馬氏，並與馬氏商談，宋再以函電將商談結果告知蔣。這樣的純以文字表達的溝通協商方式，不僅甚不方便、受限制，而且費時、費心、費力，又多由中介者轉達，再經中英文的的翻譯，是否能全然表

達蔣、馬雙方的原意，似可商榷。

其五、蔣在北巡期間已考慮接受東北停戰的要求。蔣於 5 月 23 日東北國軍收復長春之日自南京飛抵瀋陽，不無就此實地考察之意，最初，蔣因東北國軍繼續北進，共軍節節敗退，而態度強硬，欲乘勢一舉收復東北全境。然蔣旋意識到東北問題，不僅是用軍事即可解決，國際外交關繫尤為重大。他親至東北後，更感受到蘇軍刻已於 5 月 3 日完全撤出東北係莫大成就，認為「此實為東北最重要問題也」。如果東北國軍繼續北進攻取哈爾濱，蘇聯是否會介入援助共軍，以致蘇軍重入東北，這是蔣至為顧慮的，何況蔣甫於 5 月 8 日謝絕史達林訪蘇之邀請。再者，馬歇爾對於國軍攻佔長春極其不滿，認為蔣破壞和平，要求蔣立即令東北國軍停止前進，甚至以退出調處相要脅。蔣在 5 月 25 日的日記中謂「東北地位與外交國際關係對美對俄，皆有微妙之因素，稍一不慎，將受嚴重之影響，故在美馬未諒解以前，不能不有委曲與和解之表示」。5 月 28 日，蔣針對兩日前馬歇爾的來函，「對其建議下令國軍停止前進攻擊與追擊一節，只要其能使已訂立之整軍協定，在東北提前實施，並即規定實施之具體辦法，則政府自可停止軍事行動」。可見蔣的態度已有所軟化，不排除有接受馬氏停戰要求的可能性。5 月 29 日，宋子文自南京致電蔣，與何應欽等亦建議蔣不妨先行下令，暫停各軍前進。6 月 2 日，國府外交部長王世杰致電蔣，謂「今日午後，馬使來職處長談，其態度確實嚴重，懇鈞座即返京」。次日傍晚，蔣返抵南京，聽取宋子文、王世杰報告馬歇爾之態度，知馬甚焦急，又表示壓力，要求蔣立即下令停戰。蔣於 6 月 4、5、6 日三度與馬氏面談商議後，遂頒布停戰命令。此舉對國府而言利弊參半，係為蔣兩難之下所作出的決定，然東北國軍高昂的士氣乃因之頓挫。

第四章
第三次北巡（1947.10.4.～10.9.）

第一節　背景原因

　　東北國軍處境艱危：此次北巡，較之前兩次時，北方的氛圍有很大的變化，其一、抗戰勝利之初的歡欣稱慶的氣息已蕩然無存。其二、勝利後接收淪陷區、從事復員重建過程中的種種流弊，使北方人民對國府中央大為失望，並由之逐漸轉為怨懟。其三、全國性的通貨膨漲，北方自難倖免，人民日常生活上的壓力負擔與日俱增。其四、全國各地學潮迭起，而且方興未艾，北平大、中學校之多居各都市之冠，1946 年底展開的「反美軍在華暴行」運動，1947 年 5 月以後的「反饑餓」、「反內戰」、「反迫害」等運動，在北方尤為洶湧熾烈。其五、全面內戰已於 1946 年夏季爆發，國共兩軍在東北（九省）、華北（五省）、山東（國共內戰時期的山東省，往往被劃歸為華東或華中地區）各地激戰方酣，情勢緊繃，北方人民又處於熊熊戰火的威脅下，心情凝重而無奈，與當時南方人民的感受迥然不同。

　　在日漸嚴峻的北方戰局中，東北的局勢最為複雜和動盪。原因是其一、在日本扶植卵翼下的「滿洲國」，曾統治東北約 14 年，日、「滿」關係本就不甚單純。其二、抗戰期間中共在東北建有一些抗日根據地，多為遊擊區，其活動從未止息。其三、東北抗日聯軍雖已被擊潰，其殘餘勢力尚存，其大部分出國境走依蘇聯，待機而動。其四、1945 年 8 月上旬，蘇聯對日宣戰，

出兵佔據東北，並刻意讓關內共軍迅速進入東北，搶得先機。其五、日本投降後，國民政府派員赴東北與蘇軍交涉，蘇軍卻刁難推拖，不肯遽然自東北撤兵。其六、抗戰勝利後，國民政府明令將東北由三省區劃為九省，人事、行政較前繁複得多，徒增不少紛擾。其七、中共極其重視東北，因之共軍在蘇軍撤出時乘機進據東北各重要城市，將之當作西班牙內戰中的「馬德里」（Madrid），特別是四平街，[1]擬死守捍衛，力拒國軍接收。

早在 1945 年 9 月 19 日，毛澤東在重慶與蔣晤談期間，中共黨中央代理主席劉少奇即提出了「向北發展，向南防禦」的戰略方針。[2]前者就是調集大批軍隊和幹部進入東北，發動群眾，擴大軍隊，完全控制熱河、察哈爾兩省，奪取東北，建立鞏固的根據地，造成影響「革命全局」的新形勢。後者則是撤退在長江以南分散孤立的解放區的主力部隊，收縮戰線，集中兵力，加強江北陣地，接管山東、江蘇主力部隊北上後的防區，準備抵抗國軍的進攻，掩護共軍在東北的戰略展開。向南取防禦態勢，是保障向北發展的重要措施。[3]

東北國軍方面，自 1945 年 11 月中旬出山海關進入東北後，逐步向北推進，半年之間，大有進展，綏中、錦西、葫蘆島、錦州、營口、新民、瀋陽、遼陽、鞍山、撫順等重要城市相繼收復。次年 5 月 19 日，進佔四平街，繼而乘勝連下長春、永吉，一舉進向松花江北岸。然 6 月 6 日，國府下達第二次停戰命令，停戰期限為 15 天。共軍立即反撲，已渡越松花江的國軍被迫退守南岸。又東出永吉直趨新站之國軍，亦被共軍趁機圍攻，被迫退守老爺嶺一

---

[1] Victor Shiu Chiang Cheng, "Imagining China's Madrid in Manchuria：The Communist Military Strategy at the Onset of the Chinese Civil War ,1945-1946," *Modern China*, Vol. 31, No. 1（January 2005），p.72. 按：1936 年西班牙內戰中，共產黨人曾死守首都馬德里長達 4 個月。故東北國共內戰初期中共中央一度提出「化四平街為馬德里」、「死守四平，寸土必爭」的口號。見金冲及，〈較量：東北解放戰爭的最初階段〉，《近代史研究》，2006 年第 4 期，頁 22。

[2] 國防大學《戰史簡編》編寫組，《中國人民解放軍戰史簡編》（北京：解放軍出版社，2001 年修訂版），頁 502。

[3] 王宗榮，《全國解放戰爭史專題》（鄭州：大象出版社，2006），頁 40。

帶。國軍在東北戰場原本情勢大好，自此漸趨惡化。[4]

　　1946 年 9 月，東北國軍佔領熱河大部分「解放區」後，採取「南攻北守」的戰略方針，於 10 月上旬開始，向南滿地區大舉進攻，至 10 月 26 日，佔領輝南、金川、桓仁、安東等城。惟 10 月 31 日至 11 月 2 日的新開嶺之戰，卻遭到挫敗。[5]至 11 月下旬，共軍在南滿的根據地僅剩下臨江、長白、撫松、蒙江四個完整小縣，人口只有 22 萬。[6]12 月 11 日至 14 日，共軍在七道江（在通化東方）召開師級以上幹部會議，決定執行「堅持南滿，鞏固北滿」的戰略方針。[7]1947 年 1 月初，國府國防部令飭東北保安司令長官部（長官為杜聿明），收復臨江、輯安（鴨綠江右岸），推進對共軍之封鎖線，以確保國軍佔領地區之安全。東北長官部自 1 月 12 日至 3 月 26 日間，乃調集大軍，先後進行四次攻擊，均遭到挫敗，且蒙受相當的損失。[8]此即共軍戰史上所謂的「四保臨江」戰役，惟其起迄時間卻界定為 1946 年 12 月 17 日至次年 4 月 3 日。至於「四保臨江」的影響：其一、挽救了共軍南滿的危局，使國軍先佔南滿，然後揮師北上的戰略企圖為之破滅。其二、迫使國軍停止戰略進攻，採取「機動防禦」，共軍則由被動轉為主動。其三、對中共東北根據地的擴大和建設起了重大作用，加速了其「東北解放戰爭」的進程。[9]在該戰役期間，北滿共軍於 1947 年 1 月 5 日至 3 月 16 日間，曾三次渡過松花江配合作戰，此即其所

[4] 三軍大學編纂，《國民革命軍戰役史：第五部——戡亂》（臺北：國防部史政編譯局，1989），第 1 冊─概述，頁 328～331。惟所述將第八十八師誤植為第八十八軍，特予更正。

[5] 軍事科學院軍事歷史研究部編，《中國人民解放軍六十年大事記（1927─1987）》（北京：軍事科學出版社，1988），頁 374～375。

[6] 韓先楚，〈東北戰場與遼瀋戰役〉，中共中央黨史資料徵集委員會、中國人民解放軍遼瀋戰役紀念館建館委員會、《遼瀋決戰》編審小組合編，《遼瀋決戰》（北京：人民出版社，1988）上冊，頁 92。按：韓先楚時任東北共軍第四縱隊副司令員。

[7] 孫世杰，〈「四保臨江」及其歷史作用〉，《松遼學刊》，1985 年第 2 期，頁 3。

[8] 三軍大學編纂，《國民革命軍戰役史：第五部─戡亂》，第 1 冊─概述，頁 341。

[9] 孫世杰，〈「四保臨江」及其歷史作用〉，《松遼學刊》，1985 年第 2 期，頁 3～6。

謂的「三下江南」。[10]

　　1947 年 5 月 17 日，共軍攻佔吉林省之懷德，次日，進迫長春近郊飛機場，5 月 19 日，又攻佔長春南方之公主嶺。5 月 20 日，國府東北行轅主任熊式輝自東北至南京晉見蔣中正，請求三事：其一、增派兩個軍兵力。其二、從速發給所請械彈（保安團隊重武器及彈藥）。其三、增派飛機。蔣當即召見空軍總司令周至柔，面令其派機 B29 九架，P51 十餘架。又打電話給聯勤總司令黃鎮球令其與熊商械彈事。又召參謀次長劉斐來討論處置，結論是不能抽派部隊赴東北。蔣當即指示熊：「應就東北現有兵力，大膽轉移，抽調集結，但守永吉、長春據點、瀋陽及其附近要點，其他放棄亦所不惜，祇須集結兵力，擊破匪軍，以求安定，不可貪佔城市，分散力量，處處薄弱」。[11]對於熊遠道來京要求增兵，蔣在日記中表達其憤慨，以為熊就近當可集中兵力，迅速應援，卻毫無計畫，可痛之至。「此豈亡國之兆乎？將領昏庸，軍紀蕩然，平時不加準備，臨戰驚慌失措，可嘆」。[12]因一面研究增援計劃，一面即指示東北保安司令長官杜聿明，飭將南滿各地正規部隊速即集中備用。[13]次日上午，熊式輝向蔣辭行，蔣「訓誡其言行無益，而徒損人格，應知危急之際惟有靠己，求人無益，何況不顧大局只貪一部便宜之所為乎？」隨即指示其東北軍事之處置方針，[14]囑咐其「固守瀋陽集結兵力，先擊破清原方面之敵，遼南兵可抽集，地方放棄無關，空軍及械彈可充分接濟」。[15]

　　5 月 21 日，共軍包圍四平，前後共 40 餘日，6 月 11 日，展開市街戰鬥，逐屋爭奪，達 19 晝夜，守軍為國軍第七十一軍（軍長陳明仁）及第五十四師

[10] 趙鳳森，〈論「四保臨江」歷史地位與「三下江南」的關係〉，《東北地方史研究》，1988 年第 1 期，頁 14。

[11] 熊式輝，《海桑集——熊式輝回憶錄 1907-1949》（香港：明鏡出版社，2008），頁 578。

[12] 《蔣介石日記》，1947 年 5 月 20 日。

[13] 《蔣檔‧事略稿本》，1947 年 5 月 20 日。

[14] 《蔣介石日記》，1947 年 5 月 21 日。

[15] 熊式輝，《海桑集——熊式輝回憶錄 1907-1949》，頁 578。

（師長宋邦緯），雖傷亡慘重，仍浴血奮戰，共軍傷亡則超過五萬人。6月24日，國軍援軍自鐵嶺北上，27日，負責防守長春的國軍新一軍主力，亦南下馳援，南北夾擊，益以空軍協力助戰，共軍漸感不支，全線動搖，於6月29日夜北退。次日，守軍乘勢出擊，與北上之國軍會師，四平之圍遂解。[16]惟歷經「這一場空前的浩劫，四平已成一片死寂的焦土」，[17]其「鐵西區完全破碎，鐵道以東也說不上完整」。[18]6月30日，蔣中正在其日記中云：

> 本月東北軍事最危，華北亦受重大影響，保定與天津屢瀕於危，熱河之葉（葉柏壽）赤（赤峰）線及朝陽、北票皆為匪所陷，實有一髮千鈞之勢，全國驚惶，……，政府幾乎動搖。……。及至月杪四平街解圍以後，大局漸有轉機。[19]

7月5日，蔣又在其日記中謂「四平街解圍，東北危局可以暫止，但危機仍在也」。[20]蓋國軍雖獲勝利，惟折損較重，戰力已不如前。又因主動放棄遼東、熱東，控制地區日益縮小，使數十萬大軍侷限於錦州、瀋陽及四平狹長空間。且因公主嶺為共軍佔據，致長春、永吉地區連絡中斷，從此陷於孤立。唯一連繫華北之陸上補給線──北寧鐵路，亦時遭截斷，國軍在東北，已陷入困境。[21]國府為求開展東北新局勢計，決定撤銷東北保安司令長官部，由參謀總長陳誠兼任東北行轅主任，加速軍隊之整補，刷新軍政之措施，鼓

---

[16] 國防部史政局編，《中華民國戰史紀要》（臺北：編者印行，1971），頁172。

[17] 《觀察》特約記者，〈四平解圍之日專機視察報告〉，《觀察》，第2卷第21期（1947年7月），頁20。

[18] 呂西敏，〈刼後四平見聞錄（三）〉，《益世報》（上海），1947年7月12日，第二版。

[19] 《蔣介石日記》，1947年6月30日，「上月反省錄」。

[20] 《蔣介石日記》，1947年7月5日，「上星期反省錄」。

[21] 三軍大學編纂，《國民革命軍戰役史：第五部──戡亂》，第1冊──概述，頁350。

舞士氣，激勵民心，以求再戰。[22]

關於東北人事的調整，約在 6、7 月間即已醞釀，6 月 24 日蔣中正在日記中云：

> 此次軍事之挫折，能使吾澈底覺悟所部將領之腐敗之怯懦。天翼
> （按：熊式輝字天翼）之自私取巧，固其天性，乃早知之，而其臨
> 難無主，貪生怕死，以及其畏匪無恥之言行，一至於此，是所不料。
> 然不至此時，亦不易發現其真性。惟此時東北並非至最後不可為之
> 時，況正為奮鬥有為之時乎？不有此敗，東北幾為若輩所送矣。[23]

7 月 1 日，記預定「東北人事熊、杜之調動程序，令杜來京，其職權交鄭洞國代理」。[24]然此事以杜聿明生病而暫緩，因於 7 月 9 日記曰：「應即召杜聿明來京醫治，不得再事延宕，熊天翼暫時緩調，但非調不可」。[25]據時任北平行轅主任的李宗仁憶述：當時蔣擬以李繼熊為東北行轅主任，派陳誠至北平「促駕」，李不允，轉推陳誠，遂決定由陳繼任。[26]8 月 4 日晚，熊式輝接蔣自南京來電，告其決定取消東北保安司令長官部，以之併入東北行轅，派陳誠來瀋陽協助辦理等等。熊揣度蔣意，即覆電呈請辭職，並推舉陳誠繼任。至 8 月 28 日，熊接行政院長張羣來電，告其辭職事獲允，由陳誠兼任。[27]次日，此一人事調整的命令遂正式發佈。瀋陽方面得此消息，人心稍安，慌張逃難的情形亦稍戢止。9 月 1 日，陳誠飛抵瀋陽，到任之後，在組織上與人事上均有重大變動。首先撤銷東北保安司令長官部，一切剿共軍事統歸東

---

22 國防部史政局編，《中華民國戰史紀要》，頁 172。

23 《蔣介石日記》，1947 年 6 月 24 日。

24 《蔣介石日記》，1947 年 7 月 1 日。

25 《蔣介石日記》，1947 年 7 月 9 日。

26 李宗仁口述，唐德剛撰寫《李宗仁回憶錄》，頁 571。

27 熊式輝，《海桑集──熊式輝回憶錄 1907-1949》，頁 614、616。

北行轅指揮，消除了昔日軍事指揮系統上疊床架屋的現象，並自兼東北政治委員會主任委員。以羅卓英、鄭洞國為行轅副主任，原長官部參謀長兼瀋陽警備司令趙家驤改任東北軍區錦州軍事訓練處長，原東北行轅參謀長董英斌、副參謀長董彥平均留任，復延因防守晉北大同而出名的楚溪春為瀋陽防守司令官。東北軍事機構與人事經此一番整頓，氣象一新，陳誠且誓言只許共軍有第五次（即是年 5 至 7 月的夏季攻勢），不許有第六次之攻勢，因而人心為之大振。[28]尤其是陳氏位高權重，為「蔣介石的寵將」，[29]距此一年前，南京《新民報》曾刊出一篇由「一民」撰寫的短文，論析誰是蔣中正最親信的人？該撰者認為「真正保有發言權，能夠影響蔣主席的，為四陳：即陳果夫，陳立夫，陳誠，陳布雷四氏」，而「事實上蔣主席培養陳誠氏作為最重要的輔弼，足足是十二年了。十年以來陳誠氏一直為蔣主席最親信的人！」[30]一時之間，東北前途似乎尚有可為。

　　然而陳誠在其回憶錄中，卻述及他對當時東北的情勢持相當悲觀的態度，認為「雖然剛在四平街打了一個勝仗，但就整個大局來講，絕對無法挽救，這是人所共知的事」。對國府在東北的軍、政、黨等方面的現況，亦全無信心，像「這樣的東北和熱河，我來了，又有什麼用？可是你也不來，我也不來，要主席自己來嗎？所以我之此來，是『知其不可為而為之』的一種行動，俗語說：『死馬當活馬醫』，就是我此來的工作方針」。[31]這樣的說法，一則似為其為蔣「跳火坑」而表功，再則似為其在東北未能振衰起敝乃至後來失陷而推卸責任。且此為其回憶錄所述，不免令人懷疑是否為其事後先見之明。同年 9 月中旬，東北共軍依據中共中央在《解放戰爭第二年的戰略方針》中提出的內線部隊「繼續在內線作戰，殲滅內線敵人，收復失地」的指示，

---

[28] 張玉法、沈松僑訪問，沈松僑紀錄，《董文琦先生訪問紀錄》（臺北：中央研究院近代史研究所，1986），頁 140～141。按：董文琦時任瀋陽市市長。

[29] 孫宅巍，《蔣介石的寵將陳誠》（鄭州：河南人民出版社，2005），以此為書名。

[30] 一民，〈誰是蔣主席最親信的人？〉，《新民報》（南京），1946 年 10 月 10 日。

[31] 吳淑鳳編輯，《陳誠先生回憶錄——國共戰爭》（臺北：國史館，2005），頁 115、117。

展開以 9 個野戰縱隊及地方武裝的秋季攻勢（即第六次攻勢），[32]據陳誠回憶：

> 東北敵我兵力，在前五次攻勢中，大致不相上下，不過共軍補充得
> 快，戰鬥的傷亡，隨時可以補充起來。而且被裹脅的新生力量，有
> 如滾雪球一般，越滾越大。到他們發動第六次攻勢時，敵我兵力已
> 眾寡懸殊，幾成二與一之比。我當參謀總長，這情形是清楚的。所
> 以在未離京之先，已有請派兩個軍加強兵力計畫，但當時有人以東
> 北冬令無法作戰為理由，阻撓增兵計畫之實現。殊不知東北春末解
> 凍後，雨季水汛，繼之以青紗帳起，才真正無法用兵也。[33]

至於與東北關係密不可分的熱河省，自 1929 年建省以後一度與遼寧、吉
林、黑龍江合稱為東北四省。1945 年 8 月下旬抗戰勝利之初，共軍進入承德，
10 月下旬，蘇軍從承德撤出後，中共正式組成熱河省政府，李運昌擔任省主
席。同年 12 月，國軍進攻熱河，共軍因而展開歷時 8 個月的「承德保衛戰」。
[34]當時國府的副參謀總長白崇禧曾致電正在北平巡視的蔣中正，具申其「東
北與平、津互為唇齒，輔車相依，故欲保東北必先固平、津，欲固平、津必
先定熱、察」的意見。[35]足見熱河的重要性。1946 年 8 月 29 日，國軍攻佔承
德，共軍向圍場、天寶山一帶撤退。[36]在 13 個月中，承德換了四個「朝代」，
由滿洲國而蘇聯軍，而中共，而國府中央。[37]至 1947 年 3 月，熱河二十個縣，

---

[32] 軍事科學院歷史研究部編，《中國人民解放軍六十年大事記（1927-1987）》，頁 405～406。

[33] 吳淑鳳編輯，《陳誠先生回憶錄——國共戰爭》，頁 120～121。

[34] 蕭克，《蕭克回憶錄》（北京：解放軍出版社，1997），頁 328、329、336。按：蕭克時任中共冀
熱遼軍區司令員，主持該保衛戰。

[35] 「白崇禧電蔣中正具申欲保東北必先固平津，欲固平津必先定熱察意見」（1945 年 12 月 12 日），
《蔣檔‧革命文獻：接收東北與對蘇交涉（一）》。

[36] 《大公報》（天津），1946 年 8 月 31 日，第二版。

[37] 竺磊，〈匆匆來去看承德〉，《益世報》（天津），1946 年 9 月 19 日，第四版。

十七個旗中，計有十七個縣，九個旗被國軍收復。未收復的是佔全省三分之一面積的林東、林西、經棚三縣及其他八個旗。然令國府熱河當局困擾的是：其一、軍政配合未能統一：熱河在軍區上、軍隊系統上屬於東北保安司令長官部方面（按：東北保安司令長官部撤銷後，則屬於東北行轅），而省主席劉多荃（東北軍將領）又兼第十二戰區副司令長官，在行政上則屬國府主席北平行轅指揮。其二、幣制亦未能劃一：東北流通券與法幣並行，大大地增加地方金融的困難度。其三、蒙（盟）旗問題：國府中央對蒙旗無整個政策，漢人對蒙旗政府無指揮權，漢、蒙人民應有的權利義務不平等。[38]故熱省當局在北平舉行的綏靖會議（1947年2月25日開議）中提出三項建議：（1）調整熱河金融，劃一流通法幣；（2）將熱省劃歸北平行轅管轄；（3）在政治上承認蒙人之自治權，並確定其權限範圍，應由省政府對蒙民負監督指導之責，以劃一行政組織。[39]其後，化整為零的共軍又漸漸聚集起來，退往熱北、遼西的共軍也隨著東北共軍前後發動的五次攻勢向熱境滲透反攻，至 1947年10月初，在熱河國軍手中的十七個縣已變成七個縣城，七個縣城也被割成兩塊，熱東兩縣，熱西五縣。共軍從通遼或林東、林西經赤峰、葉柏壽、凌源，打通了一個穿過長城到冀東的寬闊走廊，使其冀熱遼軍區（司令員為李運昌）又日漸壯大起來，威脅著北寧路及關外的交通，成為東北共軍發動第六次攻勢之一有力的支柱。[40]

　　10月2日，蔣中正據報，東北共軍已於10月1日向開原、法庫進攻，法庫且已失守，而榆關以外鐵路被共軍破壞百餘公里。而上次自冀東抽調之三個師，至今仍未出關，殊出蔣所料。蔣以為「諸事若非親自督導，即無結果」。又豫皖鄂東之共軍陳毅、劉伯承部正「狼奔豕突，其勢甚張不可侮，而且出沒無常，我軍將領又多畏匪消極，不敢猛攻窮追，任匪伺機坐大，殊

---

[38] 《觀察》特約記者，〈熱河：東北與西北之間的走廊〉，《觀察》，第2卷第7期（1947年4月），頁16～17。

[39] 《中央日報》（南京），1947年3月3日，第二版。

[40] 《觀察》特約記者，〈長城線內外的爭奪〉，《觀察》，第3卷第7期（1947年10月），頁14。

堪憂慮，誠此波未平，大波又起，不知何日果能剿滅此萬惡之共匪」。[41]同日，陳誠呈報蔣，謂「東北之匪已開始攻勢，請令李（宗仁）主任促侯軍長鏡如，率郭惠蒼、留光天兩部迅速出關，協擊北寧路之匪」。蔣批復，急電飭北平行轅主任李宗仁將出關各師，限三日內開拔完畢，勿稍躭延。嗣據李回電，謂「出關各師，已飭歸陳兼主任指揮，刻大部被阻於榆關前衛間，已再飭迅速推進」。[42]10 月 3 日，天津《大公報》發自瀋陽的專電稱：「東北秋季大戰正式揭幕」。[43]同日，陳誠再呈報蔣，瀋陽防務空虛，請求加派軍隊。蔣以為如將出關東進之侯鏡如軍（第九十二軍）抽調出一師援瀋，則恐侯軍不足以排除榆關共軍之阻礙。不得已，再電李宗仁在平津就近抽調一師空運瀋陽。[44]蔣以東北兵力如此不足，擬親自飛赴北平督調部隊增援。[45]

第二節　經過詳情

　　10 月 4 日上午，蔣中正在朝課後，主持作戰會報。十一時，與夫人宋美齡同飛北平，下午二時前，抵達北平西苑機場。[46]因事先知者甚少，北平行轅主任李宗仁在是日上午九時始接獲蔣來北平之電報，故到機場迎接者，僅李宗仁夫婦、何思源（北平市市長）、孫連仲（保定綏靖公署主任兼河北省政府主席）、陳繼承（北平警備總司令）夫婦等。蔣穿長袍，宋美齡穿青色絨旗袍，下機後，蔣對往迎諸人，頻頻頷首，連說：「好，好。」隨即乘車進城，

[41]　《蔣介石日記》，1947 年 10 月 2 日。

[42]　《蔣檔‧事略稿本》，1947 年 10 月 2 日。

[43]　《大公報》（天津），1947 年 10 月 4 日，第二版。中共發行的《東北日報》（哈爾濱），1947 年 10 月 6 日，第一版，則謂東北共軍秋季攻勢，於 10 月 1 日全面展開。

[44]　《蔣檔‧事略稿本》，1947 年 10 月 3 日。

[45]　《蔣介石日記》，1947 年 10 月 4 日，補記昨夜事。

[46]　《蔣介石日記》，1947 年 10 月 4 日。

至後圓恩寺行邸休息。隨蔣同來者，有國民黨中央黨部副秘書長鄭彥棻、軍務局長俞濟時，蔣之秘書曹聖芬及其他隨員等三十餘人。[47]

蔣旋召見李宗仁、孫連仲、陳繼承等人，知已決定調傅作義（張垣綏靖公署主任兼察哈爾省政府主席）所部一個師空運瀋陽，甚慰。下午，前東北行轅主任熊式輝來談，[48]報告其交卸職務後在北平治療耳病。蔣與談東北軍事，以為可慮。熊曰：如有增援，則宜從速，未知山東方面有部隊可抽調否？蔣謂魯境共軍待清剿，一時不能抽兵。問東北共軍兵力及新兵補充難易，熊概陳共軍之實力後，特別指出共軍用硬拉欺騙方法，就地補充較我方為速，但以敵我現在情勢論，若我方無何錯誤，不為共軍所乘，應暫無可慮。問瀋陽、錦州間車程，熊答需半日。言及杜聿明事，熊曰一部分東北人欲藉外人之口故意詆毀之。因述王化一（東北籍國民大會代表）與魏德邁往來情形，及胡適面斥魏德邁妄信人言杜聿明運兩列車古物入關，毫無證據之荒謬。應請查明。最後蔣囑熊赴京任職，熊不解蔣何所指，但表示不願再擔負任何職務，今耳疾待療，願暫留北平。[49]

晡（下午三時至五時），與宋美齡車遊琉璃廠與小甜水井，此皆為蔣四十年前由京出洋時，分訪鄉前輩周鈞棠與趙平之舊遊之地。當時一為新學會社書鋪，一為寧波會館。晚課後，與傅作義談話畢，與宋美齡至中山公園散步，此亦為蔣三十六年前舊遊之地。[50]是日，蔣記云：

一、共匪自膠東危急以來，其傾巢南犯，徒見其忙亂荒妄，不知所措之心理完全暴露。⋯⋯。二、煙臺收復，實為我剿匪戰局成敗之轉捩點。三、東北之匪第六次反攻已起。四、陝北之匪⋯⋯。五、

---

[47] 《益世報》（天津），1947 年 10 月 5 日，第一版。

[48] 《蔣介石日記》，1947 年 10 月 4 日。

[49] 熊式輝，《海桑集──熊式輝回憶錄 1907-1949》，頁 644。

[50] 《蔣介石日記》，1947 年 10 月 4 日。

物價日漲，銀幣政策遲滯難製，經濟情勢益急矣。[51]

10 月 5 日，蔣於朝課後，召見李宗仁、孫連仲等，聽取報告，致陳誠手書，研究戰局。派鄭彥棻代訪北平各大學教育界人士胡適等。記事。正午，與宋美齡同遊萬壽山，在龍王廟涵虛堂後憑欄野餐，北眺頤和園玉泉山全景，殊令蔣歎為觀止。蔣昔遊是園，皆未到此，不覺此園之壯麗華美，至此方覺其結構與設計之精。而西堤六橋，蔣以為其仿西湖蘇堤之型，卻遠不如西湖之自然。餐畢，乘舫渡湖，在石丈亭登岸，步行直達正門，乘車回城，以園內遊人擁擠，不便暢遊也。[52]次日的天津《益世報》對蔣此遊有詳盡而生動鮮活的報導：

蔣主席偕夫人，于五日中午輕車簡從，到頤和園小遊，十二時十五分，從後園〔圓〕恩寺出發，僅帶了十幾個侍從，十二點五十五分，在頤和園門外下車。平市長何思源夫婦，及該園管理所長許星園，恭迎門外。預備了放著黃緞子靠墊的肩輿，並沒有用。蔣主席逕扶了夫人，大踏步走進園去。經知春亭，沿了昆明湖東岸，到龍王廟，在從前慈禧太后檢閱昆明湖海軍的閱兵台上，與何市長夫婦同進野餐。餐後輕舟橫渡昆明湖，到石舫下船，在排雲殿門前攝影後出園。三時四十五分回到了行館。五日是個秋高氣爽的天氣，蔣主席衣藍綢袍黑馬褂，黑呢披風，灰色呢帽，黑色中式皮鞋。戴著白金框老花眼鏡，手握手杖。蔣夫人衣黑底淺紫色碎花旗袍，褐色毛衣，黑色玻璃皮鞋，亦持手杖，與主席挽手漫步，狀至愉快。在知春亭小作瀏覽，許所長滔滔地解說著名蹟淵源。因是禮拜天，園中遊人如鯽，大家並沒想到主席的突然來臨。八方亭中十來位女學生，正喊

---

[51] 《蔣介石日記》，1947 年 10 月 4 日，「上星期反省錄」。

[52] 《蔣介石日記》，1947 年 10 月 5 日。

鬧叫跳，蔣夫人看她們活潑好玩，喜氣洋洋地問她們：「妳們是那個學校的？」大家靜下來答道：「是女二中。」夫人又逗了她們一句：「妳們認識我嗎？」女孩子們怔了怔，跳起來說：「認識，認識」。夫人又問：「妳們覺得好玩嗎？」「很好玩。」大家在笑語中分別了，學生在八方亭呆呆地望著蔣主席夫婦的背影，回味她們的「奇遇」。沒有一絲風響，甕山上罩著幾片秋雲，昆明湖的的水動都不動。從龍王廟開出了兩支〔隻〕遊船，遊客便是在龍王廟野餐後的蔣主席夫婦，和他們的隨從。蔣夫人手撩著清澈的湖水，不住的對湖光山色顧盼。蔣主席靜靜地北望甕山和山上的雲片，若有所思。石舫是遊人最多的地方，也許大家已經知道蔣主席夫婦到南湖的消息，都趕來石舫佇候了。所以蔣主席從石舫登岸已，身後跟隨了三百多人。主席步履矯健，邊走邊談，頻頻回首，對遊客點頭示意，精神非常興奮。因此惹得後邊跟著的一位花甲遊客對記者說：「看，主席要同青年人賽跑哪！」排雲殿門前人是越聚越多，主席抬頭看了一下眾香界，忽然佇足回頭，用手杖招呼依依不捨的群眾，高聲說：「大家都來，大家都來。」一時長廊前的人們滾成了潮，大家在大門前擁著蔣主席站好，拍麥拉一響再響一動再動，忙了三四分鐘。照完了後，主席問大家：「怎麼樣？」結果大家是一片雷似的掌聲，把國家的元首送出頤和園。[53]

---

[53] 《益世報》（天津），1947 年 10 月 6 日，第一版。

圖 33　蔣中正夫婦遊覽頤和園留影（1947 年 10 月 5 日）之一

圖 34　蔣中正夫婦遊覽頤和園留影（1947 年 10 月 5 日）之二

圖 35　蔣中正夫婦遊覽頤和園留影（1947 年 10 月 5 日）之三

圖 36　蔣中正夫婦遊覽頤和園留影（1947 年 10 月 5 日）之四

　　惟蔣則感覺此次至北平，「民眾雖仍多熱忱瞻望，然已不如上次之熱烈，而以青年為然，此乃共匪所詆毀作有計畫之反宣傳所致，而經濟不調，生活困難，實為主因乎」。[54]下午四時返回行邸後，召見張垣綏靖公署主任傅作義及其屬下暫編第三軍軍長安春山等畢，心情沉悶，蓋「以如此錦繡河山，而今則所見者多破落零亂，尤其青年學子懶慢傲惰，散漫無序，教育之壞，學風之惡，皆為共匪宣傳中毒，亡國滅種之禍，迫在眉捷（睫），此比任何內憂外患為悲慘，禮義喪失，廉恥掃地，若不澈底整頓，何以復興？惟不澈底消滅共匪，更無著手整頓之餘地，今日所憂者，乃莫甚於此也」。晡，入寧波會館內遊覽，覺得與四十年前無所變更。[55]

　　晚九時，召見天津市長杜建時，垂詢津市治安及行政近況，同時又召見北平市警察局長湯永咸，對警察職守及員警生活，有所垂詢，對警察眷屬之生活情況，尤為關切，並手令中央銀行即撥十五億元，充作添製警察服裝用費，限即辦理招標手續。復對警察之教育訓練，指示甚詳。蔣垂詢湯氏達二十分鐘，對北平市治安清潔及一般社會秩序，深表滿意。[56]

　　又是日，中國工程師學會第十四屆年會在南京舉行最後一日的會議暨閉幕典禮，蔣特頒訓詞，勗勉全體會員「一本過去在抗戰期中英勇奮鬥之精神，而益加發揚光大，體察當前民生之急需，配合各地資源事業之實況，先求有效之整理，兼奠發展之基礎，本末先後，悉切機宜，腳踏實地，步步成功。使農村工業化，日有進展，工業現代化，啟其楔（契）機，庶地克盡其利，人克盡其才。則以我國天賦之厚，必能渡過經濟難關，而使舉國民生，進於康樂之域。」[57]又該學會明年年會定在臺灣舉行。[58]

---

[54] 《蔣介石日記》，1947 年 10 月 5 日。

[55] 《蔣介石日記》，1947 年 10 月 6 日，補記 10 月 5 日事。

[56] 《益世報》（天津），1947 年 10 月 6 日，第一版。

[57] 《中央日報》（南京），1947 年 10 月 6 日，第二版。

[58] 《華北日報》（北平），1947 年 10 月 6 日，第三版

　　10 月 6 日，朝課後，處理要務。[59]上午十時，於北平行轅居仁堂，主持重要會議。到者有北平行轅主任李宗仁、副主任吳奇偉、參謀長徐啟明、保定綏靖公署主任孫連仲、副主任上官雲相、馬法五、參謀長張知行、張垣綏靖公署主任傅作義、北平警備總司令陳繼承、參謀長林空、天津警備司令兼第六十二軍軍長林偉儔、副司令盧濟清、參謀長謝義、晉陝綏邊區總司令鄧寶珊、第十三軍軍長石覺、第三十四集團總司令李文，及各軍師長、參謀長以上軍官佐，共約三十餘人。蔣對華北軍事要點略作指示後，即由各方軍事負責人就各人防地軍務，分別作簡單報告。繼而蔣對北方軍政軍務，有重要指示，迄十二時半始散。正午，蔣在居仁堂與與會各將領共進午餐。[60]至下午三時回行邸，休息後，再個別召見軍長及有功各師長。晡，與宋美齡再遊中山公園，[61]由公園大門入內，沿著碎石甬道走向社稷壇，穿過花廊，走到北面的御河橋邊稍停，隨緩步遊覽，走到花塢時，園內燈光齊明，蔣、宋在花叢中略事流連，即沿著長廊信步而去。此時成群的遊人追隨其後，一直走到園門口，蔣才向遊人們揮帽示別，扶著宋走出公園。[62]蔣於日記中誌感謂：此「實為最理想之公園，惜太污穢與太無布置，不勝歎息慚惶。一般民眾熱忱對余如昔未減也」。[63]晚課後，召見第十六軍軍長袁樸、第六十二軍軍長林偉儔、第九十四軍軍長鄭挺鋒。繼而召見傅作義，研究北寧路指揮事宜，並囑其即日飛瀋陽，與陳誠面商協同作戰方略，因傅前已遵令調派一個師出關，充實瀋陽防務。[64]

　　10 月 7 日上午，蔣於朝課後，記事。接見北平行轅副主任吳奇偉、保定

---

[59] 《蔣介石日記》，1947 年 10 月 6 日。

[60] 《益世報》（天津），1947 年 10 月 7 日，第一版。

[61] 《蔣介石日記》，1947 年 10 月 6 日。

[62] 林家琦，〈給北方帶來溫暖──記蔣主席蒞臨北平〉，《中央日報》（南京），1947 年 10 月 13 日，第七版。

[63] 《蔣介石日記》，1947 年 10 月 6 日。

[64] 《蔣檔・事略稿本》，1947 年 10 月 6 日。

綏署副主任上官雲相。十時半，赴西苑檢閱青年軍第二〇八師。[65]蔣以「此
乃清末禁衛軍之駐地，能不警惕」。[66]其全程經過，唐槐撰有〈主席在平校閱
青年軍〉一文，係南京《和平日報》之「北平通訊」（撰於 1947 年 10 月 19
日），報導最為詳盡生動，謂陪同蔣前來的為李宗仁、孫連仲。殆閱兵式畢，
蔣、李先後致詞訓話，隨後至師部稍事休息，即步行巡視各營舍環境及士兵
寢室設備、康樂場地等，十二時三十分，方始離去。[67]

圖 37　蔣中正檢閱青年軍第二〇八師軍容並點名（1947 年 10 月 7 日）

　　下午至晚上，蔣除於晡時出遊，先至正陽門，旋至天壇，經宣武門折回，
以及晚宴北平教育界人士胡適（北京大學校長）、梅貽琦（清華大學校長）等
人外，並分批接見各界人士，約有：（1）東北軍元老萬福麟。（2）平津區鐵
路管理局局長石志仁、第七區電信管理局局長聶傳儒、行轅總參議王鴻韶等

---

[65]　《蔣檔・事略稿本》，1947 年 10 月 7 日。

[66]　《蔣介石日記》，1947 年 10 月 7 日。

[67]　見《和平日報》（南京），1947 年 10 月 25 日，第五版。

人。石志仁向蔣報告該局所屬各鐵路及平津北段通車情形，並歷述員工搶修鐵路之努力。蔣指示：對於殉難員工，應比照軍官階級，照陣亡將士撫卹，並准其保舉特別有功人員，予以獎敍。（3）平津冀軍紀吏治督察團團長李嗣璁，及吳奇偉、馬法五、胡伯岳、谷鍾秀、時子周、劉瑤章等全體委員，垂詢該團工作甚詳，並對該團工作備致嘉許，飭該團對於一切不法行為，務應秉公辦理。（4）滿族代表藝術家溥儒（溥心畬）、內蒙古達王、德王，以及各盟旗代表喀喇沁親王篤多博、蒙藏委員會駐北平代表何兆麟、北平蒙古同鄉會代表陳紹武等人。篤多博面呈請願書，請速於南京或北平召集第二次蒙古會議，徵詢全蒙民意，解決蒙古問題；此外，並懇請儘速劃清旗縣權限，救濟流亡關內蒙胞。（5）樞機主教田耕莘、司鐸雷震遠（抗戰老人雷鳴遠神父之繼承人）、周連墀（樞機主教秘書）。蔣垂詢天主教教務甚詳，對天主教協助地方建設之成績稱讚不已，特別提及已故之雷鳴遠神父，在抗戰期間出生入死，為國辛勞，貢獻甚大，允將來為其建一紀念堂，用以紀念其勞績。（6）平津及冀察黨團統一委員會委員吳鑄人、張民怡、郭紫俊、金克和、吳延寰等人。此外，尚曾接見前天津市長張廷諤。[68]是日上午十一時，蔣夫人宋美齡亦在行邸接見北平婦女代表，到者有郭德潔（李宗仁夫人）、何宜文（何思源夫人）、羅毓鳳（孫連仲夫人）、王靄芬（北平市參議會參議員，北平市婦女工作委員會總幹事）、吳嚴彩韻（女青年會總幹事）、王廖奉獻（婦女社會服務促進會理事長）、徐逸（北平市婦女運動委員會）、吳仲鶴（北平市婦女會）、左明徹（平津婦女聯誼會）等人，至十二時半才結束。[69]

　　10 月 8 日，上午，朝課後，記事。[70]旋由李宗仁、孫連仲陪同，赴空軍

---

[68] 參見〈蔣檔・事略稿本〉，1947 年 10 月 7 日；並綜合 10 月 8 日北平、南京、上海各報紙的報導而成，各報的報導詳略不一，蔣接見各界人士的時間、順序亦不盡相同，故以從下午至晚上涵蓋之。

[69] 參見〈蔣檔・事略稿本〉，1947 年 10 月 7 日；《世界日報》（北平），1947 年 10 月 8 日，第二版；《大公報》（天津），1947 年 10 月 8 日，第二版；《中央日報》（瀋陽），1947 年 10 月 8 日，第 2 版；《前線日報》（上海），1947 年 10 月 8 日，第一版。

[70] 《蔣介石日記》，1947 年 10 月 8 日。

第二軍區司令部視察，並對空軍軍官百餘人訓話，最後用「以自動負責的精神，養成互助合作的習慣」，勉全體軍官。十時半，自西苑機場登「美齡號」座機飛瀋陽巡視，隨行的有軍務局長俞濟時、國防部第三廳廳長羅澤闓等。正午，抵達瀋陽。[71]

圖 38　蔣中正蒞臨空軍第二軍區司令部訓話（1947 年 10 月 8 日）

北平《世界日報》報導蔣飛抵瀋陽時的情景，最為傳神：

八日，瀋陽天朗氣清，十二時，驅逐機八架由北陵起飛恭迎，主席座機翩然蒞止，陳誠、傅作義等軍政首長均至機場迎迓。主席衣青呢風衣，灰呢帽，下機時，神采奕奕，與陳、傅等握手後，即赴勵志社官邸休息。路過東北大學時，向歡迎學生揮帽致意。[72]

---

[71] 參見〈蔣檔·事略稿本〉，1947 年 10 月 8 日；《世界日報》（北平），1947 年 10 月 9 日，第二版；《大公報》（天津），1947 年 10 月 9 日，第二版；《益世報》（天津），1947 年 10 月 9 日，第一版。

[72] 《世界日報》（北平），1947 年 10 月 9 日，第二版。

　　蔣抵勵志社行邸後，曾在樓上與陳誠、傅作義、鄭洞國（東北行轅副主任）等略談，旋與陳誠等共進午餐。食畢，蔣午睡片刻，隨即接見張作相、王樹翰、馬占山（以上三人均為東北元老）、廖耀湘（新六軍軍長）等，最後再召見陳誠。[73]蔣此番召見東北各高級將領，檢討戰局，「決定先肅清遼河西岸法庫附近之匪七縱隊，再由傅（作義）部肅清熱南之一股。戰局已經穩定為慰，匪之企圖及其滯遲不敢來攻之原因研究明瞭，乃知其準備與實力，尚未充足也」。下午四時，偕傅作義同機起飛，途中考慮俄國新共產國際宣布後，國際之形勢於中國之利害，尚未能判斷也。六時半，抵北平。入浴，休息。[74]晚課後，餐後，召見北平行轅參謀長徐啟明、資源委員會副委員長孫越崎、憲兵第十九團團長歐陽向等。並批閱情報，獲悉「共匪十月攻勢之計畫」。[75]

　　10月9日，蔣黎明即起，在行邸殷鑑樓之陽台上背書誦聖經與默禱。蔣記是時「東方初白，西山競秀，紫臺翠霞，蒼色清空，乃見北平秋景莊嚴燦爛之勝，若非拂曉，決不能見此美麗之自然景色也」。朝課後，記事。召見鄧寶珊（晉陝綏邊區總司令兼榆林警備總司令）、熊式輝等。[76]據熊式輝憶述，蔣告其赴瀋陽視察情形，以為軍事可漸穩定，謂將返南京，命熊亦立即前往，熊答以時事艱難，固當效力，但自顧不能有何獻替，請俟耳疾稍癒再行。[77]上午十時半，蔣自北平登機起飛，十二時後到青島，即在空軍司令部聽取范漢傑（第一兵團司令官）、王叔銘（空軍副總司令）等報告第九師師長王凌雲作戰不力與戰事膠著狀態，不勝憂慮。[78]當即指示：（一）威海衛、龍口、蓬萊三港口不可放棄。（二）應飭王凌雲，以中央突破速與第六十四師聯結。（三）毛澤東令膠東共軍，須堅苦支撐三個月，並糾正其所屬不能以少數舉行殲滅

[73] 《中央日報》（瀋陽），1947 年 10 月 9 日，第二版。

[74] 《蔣介石日記》，1947 年 10 月 8 日。

[75] 《蔣檔‧事略稿本》，1947 年 10 月 8 日。

[76] 《蔣介石日記》，1947 年 10 月 9 日。

[77] 熊式輝，《海桑集——熊式輝回憶錄 1907-1949》，頁 645。

[78] 《蔣介石日記》，1947 年 10 月 9 日。

戰之錯誤觀念。而吾人須針對作作戰計劃。[79] 及蔣擬致王凌雲、第六十四師師長黃國樑函與決定作戰計畫畢，已係下午三時。午餐後，即登機起飛。[80]五時，返抵南京。[81]蔣記稱：「各方戰事皆無進步，將領畏匪，國防部長且怕負責，故取旁觀態度，可歎之至」。[82]

第三節　特色和影響

一、特色方面

其一、決定北巡，係為臨時起意，主要是共軍在東北發動秋季攻勢，東北國軍兵力不足，情勢嚴重所致，是以蔣匆匆出發。

其二、在北方駐停的時日甚短，實際只有五天左右。除駐停北平之外，曾專程去瀋陽一行，回南京途中曾至青島巡視，在這兩地停留都僅數小時（對此次北巡，中共的《人民日報》曾以「圖謀應付軍事危局，蔣介石蹌踉平瀋間」為標題，揶揄之，並作負面的報導和批判）。[83]

其三、蔣夫人宋美齡與蔣偕行，亦參與蔣的北巡活動。

其四、活動的安排，十分緊湊，主要是輪番召見北方各界重要人士，如軍、政、黨、團、學、交通、滿蒙代表等，宋美齡則接見婦女界重要人士。

其五、蔣在這五天內曾三度召見傅作義，而且是單獨接見晤談，並囑其飛赴瀋陽與陳誠面商，後傅又與蔣同機返回北平，最令人矚目。[84]

---

[79] 王叔銘，《王叔銘日記》（手稿本），1947 年 10 月 9 日。

[80] 《蔣介石日記》，1947 年 10 月 9 日。

[81] 《蔣檔・事略稿本》，1947 年 10 月 9 日。

[82] 《蔣介石日記》，1947 年 10 月 9 日。

[83] 括號內的補充說明，見《人民日報》（河北省武安郵局轉），1947 年 10 月 12 日，第一版。

[84] 如魏文華，〈僕僕關內外的傅作義〉一文，謂：「在東北共軍開始所謂第六次攻勢之後傅作義將軍僕僕關內外，的確是一個極值得注意的軍事大員」；文載《新潮日報》（長沙），1947 年 10 月 24 日。

　　其六、為感念北平憲警的辛勞，以金錢犒賞之。蔣於 10 月 9 日趕回南京，主要是必須於次日上午主持中樞雙十國慶盛典並致詞。[85]臨行時犒賞北平市警察五百萬元，憲兵第十九團第二營營長劉健龍，隊長袁敘明及所屬官兵，亦以服務得力，獲獎三百萬元。[86]

　　其七、蔣雖在北巡百忙中，仍抽空遊覽山水景物。揆其原因約為：（1）蔣自幼年起即愛好遊覽，積久成習，乃至成為其一生生活中重要的一環。[87]（2）蔣愛讀書，對中國地理、歷史、名人文集等，多所涉獵，均增其尋幽訪勝、求睹史蹟的意念。（3）蔣所遊覽者，多為其曾經居停或舊遊之地，其中當有不少是出於懷舊心理而為之，俾撫今追昔，感念緬懷。（4）藉此洗煩滌慮，紓緩緊繃的心情，並活絡一下筋骨。（5）置身於自然山水、名勝古蹟中，易萌生靈感，獲得啟示，而增進其內涵修養。[88]

二、影響方面

　　蔣這次的北巡對於國府當局及其治下的北方，大體上而言是利遠多於害的。作為一個國家的領導人，出巡地方，不僅是有其必要，而且是其無可旁貸的職責。只要其動機純正，不窮極奢華，不過於煩擾地方，都是值得稱道的。蔣自 1946 年 5 月底北巡以後，已將近一年半至北平，北方人的南北情結一直是難以泯除的，特別是故都人士，蔣這次北巡的收穫便是：

　　其一、或多或少拉近了南京中央與北方的距離，稍稍減低了彼此之間的

85　蔣中正於 10 月 8 日致電陳布雷，囑其代擬雙十節文稿，見「蔣中正電囑陳布雷代擬雙十節文稿並告明日下午回京」（1947 年 10 月 8 日），《蔣檔‧籌筆：戡亂時期（七）》。

86　《新聞報》（上海），1947 年 10 月 10 日，第一版。

87　《蔣檔》文物圖書類中有《游記初稿》（國史館藏）二冊（共 10 卷），應係節錄自蔣日記中所述整編而成，起迄時間為 1893 至 1943 年，可見蔣之喜愛遊覽。

88　曾任蔣秘書的秦孝儀，謂蔣常會「從山水之間軒豁其更高遠的意境，也接受更多的啟示」。見秦孝儀，〈總統的修持和天趣〉，收入曹聖芬編著，《蔣總統的生活與修養》（臺北：蔣總統對中國及世界之貢獻叢編編纂委員會，1967），頁 192。

一些疏離感。[89]

　　其二、或多或少增加了北方人民對中央的信心。蔣的北巡，讓一些北方人民感受到中央對北方的重視和關懷，當時北平《世界日報》的社論曾云：「我們相信主席此來，必高瞻審察，統籌並顧，對整個華北，將有新的措置與開展」。[90]這或許是道出了一些北方人對政府的期待和信賴吧！

　　其三、或多或少激勵了北方軍、政、婦女等各界的士氣。蔣在北平特別檢閱了駐西苑的青年軍第二○八師及巡視了空軍第二軍區，可能是以前者係抗戰末期響應蔣「一寸山河一寸血，十萬青年十萬軍」口號組建成的部隊，對抗日作戰有其貢獻，且知識程度高，素質佳，駐守北平城西，於故都治安關係甚大之故。後者係 1946 年 8 月 1 日成立的，下轄第四大隊、第二、十二、二十七、二十八中隊、空運第一大隊，擁有各型飛機（P-38、P-51、B-25、C-46、C-47）158 架，其主力駐於北平，第二十七中隊（P-51 戰機 15 架）、第二十八中隊（P-51 戰機 16 架），則分別駐於青島、濟南，[91]是北方國軍地面部隊一大奧援，故蔣對其格外重視，寄望甚殷。以上三項收穫，均為精神、心理層面，而且只是一時的，輪番地接見各界人士，時間短促而緊湊，也多半流於形式化，實際的作用殊為有限。

　　其四、召見北方軍事將領，舉行重要會議，積極進行新的部署。尤其是促成張垣綏靖公署主任傅作義抽調其麾下的察綏國軍出關馳援東北，實為蔣此次北巡最大，也較為實際的收穫。

　　早在 10 月 3 日蔣啟程北巡的前一日，蔣即致電傳作義，請其「明日來平

---

[89] 當時南京《中央日報》曾刊載其平津特派員林家琦所撰寫的〈給北方帶來溫暖——記蔣主席蒞臨北平〉一文，因該報係國民黨黨報，該文對蔣此行頌揚備至，自不令人意外。其「給北方帶來溫暖」的標題，恐亦出於其想當然耳。縱所想屬實，此一「溫暖」的效應能夠維持多久？又有多少北方人民能夠感受到而點滴在心頭呢？該文載《中央日報》（南京），1947 年 10 月 13 日，第七版。

[90] 〈從任何方面都可看出華北的重要——敬盼蔣主席今後能以較多時間留駐北平〉，《世界日報》（北平），1947 年 10 月 5 日，第二版。

[91] 以上是 1946 年空軍第二軍區所轄大隊、中隊番號及擁有飛機機型、架數，見空軍總司令部情報署編印，《空軍戡亂戰史》，第 1 冊（未註明出版時地），頁 65、70。

為盼」。[92]蔣抵北平後，曾於五天內三度召見傅，而且是單獨接見晤談，並囑其赴瀋陽與陳誠面商。10 月 7 日下午二時左右，傅與其辦公廳主任智南平、高參鄧世通等人，自北平飛抵瀋陽，東北行轅兼主任陳誠、副主任鄭洞國等在機場迎接。傅下機後，對記者所詢此行任務，避做表示，僅答以「改日再談」，旋與陳誠同車赴行轅第一招待所。晚七時，陳誠設宴為傅氏洗塵。[93]次日下午，傅即與蔣同機返回北平。10 月 13 日，傅作義由張垣抵北平，14 日中午專機再度飛抵瀋陽，與陳誠商東北軍事。[94]傅在瀋陽停留兩日，除數度與陳誠長談外，並先後分訪張作相、馬占山等東北元老。[95]時在中央通訊社瀋陽分社擔任記者的陳嘉驥曾訪問傅，傅對陳所提東北前途問題，以「我負責察綏治安焉知東北之事，你問錯對象了」，幽默巧妙地揶揄陳一番之後，用「咬人之狗不吠，吠狗不能咬人」為喻，說明不隨便說話的人，才是真正厲害的人，並囑咐陳不要發他到東北的任何新聞。[96]陳當時絕未想到察綏國軍將出援東北。據陳記述：傅部暫編第三軍（軍長安春山）係兵分兩路，一路是騎兵由察哈爾入熱河，另一路乘平綏路火車至北平，轉北寧路出關。暫三軍出關後，於 10 月中旬在錦州下車，與東北國軍協同向北進擊，在范家屯等地與共軍展開激戰。安春山另路騎兵則通過察熱走廊自共軍後方突襲，共軍乃向東蒙範圍的科爾沁草原撤退。科爾沁草原係沙土地帶，所有村落均為窩棚式木土房屋，無法建造堅固的以磚為主的房屋，因此對採取守勢的共軍至為不利。暫三軍的打法相當狠，只要在戰場範圍內，可能有共軍之村落，均予以摧毀夷滅。到了夜間，對擋住進攻路線的村莊，一律施以火攻，對逃出的共軍立即予以消滅。這時東北各地國軍均發動攻勢，使共軍顧此失彼，一場三晝夜的仗打下來，林彪原在遼西出沒的十餘萬人馬損失近半，科爾沁主

---

[92] 「蔣中正電囑傅作義明日來平」（1947 年 10 月 3 日），《蔣檔·籌筆：戡亂時期（七）》。

[93] 《中央日報》（瀋陽版），1947 年 10 月 8 日，第二版。

[94] 《大公報》（天津），1947 年 10 月 15 日，第二版。

[95] 《中央日報》（瀋陽版），1947 年 10 月 17 日，第二版。

[96] 陳嘉驥，《東北變色記》（臺北：撰者出版，漢威出版社總經銷，2000），頁 118。

戰場遺棄屍體即達七千餘具，暫三軍鹵獲的武器可裝備一個師而有餘。東北國軍遂沿中長路展開一全面性反攻，暫三軍乃越科爾沁草原趨法庫打向四平，並續向北進擊，於 10 月 31 日攻至公主嶺與守軍會師，次日，再與長春國軍會師，同時被圍多日的吉林省會永吉亦告自動解圍。[97]11 月 1 日，蔣中正致電陳誠：

> 昌圖收復後（按：昌圖於 10 月 30 日收復）應將暫三軍先抽調半數
> 或一個師，直運關內，其餘部隊一俟收復法庫後准令調回冀察，俾
> 宜生（按：傅作義字宜生）可以充分增援榆林，以保重鎮。此次傅
> 部抽調出關，指揮自如，實開全國軍隊統一運用之創舉，最為難能
> 而可貴。故其告急請歸建制，亦必須慷慨允准，勿稍留難，俾以後
> 運用更易也。[98]

11 月 5 日，國軍之暫三軍附第一九五師（師長陳林達）攻佔彰武，次日，向四周搜索掃蕩，11 月 7 日，分三縱隊向彰武西北地區進擊，上午七時許，其右翼、中央兩縱隊進抵馬家窩棚、二台子各西北地區，即與共軍發生戰鬥，暫三軍等奮勇猛撲，對敵據村落反復進出十餘次，至下午二時許，已將王家窩棚、六家子之共軍擊潰，並攻佔蒙古包、黃花包等高地，惟杜家窩棚之共軍被圍尚困鬥不肯繳械，戰至夜，大部被殲，一部利用森林暗夜，分向哈拉套街、新開河等潰逃。是役計斃傷共軍七千餘，俘官長五員，士兵五八六名，獲山砲一門，戰防砲一門，60 砲一門，擲彈筒一具，重機槍六挺，輕機槍五挺，步槍二一五支，衝鋒槍一支，馬二十五匹，騾一頭。[99]11 月 9 日，東北

---

[97] 陳嘉驥，〈傅作義、楚溪春與安春山——記察綏國軍出援東北之役〉，《傳記文學》，第 26 卷第 1 期（1975 年 1 月），頁 44。

[98] 「蔣中正電陳誠傅作義部抽調出關開全國軍隊統一運用創舉准歸建制」（1947 年 11 月 1 日），《蔣檔・革命文獻：戡亂軍事——東北方面（一）》。

[99] 見「陳誠致蔣中正等戌灰電」（1947 年 11 月 11 日）補報 11 月 7 日安春山軍彰武西北地區戰鬥經過，《蔣檔・特交檔案：共匪禍國——武裝叛國（一四七）》。

國軍攻佔法庫。11 月 10 日，陳誠致電蔣中正，謂為求擊破共軍第七縱隊確保北寧路安全計，經令暫三軍向彰武方面進出，現第七縱隊主力雖被擊破，其殘餘部隊刻仍據彰武以北及康平附近地區流竄，對北寧路危害尚大，為根除之免貽後患，暫三軍俟將該共軍殘部肅清後，即令集結返防歸建。[100]是日夜，暫三軍由後新秋，陳林達部由馮家窩堡（彰武北二十五公里），分向賓圖王府前進，次日拂曉開始向賓圖王府之共軍圍殲。[101]

　　11 月 13 日，陳誠致電蔣中正，謂：（一）刻暫三軍仍在彰武以北地區掃蕩共軍第七縱隊殘餘部隊中。（二）遼西共軍第八、九兩縱隊主力，刻進至錦州西北江家屯以北地區，有伺機破壞北寧路之企圖。（三）東北行轅為確保北寧路安全之目的，擬令暫三軍協力擊破該第八、九縱隊後，即開返北平，約在半月後完成。[102]同日，蔣手諭陳誠，告知其河北省石家莊之戰事：「據空軍偵察，昨午在核心工事內尚有激戰，而匪之廣播昨晚亦未有石莊被其攻陷之報，則石莊尚有一線希望，現正籌劃赴援之道。情勢如此，安軍應即令全部調回關內，不可再留，或延緩，以免華北軍民更形動搖」。[103]陳誠接獲手諭後，於 11 月 14 日電覆蔣，仍請稍緩，謂「安軍如能遲兩禮拜開回關內，則此間部署可以完成，並可予錦西之匪以嚴重之打擊」。[104]並謂：暫三軍刻由哈拉沁屯（康平西四十公里）正向新民集結，11 月 17 日（篠日）可集結完畢。新民至大虎山鐵道 11 月 18 日（巧日）始可恢復。依目前情況，共軍第八、九縱隊集結錦州迄錦西以北地區，對北寧路及冀東威脅甚大，為使東北今後作

---

[100] 「陳誠致蔣中正戌灰午電」（1947 年 11 月 10 日），《蔣檔・特交檔案：共匪禍國——武裝叛國（一四七）》。

[101] 「陳誠致蔣中正戌真辰電」（1947 年 11 月 12 日），《蔣檔・特交檔案：共匪禍國——武裝叛國（一四七）》。

[102] 「陳誠致蔣中正戌文戰電」（1947 年 11 月 13 日），《蔣檔・特交檔案：共匪禍國——武裝叛國（一四八）》。

[103] 「手諭問疾並告以關內軍事安軍應即調回勿延」（1947 年 11 月 13 日），收入吳淑鳳編輯，《陳誠先生回憶錄——國共戰爭》，頁 322～323。

[104] 吳淑鳳編輯，《陳誠先生回憶錄——國共戰爭》，頁 271。

戰有利，擬請以暫三軍為基幹，集結錦州，予共軍第八、九縱隊以重大打擊後再開回關內，較為有利。如暫三軍必須立即開回時，於集結後即於巧日直運關內，但為維護北寧路、瀋陽、葫蘆島之安全，第四十三師擬請暫留錦州控置（該師 11 月 14 日已抵錦州）。[105]蔣仍不為所動，當日即電陳，謂「安軍應立即調回關內，切勿再緩」。[106]陳誠遂於次日電覆蔣：

> 以目前東北情形，決非專為東北而不顧友軍，因大軍抽調不能不重行部署，且以東北匪我情形，而我之危險性並未解除，深以如東北有失，其影響所及恐非止華北也。⋯⋯關於安軍入關歸制，已於卅六戌寒酉戰及戌寒亥瀋電呈報，計先此達鈞鑒。現已決定令其即日入關矣，惟職一再請求稍緩者，僅能為鈞座陳之。[107]

於是，暫三軍準備入關歸建。當楚溪春（瀋陽防守司令官）歡宴安春山時，有人詢及彰武以北的科爾沁草原民房蒙受空前損害時，安春山說：「我們部隊平素決可作到秋毫無犯，但在戰場上的暫三軍決非仁義之師，一切均以打勝仗為第一，其他有時是顧不了那麼多！」[108]對於此次暫三軍之揚威東北，當時的綏遠省議會議長蘇挺，自歸綏拍來的祝捷電報，瀋陽各報紙均刊於第一版，其中有云：

> 鋼鋒初露，察熱間走廊立通。牛刀小試，范家屯凶燄頓斂。佈行陣

[105] 「陳誠致蔣中正戌寒酉戰電」（1947 年 11 月 14 日），《蔣檔·特交檔案：共匪禍國──武裝叛國（一四八）》。

[106] 「蔣中正電陳誠安軍應立即調回關內切勿再緩」（1947 年 11 月 14 日），《蔣檔·革命文獻：戡亂軍事──東北方面（一）》。

[107] 「陳誠呈蔣中正請安軍緩入關歸制實以東北有失其影響恐非止華北」（1947 年 11 月 15 日），《蔣檔·革命文獻：戡亂軍事──東北方面（一）》。

[108] 陳嘉驥，〈傅作義、楚溪春與安春山──記察綏國軍出援東北之役〉，《傳記文學》，第 26 卷第 1 期，頁 46。

於遼西，匪眾聞風而失措。藏甲兵於胸內，群醜之殲滅難逃。旌旗揚遼錦，疑乘雪夜驀至，戰鼓震吉長，驚為天外飛來。我察綏健兒聲威益高矣！[109]

11 月 18 日，陳誠為暫三軍歸建事致傅作義，並對該軍推崇備至：

暫三軍在一月之間，轉戰千里，擊破匪軍七、八兩縱隊，俘獲為各軍冠。更足引以為慰者，不在安軍之戰勝，而在該軍風氣習尚，樸質無華，上下一心，俾使東北各軍，得有一觀摩機會，潛移惡習，此為安軍對東北之最大貢獻。誠總參戎幕，兼綰東北，私意頗欲效前賢，以忠誠樸質為天下倡，自恨百不得其一二。年來人事日非，德慧日損，於今安軍之去，在公不得不爾，在私則東北少此可資表率之部隊，不能無惜。今日之病，不在裝備補給之困缺，而在人心之陷溺淫靡，故於安軍，特寄深摯之厚望，該軍於十八日可由新民開始運輸，一切特囑代為轉達。[110]

暫三軍入關後暫駐天津附近的廊房，11 月 27 日下午在廊房舉行的慰勞大會，實際是一個祝捷大會。錦旗八面，分別寫著「功在東北」、「勳炳榆關」、「譽滿東北」、「固我邊圍」等辭句，[111]慰勞團致贈慰勞金一億六千萬元及慰勞品。察綏野戰軍遠征東北歸來後，傅作義很高興地告訴記者說，這次暫三軍到東北去能完成剿滅任務，的確不是一件簡單的事，「因為第一是地理不熟，第二與友軍聯絡比較困難，第三敵情不明，第四補給不足」。然儘管如此，

---

[109] 陳嘉驥，〈傅作義、楚溪春與安春山──記察綏國軍出援東北之役〉，《傳記文學》，第 26 卷第 1 期，頁 46。

[110] 吳淑鳳編輯，《陳誠先生回憶錄──國共戰爭》，頁 272～273。

[111] 〈瞻仰察綏健兒的光榮──察綏慰勞團隨行記〉，《華北日報》（北平），1947 年 11 月 28 日，第二版。

暫三軍在東北卻獲致了輝煌的戰果。[112]

　　惟至 1947 年 11 月初，東北的局勢並未隨著國軍（含暫三軍）奮力北進曇花一現的勝利而扭轉。11 月 5 日，東北共軍為期 50 天的秋季攻勢（即第六次攻勢）結束。據東北共軍（東北民主聯軍）總部稍後發表的第十五號作戰公報，總結此次攻勢的戰績稱：共殲滅國軍六萬九千餘人，擴大「解放區」面積三萬八千四百餘平方公里，收復城市十五座（惟其中有六座，即黑山、阜新、開原、黎樹、昌圖、彰武被國軍重佔，11 月 5 日以後被國軍重佔的法庫，尚未計算在內），「解放」人民二百六十餘萬。[113]共軍藉此攻勢，將中長鐵路農安至鐵嶺段、北寧鐵路山海關至錦州段完全毀壞，使長春、吉林之國軍完全孤立，並迫使東北國軍主力收縮於四平、瀋陽、營口、錦州等狹小地區內。[114]國軍所控制的 34 座大小城市及其附近地區，僅佔東北總面積的百分之十四。[115]東北國軍處此困局，阢隉不安，共軍又隨時伺機而動，大規模的第七次攻勢 （即冬季攻勢）正在醞釀中（後於 12 月中旬發動）。此外，參謀總長兼東北行轅主任陳誠，這時胃疾轉劇，更使國府在東北的劣勢逆境雪上加霜。陳誠本有胃病宿疾，但不甚措意。1943 年任遠征軍司令長官時，因感責任艱鉅，而處境甚為惡劣，時作劇飲，以資破悶，致醸成胃出血之症。當時雖經治癒，但 1945、46 年均曾復發。1947 年 9 月初抵瀋陽上任未久，病即發作，以當時局勢嚴重，隱忍不言，盡力苦撐。其後病勢日重，仍依病榻約見軍政要員，指授方略，並日夜以電話指揮軍事。[116]對此，蔣甚為憂慮，其 1947 年 10 月 19 日的日記記云：

　　　　東北軍事以辭修近日舊病時發，恐其不能勝任此煩劇為慮，以我軍

---

[112] 戴毅，〈慰勞察綏野戰軍〉，《新聞報》（上海），1947 年 12 月 11 日，第十版。

[113] 《東北日報》（哈爾濱），1947 年 11 月 28 日，第一版。

[114] 人民出版社編輯，《第三次國內革命戰爭概況》（北京：編輯者印行，1954），頁 23。

[115] 丁曉春、戈福祿、王世英編著，《東北解放戰爭大事記》（北京：中共黨史資料出版社，1987），頁 152。

[116] 吳淑鳳編輯，《陳誠先生回憶錄──國共戰爭》，頁 122。

近增傅（傅作義）部與侯（侯鏡如）軍，其兵力不為不雄厚，而進
展遲滯如此，阜新又失，究不知其如何部署，彼尚請求抽調膠東部
隊，其實不能有益於東北而使整個戰略有礙，故卻之，然心甚不忍
也。[117]

　　從其後 10 月下旬至 11 月下旬蔣與陳誠往還的一些電報中可知：其一、
蔣極其重視東北戰場；其二、蔣甚為擔心陳誠的身體狀況；其三、蔣認為陳
誠係主持東北軍政的不二人選，雅不欲陳離開東北；其四、蔣對陳誠關懷備
至，特派醫生「戚大夫」（即常為蔣診病的中央大學醫學院院長戚壽南）自南
京飛赴瀋陽為其診治；[118]其五、蔣特命廣東省政府主席羅卓英為東北行轅副
主任，襄助陳誠，羅於 11 月 11 日飛抵瀋陽，次日即到行轅辦公；[119]其六、
蔣根據戚醫生報告，命陳休息半月，由羅卓英代其主持所有公務；[120]；其七、
陳誠以東北情勢嚴峻，不肯遵命休養，11 月 24 日電覆蔣，決定「不妨臥治」，
抱病「在此苦撐，病軀縱無法康復，職以身許鈞座，寧計利害生死」。[121]問題
是陳能撐多久？這誠為蔣一大憂心事。

---

[117] 《蔣介石日記》，1947 年 10 月 19 日。

[118] 見吳淑鳳編輯，《陳誠先生回憶錄——國共戰爭》，頁 269～273，346～348。「蔣中正電慰陳誠
病情並請即飛瀋診斷」（1947 年 11 月 10 日），《蔣檔‧籌筆》。其括號內的說明，係引自嚴冬，
〈陳誠去職前後〉，《展望》，第 2 卷第 5 期（1948 年 5 月），頁 9。

[119] 見羅卓英寄其妻之書信，收入羅鏑樓編撰，《羅卓英先生年譜》（臺北：羅偉郎出版，1995），
頁 204。

[120] 「蔣中正電陳誠專心養病公務暫派羅卓英負責」（1947 年 11 月 22 日），《蔣檔‧革命文獻：戡
亂軍事——東北方面（一）》。

[121] 吳淑鳳編輯，《陳誠先生回憶錄——國共戰爭》，頁 348。

第五章
第四次北巡（1947.11.26.～11.29.）

第一節　背景原因

　　河北軍情緊急：主要是清風店戰役的挫敗與石家莊的陷落所致。按河北省西與山西省為鄰，因背山面海，文化古都北平位於省境內，在華北各省中地位最為重要。抗戰期間，河北淪陷，中共自山西滲入，組建地方武力而坐大。抗戰勝利後，國軍第十一戰區司令長官孫連仲，率師進駐北平，後移保定，兼主河北省政。孫出身西北軍，為馮玉祥舊部，能征善戰，然以河北情勢複雜，一切尚須聽命北平行營（即國府軍事委員會委員長北平行營，主任為桂系軍人領袖李宗仁），致其軍政推行，均感窒礙，終難發揮「總體戰」之效用。[1] 1945 年 10 月 15 日，孫連仲赴新鄉指揮平漢鐵路北段（北平至石家莊）國軍戰事，10 月 30 日，第三十九集團軍高樹勛（兼新編第八軍軍長）部投共，第四十軍遭共軍圍擊，軍長馬法五（第十一戰區副司令長官兼該軍軍長）被俘（稍後被釋回），其餘部隊乃退回彰德整編，沿平漢路北進計畫，一時無法開展。稍後，國軍增兵河北，出擊共軍，向雄縣、高陽、淶水、定興等地挺進，惟以軍力不足，未能長期駐守，各縣出擊之部隊，旋即撤回。1946 年 5 月，華北共軍向河北、熱河、山東、山西國軍普遍發動攻擊，孫連仲指揮

---

[1] 三軍大學編纂，《國民革命軍戰役史：第五部──戡亂》，第 2 冊──綏靖時期（上），頁 27。

第十一戰區所屬各軍艱苦支撐。7 月，共軍開始向青縣馬廠、滄縣之國軍總攻，10 月初，共軍攻佔望都，11 月底，孫連仲親赴平漢路及津浦路北段指揮軍事。1947 年 2 月 5 日，第十一戰區長官部結束，國府令孫連仲為保定綏靖公署主任。[2]2 月 11 日，平漢路北段之國軍開始向易縣、塘湖方面攻擊前進。在作戰之初，國軍採積極行動，圖誘殲共軍（聶榮臻部）主力，然共軍飄忽不定，難以捕捉，經徐水之戰（2 月至 3 月）、咨崗之戰（9 月），國軍均無重大斬獲，且小有損失，致誘殲無功，乃改採以靜制動，控制點線，並保持機動兵力，俟機迫共軍決戰，亦未獲預期之戰果，且共軍更向晉冀邊區正太路方面轉進，在國軍保定綏靖公署與太原綏靖公署（原第二戰區）之接合部，利用空隙及地理障隔，進攻國軍兵力部署最薄弱的部位，奪井陘，據獲鹿，下盂縣，攻壽陽，使石家莊陷於孤立。9 月杪，共軍因進攻平、津、保（保定）三角地區未逞，退往大清河以南地區，旋至平漢路西側地區整補。[3]

10 月 11 日，共軍在經過整補後，以一個縱隊圍攻徐水，主力集中在徐水以北地區打援。10 月 14 日，在徐水、容城之間與北平出援的國軍五個師打成對峙。此時，石家莊守軍第三軍軍部率一個師及第十六軍一個團沿平漢鐵路北進，企圖協同自北平南下的援軍夾擊共軍於徐水地區。10 月 18 日，共軍以一部分兵力在徐水地區阻擊北面援軍，率主力六個旅輕裝兼程南下，於 10 月 20 日拂曉將北進的第三軍及第十六軍一個團包圍在清風店地區，激戰至 10 月 22 日，第三軍等部全軍覆沒，折損一萬七千餘人（連同保定北面

---

[2] 孫連仲，〈孫連仲回憶錄〉，收入《孫仿魯先生述集》（臺北：孫仿魯先生九秩華誕籌備委員會，1981），頁 60～63。國軍第十一戰區副司令長官兼第四十軍軍長馬法五被俘，其後不久，國共在新鄉開和平談判會議，共方劉伯承（晉冀魯豫軍區司令員）攜同馬法五前往參加，馬即獲釋，其詳情見董升堂，〈回憶馬法五被俘前後〉，收入中國人民政治協商會議全國委員會文史資料研究委員會編，《文史資料存稿選編》（北京：中國文史出版社，2002），第 9 冊──全面內戰（上），頁 62～63。馬被俘 4 個月，1946 年 2 月 26 日自豫北武安伯延鎮平安獲釋，2 月 28 日抵達安陽，當天轉赴新鄉，3 月 1 日，於新鄉接見中央社記者，發表談話。見《中央日報》（重慶），1946 年 3 月 2 日，第二版。

[3] 三軍大學編纂，《國民革命軍戰役史：第五部─戡亂》，第 2 冊──戡亂時期（上），頁 350～361。

之阻擊戰），軍長羅歷戎等被俘。[4]此為共軍晉察冀戰場轉入戰略反攻後的第一個大勝利。蔣中正聞訊後，大為惶惑，而記之曰：

> 匪部廣播，我第三軍軍部自其軍長羅歷戎以下副軍長、師長各一人，團長四人，全部被俘，幾乎無一人死難，其果無恥失節如此乎，不勝惶疑之至。如果高級將領不知恥辱至此，則革命前途慘澹極矣![5]

而共軍方面，清風店戰役為其晉察冀戰場轉入戰略反攻後的第一個大勝利，戰役結束的當天，晉察冀軍區司令員兼政治委員聶榮臻，同時向中共中央軍委和中央工委發出電報，正式提出了「乘勝奪取石家莊」的意見。[6]中央軍委及時發來回電，電報是毛澤東親自擬定的，略云：

> 二十二日十二時電悉，清風店大殲滅戰勝利，對于你區戰鬥作風之進一步轉變有巨大意義。目前如北敵南下則殲滅其一部，北敵停頓則我軍應于現地休息十天左右，整頓部隊，恢復疲勞，偵察石門（即石家莊），完成攻打石門之一切準備。然後，不但集中主力幾個旅，而且要集中幾個地方旅，以攻石門打援兵姿態，實行打石門。[7]

負責防守石家莊的是國軍第三軍的第三十二師師長劉英，其兵力單薄，甚難固守。11月7日，蔣中正與國防部長白崇禧談戰局，白主張放棄石家莊

---

[4] 軍事科學院歷史研究部編，《中國人民解放軍六十年大事記（1927-1987）》，頁409。據羅歷戎憶述：其第三軍之第七師、第二十二師（屬第十六軍）之第六十六團、及軍直屬隊全部被殲，時間為10月21日。見羅歷戎，〈胡宗南部入侵華北和清風店被殲經過〉，《文史資料精選》，第12冊（北京：中國文史出版社，1990），頁451。

[5] 《蔣介石日記》，1947年11月5日。

[6] 楊得志，《楊得志回憶錄》（北京：解放軍出版社，1993），頁415。按：楊得志時任晉察冀野戰軍司令員。

[7] 聶榮臻，《聶榮臻回憶錄》》（北京：解放軍出版社，1984），下冊，頁661。

與長春、永吉，縮小範圍，蔣以為各重要據點無可再失，只有苦撐堅持，[8]而未之許。11 月 12 日，共軍攻佔石家莊。在前一天（11 日）的下午四時，蔣即得石家莊已經失陷之報告，認為自在意中，但不料如此之速，精神上自增憂患。[9]12 日晨，蔣朝課後接空軍電話稱，石家莊守軍仍在固守中，並未全失，只有東南角為共軍突破，其衝入市內的部隊多數被俘，現正在肅清中。蔣聞此訊，以為石家莊無異失而復得，欣慰莫名。及至十一時（巳刻），又接報稱市內已甚沉寂，並無戰事，亦不見行人，恐已失陷。下午，蔣仍手擬電稿致劉英，勗勉其精忠報國之赤忱，並鼓勵其全體官兵。電發，蔣自忖「未知尚能接余此耿耿之電誨否」？及至黃昏，蔣又接報稱，正午空軍又見核心工事內激戰甚熾，則守軍仍在固守中，蔣亦信師長劉英必能與陣地共存亡，決不辜負蔣所期許與教誨，而劉 11 日夜猶與空軍報話機通話，轉報蔣以最後戰況與犧牲之決心。然而入夜，空軍偵察結果，謂市內已無動靜，恐已失陷。蔣猶未失望，仍信劉英能固守核心不屈，認為「即使失陷，則亦比已往剿匪失敗之將領為榮，余亦覺能自慰也」。[10]11 月 13 日日間，蔣仍望石家莊劉英能固守據點待援。晡時，蔣得中共電台廣播，是日晨完全攻佔石家莊，劉英被俘，聞之悲傷。[11]11 月 14 日，蔣檢討石家莊之役，以為仍是人事不臧，如當時空運駐大同之交通警察隊美械裝備營增防，則陣內戰有把握，石家莊不致失陷，此乃其檢點不周，參謀部無能所致。今後應注重：（1）有一美械裝備之預備隊，隨時空運增援重要據點。（2）集中優勢兵力，殲滅共軍最主要部隊及摧毀其根據地。（3）各戰區兵力之配備與運用應親自檢定。[12]

至於石家莊之役的意義和影響：其一、對共軍而言，這是其自國共內戰爆發以來所攻佔的第一座大城市，證明共軍不僅擅打遊擊戰，亦能打攻堅戰。

---

[8] 《蔣介石日記》，1947 年 11 月 7 日。

[9] 《蔣介石日記》，1947 年 11 月 11 日。

[10] 《蔣介石日記》，1947 年 11 月 12 日；及 11 月 13 日，補記 12 日事。

[11] 《蔣介石日記》，1947 年 11 月 13 日。

[12] 《蔣介石日記》，1947 年 11 月 14 日。

其二、石家莊為河北重鎮及交通要邑（平漢、正太、德石三鐵路在此交會），北至北平只有 277 公里。[13]故中共晉察冀前線的記者對是役結果大肆報導，謂「人民解放軍完全解放華北解放區中心、素稱華北交通輪軸的戰略要地石家莊」，其「市內外近百萬人民重睹天日，華北各解放區已在廣大地帶完全聯成一片」。[14]其影響或由此可見。其三、國軍在河北省的五大支點（平、津、唐山、保定、石家莊）失卻其一，軍事部署因之捉襟見肘，平、津亦受到威脅。11 月 30 日，蔣中正在日記中謂：「全國各戰場皆陷於被動劣勢之危境，尤以榆林（陝西）、運城（山西）被圍二三旬無兵增援；及至十二日石家莊陷落之後，北方之民心士氣完全動搖」。[15]其四、是役國府方面的損失甚鉅，其中可資敵者不少。據國府保密局呈蔣中正查報石家莊戰役「我方損失情形」稱：計損失機車 26 輛，客車 50 輛，貨車 600 輛，軍用兵損失坦克車 40 餘輛，鐵甲車 3 列，汽油 10,000 加侖。其他槍械彈藥甚夥，足可裝備共軍 4 個縱隊之用。中央銀行損失現鈔百餘億元，中國、交通、農民三銀行損失亦達百餘億元，中紡在冀中所採購之棉花約百萬擔左右，井陘煤礦煉焦廠所積存焦炭萬餘噸，價值約百餘億元。[16]

　　由於河北情勢緊張，蔣中正於 11 月 17 日致電人在北平的保定綏靖公署主任兼河北省政府主席孫連仲，謂「此時人心不安，兄應即飛保定坐鎮，勿延」。[17]次日，蔣致電張垣綏靖公署主任兼察哈爾省政府主席傅作義，告知已命暫三軍軍長安春山為天津警備司令，希於其到津後催即就職，並問傅：安

[13] 江沛、熊亞平，〈鐵路與石家莊城市的崛起：1905－1937 年〉，《近代史研究》，2005 年第 3 期，頁 170。

[14] 《新華日報》（太岳版），1947 年 11 月 15 日，第一版。

[15] 《蔣介石日記》，1947 年 11 月 30 日，所附之「上月反省錄」。

[16] 「保密局呈蔣中正查報石家莊戰役我方損失情形」（1947 年 12 月 9 日），《蔣檔·革命文獻：戡亂軍事——華北方面（一）》。

[17] 「蔣中正電孫連仲此時人心不安兄應即飛保定坐鎮」（1947 年 11 月 17 日），《蔣檔·革命文獻：戡亂軍事——華北方面（一）》。

何日可到津？[18]11 月 19 日，北平行轅主任李宗仁致電蔣，謂業以「戌蒸電」請蔣核派保定綏靖公署副主任馬法五兼任天津警備司令，並已於 11 月 16 日權令馬前往接替視事。頃奉蔣 18 日「巧電」，改派安春山兼任天津警備司令。乃以查安軍非接防天津，且已另有任務，勢難兼顧，懇請蔣仍派馬法五兼任，俾專責成。11 月 24 日，蔣電覆李宗仁，謂「馬法五可留作他用，天津警備司令非能戰能守為匪所畏之將領不可」，蔣意仍以安春山為宜，如安出征時，則可派一副司令代理，務望安軍到津後，即調馬法五另有任用，著以安春山接充天津警備司令，否則，如有適當者可另保，惟決不可令馬法五警備天津。[19]

由上述可知：其一、自石家莊失陷以後，蔣中正對天津警備司令一職及其接替人選極為重視。其二、蔣與李宗仁在接任人選上有不同意見。李可能是以馬法五與其關係較近，資歷亦較深，且已權命其前往天津接替視事（馬於 11 月 16 日自北平抵津，次日就職），[20]不好收回成命，另一可能是李以安春山為傅作義得力部將，不欲其警備天津，以免傅系勢力涉足河北軍政。其三、蔣對安春山極其賞識，作為軍政元首，偏愛能征善戰的將領，亦為人情之常。其四、蔣雖然執意令安春山警備天津，但亦不欲使李宗仁太過難堪，故語帶保留，如李有適當人選可另保。其五、馬法五曾被共軍所俘，蔣可能對其作戰能力缺乏信心，或擔心其有畏共心理，故決不欲馬法五警備天津。惟卒以陳誠持不同看法而作罷。[21]12 月 23 日，蔣中正致電傅作義，准馬法五任天津警備司令，已交國防部發表。[22]

---

18 「蔣中正電傅作義已命安春山為天津警備司令請催即就職」（1947 年 11 月 18 日），《蔣檔·革命文獻：戡亂軍事——華北方面（一）》。

19 「李宗仁電蔣中正天津警備司令職責重不可虛懸請核派馬法五兼任」（1947 年 11 月 19 日）及所附蔣中正的覆電，《蔣檔·革命文獻：戡亂軍事——華北方面（一）》。

20 見《大公報》（天津），1947 年 11 月 17 及 18 日，第五版。

21 11 月 28 日，蔣中正致電陳誠：「擬調楚溪春為天津警備司令，弟意如何？此外尚有相宜人否？盼立復」（見，《蔣檔·特交檔案：一般資料——民國三十六年（十）》。次日，陳誠電覆蔣：「楚溪春似調熱河主席最為妥當，至天津警備司令，馬法五可以勝任，或以侯鏡如兼任亦妥，如何？仍請鈞裁」（見，《蔣檔·特交檔案：一般資料——民國三十六年（十一）》。蔣始不再堅持己見。

22 電文見《蔣檔·特交文電：共匪禍國——武裝叛國（九）》。

關於石家莊的失守，儘管國府官方宣稱「主力早已撤出」，「並無戰略價值」，然河北省的軍事失去平衡，卻是不容諱言的。欲恢復平衡，最低限度也得要有新的兵力來補充。環視四週，東北是自顧不暇，山東是愛莫能助，山西早成呆局，只有西北被認為是「小康局面」的察綏，還開著一條生路。於是出兵鄰省，以免唇亡齒寒，自係義不容辭，何況察綏軍前曾出援東北，頗具戰績。[23]故 11 月 25 日，蔣中正致電在張家口主持察綏軍政的傅作義，告以擬日內飛赴北平，務望其準備積極進剿，此時只有以攻為守，方能保障勝利。[24]這封電報隱約道出了蔣此次北巡的主要目的，欲重用傅，挽救華北危局，已呼之欲出。

實則以傅作義的才幹（能征善守，兼擅軍政）、聲望（抗日名將）和資歷（省政府主席、戰區司令長官、綏靖公署主任），蔣欲授以重責大任，並不令人意外。尤其是抗戰勝利以後不久，至 1947 年 10 月初，全國各地均動盪不安，地處塞外的察、綏，卻在傅的坐鎮主持下，大體上還算安定，始終保持「小康」的局面。傅是怎樣造成並保持此一局面的？是年 11 月，天津《大公報》的北平特派員戈衍棣走訪張垣時曾提出此一問題，傅謙虛地說：「察綏的安定是老百姓好」。戈則認為其主要原因可能有三：其一、地理環境，其二、整體幹部，其三、計畫精密。因此，當時的平綏路是華北僅有的一條可以晝夜通車的鐵路，同時在華北各省國軍能以全部控制省境內的縣城的省分，也只有察、綏兩省。[25]此外，察、綏能維持小康局面，尚有其他原因：其一、察、綏蒙民對內戰多不感興趣，他們意存中立觀望，看將來的發展。其二、那裏天主教的勢力甚大，該教是先天反共的。其三、察、綏回教徒也相等的多，共軍與回教徒的口胃也不甚相合。[26]傅不僅治理察、綏卓著績效，而且

---

[23] 辛莘，〈主席北巡前後〉，《時與文》，第 2 卷第 14 期（1947 年 12 月），頁 14。

[24] 「蔣中正電傅作義擬日內飛平務積極準備進剿」（1947 年 11 月 25 日），《蔣檔・革命文獻：戡亂軍事——華北方面（一）》。

[25] 戈衍棣，〈察綏小康局面〉，《大公報》（天津），1947 年 11 月 14 日，第九版。

[26] 《觀察》記者，〈歲尾年頭戰局總分析〉，《觀察》，第 3 卷第 21 期（1948 年 1 月），頁 14。

迭奉蔣命分兵出援東北及陝北榆林，達成任務，游刃有餘，更令蔣激賞。只是直至河北鼎沸已成危局時才擬大用之，似乎失之稍晚。

第二節　經過詳情

11 月 26 日，下午二時，蔣中正自南京飛北平，其長子蔣經國隨行，途中研讀共黨整風文獻之黨內鬥爭章，甚覺有益。七時，到北平。與北平行轅主任李宗仁談戰事。晚課。[27]隨後與前東北行轅主任熊式輝共進晚餐，並指示熊研究華北作戰計劃，及統帥人物與指揮機構之調整。熊當即取閱國防部第三廳廳長羅澤闓帶來之原案，並述意見，羅亦以為然。熊即向蔣具申：（1）作戰計劃不宜為指揮將領代擬，宜交其自擬呈核。（2）總指揮人選重要，各路指揮亦重要。（3）兵力計算應除去地方留守及部隊缺額。（4）傅作義負總責，及張垣、保定兩綏靖公署取消事可辦，但當先與之商談一遍。蔣同意，熊即退出，往訪李宗仁、傅作義商辦。[28]

11 月 27 日，蔣於朝課後召見張垣綏靖公署主任傅作義，令其莫再堅辭華北剿匪總司令職任。蔣認為「華北剿匪總司令所指揮範圍應包括山西，方能予匪以整個打擊，否則山西更孤危，且予匪以間隙」；河北各軍與團隊及交警，空軍與補給，亦均歸其指揮。十時半，蔣與蔣經國同遊玉泉山。先由裂帛湖經第一泉、華藏塔，蔣以「此塔石刻精巧，惜已多損毀」。再轉聖緣塔、東嶽廟，其無量殿尚未全毀，其他廟宇祇留殘壁與瓦礫，蔣以當時建築之華美猶可想像，此皆為庚子八國聯軍所毀。蔣流連徘徊後，乃經華嚴洞、資生洞，直登玉峰塔，眺望四周，北平及其周邊，皆歷歷在目，風景令蔣歎為觀止，只惜其面積太狹，不能建立第二座基督凱歌堂。以時候不早，未歇足，

---

[27] 參見《蔣介石日記》，1947 年 11 月 26 日。及《蔣檔‧事略稿本》，1947 年 11 月 26 日。

[28] 熊式輝，《海桑集——熊式輝回憶錄 1907-1949》，頁 651～652。

即經峽雪琴音景區，在其後亭基石上稍息片刻，即下山經試墨泉而回。[29]

圖 39　蔣中正遊覽北平玉泉山（1947 年 11 月 27 日）

圖 40　蔣中正與遊覽玉泉山隨行人員合影（1947 年 11 月 27 日）

[29]　《蔣介石日記》，1947 年 11 月 27 日。

　　抵寓，已下午三時。午餐，胃口甚佳，蓋以「此遊以空氣清爽，風景美麗，且有經兒隨伴，故健步勝常，精神興奮，近來要以此為第一也」。四時，召見保定綏靖公署主任兼河北省政府主席孫連仲，囑其自動推傅作義為華北剿匪總司令。[30] 五時，蔣以茶會招待北平各大學校長、教授胡適（北京大學校長）、梅貽琦（清華大學校長）、陳垣（輔仁大學校長）、袁敦禮（北平師範學院院長）、梅貽寶（燕京大學文學院院長）、朱光潛（北京大學教授）、賀麟（北京大學教授）、楊光弼（北平研究院秘書）、蕭一山（北平行轅秘書長）等。胡適對政府以實物配給教職人員，俾生活得以改善，代表教育界表示謝意。旋談及石家莊失陷，北平人心頗受影響，物價因而高漲，蔣當表示人民在長期作戰之餘，心理脆弱，往往因局部之現象，發生驚擾，自所難免。蔣對北平教育界茹苦含辛，努力教學，使各校秩序日有進步，表示欣慰，並盼各校教授繼續發揚此種堅苦卓絕精神，俾能形成社會之安定力量。[31]

圖 41　蔣中正與北平各軍政首長及北京大學校長胡適等人談話留影（1947 年 11 月 27 日）

---

[30] 《蔣介石日記》，1947 年 11 月 28 日，補記 27 日事。

[31] 參見《蔣檔‧事略稿本》，1947 年 11 月 27 日；《益世報》（天津），1947 年 11 月 28 日，第一版。

　　茶會後胡適語記者稱：主席是日情緒甚佳，茶會席上曾逐詢各院校諸般情況，尤為關心教員及學生之生活。記者詢其是否曾向主席陳述學校當局之困難問題，其答稱：教授等僅向主席表示對政府以實物及燃煤配發各院校之善舉，致感謝之忱，並未提及枝節瑣事。[32]蔣在日記中則記稱：「胡適之語氣驕矜，余以渾厚待之，不予計較」。晚課後，召集高級將領聚餐，檢討「匪情」後，商決組織華北四省剿匪總司令部畢，入浴，十時半就寢。[33]

　　11 月 28 日，朝課後，召見傅作義、陳繼承等。十時，赴中南海懷仁堂主持軍事會議，檢討石家莊之陷落與羅歷戎之第三軍敗績情形，蔣詳評畢，已下午二時。與各將領共進午餐，並訓話，對華北當前軍事情況及今後國軍進展計畫，開示甚詳。[34]據當時的報刊載稱，出席是日軍事會議的為各行轅、綏署的主要官員，各野戰指揮官及平津線上新到的察綏部隊師長級以上軍官，計有李宗仁、熊式輝、傅作義、孫連仲、王叔銘（空軍副總司令）、羅澤闓（從南京來的國防部第三廳廳長）、吳奇偉（北平行轅副主任）、徐啟明（北平行轅參謀長）、上官雲相（保定綏署副主任）、陳繼承（保定綏署副主任兼北平警備總司令）、馬法五（保定綏署副主任兼天津警備司令）、張知行（保定綏署參謀長）、李文（第三十四集團軍總司令）、侯鏡如（九十二軍軍長）、鄭挺鋒（九十四軍軍長）、林偉儔（六十二軍軍長）、袁樸（十六軍軍長）、安春山（暫三軍軍長）、徐康良（空軍第二軍區司令）、耿幼麟（第五補給區司令）、劉廣濟（第二軍運部指揮官）、呂文貞（第六兵站總監）等人，可謂將星雲集。熱河省政府主席劉多荃、北平市副市長張伯瑾、天津市市長杜建時等亦列席（北平市市長何思源因病缺席）。[35]午餐「係由擷英番菜館所備，約

---

[32]　《東南日報》（上海），1947 年 11 月 28 日，第一版。

[33]　《蔣介石日記》，1947 年 11 月 28 日，補記 27 日事。

[34]　參見《蔣介石日記》，1947 年 11 月 28 日；《蔣檔‧事略稿本》，1947 年 11 月 28 日。按：當時各大報紙多謂會議地點為居仁堂。

[35]　參見《益世報》（天津），1947 年 11 月 29 日，第二版；《申報》（上海），1947 年 11 月 29 日，（二）；萬鍾民，〈蔣主席抵平以後的北方政軍〉，《觀察》，第 3 卷第 17 期（1947 年 12 月），頁 14。惟所述人名、職稱略有錯誤，已予以更正。

有百份。居仁堂會外警備禁嚴，汽車排如長蛇一條，並延至懷仁堂停放」，[36]
可見其盛況一斑。午餐後繼續開會，由李宗仁致詞，末由蔣講評，對傳作義
治理察、綏之成績極為誇獎，而同時亦指明孫連仲之短，並宣佈以傳作義為
華北剿匪總司令，指揮剿匪軍事。[37]

圖 42　蔣中正於北平行轅主持軍事會議（1947 年 11 月 28 日）

　　會議畢，蔣返回行邸，已四時，乃即休息。晚課後，召見李宗仁、傳作
義、孫連仲等，商討華北進剿計畫，九時畢，入浴後睡。是日，蔣記曰：「今
日工作忙碌而心身旺盛，不覺甚倦也」。[38]

---

[36] 《大公報》（天津），1947 年 11 月 29 日，第二版。

[37] 王叔銘，《王叔銘日記》（手稿本），1947 年 11 月 28 日。

[38] 《蔣介石日記》1947 年 11 月 28 日。

圖 43　蔣中正離開北平行轅軍事會議會場　（1947 年 11 月 28 日）

　　11 月 29 日，晨六時十五分起床，蔣記其時「東方微明，朝氣清新，心神倍覺興奮」。朝課後，覆參謀總長陳誠信。召見傅作義、陳繼承、李文等各將領十餘人，聽取報告與訓示畢，召見黨政人員及參議會議長等與德王等二十餘人。正午，約李宗仁、傅作義、孫連仲等再談作戰計畫與改組軍政機構事。孫力辭冀省主席，蔣雖慰留之，然覺其才力與環境，恐不能再任矣。下午二時，自北平西苑機場起飛，四時半，返抵南京。[39]

---

[39]　《蔣介石日記》，1947 年 11 月 29 日。

第三節　特色和影響

一、特色方面

其一、行色匆匆，出巡時日更短，實際僅有三天，是蔣歷次北巡中最短促的一次。其二、長子蔣經國隨行，此舉為以往歷次出巡所無。其三、此行旨在調整華北軍政，故先分別召見華北軍政要員李宗仁、傅作義、孫連仲，然後一起聚商數次，並研究華北作戰計劃。其四、蔣特別邀宴北平各大學校長、教授，勉其堅守崗位，努力教學，以穩定社會、安固民心。其五、僅只開會、召見各界人士，並未外出巡視及檢閱部隊。

二、影響方面

其最大的成就，厥為順利達成華北軍事指揮之統一，以因應石家莊失陷後的危機和變局。早在半年前，即 6 月 4 日，參謀總長陳誠即擬將華北指揮機構調整，改組北平行轅，調傅作義為主任，統一華北軍事，將李宗仁調京，另派新職，撤銷保定、張垣兩綏靖公署，所轄部隊統歸北平行轅直轄，孫連仲專任河北省政府主席。經蔣中正批示緩議。7 月 15 日，陳誠又擬呈北平行轅作戰指導甲、乙兩案：甲案係以一部奇襲靈邱、阜平，主力向河間進攻。乙案，擬取消張垣、保定兩綏署，另成立華北保安司令長官部，由傅作義任司令長官，統一指揮北平行轅序列內各部隊，仍受行轅主任李宗仁之督導。蔣批示「應照乙案」。[40]惟迄未付諸實行，至此次北巡時，方始達成傅作義總綰華北軍事的協議。11 月 29 日，蔣即頒發手令：「一、保定、張垣兩綏署著

---

[40] 「陳誠呈蔣中正乘諸匪無力策應殲滅聶榮臻擬具北平行轅作戰指導甲乙案」（1947 年 7 月 15 日），《蔣檔・一般資料：專件（二十六）》。

即撤銷，該兩署主任孫連仲，傅作義，調兼北平行轅副主任。二、設立華北剿匪總司令部，任傅作義為華北剿匪總司令」。[41]蔣在其是日記中謂此次「北京之行對華北軍事指揮之統一，與傅作義擔任華北剿匪總司令，必於戡亂前途能發生優良影響也」。[42]可見其欣慰之情。惟河北省政府主席孫連仲萌生退意，力請辭職。蔣於 12 月 1 日致電北平行轅主任李宗仁並轉前東北行轅主任熊式輝云：

> 仿魯如對省政辭意仍堅，不易慰留，則應速決人選，切勿拖延。若宜生不肯擔任，則楚溪春亦甚適當，並可受宜生領導，軍政自可密切配合也，希與宜生切商速復。[43]

李宗仁、熊式輝與傅作義切商後，於 12 月 2 日致電蔣：

> （一）仿魯對省政辭意仍堅，宜生允可暫兼，俟其辭電到京且發表。（二）劉芳波（按：劉多荃字芳波）堅辭熱河省主席，擬請即以楚溪春繼任，先行發表。（三）兩綏署副主任共七人，擬以上官雲相、宋肯堂、鄧寶珊調剿匪總部副總司令。天津警備司令承示以胡伯翰調充，經面詢其本人，堅不願就，可否仍請以馬法五暫任？馬為人純正老練，各方面俱能融洽。馮欽哉、陳繼承可否遴選擇一人充北平行轅副主任？否則馮欽哉仍調剿匪總部副總司令，陳繼承專任北平警備總司令。（四）董其武調任察哈爾省主席，綏遠遺缺以鄧寶珊繼充。鄧於陝甘頗系人望，宜生認為此種處置於西北局面至為適當。

---

[41] 「國民政府主席北平行轅代電」（濟二字第 5541 號，1947 年 12 月 3 日），《北平行轅公報》，第 1 卷第 10 期 （1947 年 12 月），頁 2。

[42] 《蔣介石日記》，1947 年 11 月 29 日，「上星期反省錄」。

[43] 「蔣中正電李宗仁等如孫連仲對省政辭意仍堅則速決人選」（1947 年 12 月 1 日），《蔣檔·籌筆：戡亂時期（七）》。

以上四項當否？仍乞鈞裁。[44]

惟最令蔣為難的是據原來的規劃，華北剿匪總司令部下轄河北、熱河、察哈爾、綏遠四省軍事，旋又決定將山西省納入。如此一來，時任太原綏靖公署主任的閻錫山將歸傅作義指揮節制，閻為晉系軍人領袖，係傅的老長官，實有違軍中倫理，傅深以此為慮。於是蔣致電閻徵詢其意見，得其同意後，即於 12 月 2 日致電傅作義，促其本星期內成立總部，立即就職：

閻主任已覆電贊成山西為總司令部統一指揮之轄區，刻已明令發表，務望兄於本星期內成立總部，并須立即就職以安軍心而壯士氣，莫予匪以投機之間隙，萬勿延誤為要。[45]

並致電李宗仁、熊式輝：

頃接閻主任儉戊電稱：對儉電無異議，山惟命是從等語。應即將華北剿匪總司令命令發表，并敘明以冀晉熱察綏五省軍事為剿匪總司令部統一指揮之轄區可也，務望催令宜生總司令限本星期內成立總部，并立即宣布就職，勿予匪以乘機之間隙為要。[46]

與此同時，行政院長張羣亦接到蔣中正「應即特派傅作義兼任華北剿匪總司令」的電諭，為迅赴戎機，即於當日（12 月 2 日）提交行政院第三十六

---

[44] 「李宗仁熊式輝電蔣中正孫連仲堅辭省政傅作義允暫兼等軍政人事案」（1947 年 12 月 2 日），《蔣檔‧革命文獻：戡亂軍事──華北方面（一）》。

[45] 「蔣中正電傳作義已令山西為總司令部統一指揮望本週成立總部即就職」（1947 年 12 月 2 日），《蔣檔‧革命文獻：戡亂軍事──華北方面（一）》。

[46] 「蔣中正電李宗仁熊式輝將華北剿共總司令命令發表催傅作義本週成立總部」（1947 年 12 月 2 日），《蔣檔‧革命文獻：戡亂軍事──華北方面（一）》。

次會議議決通過，並即函國民政府文官處轉陳特派，[47]予以任命。[48]12 月 5 日，國府參謀總長兼東北行轅主任陳誠將其擬訂的華北剿匪總司令部編組辦法四項電呈蔣：

> 一、該總部按行轅、綏署之組織編組（計含總司令辦公室、第一、二、三、四處、總務處、新聞處、民事處、軍法處），其員額以較行轅為小，較綏署為大之原則，共官佐四百五十九員，士兵二百五十四名。至於各處細部編制，由傅總司令在規定員額內擬訂呈核。二、另准該總部設諜報組十組，警衛組及無線電支台各一。三、張垣、保定兩綏署之警衛營，擬准併編為該總部警衛團（二營制）。四、兩綏署編餘人員，擬由該總部成立軍官隊一隊，暫為安置。上四項，除電傳總司令遵辦外，謹呈核備。[49]

經蔣批示：「如擬，速即電知傅總司令」。[50]

12 月 6 日，傅作義即在張家口就華北剿匪總司令職。12 月 10 日，自張家口至北平赴任，[51]剿總的機制由是啟動。分析其意義：其一、它是國共內戰爆發以來成立的第一個剿總，顯示國府當局在軍事部署上有了新的構想和調整行動。其後東北、華中、徐州各主要戰區均仿行之，相繼成立了剿總。其二、華北軍事大體上結束了以往指揮系統分歧、各自為政的局面，而趨於統一，[52]有利於其總體力量的發揮。其三、傅作義以非中央系將領總綰華北

---

[47] 「特派傅作義兼任華北剿匪總司令案」（1947 年 12 月 2 日），《政治檔案》（臺北：國民黨黨史館藏）。

[48] 《國民政府公報》，第 2995 號，1947 年 12 月 3 日，命令。

[49] 「陳誠呈蔣中正擬訂華北剿共總部編組辦法四項」（1947 年 12 月 5 日），《蔣檔‧革命文獻：戡亂軍事──華北方面（一）》。

[50] 同上所附之批示。

[51] 見《世界日報》（北平），1947 年 12 月 7 日、12 日，第二版。

[52] 據北平行轅參謀長徐啟明於 1947 年 12 月 9 日接見外籍記者時，解釋華北剿匪總司令部的權限稱：「冀、熱、察、綏四省軍隊，全歸剿匪總部指揮調遣，北平行轅立於監督指導之地位，至晉省之

五省兵符，連駐北平區之空軍亦歸其指揮。[53]足見國府當局對他的器重和信賴，以及他所具備的各項適任條件。其四、以傅作義的才具聲望和過去的表現，出主華北剿總，坐鎮北平，適足以安定華北民心，提振軍隊的士氣。誠如 1947 年 12 月中旬一禾在南京《中央週刊》上發表的〈從傅作義談起〉一文中所云：

> 蔣主席最近一次蒞臨北平，決定了一件大事：命令傅作義負責華北
> 剿匪軍事。這件事，對於北方人民為一興奮劑，亦為一安定的力量。
> 在北方人心目中，傅作義是打開華北軍事局勢唯一的希望。元首的
> 信任，人民的期望，除了陳誠將軍到東北，白崇禧將軍到九江，在
> 全中國的將領裏，是無可比擬的。[54]

衡諸其後一年間的歷史走向，也的確證明傅作義為國府當局在華北打出的最後一張王牌，固然傅從沙漠走向海洋來到河北後，受制於不利的大環境（如轄區較廣、兵力不足、人事複雜、共軍勢盛等），表現打了折扣，但猶能苦苦支撐住華北危局，誠屬難能可貴。在當時全國四個主要的戰場（華北、東北、西北、華中）中，華北的地位最為重要，其在地形上聯接關內外，同時又屏障西北與華中，華北不能確保，關外固然成為孤立，西北、華中也就門戶洞開，難以堅守。[55]所以保住華北的意義，至為重大。1948 年 5 月 18 日，

國軍亦歸剿匪總部調遣，但地方部隊則由太原綏署統轄」。見《益世報》（北平），1947 年 12 月 10 日，第一版。

[53] 「國民政府主席北平行轅代電」（濟二字第 5549 號，1947 年 12 月 3 日），《北平行轅公報》，卷 1 期 10（1947 年 12 月），頁 3。

[54] 一禾，〈從傅作義談起〉，《中央週刊》，第 9 卷第 51 期（1947 年 12 月），頁 12。一禾另撰有〈論傅作義將軍〉一文，載《中華日報》（臺北），1948 年 1 月 12 日，附刊，第五版；與前文內容幾乎完全相同。

[55] 參見〈社評：戡亂軍事的新部署——設立華北剿匪總司令部的意義〉，《新聞報》（上海），1947 年 12 月 5 日，（二）。

首都（南京）記者團首席代表陸鏗，在北平接受傅作義歡宴時，曾起立致詞
云：

> 在國民大會堂上，我們聽到國大代表們，對於戡亂軍事上，幾乎是
> 一片責難聲，而其中，獨能博得一片熱烈掌聲的，惟有傅總司令！[56]

雖然有些溢美，卻也未過於偏離事實。再看同年 8 月 18 日《北平日報》
社論中的一段文字，亦可資佐證：

> 最近京滬間傳述著一句話：「華北較江南還要安定」。這句話在大江
> 以南普遍的傳述，自係由於許多不同地位，不同職業人士比較經歷
> 而說出。華北人士得此一語，既可心神泰寧，也可引以自豪。推論
> 華北獲有今日的局面，不能不感謝負當前華北全局責任的傅宜生。[57]

---

[56] 《正論》特約記者，〈貓鼠之鬥的華北戰局〉，《正論（旬刊）》，新第 7 號（1948 年 7 月），
頁 17。

[57] 〈社論：華北軍政檢討會議並勗傅作義總司令〉，《北平日報》（北平），1948 年 8 月 18 日。

第六章
第五次北巡（1948.9.30.～10.9.）

第一節　背景原因

一、濟南陷落牽動北方戰局

　　濟南為山東省之省會，在戰後日漸嚴峻的北方戰局中，山東曾一度是國共兩軍的主要戰場。相較之下，山東共軍顯居相當的優勢：其一、中共經營山東已有年，抗戰期間，共軍且闢有山東抗日根據地，活躍於敵後，影響力已深入民間。其二、1945 年 8 月 16 日，日本甫宣佈投降才兩天，山東共軍即編成山東解放軍野戰兵團，其二十七萬正規軍分五路向日偽佔領區大舉進攻。另有十七萬民兵和十萬民工隨軍配合行動。[1]一時之間，山東幾成為共軍的天下，除去濟南、昌濰、德州、聊城、兗州等幾個孤城，山東全境約有百分之九十四是在共軍控制之下。[2]其三、山東境內多山及丘陵，對裝備較差擅打游擊戰的共軍甚為有利。其四、當時共軍的「山東軍區」轄有國府山東省的絕大部分，而位於魯西、魯西南的部分，則是屬於「晉冀魯豫軍區」。

---

[1] 中共山東省委黨史資料徵集研究委員會編，《山東抗日根據地》（北京：中共黨史資料出版社，1989），頁 231。

[2] 蘇洞國，〈昌濰失守‧魯局鳥瞰〉，《觀察》，第 4 卷第 15 期（1948 年 6 月），頁 14。

[3]國府所掌控的山東省會濟南，夾處於共軍兩大軍區之間，備受威脅。惟山東國軍亦非全無可為，其多係國軍精銳，裝備較佳，且有空軍助戰，近海作戰時海軍也能提供支援。

1945 年 12 月初，國軍第四方面軍司令官王耀武被任命為第二綏靖區司令官（受徐州綏靖公署主任顧祝同的節制），其司令部設於濟南，1946 年 1 月正式成立。為加強膠東方面的守備，第二綏靖區司令部另設膠東指揮部和青島警備司令部，由丁治磐（第二綏靖區副司令官）主持。[4]同年 6 月中旬，第二綏靖區為防範共軍圍攻濟南、青島，並貫通膠濟鐵路西段，於同年 6 月中旬，開始其第一期作戰，進展頗為順利。9 月下旬，開始其第二期作戰，以期打通膠濟鐵路東段交通，10 月 9 日，其東路軍進至高密時，共軍集合四萬之眾前來圍攻，該軍堅守至 10 月 11 日，得西路軍突進解圍會師，膠濟鐵路全線，遂告貫通。第二綏靖區為保障膠濟鐵路之安全，並切斷共軍海上補給，遂實行第三期作戰，於 11 月 2 日佔領平度，11 月 7 日，在掖縣與共軍發生激戰，歷時五晝夜，始將共軍擊退，正準備北向進取龍口，因第三次停戰令下達（因美特使馬歇爾調停，蔣中正頒發三次全面停戰令），遂告停止。[5]

1946 年 12 月中旬至 1947 年 7 月底，山東的國共內戰主要為沂蒙山區作戰。[6]該山區周圍幾百里，山連山，峰連峰，山勢險峻，甚有利於共方大軍隱蔽行踪，當時統率山東共軍的華東野戰軍司令員陳毅曾作詞贊曰：「臨沂蒙陰新泰，路轉峰迴石怪，一片好風光，七十二崮堪愛」。[7]國軍方面，以臨沂為魯南重鎮，至關緊要，特於 1947 年 2 月 15 日佔領之。但接下來 2 月 23 日，

---

[3] 李厚壯，〈國共內戰在山東〉（臺北：國立臺灣大學歷史研究所碩士論文，1997 年 6 月），頁 2。

[4] 張玉法，〈戰後國共戰爭在山東的一幕：青島及膠東之守備與撤退（1945－1949）〉，收入《一九四九年：中國的關鍵年代學術討論會論文集》（臺北：國史館，2000），頁 19。

[5] 三軍大學編纂，《國民革命軍戰役史：第五部──戡亂》（臺北：國防部史政編譯局，1989），第 3 冊──綏靖時期（下），頁 27～29。

[6] 三軍大學編纂，《國民革命軍戰役史：第五部──戡亂》，第 3 冊──綏靖時期（下），頁 29。

[7] 許世友，《許世友回憶錄》（北京：解放軍出版社，1986），頁 472。按：許世友時任華東野戰軍第九縱隊司令員。

由第二綏靖區副司令官李仙洲指揮的北線兵團，卻在萊蕪之吐絲口慘敗，折損五萬餘人。[8]是役，國軍雖有空軍賣力助戰，[9]亦無法挽救覆敗命運，李仙洲及其軍、師長等被俘，為國軍在山東戰場的重大挫敗。據當時乘機在萊蕪上空協同作戰的空軍副總司令王叔銘 2 月 22 日之日記云：

> 吐絲口之我軍一團。仍固守該鎮之東北角（有三處符號），鎮內有數處大火。46 師于下午二時已至萊蕪與李仙洲部會合（渡河時被匪攻擊）。下午三時，乘 B-25 機偕徐司令至萊蕪一帶偵察，在吐絲口及萊蕪附近村落十數處，被我機轟炸起火。匪有多股由萊蕪南、東南、東北各方向萊蕪及吐絲口集中，匪行軍迅速勇敢，我機臨空，仍不逃避。[10]

2 月 23 日之日記云：

> 我軍 46D（按：即第四十六師）及 73 軍之兩師，由李仙洲率領由萊蕪北撤出城後，各路擁擠前進，飛機屢次由空中相告，亦未見改正。余於十二時十五分到達其行軍縱隊之上空，找李仙洲講話，經十分鐘後方找到。余告以吐絲口我軍堅守之情況，並告以決以空軍全力協助，已準備飛機投糧投彈，請其放心打仗，並詢其有無情況，彼

8 據參與萊蕪戰役的陶富業（時任國軍第二綏靖區前線指揮所情報處少將處長）憶稱：是役國軍折損整編第四十六師 3 個旅，第七十三軍 3 個師及新編第三十六師 1 個團，總共五萬餘人。見陶富業，〈我所知道的萊蕪戰役〉，《文史資料存稿選編》，第 9 冊——全面內戰（上），頁 520。參與是役的共軍第一縱隊司令員葉飛則憶稱：「萊蕪戰役共殲滅敵一個指揮部、兩個軍部、七個整師，共五萬六千餘人」。見葉飛，《葉飛回憶錄》（北京：解放軍出版社，1988），頁 420。

9 萊蕪戰役中督率空軍協同作戰的空軍副總司令王叔銘，與李仙洲為黃埔軍校第一期同學，又是山東同鄉，在校及畢業後情感甚好，無話不說，故是役極其賣力。見李仙洲，〈萊蕪戰役蔣軍被殲始末〉，收入中國人民政治協商會議全國委員會文史資料研究委員會編，《文史資料選輯》，第 28 輯（北京：文史資料出版社，1962），頁 93。

10 王叔銘，《王叔銘日記》（手稿本），1947 年 2 月 22 日。

答稱今日決可至吐絲口及以北地區，並情況甚好等語。余返航落地，
已十四時左右，徐司令忽告以該部情況大變，多已被匪繳械及沖散
等語。余復乘機至其行軍處偵察，不料事屬果然。[11]

王叔銘並綜合各方之情報，斷定李兵團慘敗的原因為：（一）行軍部隊太
擠，且無作戰之一切準備。（二）指揮官不能控制。（三）不能散開及運動。（四）
士無鬥志。次日（2月24日），蔣中正自南京飛抵濟南，召開軍事會議，並
面詢王叔銘有關李仙洲部隊撤退之情形，王據實以告，蔣對李之無能如此犧
牲士兵生死，至為痛心。[12] 2月25日，蔣在日記中云：

昨午考慮戰況，吐絲口如此重大失敗，為生平未有之慘敗，李仙舟
〔洲〕指揮之無方，實有致之，王佐才（按：王耀武字佐才）不知
其人不能用，而誤國至此。余不早告佐才，及昨日得其報告已派李
為總指揮，已不及挽救矣。此役至少在二萬人以上，美械槍砲亦盡
為匪所得，此種利器被匪利用以創我軍，今後剿匪已成不了之局。[13]

5月16日，山東國軍又慘敗於孟良崮，蔣的「五大主力」之一，有「蔣
家御林軍」之稱的整編第七十四師，[14] 全軍覆沒，師長張靈甫等陣亡，折損
三萬二千人。[15] 是日晚，蔣臨睡前得該師不利情報，憂慮特甚，自記其「悲

11　王叔銘，《王叔銘日記》（手稿本），1947年2月23日。

12　王叔銘，《王叔銘日記》（手稿本），1947年2月23日及24日。

13　《蔣介石日記》，1947年2月25日。

14　張軍、宋凱，《蔣介石五大主力興亡實錄》（武漢：湖北人民出版社，2006）。其他的各大主力
　　為新一軍、新六軍、第五軍、第十八軍。

15　許世友，《許世友回憶錄》，頁480～481。一般記述多謂張靈甫係戰歿，然參與是役的整編第七
　　十四師輜重團團長黃政則謂張係集體自殺而死，集體自殺者共6人，師長張靈甫、副師長蔡仁傑、
　　旅長盧醒、副旅長明燦、團長周少賓、參謀處長劉立梓。係劉立梓用卡賓槍將其他5人打死，而
　　後自殺的。見黃政，〈孟良崮戰役整編七十四師被殲始末〉，《文史資料存稿選編》，第9冊──全
　　面內戰（上），頁618。

痛之情為近來所未有也」。[16]5 月 17 日，蔣在其日記中謂：

> 魯中剿務，顧祝同無知妄為，所有重要決策無不錯誤，愚而自用，
> 又不肯請示，故余之意圖與計劃皆為其粉碎，演成雜亂無章之象，
> 以致第四十七（按：應為第七十四師）被匪整個之消滅，痛憤無已，
> 不知如何結果矣。[17]

　　5 月 19 日，蔣又記云：「近日局勢嚴重，而以魯南第七十四師之被匪澈底消滅為最痛」。並云：「此次魯局之壞，完全由墨三（按：顧祝同字墨三）處置錯誤所致也」。[18]5 月 22 日，蔣致顧祝同長函，「嚴訓其不學無知，指揮無方，以致第七十四師覆沒張靈甫殉國，實為悲痛愧憤最可恥之一事，令其自反改過」。[19]

　　6 月 25 日，國軍第一兵團司令官范漢傑督率各部隊開始行動，與共軍激戰於魯中沂蒙山區，至 7 月下旬，解南麻、臨朐之圍，擊走共軍。[20]是以時任國府外交部長的王世杰，在其 7 月 24 日之日記中記謂：「近日國軍在山東方面，似曾給予共軍以相當嚴重之打擊。然局勢仍搖搖不定」。[21]蔣則在其 7 月 26 日日記中謂：「魯中南麻戰役與魯西羊山集戰役，皆能固守勿失，且能轉敗為勝，此實剿匪成敗最大之關鍵。回念將士辛勞與犧牲之忠勇，不知何以報之」。[22]8 月初旬，即國軍於魯中沂蒙山區會戰勝利之後，國民政府最高

---

[16] 《蔣介石日記》，1947 年 5 月 16 日。

[17] 《蔣介石日記》，1947 年 5 月 17 日，「上星期反省錄」。

[18] 《蔣介石日記》，1947 年 5 月 19 日。

[19] 《蔣介石日記》，1947 年 5 月 22 日。

[20] 范漢傑，〈進攻沂蒙山區和膠東兩戰役紀要〉，《文史資料存稿選編》，第 10 冊——全面內戰（中），頁 11～13。

[21] 王世杰，《王世杰日記手稿本》，第 6 冊（臺北：中央研究院近代史研究所，1991），頁 115。

[22] 《蔣介石日記》，1947 年 7 月 26 日，「上星期反省錄」。

統帥部開始部署膠東作戰。8 月 14 日，決定以陸軍副總司令范漢傑為膠東兵團司令官，動用六個整編師等部隊，於 9 月 1 日開始攻擊，[23]進展頗速，先後佔領掖縣、平度、萊陽、龍口等地，於 10 月 1 日佔領煙臺。[24]此次進攻，海軍之「太康」、「永寧」、「永泰」、「永順」等軍艦，曾配合陸地上國軍，參與作戰。[25]對於煙臺之佔領，蔣中正頗感欣慰，在是日記中稱：「一年來之謀略今始達成，感謝慈悲天父，使我剿匪戰事略能喘息也」。蔣是日並研究膠東部署，以煙臺既已收復，「決定速攻威海衛，以期一氣呵成也」。[26]10 月 5 日，國軍之海軍攻佔威海衛。至是共軍在膠東的根據地「只剩下東西不到一百五十華里，南北不到八十華里的狹小地區」。[27]

然而此次膠東作戰竟係國軍在山東戰場所發動的最後一次攻勢，自 10 月上旬起，攻守漸形易位，乃至山東國軍日趨不利。揆其原因：其一、國府最高統帥部沉浸於勝利的迷思中，以為山東戰事已告結束，今後已進入綏靖清剿階段。此一過度樂觀而產生的輕敵心理，影響其在山東的軍事部署。其二、1947 年 8 月，劉伯承（晉冀魯豫軍區司令員）被迫率所部共軍五個縱隊自魯西南越隴海路南下，山東國軍因跟蹤追擊，被其拖走了一部分。接著陳毅率所部華東野戰軍八個縱隊也渡黃河南下，進向魯西南和豫、皖、蘇邊區，為了追陳毅，魯境國軍又大部調走了。1948 年 1 月，范漢傑兵團（主要為整編第五十四師）又調往東北，最後戍守海口的李彌的第八軍，也抽調一個師往東北。從此山東國軍機動兵團全被調走，共軍留置膠東的部隊乃乘機發動春季攻勢。其三、共軍留置膠東的華東野戰軍四個縱隊，由許世友、譚震林

---

[23] 張玉法，〈戰後國共戰爭在山東的一幕：青島及膠東之守備與撤退（1945－1949）〉，收入《一九四九年：中國的關鍵年代學術討論會論文集》，頁 34、35、36。

[24] 范漢傑，〈進攻沂蒙山區和膠東兩戰役紀要〉，《文史資料存稿選編》，第 10 冊──全面內戰（中），頁 15～16。

[25] 張力訪問、紀錄，《黎玉璽先生訪問紀錄》（臺北：中央研究院近代史研究所，1991），頁 71。按：黎玉璽時任「永泰」軍艦艦長。

[26] 《蔣介石日記》，1947 年 10 月 1 日。

[27] 許世友，《許世友回憶錄》，頁 490。

率領。膠東作戰之初國軍雖迭勝利，佔了不少城鎮，卻始終未能殲滅共軍主力。而山東共軍於四個個縱隊之外，後又增加渤海軍區的兩個新編師，以及由軍區部隊改編的新編第八縱隊，在兵力上已居優勢。其四、山東共軍的裝備亦不在國軍之下，不但有重武器，攻堅時還能用排砲連續發放，而陳毅亦擁有全美式的快速縱隊。這些裝備、彈藥，應係虜獲自國軍之戰利品（如萊蕪、石家莊等戰役）。1948 年初，山東共軍展開春季攻勢，3、4 月間的膠濟鐵路之戰，共軍先後攻佔周村、張店、濰縣等地，5、6 月間又有津浦鐵路徐（州）、濟（南）段的激戰，共軍先後攻佔泰安、曲阜、鄒縣等地，並於 7 月 13 日攻佔津浦鐵路中段的重鎮兗州，濟南自此陷於孤立。[28]

就軍略地理的價值看，濟南比開封、洛陽，比鄭州，比西安、蘭州，乃至比保定，都有顯著的特點。這特點在於濟南兼河山之險，東西的高地與和平原相稱，華北六省省會只有山西之太原可以與之相提並論。從軍事交通上看，它和徐州、天津兩要衝聯結在一條綫上。南達京、滬，北通平、津，西貫冀、晉、豫、陝，東臨大海，北面又有黃河為其天然屏障。山脈以太行為基幹，所謂山東、山西兩省之稱，即係依太行山脈迄左迄右而劃分。跨過河北平原，基本上濟南正是與太原一脈相聯。[29]

濟南不僅具河山之險，而且有空軍駐防，其單位有濟南空軍站、濟南空軍指揮所、濟南空軍飛機修理廠、空軍汽車五中隊、空軍濟南區電台、濟南空軍油彈庫、空軍第二十八中隊、濟南陸空聯絡組、濟南導航台、濟南氣象台等。其中第二十八中隊共有 P-51 飛機 21 至 22 架。P-51 型飛機，又名野馬式戰鬥機，屬驅逐機類型，單引擎，一人駕駛，兩翼下各掛炸彈一枚（在濟南作戰期間所用的炸彈最重為 500 磅），左右兩機翼前方各有機關槍 3 挺，在當時，其攻擊力是較強的。[30]益以王耀武自任第二綏靖區司令官以後。即著

---

[28] 李厚壯，〈國共內戰在山東〉（臺北：國立臺灣大學歷史研究所碩士論文，1997 年 6 月），頁 26。按：有謂山東共軍係 7 月 14 日攻佔兗州。

[29] 觀察特約記者，〈濟南之戰〉，《觀察》，第 5 卷第 6 期（1948 年 10 月），頁 14。

[30] 黃倜，〈濟南戰役中國民黨駐濟空軍撤退之經過〉，《文史資料存稿選編》（北京：中國文史出版社，2002），第 10 冊——全面內戰（中），頁 311。按：作者時任國軍空軍濟南站下士譯電員。

手構築濟南的防禦工事，經過兩年多的經營，儲備了半年的糧彈、醫藥用品，自信可以守它三個月。[31]惟據丁治磐憶述，1947 年他到濟南見王耀武時，參觀王的防禦工事，發現都是深溝高壘，他對王說：「深溝高壘是過去幾千年的方法，在現代戰爭是不管用的，連梅花式的要塞部署也不行，都須改變。共軍有砲，還有許多進攻方式，若陣地被打出一個缺口，就無法守住，如此大的城，如此大型的深溝高壘，要多少兵來守呢？拿破崙有句話：『部隊與陣地就如人穿衣服一樣要合身』。衣服不能太大，也不能太小，陣地太大，兵力不足以防守」。王就說：「現在木已成舟，沒法改了」。[32]可見濟南防禦工事的大而無當。

1947 年 5 月 15 日，山東省政府主席兼第二綏靖區司令官王耀武，自濟南乘飛機到南京見蔣中正，報告軍事情況，並以濟南形勢十分孤立，只靠現有的兵力無論如何是守不住的，建議放棄濟南，將在濟南一帶的部隊撤至兗州及其以南地區，與徐州一帶的部隊聯成一片，並鞏固徐州至兗州的鐵路交通，以利爾後的作戰。蔣對此建議不以為然，認為必須確保濟南，不能放棄，並申述其理由：（一）濟南是山東的省會和華東的戰略要地，濟南至徐州的鐵路已修好通車。為了不讓華東和華北的「匪區」打成一片，不讓其掌握鐵路交通的大動脈，必須守住濟南。（二）為了不使駐在青島的美國海軍陷於孤立，也必須守住濟南。否則，不但在軍事政治上於國府不利，且將影響美國對國府的援助。因此，無論華東戰況如何變化，濟南決不可放棄。（三）國軍有空運大隊，隨時可以增派援軍。在空軍優勢的條件下，濟南並不孤立，沒有後方也可以作戰。蔣最後還說：「濟南如果被圍攻，我當親自督促主力部隊迅速增援。只要你能守得住，援軍必能及時到達，我有力量來解你們的圍。為了確保濟南，必要時還可以增加防守部隊。打仗主要是打士氣，鼓勵士氣，首

---

[31] 吳鳶，〈王耀武被俘前後〉，《文史資料存稿選編》，第 10 冊——全面內戰（中），頁 360。按：作者時任國軍第二綏靖區司令部第一處少將處長。

[32] 劉鳳翰、張力訪問，毛金陵紀錄，《丁治磐先生訪問紀錄》（臺北：中央研究院近代史研究所，1991），頁 105。

先自己不要氣餒。你要知道，我們的失敗是失敗於士氣的低落。你們如不奮發努力，堅定意志，將死無葬身之地」。[33]

　　1948 年 7 月，共軍攻佔兗州後，圖濟南益急，先後調集第三、九、十一、十三、新八、渤海、坦克等約七個縱隊，對濟南完成包圍態勢。8 月 26，蔣中正研究山東情勢，判斷共軍必進攻濟南，曾決定調第八十三師至濟南加強防務。旋為國防部參謀次長劉斐所阻，以為此時共軍無攻取大城市企圖。而前方高級將領亦以為此時不如多留一師在徐州，以增強野戰軍實力如共軍果有攻濟企圖，屆時當可再行空運，以致蔣原定計畫，遂被延誤。[34]9 月 14 日起，共軍逐漸向長清、炒米店及濟南外圍郭店、古城等地進攻，戰況激烈，國軍整編第七十三師等部隊，漸次內移。9 月 16 日，正是中秋節的前一天，共軍發動了大規模的濟南戰役，炮火十分猛烈，形勢非常緊迫。[35]經過八天激烈的攻防戰，濟南卒告失陷。在此期間，蔣中正與王耀武迭有電報往還，蔣對王勗勉有加，並指導其如何作戰應變。由蔣當時的日記中約略可見濟南戰事的發展，以及蔣隨之起伏的心境和感受。如 9 月 18 日上午，蔣在朝課後得濟南危急之報，焦急不知所止，然仍照常批閱公文，未敢因此而誤公。是日蔣記曰：

> 共匪圍攻濟南只有一日，東面堅強工事陣地竟為其突破，西面機場亦被匪自濟河方面砲擊，空運軍隊無法繼續實施，情勢危急，有岌岌不可保之勢，此乃無（吾）對增兵濟南之主張，被國防部高級人員所轉移，未能事先空運，以致臨渴掘井，竟遭此厄。自覺不能專務軍事，而幕僚又無定見定識，不勝愧悔之至。如果照當時判斷，匪必攻濟，作一切決戰之準備，此乃轉敗為勝之惟一良機，然已不

---

[33] 王耀武，〈濟南戰役的回憶〉，《文史資料選輯》，第 18 輯（北京：中華書局，1961），頁 2～3。

[34] 秦孝儀總編纂，《總統蔣公大事長編初稿》（臺北：1978），第 7 卷上冊，頁 136。

[35] 何志斌，〈我隨吳化文將軍起義始末〉，《文史資料存稿選編》，第 10 冊——全面內戰（中），頁 325。按：作者時任駐濟南之國軍整編第九十六軍獨立旅旅長。

及矣，今後惟賴上帝佑護，使我濟南可保，不致大局崩潰，則幸矣。[36]

又在記「上星期反省錄」中云：

改革幣制與經濟管制初見成效，而共匪又向我濟南進犯，以余專事
於經濟之指導，而對於軍事則反忽略，明知匪必進攻濟南，早可準
備一切，空運部隊本定於一日開始，乃為幕僚與前方將領淺見者所
尼阻，未能實施。及至匪攻開始，而機場被匪砲擊，因之無法空運，
而且東西陣地已為匪突破，危急萬狀，此乃余自無決心，以致誤事，
至此能不愧怍。[37]

9月19日晨，蔣首先默禱，卜濟南戰局能保否。得上帝示以「可保」，
蔣心為之大慰，以上帝允其之恩許，未有不實現者，今後只要努力督導陸空
軍增援而已。朝課後，蔣研究戰局，以濟南戰事仍在原地相持為慰，認為「昨
夜如未惡化，或可漸穩，必能如上帝所允者，濟南可保也」。[38] 晚，蔣臨睡之
際，忽接王耀武電稱，整編第八十四師師長吳化文是晚「投匪」之報，不勝
自慚，因記之曰：

吳本為韓復榘之衛隊長，在抗戰降日編為偽軍，迨勝利後以其不附
共匪，乃收編其為縱隊，後以其剿匪努力進升師長，且令兼任第九
十六軍軍長，皆以其為中央如此精誠厚待，而彼又與匪力戰三年，
已成仇讎，萬不料其眷屬此次在兗州陷落時被擄，而又送還濟南之
故，即中共匪陰謀，竟在陣地上撤去，讓匪侵入我濟南西南角白馬

36　《蔣介石日記》，1948年9月18日。

37　《蔣介石日記》，1948年9月18日。

38　《蔣介石日記》，1948年9月19日。

山一帶，情勢危急萬分。[39]

9 月 20 日，蔣於晨六時與王耀武通電話，知吳化文投共已成事實，王正在調整部署，固守城市中。[40]午，蔣重研濟南戰局，手擬致王耀武長電，勗勉其死守濟南，勿作突圍之念，並望其必能獲得勝利。晚間，蔣以濟南無綫電話不通，甚念。[41]

9 月 21 日，蔣於朝課後研究濟南戰局，接空軍電台報告，謂濟南之商埠已失陷，千佛山等高地亦失守。蔣以為果如此，則濟南僅留老城，似已絕望。後又得報，謂商埠、千佛山皆在守軍保衛中，並未失陷，各種不同消息，瞬息萬變。蔣因靜待王耀武來電以證明之。但與王通兩次電話，均不能明瞭其意，只聞其聲音，蔣心亦感安慰。[42]正午，蔣與徐州剿匪副總司令杜聿明通電話，杜謂商埠、千佛山皆在國軍據守中，並未失陷。及至下午四時，接獲空軍實地偵察及其與王耀武陸空通話所得之報告，與正午杜聿明所報告者相同，蔣心為之大慰，「然每憶上帝允我濟南可保之預示，無不為之深信自安也」。[43]

9 月 22 日上午，蔣朝課後，研究濟南戰局，以其「較昨日穩定，情形亦皆明瞭，此心略慰」。[44]9 月 23 日，蔣朝課後，督導空軍對濟南全力助戰，以南京天氣不佳，所幸徐州與北平各處空軍皆能如計出動。繼續研究濟南戰局，以濟南永固門與桿石橋二方外城皆為共軍突入，正在激戰，而商埠各據點不見符號，似已失陷。蔣屢與空軍副總司令王叔銘通話，決令其轟炸永固門之共軍。是日蔣記曰：「本日濟南情勢已極危急，但此心甚安，深信上帝允我之

---

[39] 《蔣介石日記》，1948 年 9 月 20 日，補記 19 日事。

[40] 《蔣介石日記》，1948 年 9 月 20 日。

[41] 《蔣介石日記》，1948 年 9 月 21 日，補記 20 日事。

[42] 《蔣介石日記》，1948 年 9 月 21 日。

[43] 《蔣介石日記》，1948 年 9 月 22 日，補記 21 日事。

[44] 《蔣介石日記》，1948 年 9 月 22 日。

恩惠，必不遺〔貽〕誤也」。[45]

9 月 24 日，蔣朝課後，研究濟南戰局，始報國軍尚固守老城，城內安定。繼報城東南角已有共軍突入，正在激戰中。蔣聞之，不勝繫慮。又接王耀武報告，證實後息已確，頓覺濟南戰事已達於極危急之境。但衷心「深信上帝必能保我濟南，故又轉自慰藉」。直至下午四時，空軍副總司令王叔銘於濟南上空巡視達三小時之久，始終未能呼出王耀武之電台通話，又見城東南角缺口有共軍不斷從

容入城，城門未見戰鬥，其他各電台之聯絡，亦告中斷。蔣記曰：「在人事言，濟南已絕望矣，惟有上帝顯現奇妙神蹟，或有萬一之望也」。[46]是日，王耀武自濟南變裝出亡，行至壽光縣境（9 月 28 日）為共軍識破而被俘。[47]

9 月 25 日下午，蔣仍探詢濟南戰況，以其八時後氣候惡劣，空軍無法飛濟，而終日愁悶，然已較 24、25 兩日為安。[48]是日，蔣記曰：

> 前月底本已決定空運第八十三師赴濟增防，以期有備無患，且有建
> 威消萌之意，孫子云無恃其不來，恃吾其有所備也。而且明知匪之
> 次一行動必攻濟南，此皆當時預計所及，後為顧（祝同）等高級幕
> 僚與前方劉（峙）、杜（聿明）等所尼，以為匪無攻取大城市之企圖，
> 不如多留一個師於徐州，增強野戰軍實力，如匪果有攻濟之企圖，
> 再事空運，不晚也。余并想到臨渴掘井，恐誤戰機，但卒為所部動
> 搖余之決心，准其緩運，以致因小失大，能不愧怍？然已後悔無及，
> 惟來者可鑒也。[49]

---

[45] 《蔣介石日記》，1948 年 9 月 23 日。

[46] 《蔣介石日記》，1948 年 9 月 24 日。

[47] 〈捕獲王耀武經過情形〉，中共山東省委黨史資料徵集研究委員會、中共濟南市委黨史資料徵集研究委員會、濟南市博物館編，《濟南戰役》（濟南：山東人民出版社，1988），頁 184～190。

[48] 《蔣介石日記》，1948 年 9 月 26 日，補記 25 日事。

[49] 《蔣介石日記》，1948 年 9 月 25 日。

又補記曰：

三夜來未得安眠，而以昨夜為甚。本晨二時醒後，輾轉不安，以濟南失陷，對外對內關係太大，有損於政府威信莫甚，政局、外交、經濟更為拮据。共匪必益猖獗，軍事尤為劣勢，自覺無顏立世矣。[50]

蔣並記「上星期反省錄」曰：

一、……。二、本週幾乎全為濟南戰局焦急，最後辛陷於匪，此實人事太劣，不能適應天父之保佑。萬不料王耀武腐敗、誇妄、欺蒙一至於此，於人何尤，實為余知人不明，用人不察，信人太專，不重組織，不加考驗之過也。今爾後應在組織、訓練、考核三者重新用力，或可糾正余一生之誤國乎。三、濟南計畫明知匪必來攻，且可望其為全局轉危為安樞機，不料僚屬與所部腐敗拙劣，臻此大錯，以後局勢艱困更難矣。……。五、吳化文叛變以後、不僅影響於濟南之失陷，而其關於全國軍心，尤其關於馮玉祥舊部所殘留於國軍者約十五萬人忐忑不安，更為重大，從此軍心之團結尤難矣，思之寒心。[51]

9月28日，蔣在日記中記曰：

令國防部各機構檢討濟南失陷各種之弊端與原因，最大者為高級司令部之人事與組織中央不能控制與指導也。因之其濟南第一、第三

[50] 《蔣介石日記》，1948年9月30日，補記25日事。。

[51] 《蔣介石日記》，1948年9月25日。

處處長皆臨變投匪，此為王耀武疏忽昏愚最大之罪惡。[52]

實則以「說實在話，做實在事」為原則治理山東省政的王耀武，[53]以往的風評並不差，熟識山東情形的人，都知有所謂「三李一王」，三李是李延年、李仙洲、李玉堂，一王即王耀武，均係卒業黃埔軍校在國軍中嶄露頭角的魯籍將領，亦為多年來國府當局為山東準備的幾張牌。論才具，王耀武確勝過三李，故山東人曾評比曰「三李不如一王」。[54]對王知之甚深的丁治磐曾評論王始終未將軍隊整理好，只會作防禦工事，指揮大兵團的能力較差。主要是他軍事素養不夠，自黃埔軍校畢業出來，升遷太快，一下就當大官。蔣中正若看底下將領缺乏能力，就會干涉其指揮作戰，作風向來如此，若部屬切實能夠負責，就不會有此現象。王很用功好學，為人謙虛誠懇，做事紮實，肯用人，想做大事，蔣也很賞識他，教他讀「名吏傳」等書，很想栽培他。有人認為王對收編的吳化文偽軍太壞，以致吳叛變，濟南於是失守，依丁氏看這是以成敗論英雄，丁認為王耀武是有為的，但他在濟南的部署本身就不易防守。[55]何況濟南的守軍只有十一萬人，共軍攻城的部隊就有十四萬人，另以更多的兵力十八萬人阻擊從徐州北援的國軍重兵。[56]濟南除了來自空中的飛機助戰外，陸援全然無望。

至於濟南失陷的重大意義，約略有下列幾點：

其一、這是共軍攻堅和奪取城市戰術得到成功的表現，今後任何人都不能不對共軍刮目相看，認為共軍只能打游擊戰的想法應該修正了。

其二、濟南之失，一方面固然是由於吳化文的投共，另一方面也未嘗不是由於國軍在部署上的始終沒有決心。這兩件事對日後的戰局是頗有嚴重影

---

[52] 《蔣介石日記》，1948 年 9 月 28 日。

[53] 黃明，〈王耀武將軍怎樣治理山東〉，《和平日報》（南京），1947 年 12 月 16 日，第一版。

[54] 〈社論：魯局鳥瞰〉，《寧波日報》（寧波），1948 年 9 月 23 日，第一版。

[55] 劉鳳翰、張力訪問，毛金陵紀錄，《丁治磐先生訪問紀錄》，頁 106。

[56] 金冲及，〈蔣介石是怎樣應對三大戰略決戰的？〉，《近代史研究》，2010 年第 1 期，頁 10。

響的。隨著關內戰局的日趨尖銳嚴重，和兵力分配的捉襟見肘，這決心不定的毛病是否還會重犯？

其三、濟南易手以後，南至隴海線上，北至平、津、保定地區，東至東海之濱，西至陝、豫邊境，此一廣大的中國土地，業已被打成一片。這在共方說，自然是象徵著華北爭奪戰的大體完成。而就國軍來說，這是象徵著黃河爭奪戰的結束，今後將開始江、淮、河、漢之間廣大區域的爭奪。如果稱濟南之失為揭開了長江爭奪戰的序幕，似乎非為過甚其詞。

其四、由於濟南之失，青島美軍的地位相當受到震動。雖然美國西太平洋艦隊司令白吉爾（Oscar Charles Badger II）之公開表示異常冷靜鎮定，但美國通訊社已經在慌張失措地報導美軍必須在「與共軍作戰、與共軍談判、也不作戰也不談判姑且拖拖再說」三條路中選擇一條了。今後戰局既會逐步向國府核心地帶也是美國勢力最大的長江流域發展，則美國方面的不安也必愈甚，美國究竟如何處之？未來的動向如何？值得國人密切關注。[57]

其對於北方戰局的影響，一則是華東共區與華北共區更加壯闊地連在一起，再則是渤海上的形勢有了變化，青島將被拋在背後。因此江南的京、滬，華北的平、津，都感受到相當的壓力，使得蘇、魯、豫、皖邊境上的國軍華東基地徐州，變成了一個前哨陣地，削弱了其向中原追擊的機能。而渤海是華北、東北對外的門戶，遼東半島與山東半島似乎是兩扇大門，此兩扇大門盡失，開關啟閉的大權已然旁落。而兩半島之間，共軍舳艫往來，以東北的資源、山東及華東的人力黏結在一起，其力量是非常可觀的。而龍口、威海衛等港，共軍以自國軍手中鹵獲的十五生地（即公分 centimetre）榴彈砲作為要塞砲，其海口的防禦力量也較前大為加強，使得國軍小艦艇無法接近。國軍方面秦皇島、葫蘆島及塘沽等港，則時常感受陸上的威脅。此渤海上的新形勢，是值得注意的，因為它關係著東北、華北的安危存亡。[58]

---

[57] 以上各點係參見仲亨，〈濟南之失（外三章）〉，《展望》，第 2 卷第 20 期（1948 年 10 月），頁 8。

[58] 《觀察》特約記者，〈總統北巡與北方大局〉，《觀察》，第 5 卷第 8 期（1948 年 10 月），頁 14、15。

9 月 28 日，蔣中正以濟南雖已失陷，而青島與煙臺地處海濱，關係尤為重要，必須續防確保，因致電在青島的第十一綏靖區司令官劉安祺曰：

> 青島防務重要，決調卅一軍增防，但該軍應為膠東之總預備隊，如煙臺有急，即可增援煙臺，預為之切實準備，勿忽。煙臺重要性甚於青島，萬不能放棄。惟青、煙二地，皆須積極加強工事，而且從速著手，以此次濟南失陷原因之一，以其工事方式陳舊，一擊即破，不合現代戰爭也，務希切實改正勿誤。[59]

此可見蔣對於濟南失陷後所作的一些因應。惟蔣雖以煙臺重要性甚於青島，萬不能放棄，但仍未作最後的決定。9 月 30 日，蔣自南京啟程北巡，並記稱此次北平之行的任務之四係為「研究煙臺保守與撤退方略」。[60]

二、北平警備總司令人選需待商決

1947 年 12 月上旬，傅作義就任華北剿匪總司令，總縮華北五省軍事。陳繼承則任華北剿匪副總司令仍兼北平警備總司令。傅、陳均畢業於保定軍校（傅係第五期，陳係第二期），但傅為地方軍系（晉系）將領，而陳早年在廣東黃埔軍校擔任過教官等，與蔣中正淵源甚深，故被視為「黃埔系」之中央嫡系將領（有人將其與何應欽、陳誠、顧祝同、劉峙、張治中、錢大鈞、蔣鼎文合稱蔣中正的八大金剛），[61]，二人未能合衷共濟，終至積不相容，其

---

[59] 《蔣檔‧事略稿本》，1948 年 9 月 28 日。

[60] 《蔣介石日記》，1948 年 9 月 30 日。

[61] 蔣中正的八大金剛，均係從黃埔軍校教官出身而起家的，皆由蔣一手提拔，次第由帶兵官佐躍升為封疆大吏；見文心珏，〈我所知道的錢大鈞〉，中國人民政治協商會議全國委員會文史資料研究委員會編，《文史資料選輯》，第 81 輯（北京：文史資料出版社，1982），頁 154。該文撰者文心珏，為前國府陸軍少將，曾前後在錢大鈞手下任職九年，尹家民即就該文所指稱的此八人撰有《蔣介石與八大金剛》（北京：中共中央黨校出版社，1994）一書，列之為氏著「黃埔紀實系列之四」。惟該書對於陳繼承的論述甚少。

原因為：

其一、蔣中正對於傅作義並不全然信任，故安置陳繼承為傅的副手之一，兼而警備北平，命其督率華北中央系國軍將領，在軍事上服從並協助傅，但在政治上則聽命於陳（即中央）。此一軍、政二元化之舉，不僅令傅難堪，亦使華北中央軍將領無所適從，實為傅、陳無法共事的淵藪。此外，華北中央軍在人數上遠多於傅之察綏部隊（約為 3 與 1 之比），傅在就任華北剿匪總司令後，其嫡系部隊（即察綏部隊）僅第三十五軍、暫編第三軍隨之進駐北平附近地區（其餘部隊則留守察、綏各地），[62]在聲勢上遠不如集結於平、津一帶的中央軍（如第十六軍、第三十一軍、第六十二軍、第九十二軍、第九十四軍、青年軍第二〇八師等），適足以長中央軍的驕氣，致雙方不易相處。

1948 年 5 月 6 日，長駐北平的空軍副總司令王叔銘（黃埔軍校第一期畢業，繼入廣東航校及赴蘇聯習飛行）在南京晉見蔣中正，蔣囑其力助陳繼承，並切實監督陳之工作及其親信幕僚之行動，且謂：（一）華北軍事中心必須倚重于傅作義，應盡力擁護，助其成功，必須力避免生誤會，使其完全聽命于中央。（二）中央在華北之各將領必須刻苦耐勞，健全本身，力戒奢侈浮華，學習傅作義察綏部隊之長，時常派人輪流至察綏部隊中觀摩，並與其中下級軍官表示友善，對其上級軍官必須謙恭合作，以求打成一片，合為一家。（三）華北中央系將領，在剿匪軍事上應絕對服從傅作義之指揮，但在政治方面應聽命於陳繼承，但各將領切不可誤會此意，而對傅在軍事上有所不服從之處。（四）每月由陳繼承召集華北中央軍將領開會一次，自我批評，以求進步，並作優劣表呈閱。（五）中央系各將領應層層嚴格控制掌握所屬，不經長官許可，不能見其非直屬之長官，不可接受非經其長官之任何獎金，亦非經其長官許可，不得參與其他長官之宴會。（六）陳繼承應特別注意憲警下級幹部，

---

[62] 三軍大學編纂，《國民革命軍戰役史：第五部——戡亂》，第 4 冊——戡亂前期（上）（臺北：國防部史政編譯局，1989），頁 168。

勿為他人收買。[63]足見蔣對華北中央系各將領要求之嚴及期許之深，並冀其與傅作義察綏部隊打成一片，合為一家。立意雖好，行之卻不易，效果更未必佳，尤其是令陳繼承每月召集華北中央軍將領開會一次，陳卻頻頻舉行之，雖係秘會，終難免為傅所知悉，適足使傅起疑，助長彼此間的矛盾。

其二、陳繼承的個性固執魯拙，仗恃蔣的寵信，驕矜恣為，且欲攬權擴權，令傅難以容忍。早在 1947 年 12 月 12 日，蔣中正即曾致電陳繼承：

> 現在傅總司令已就職，在華北各部隊之訓練、指揮與管理，皆歸其負責辦理，俾事權統一，除對第二〇八師及駐通縣之後調旅負責督訓以外，其他各軍師只可從旁協助傅總司令督率各將領，澈底服從其命令。[64]

陳繼承旋於 12 月 13 日電覆蔣曰：

> 亥文電奉悉，職與羅組長（按：即國防部所派之戰地視察組組長羅奇）視察部隊，均經報告李主任、傅總司令，並本鈞旨，指導各將領澈底服從傅總司令命令。華北軍事正漸開展，自當遵照鈞旨，盡力以赴，決不致違背鈞座意旨，祈紓鈞念。[65]

然而其並未切實遵行。1948 年 5 月 6 日，王叔銘在南京晉見蔣中正時，曾向蔣報告謂：「陳繼承為人不機警，不守密，恐難得圓滿之效果」。同日，蔣夫人宋美齡晤見王叔銘，囑王將陳繼承太太帶往北平，並囑王與陳繼承須

---

[63] 王叔銘，《王叔銘日記》（手稿本），1948 年 5 月 6 日。

[64] 「蔣中正致陳繼承十二月文電」（1947 年 12 月 12 日），《蔣檔‧革命文獻：戡亂軍事──華北方面（一）》。

[65] 「陳繼承致蔣中正亥元電」（1947 年 12 月 13 日），《蔣檔‧特交檔案：一般資料──呈表彙集（一一五）》。按：該電係由國府參軍處軍務局長、蔣的侍衛長俞濟時於 1947 年 12 月 14 日轉呈蔣。

機密行事等語，宋已將此意告諸陳太太。王以陳太太向來語多而不能保守機密，深恐由其洩露，乃先向宋說明，免得日後見累。[66]次日，王自南京飛返北平，蔣經國等至機場送行，王復與蔣言，陳繼承恐不能負起華北政治之責，陳且不守秘密，是其最大之缺點，蔣亦有此同感，並謂已告知宋美齡。[67]5 月8 日，王叔銘在北平與陳繼承晤談，王在是日日記中記云：

> 余十一時許晤陳繼承於其警備總司令部辦公室，面交主席親筆函一件，並將主席所囑之事詳為說明。陳繼承自稱彼深知主席安置彼在華北之意義，頗有驕傲自得之狀，茲將其談話要點特記之于下：（一）彼對傅總司令利用種種手段以拉攏之，傅對彼極器重且相信。（二）李宗仁（按：李時任國民政府主席北平行轅主任，已當選副總統，尚未就職）某次在其公館舉行雞尾酒會，李太太曾對客人云，民主時代如主席不行，吾人亦請其下「野」等語（陳在座無表示）。（三）主席令彼負責須有人事權，彼將令中央系軍隊凡團長以上之人事，須報警備部審核轉呈。（四）警備部應擴大組織。（五）彼可召石覺（按：石時任第十三軍軍長，駐熱河之承德）來平與之晤談。余請彼小心行事，且須守機密。彼稱在其左右均為軍校學生，可不足慮。依余之觀察，陳繼承實不能幹且糊塗，與之工作須加小心也。[68]

又記其是晚八時十五分，至陳繼承處參加晚餐及會議。陳是晚召集有中央系將領李文（黃埔軍校第一期畢業，時任第三十四集團軍總司令）、袁樸（黃埔軍校第一期畢業，第十六軍軍長）、侯鏡如（黃埔軍校第一期畢業，第九十二軍軍長）、段澐（黃埔軍校第四期畢業，第二〇八師師長）及馮龍（第二十

[66] 王叔銘，《王叔銘日記》（手稿本），1948 年 5 月 6 日。

[67] 王叔銘，《王叔銘日記》（手稿本），1948 年 5 月 7 日。

[68] 王叔銘，《王叔銘日記》（手稿本），1948 年 5 月 8 日。

二師師長）等。首先由各將領報告察綏部隊之長，次由王叔銘報告及傳達蔣
中正囑轉之事，陳繼承則自我吹擂，並主張中央系部隊團長以上人事應先報
警備部。王認為如此行事，必將引起傅作義的不滿，並建議僅私下函告陳本
人，而不報警備部。並記述是晚開會，陳繼承囑親信秘書參加紀錄，王詢其
是否可靠？陳稱絕對可靠，毫無問題，並曰必須有人協助方能辦事。王在該
會議中力言，如洩露機密，在場之人均負責任。[69]

　　5 月 15 日，王叔銘呈報蔣中正關於 5 月 8 日晚陳繼承召集中央系將領於
其官邸會談經過及華北近情，全文甚長，其中言及與會中央系將領的反應和
態度：（一）開會時首先宣讀蔣的囑函，各同學（指與會中央系將領）均感慚
愧。次由王叔銘將國民大會之情形，對中央系將領之誹謗，我輩今後應速有
健己之猛省及在華北並採之策略，一一摘要報告。各同學憤慨之情動於表，
形於色，均感時至今日如再不圖上進，實無以對校長。（二）各同學報告察綏
部隊之優點，中央部隊應速仿效之處頗多，決由易漸難，逐漸仿效改進之。（三）
傅作義總司令親訂有剿匪手冊，內容簡單適用，察綏官兵均能澈底執行，尤
能層層控制，致與共軍作戰不易吃虧。中央部隊則未發有，查其內容並非深
妙難行之事，但中央將領則不肯仿效，實為缺憾。（四）與會各同學當時均有
急圖求進之表示，但其熱情能否永久保持，必須由陳繼承總司令起有計劃、
有膽識、有決心之奮勇督導。此外，王叔銘認為陳繼承在會中的某些表示欠
妥：（一）要求華北中央各部隊凡團長以上之人事，須先報告警備總部（王以
為若果如此，勢將引起傅作義之疑惑，乃建議改用私函報告其本人，並須確
守秘密，免生傅部之誤會，幸蒙採納）。（二）要擴大其警備總部之組織，增
設人事處及其他處科。（三）將要求國防部撤銷天津警備司令部，合併改為平
津衛戍總司令部，以擴大其職權。王認為陳忠於蔣，當無問題，惟其能否保
守機密，相機行事，不失大體，實為之慮，務懇蔣對陳時勸提醒，庶免其因
驕而不慎，生小枝節而誤大事，辜負蔣之厚望，並懇蔣飭其與王常相商洽而

---

[69] 王叔銘，《王叔銘日記》（手稿本），1948 年 5 月 8 日。

為之。[70]均可見陳之欲圖攬權擴權。

5月26日，陳繼承往訪王叔銘，與之晤談，據陳稱：（一）其召集中央軍部隊長開會事，傅作義已知悉，因陳召集第六十二軍之軍師長來北平時，華北剿匪副總司令之一的上官雲相已知道，於5月18日傅在華北剿匪總部宴上官雲相、宋肯堂（華北剿匪副總司令）、鄭挺鋒（黃埔軍校第三期畢業，第九十四軍軍長）、林偉儔（黃埔軍校第四畢業，第六十二軍軍長）等，上官雲相云陳總司令召集軍師長在其私邸開會，不知何事，總司令知之否？傅甚驚訝，並云不知，鄭挺鋒云其憶及總統蒞北平時，某日九時召集各軍師長訓話，當面責成陳總司令每兩月召集開會一次，並督促整飭紀律，此次陳召集開會，恐係此事。傅始稍安。（二）其已將總統手令召集部隊長開會檢討缺點事告知傅，傅云在作戰期間召集時，最好先告彼知。陳云照辦，並將列表告傅，傅云「此乃助我對剿匪有利」。（三）上官雲相頗有挑撥是非之嫌。（四）劉誠之（時任北平之中央警官學校第四分校主任）在北平警察方面已有一部分勢力，迄至今日仍為李宗仁賣力，應即撤換，並希報告總統以凌光亞或劉蕃接其警校之職務。對於陳的行事作風，王叔銘頗不以為然，記稱：「陳繼承人不聰明，彼洩露機密事，早已在我預料中，幸事先已告總統」。[71]

5月27日晚，傅作義往訪王叔銘，與王晤談，其中言及：（一）防空司令一職傅亦願兼任。（二）傅稱北平市政不佳，警備總部費錢太多，無成績，過去行轅主任李宗仁不負責任，惡事推諸元首，好事自成其功，只做表面文章，拉攏同情者，自己做好人等等。（三）青年師（即青年軍之第二○八師，駐北平城外之西苑，歸陳繼承直轄）能否守住北平，實不敢相信，應報告總統。（四）北平將設政務委員會，由傅兼任主任，但編制尚未得有。（五）北平市有力量，但吾人未能使用，應設法改善之。[72]可見傅對於陳繼承之警備

---

[70] 見《蔣檔‧事略稿本》，1948年5月15日。

[71] 王叔銘，《王叔銘日記》（手稿本），1948年5月26日。

[72] 王叔銘，《王叔銘日記》（手稿本），1948年5月27日。

總部的表現及其第二〇八師的狀況均不甚滿意。

5月30日，蔣中正致電陳繼承，對於第九十二軍軍長侯鏡如之調職或兼職事，表示皆可同意，惟須陳先與傅作義直接面商，以免誤會。並囑陳以後凡軍事與人事有關各事，必須對傅事先請示，務須毋稍隔閡為要。並謂：「近聞兄不斷召集高級將領會談，及對處置學生，未能先事予以面商，彼或有此誤解，請特別注意，并設法使之了解，務使毫無彼此間隔也」。如有誤會或難解之事，不妨託王叔銘轉達，希時與王詳商一切，因王「甚明事理，如有急要時，可以信任，且對兄必有補益也」。[73]次日，王叔銘在日記中記云：「陳總司令繼承電話告稱，彼奉校長函囑，須力與傅作義避免衝突，並凡事須與余商議而行之」。[74]

6月13日，王叔銘與陳繼承晤談，通知其：（一）平津改設衛戍總司令部事總統未准。（二）對傅作義務必誠懇相處，絕對服從，勿使其懷疑。（三）撤免劉誠之事已由蔣經國與唐縱（時任內政部次長兼警察總署署長）、李士珍（中央警官學校校長）兩人協商之。（四）在北平組織軍政黨教各界人員事，總統認為不必，此事須由傅作義行之。（五）上官雲相挑撥事已報告總統。[75]均可見陳繼承之欲圖攬權擴權。7月29日，第三十四集團軍總司令李文往晤王叔銘，據李告稱，陳繼承十日前逕分電各軍、師長、副主官於7月19日至其公館開會，並於7月23日分別召見各團長。關於此事，李文通知各軍長不能照辦。王叔銘在日記中記云：「陳稱已得傅作義之同意，而在此作戰緊急期間陳繼承如此處置，真糊塗」。[76]

其三、北平市警察局局長湯永咸遭停職請辭，其繼任人選傅、陳各有屬意支持之對象，引發派系暗鬥，加深二人的心結。6月23日，第一屆北平市參議會第三次大會進行其第三日之會議，下午，湯永咸在會議中作警政報告，

---

[73] 原電見《蔣檔‧特交檔案：一般資料——民國三十七年（六）》。

[74] 王叔銘，《王叔銘日記》（手稿本），1948年5月31日。

[75] 王叔銘，《王叔銘日記》（手稿本），1948年6月13日。

[76] 王叔銘，《王叔銘日記》（手稿本），1948年7月29日。

各參議員就學潮、徵兵及社會治安提出質詢，責問其何以六件命案未破。[77]湯雖以顧丹華、全紹周、韓受卿等參議員的質詢「不僅言詞超越質詢範圍，肆意挾嫌攻訐，且當眾拍案挺胸，以極無理之言詞，作公然之侮辱」，仍「容忍終席，未作絲毫表示」。[78]當時北平之《世界日報》曾以「質詢警察局，情況極熱烈」及「質詢恍如火箭砲，局長攜員且還朝」為標題報導其過程。[79]次日上午，繼續開會質詢，連同昨日下午，共有十三位參議員提出質詢。湯永咸於答覆質詢之先有所聲明，謂我們在這裡是開會，開會有開會的秩序，有開會的紀律，質詢時有質詢的範圍，有質詢的態度，我們到這裡是解決問題，不是鬥氣。我在公的方面因辦事認真，容或有得罪人，使人不舒服之處；但在私的方面，對於各參議員毫無恩怨，而且參議會不是計較恩怨的地方，而是扶持正義，明辨是非的地方。參議員也是普通的人，沒有什麼三頭六臂。[80]此番話惹怒參議員們，拍案跺腳，顧丹華、金仁甫等以煙碟飛擊湯，[81]場面混亂。湯旋與參議員怒聲對罵，率各分局長離開會場。參議員則繼續開會，由副議長唐嗣堯擬出了四項辦法：（一）請市府將湯永咸撤職查辦，（二）通電中央對湯永咸不可再用，（三）電全國參議會與輿論界予以制裁，（四）休會抗議。[82]並請議長、副議長向傅作義報告，早派人暫為接替，勿使平市治安發生問題。[83]

　　6 月 25 日，北平市參議會接獲北平市市長何思源書面道歉函，函中並稱湯永咸昨日已電呈辭職，當即先行停職，局務由副局長白世維暫行代理；該

---

[77] 《益世報》（天津），1948 年 6 月 24 日，第三版。

[78] 見湯永咸 1948 年 6 月 24 日呈蔣中正請辭本兼各職電，收入《國民政府檔案・人事：警察人員任免——院轄市警察機關人事任免》。

[79] 《世界日報》（北平），1948 年 6 月 24 日，第三版。

[80] 《世界日報》（北平），1948 年 6 月 25 日，第三版。

[81] 見警察總署署長唐縱 1948 年 7 月 3 日呈蔣中正之報告所附呈的北平市參議會與市警察局長湯永咸糾紛經過，《國民政府檔案・人事：警察人員任免——院轄市警察機關人事任免》。

[82] 《益世報》（天津），1948 年 6 月 25 日，第三版。

[83] 《大公報》（天津），1948 年 6 月 25 日，第三版。

局長言語失檢，何本人約束不嚴，均已呈請中央嚴予處分。市參議會全體參議員因於是日下午開談話會，決定次日起正式復會。[84]同日，陳繼承即電呈蔣中正，請以其所屬意的倪超凡或凌光亞為北平市警察局長。陳在呈文中陳述：（一）現任本部（北平警備總司令部）稽查處處長倪超凡，抗戰勝利後擔任斯職將屆三年，於人力物力極為困難下，勤勞奮進，迭破要案，對肅奸工作成績尤著，該員絕對忠實，並熟諳地方情形，輿情允洽，堪任艱鉅。凌光亞係軍校一期畢業，歷充軍職，勝利復員後轉業高級警官，本年1月曾由中央警校校長李士珍介紹於職，以其擔任該職，亦屬適宜。以上人選已面報傅作義總司令，敬祈擇一任用，以赴事功。（二）如北平市警察局長決定由倪超凡擔任，則警校第四分校主任一職，似可以凌光亞調任，俾獲配合工作。[85]

約與此同時，傅作義亦向即將於7月1日就任北平市市長的劉瑤章推介國防部保密局（其前身為國民政府軍事委員會統計調查局，即所謂的「軍統」或「軍統局」）的北平站站長喬家才（山西人，黃埔軍校第六期畢業，陸軍少將，國大代表）為北平市警察局長。據喬家才憶述，其與劉瑤章晤面時，劉轉述傅作義昨日對劉說：

> 新的北平市政府需要一位好的警察局長，我給你介紹一個人，保密局北平負責人喬家才。你不要誤會，雖然他和我是同鄉，並不是我的人，他在綏遠和我作對，罵我，反對我。不過這個人廉潔，肯吃苦，有辦法，敢作敢為。現在北平市正需要這種人才，你去和他接頭吧。[86]

---

[84] 《益世報》（天津），1948年6月26日，第三版。

[85] 見1948年6月25日陳繼承致蔣中正電，《國民政府檔案‧人事：警察人員任免——院轄市警察機關人事任免》。

[86] 喬家才，〈喬家才入獄記〉，收入李敖，《我最難忘的事和人》（臺北：李敖出版社，2001年修訂一版），頁197。

　　劉囑咐喬趕緊去見傅，傅有話當面交待之。喬即去華北剿匪總部見傅，傅對其云：「湯永咸和市議會鬧翻了，不能再幹，你馬上到警察局接事，我向中央保薦，不會有問題的」。喬以北平局勢已非常危險，並無接任意願，且覺得一個特別市的警察局長，在未奉到中央命令以前，先行接事，似不甚妥當，請傅再多加考慮。喬從剿匪總部回到辦公室，立刻去電給保密局局長毛人鳳（黃埔軍校第四期畢業），報告其與傅晤談經過情形。兩三天以後，毛人鳳祕密來到北平，並未知會喬及其北平站。[87]

　　6 月 29 日，毛人鳳在北平往訪王叔銘，王與之會商北平市警察局長職務事，據毛告稱：（一）喬家才已與傅作義妥協，由傅保其為局長，此人已失中央立場，另找門路。（二）劉誠之（警校第四分校主任）向李宗仁處活動為局長。（三）陳繼承已保倪超凡為局長。（四）北平「軍統」人員多已發財，且失立場。（五）馬漢三（前「軍統」人員，即將卸任之北平市民政局局長）已想抓警權。（六）總統仍想維持湯永咸。王囑毛先行調查後再決定辦法，如湯永咸仍能幹下去，即使其再幹，否則必須另換忠實同志。王自忖，視毛人鳳意係贊成倪超凡，並已向傅作義說明喬家才不能為局長。[88]次日，毛人鳳再往訪王叔銘，告以：（一）喬家才已向傅作義投降，並建議傅組織一「鋤奸戡亂大同盟」，但傅恐人誤會是組黨，未予接納。喬家才出賣組織，將不應供給之情報供給傅作義。（二）如傅作義不贊成以倪超凡為警察局長，則擬以楚溪春之河北保安司令部參謀長（「軍統」人員）充任。王叔銘在是日日記中並記云：「毛人鳳今日要見傅作義，再與之商決警察局長事，但傅推辭未見」。[89]是日（6 月 30 日），陳繼承為遂成其攬權擴權目的，致電蔣中正的侍衛長、總統府第三局局長俞濟時，力言以倪超凡接充為北平市警察局長，最為適宜，除函報總統外，敬希俞「惠予玉成，公私交感」。[90]

87 喬家才，〈喬家才入獄記〉，收入李敖，《我最難忘的事和人》，頁 197～198。
88 王叔銘，《王叔銘日記》（手稿本），1948 年 6 月 29 日。
89 王叔銘，《王叔銘日記》（手稿本），1948 年 6 月 30 日。
90 見 1948 年 6 月 30 日之陳繼承致俞濟時電，《國民政府檔案・人事：警察人員任免——院轄市警察機關人事任免》。

　　7 月 1 日晚，喬家才、馬漢三應毛人鳳之召，至北平燈市口毛的臨時辦公處開會，即在該處被綑綁，押送至砲局胡同保密局之監牢（喬認為毛此舉係公報私仇及整肅異己，毛與前保密局局長鄭介民交惡，喬和馬漢三等被視為鄭系人馬。至 7 月 9 日，喬、馬及劉玉珠被移送至南京寧海路之監牢。喬旋於是年 12 月初，自南京押送至臺灣，繼續坐牢至 1957 年 4 月 21 日，始被釋放）。[91]7 月 2 日，王叔銘在日記中記云：是日上午，與毛人鳳晤談，關於湯永咸事調查大致明瞭，毛奉命將於次日返南京，王囑其將詳情呈報總統。關於北平市警察局長繼任人選，陳繼承力保倪超凡，恐傅作義不甚同意，且倪超凡既非軍人，又非警察，恐難勝任，亦或將由楚溪春之參謀長楊某（楊清植）接充，究竟如何，請總統決定之。毛人鳳稱，昨日已將馬漢三、喬家才及劉某（劉玉珠）扣押，王囑其解京辦理。毛人鳳稱，鄭介民（時任國防部次長）亦為貪污份子，並與李崇實、陶益三、馬漢三勾結要錢。王囑毛呈報總統兩事：（一）傅作義與總統中間尚有一段距離，宜設法使之更接近。（二）傅作義在其勢力未成時，當可絕對服從總統，但目前與李宗仁之關係不能完全斷絕。[92]

　　此乃因李宗仁曾任北平行營（轅）主任兩年多，期間傅歷任綏遠省政府主席、察哈爾省政府主席、張垣綏靖公署主任，在名義上李是傅的長官，以傅的拘謹謙恭，益以李在華北營造之開明形象，頗得人望，故傅在就任華北剿匪總司令時嘗云：「我要為主席分憂，為主任分勞」。[93]其後 1948 年 3 月，李不顧蔣中正的極力反對宣布參選副總統，導致蔣、李關係惡化，陳繼承、王叔銘等華北中央系將領自是擁蔣反李，支持蔣所屬意的孫科角逐副總統。此事頗令傅作義為難，經蔣方派山西籍立法委員趙仲容面見傅爭取其支持，

[91] 喬家才，〈喬家才入獄記〉，收入李敖，《我最難忘的事和人》，頁 199、200、203、204、213、228。

[92] 王叔銘，《王叔銘日記》（手稿本），1948 年 7 月 2 日。

[93] 《觀察》特約記者，〈北方政局觀測〉，《觀察》，第 4 卷第 20 期（1948 年 7 月），頁 12。

傅則以「必須請示主席之後再投票」應之。[94]4月29日，李宗仁卒以些微票數擊敗孫科勝出，5月1日，蔣經國在致蔣中正函中謂「李之當選為副總統，實為我之恥辱，尤其見韋永成等驕氣之高，決非有血氣能忍受。但為求今日問題之解決，似應重理智而不重感情，必須堅定步法而不亂，今後國家必將多事，最艱難之鬥爭恐亦將始自今日矣」。因而建議蔣中正「李宗仁決不可再回北平，如行轅一時不能撤消，應即派他人為主任」，及「立法院院長似仍以孫科先生擔任為宜，最好召開中常會，決定由黨提出孫為立法院院長，其餘黨員不得自由競選」。[95]5月6日，蔣中正亦曾語王叔銘：（一）李宗仁當選副總統後，其政治野心更形暴露，桂系又有恢復其過去作風之可能。（二）桂系今後必將活動各方攻擊政府，以求達成其慾望，將更加注意華北。[96]6月26日，離平三個月至南京參選並當選的李宗仁回到北平，引發不少謠言，「李宗仁還沒有走？」是當時常聽到的一句問話，故意不走？還是因為北平行轅善後未辦完？外人無由知悉。[97]據國府保密局呈蔣中正的情報，謂李宗仁赴北平計劃為：（一）可聯絡閻錫山（太原綏靖公署主任）、傅作義、馬鴻逵（寧夏省政府主席）等，建樹實力。（二）拉攏華北教育界人士及有為青年，予以掌握運用，俾免群趨中共陣營。（三）便於聯絡國際人士。[98]故傅作義在李未走之前（李於8月17日才離平赴南京），實難與李完全斷絕關係。

　7月3日，陳繼承再致電蔣中正，以「北平警察局因局長人選尚未確定，

---

[94] 傅與趙仲容面談時間為1948年4月21日，傅發電請示蔣的日期為4月26日。見「蔣經國致蔣中正函」（1948年5月1日），《蔣檔・家書：蔣經國家書（四）》。據王叔銘在電呈蔣中正的報告中謂：北平行轅秘書長蕭一山，自南京返回北平後，有下列之談話，頗值注意：（一）國大察、綏代表清一色要求李宗仁為副總統，乃全得力於傅作義。（二）中央近來有不少人妒嫉傅作義（王認為係蕭有意挑撥）。（三）熱河代表五分之四票選李，劉多荃（前熱河省政府主席，時任華北剿匪副總司令）亦為李活動（王認為石覺太太亦是國大代表，亦選李無疑）。王電呈蔣之報告見《蔣檔・事略稿本》，1948年5月15日。

[95] 「蔣經國致蔣中正函」（1948年5月1日），《蔣檔・家書：蔣經國家書（四）》。

[96] 王叔銘，《王叔銘日記》（手稿本），1948年5月6日。

[97] 唐矢，〈李宗仁回北平〉，《新聞天地》，第45期（1948年8月），頁6。

[98] 「保密局呈蔣中正情報」（1948年7月28日），《蔣檔・革命文獻：戡亂軍事——其他方面》。

業務不免停頓，前函薦舉之倪超凡，已徵得各方同意，擬請准予發表，以利工作，餘由毛人鳳同志面代呈報」。[99]然蔣對於陳「前函」的批示卻為「倪以稽查處長轉警局長不相宜，最好擇一北方同志繼任，正在物色中，待決定後再告」。[100]同日，內政部次長兼警察總署署長唐縱函呈蔣中正，報告湯永咸與北平市參議會衝突的原因、經過及其後續發展，並附呈北平市警察局長繼任人選之參考名單，請蔣參考核奪：（一）楊清植（41歲）：河北獻縣人，中央軍校軍官訓練班第一期，曾任大隊長、少將總隊長、瀋陽市警察局副局長、河北省警務處處長，現任河北省保安司令部參謀長。（二）朱篤祜（44歲）：山西臨晉人，軍校四期政治科，中央警校高研班三期，曾任軍事委員會政治科長、軍管區政治部主任、參謀長、教導團團長、北平市警察學校教育長。（三）白世維（40歲）：山東人，軍校七期畢業，曾任侍從室警務員、平漢路警務處副處長、天津市警備司令部稽查處處長，現任北平市警察局副局長。（四）李謇（41歲）：河北順義人，內政部警高正科，日本內務省警講所，曾任秘書主任、督察長、專員、教官、副組長，現任警察總署第二處處長。[101]

　　7月4日，傅作義致電蔣中正，謂北平市警察局長關係重要，與各方均須配合，且本身任務亦甚艱鉅，所有局長一職，擬請蔣遴員派充，以重職守。[102]惟傅並未保薦人選。7月5日，唐縱又會同憲兵司令張鎮函呈蔣中正，謂「遵諭遴選北屬或兼具曾任憲兵團長之幹部二員」：（一）朱篤祜：山西人，軍校四期政治科，曾任軍事委員會政治科長、北平市警察學校教育長，能力優良。（二）劉家康：河南人，軍校六期政治科，服務憲兵二十年以上，兼具

---

[99] 見陳繼承1948年7月3日致蔣中正電，《國民政府檔案・人事：警察人員任免──院轄市警察機關人事任免》。

[100] 見蔣中正對1948年6月25日陳繼承致蔣電之批示，《國民政府檔案・人事：警察人員任免──院轄市警察機關人事任免》。

[101] 見1948年7月3日唐縱呈蔣中正之報告，《國民政府檔案・人事：警察人員任免──院轄市警察機關人事任免》。

[102] 見1948年7月4日傅作義致蔣中正電，《國民政府檔案・人事：警察人員任免──院轄市警察機關人事任免》。

久任憲兵團少將團長之資歷並隨蔣孝先團長服務北平憲兵營長有年，信仰堅定，外圓內方，對事處人，忠實不二，現任綏靖分區少將副司令官。以上二員，請擇一核委（委任為北平市警察局長）。[103]

7 月 7 日，新任北平市市長劉瑤章致電蔣中正，以湯永咸經前市長何思源停職，現以治安重要，未便久懸，懇請迅派員接替。[104]7 月 9 日，蔣中正致電唐縱，覆以「七月三日報告悉，北平市警察局局長可以楊清植充任，希即依照法定程序呈請任用為要」。蔣並於同日致電傅作義，告以「北平市警察局長已由內政部決定以楊清植充任，正呈請任命中，特復知照」。另致電憲兵司令張鎮，並於次日致電陳繼承、劉瑤章，告以此項決定。[105]此一競相向蔣保薦北平市警察局長繼任人選之事遂告落幕。此事不僅使傅作義、陳繼承的心結加深，也必然有礙於傅與國府中央的和諧，當時的上海《觀察》雜誌曾論述云：

> 而傅不是中央嫡系是人盡皆知的事實，他特殊的作風早就存在著。毛人鳳祕密來平，扣起了北平民政局長馬漢三和軍統華北負責人喬家材（按：應為才）。馬與喬以前都是在綏遠做過傅作義那裏的工作的。馬、喬的被扣，名義上是貪污有據，既未送法院，亦未移付懲戒，這個事情的複雜於此可見。[106]

7 月 15 日，新任北平市警察局長楊清植自南京飛抵北平。[107]次日上午，

---

[103] 見唐縱、張鎮 1948 年 7 月 5 日致蔣中正之呈文，《國民政府檔案‧人事：警察人員任免——院轄市警察機關人事任免》。

[104] 見 1948 年 7 月 7 日劉瑤章致蔣中正電，《國民政府檔案‧人事：警察人員任免——院轄市警察機關人事任免》。

[105] 蔣中正致唐縱、傅作義、張鎮、及陳繼承、劉瑤章各電，均見於《國民政府檔案‧人事：警察人員任免——院轄市警察機關人事任免》。

[106] 《觀察》特約記者，〈北方政局觀測〉，《觀察》，第 4 卷第 20 期（1948 年 7 月），頁 14。

[107] 《益世報》（北平），1948 年 7 月 16 日，第四版。

偕主任秘書毛鍾新到局接交視事。[108]7 月 20 日，北平警備總司令部稽查處處長倪超凡至北平王叔銘之指揮所見王，告稱：彼處境至為困難，自馬漢三被捕後更趨困難，陳繼承與傅作義隔閡似日益加深，彼等聯絡亦不密切，使彼日遭傅之嫉忌等等。[109]7 月 29 日，毛人鳳往晤王叔銘，告以馬漢三、喬家才等貪污事，馬漢三貪污查有證據者已有五千餘億，恐近萬億，喬家才貪污數字較小，馬漢三將處以死刑。[110]

其四、對於處理北平學潮事，傅、陳彼此心生嫌隙，致摩擦更甚。1948年 4 月 6 日，北京大學及清華大學講師、助教、職員、工警，為爭取待遇，自是日起罷教罷工三日，兩校學生亦自是日起「同情罷課」三日，燕京大學學生則同情罷課一日。4 月 7 日，北平師範學院講師、助教、學生，亦起而罷教罷課兩日。朝陽學院學生亦在醞釀罷課中。[111]北平警備總司令部對此愈形擴大的學潮擬採強硬取締手段，蔣中正似有所悉，於是日電囑陳繼承：

> 聞將逮捕各校反動學生，現各校長在京開會，如無緊急事變，可暫緩。此時可積極準備，惟將來執行時亦宜格外慎重，并勿在校內逮捕為要。[112]

然警總仍於 4 月 9 日凌晨，派便衣人員五十餘人員進入北平師範學院毆打並架走八名學生，另有兩名學生被毆重傷（是為「四九血案」）。[113]蔣中正聞之，至表關切，即於當天致電陳繼承，問其原委：「聞今晨師大被警備部士兵入校逮捕學生時傷學生二人，現在學生包圍行轅，事態有擴大之勢，究竟

---

[108] 《益世報》（北平），1948 年 7 月 17 日，第四版。

[109] 王叔銘，《王叔銘日記》（手稿本），1948 年 7 月 20 日。

[110] 王叔銘，《王叔銘日記》（手稿本），1948 年 7 月 29 日。

[111] 《益世報》（北平），1948 年 4 月 7 日，第二版。

[112] 「蔣中正致陳繼承電」（1948 年 4 月 7 日），《蔣檔·特交檔案：一般資料──民國三十七年（五）》。

[113] 《益世報》（北平），1948 年 4 月 10 日，第二版。

如何，盼立復」。[114]4 月 14 日，蔣密電陳繼承、何思源（北平市長）：

> 北平學潮演變至此，中極為關心，特囑陳部長雪屏（按：時任國民
> 黨青年部長）明日飛平，已面授機宜，與兄等商洽處置。現在匪方
> 陰謀日張，我方工作人員萬不可再有授人口實之非法行動，切望貫
> 徹命令，齊一步伐，不得違誤。⋯⋯一切希兩兄妥慎負責，與雪屏
> 兄商洽處理，務使學潮即日平息為要。[115]

當時有謂北平當局在對於學潮的處理方針上，有「疏導派」及「高壓派」
之分。前者以北平行轅主任李宗仁為代表（按：尚有北平市長何思源），後者
以陳繼承及國民黨北平市黨部主任委員吳鑄人為代表，派系鬥爭的尖銳化和
表面化，都是在北方從未有過，而夾處於這兩派鬥爭裏的則為傅作義。[116]傅
對學潮持忍耐態度，對陳繼承事先未向其請示獲准即魯莽行動，甚為不滿，
雙方關係更為不諧。5 月 30 日，蔣致電陳繼承，電文中有「近聞兄不斷召集
高級將領會議，及對處置學生未能事先與之面商，彼或有所誤解」之語，[117]適
足以證之。

7 月 1 日，北平行轅公告，該行轅於 6 月 30 日結束。[118]李宗仁掌握過的
華北政權，開始轉移給傅作義的華北剿匪總部；北平和天津隸於剿總的管轄
之下，為傅所信任的劉瑤章出任北平市長，取代了與 CC 系頗有淵源的何思

---

[114] 「蔣中正電詢陳繼承士兵入校逮捕師大學生及學生包圍行轅事」（1948 年 4 月 9 日），《蔣檔・
籌筆：戡亂時期（九）》。

[115] 「蔣中正致陳繼承、何思源卯寒電」（1948 年 4 月 14 日），《蔣檔・特交文電：共匪禍國──武
裝叛國（九）》。

[116] 裴仁，〈傅作義的多綫作戰〉，《時與文》，第 3 卷第 3 期（1948 年 4 月），頁 13。撰者裴仁係
《時與文》之特約北平通訊記者。

[117] 「蔣中正電囑陳繼承軍事各事需先請示傅作義及可信任王叔銘」（1948 年 5 月 30 日），《蔣檔・
籌筆：戡亂時期（九）》。

[118] 見《大公報》（天津），1948 年 7 月 5 至 7 日，第一版，北平行轅刊登之公告。

源。這一切都使剿總權力加大，北方的地方性加強，而傅的責任亦更艱更巨。[119]7 月 5 日，東北流亡學生在北平請願，搗毀市參議會，包圍議長許惠東住宅，遭軍警開槍彈壓，據事件發生當天陳繼承、劉瑤章致蔣中正的電報稱，「當場暴徒學生死三人，傷十三人，軍警先後死傷廿餘人」，[120]是為「七五事件」。關於事件傷亡的具體人數，當時的社會輿論、政府報告甚或今日史書，仍舊是模糊混亂，各執一詞，甚至有謂學生死亡八人，市民死亡一人；另重傷三十八人，輕傷百餘人；謂其為「解放戰爭時期被害人數最多的一次慘案」。[121]其中當以事後北平市政府撫卹此事件傷亡人員及其撫卹金數目之報告較為可信，計學生死亡八人，傷二十一人（重傷八人，輕傷十三人），市民張鳳嶺死亡。[122]事件發生後負責北平治安的陳繼承，固為各方所指責，連傅作義亦遭連累，致聲譽受損。次日，北平各大學學生及東北流亡在平學生約四千人（一說約萬人），舉行聯合請願遊行，沿路書刷標語，呼喊口號，其中即有「請嚴懲兇手傅作義」、「槍斃兇手傅作義」、「槍斃陳繼承」等。[123]7 月 16 日，陸軍大學校長徐永昌在北平往訪副總統李宗仁，徐記述是日李「對於最近北平東北生學潮，以為雲南學潮中央派員調查解決，武漢學潮亦然，何以獨不管北平事件？是否有意開脫陳繼誠（承）責任，有意看宜生（按：傅作義字宜生）

---

[119] 陳卓吾，〈華北和當家人──傅作義〉，《世紀評論》，第 4 卷第 5 期（1948 年 7 月），頁 11。

[120] 「陳繼承、劉瑤章呈蔣中正七月五日電」（1948 年 7 月 5 日），《蔣檔‧革命文獻：戡亂軍事──華北方面（一）》。

[121] 張皓、陳銀屏，〈從期望到失望：1948 年北平「七五」事件再探討〉，《史學集刊》，2012 年第 3 期，頁 62。

[122] 該撫卹報告現收於北京市檔案館館藏之《七五事件死傷學生軍警憲撫卹慰問金卷》內；該報告所載之傷亡數字係轉見於賀江楓，〈從學潮走向政潮──1948 年北平「七五」慘案研究〉，《南京大學學報》（哲學‧人文科學‧社會科學版），2012 年第 1 期，頁 93～94。惟賀文並未列述軍警憲之傷亡人數。據北平治安當局發表的軍警憲傷亡名單為死亡兩人（均係士兵），傷二十一人（其中軍四，警十三，憲四），至於受傷已見於報載的北平市警察局副局長白世維及憲兵團（第十九團）團長梅慶嵐，並未在該名單之內。此外，尚有五名市參議會員、四名第八區公路局員工受傷。見《世界日報》（北平），1948 年 7 月 7 日，第三版。

[123] 《益世報》（北平），1948 年 7 月 10 日，第四版。

笑話」。[124]顯見李對蔣中正甚為不滿，並有意挑撥蔣、傅關係。

　　7 月 30 日，行政院派國防部次長秦德純調查北平「七五事件」。8 月 2 日，秦自上海搭機飛抵北平。[125]8 月 4 日，王叔銘在日記中記述：傅作義在勤政殿宴錢大鈞（前上海市市長兼淞滬警備司令，時任國民大會代表）、蔣鼎文（國民大會代表、總統府戰略顧問）等高級將領，秦德純亦在座，王則作陪。席中談及「七五事件」，秦奉命來平調查此案，尚無具體結果，但傅作義、陳繼承中間恐因此事更將引起摩擦。[126]8 月 5 日，王叔銘記述：胡伯翰（北平警備副總司令）、馬法五（前保定綏靖公署副主任兼天津警備司令）、段澐（第二〇八師師長）、宋邦榮（冀西師管區司令）等宴李宗仁、秦德純、錢大鈞、蔣鼎文等，王臨時亦加入為主人之一，席中陳繼承對「七五事件」，對傅作義有不滿意之牢騷語。[127]8 月 16 日，王叔銘往訪秦德純，詢及關於「七五事件」，秦稱東北人員極力主張處分陳繼承，而傅作義、段澐等尚無若何責任。[128]

　　8 月下旬，監察院發表其谷鳳翔、胡文暉二委員調查之七五事件之報告，其中云：

　　　　北平警備總司令陳繼承身負治安責任，認為情勢嚴重，原有隨時戒
　　　　備調隊警戒之職責。惟聞陳曾以電話請傅總司令派部隊警備，傅總
　　　　司令電話指示士兵不准帶槍，更不許打學生，士兵傷亡重償重恤，
　　　　並命其參謀長電話北平警備總司令部楊參謀長重予叮嚀，囑轉達陳
　　　　總司令。迫各部隊到警備總司令部集合，楊參謀長本陳總司令指示，

[124] 徐永昌，《徐永昌日記》（手稿本），第 9 冊（臺北：中央研究院近代史研究所，1991），頁 91，1948 年 7 月 16 日。

[125] 《益世報》（北平），1948 年 8 月 3 日，第四版。

[126] 王叔銘，《王叔銘日記》（手稿本），1948 年 8 月 4 日。

[127] 王叔銘，《王叔銘日記》（手稿本），1948 年 8 月 5 日。

[128] 王叔銘，《王叔銘日記》（手稿本），1948 年 8 月 17 日，補記昨日之事。

對官兵講話，不准打槍，迫不得已為防禦起見，可向空開槍，避免流血云云。就上述情勢分析，陳總司令未能遵照傅總司令指示，調用戰鬥部隊青年軍彈壓學潮，已屬不當，以部隊與學生雙方之情緒，隨時均有發生事端之可能。查當時蒞場警戒部隊有二零八師搜索營、裝甲第六營、憲兵十九團、警察及保警隊，以此龐雜之部隊，而派警察局白副局長世維為最高指揮官，警察自可聽候，軍隊何能聽其指揮。據白之談話：「不數秒，東西兩方槍聲大作矣，本人大呼不能開槍，不准開槍，但無人理會」。據此，則不聽白之指揮明矣。該總司令對於釀成此不幸事件，衡情度理，實有措置失當之責任。[129]

至於傅作義，該調查報告並未指稱其應負責任。傅於該調查報告披露後，即電呈蔣中正、翁文灝（行政院長），陳述處理七五事件之意見，並以該事件之責任，「實應由作義一人負之」，願接受最嚴厲之處分。[130]顯係一肩挑起，代部屬陳繼承等受過。而蔣中正仍對於陳迴護有加，並未將其撤換，亦無任何懲處。自此傅與陳之間的齟齬益深。9 月 20 日，王叔銘記述其是日將吳化文（整編第八十四師師長，係馮玉祥之西北軍舊部）在濟南「叛變」投共事告知傅作義，傅甚憤慨，王亦將此事與陳繼承、李文（第三十四集團軍總司令）等晤談，兼請陳注意馮玉祥在北平之舊部池鳳城、何其蕈、門致中等，陳繼承對傅作義仍不相信、牢騷滿腹。[131]9 月 24 日，蔣在日記中記曰：

北平警備司令人選應急定，宜生（傅作義）之意必欲派其所部充之，其對武鳴（陳繼承）已水火不能相容，且以辭職相要脅矣。關麟徵、

[129] 見監察院發表其谷鳳翔、胡文暉二委員調查七五事件之報告，載《大公報》（天津），1948 年 8 月 29 日，第三版。

[130] 《益世報》（北平），1948 年 9 月 1 日，第一版。

[131] 王叔銘，《王叔銘日記》（手稿本），1948 年 9 月 20 日。

王東原、李文三人中挑選一人，否則楚溪春亦可應選。[132]

9 月 25 日，蔣在日記中記曰：「宜生與武鳴不協，請求辭職，武鳴固執愚拙，只為余增加麻煩，而不能為余減少苦痛，可嘆」。[133]對於傅作義之請求辭職，蔣自是不會允准，電覆傅云：「兄托叔銘副司令帶來函件刻始接閱，所請之事絕不可能，但對於警備人事早在考慮中，稍後當與兄詳商也」。[134]9 月 30 日，蔣中正自南京啟程北巡，並記稱此次北平之行的任務之三即為「解決北平警備司令問題」。[135]

三、長春被圍已久處境孤危

1947 年 11 月 27 日，蔣中正正在北平巡視時，曾致電參謀總長兼東北行轅主任陳誠，告其「近期內遼西匪必有行動，務望能先發制匪為要」。[136]此時傅作義所部暫編第三軍已自東北返回關內，東北國軍兵力益形不足。12 月 6 日，傅作義就華北剿匪總司令職，12 月 10 日，蔣即電詢傅「華北進剿部署已否完成？年杪已近，望速進行，勿為匪佔先著，陷於被動也」伺接傅電覆：「匪日來行動，似謀到處竄擾，以牽制我軍兵力，刻職正分赴各地，於視察中作調整部署」。[137]可見蔣是希冀東北、華北國軍主動出擊，制敵於先。惟此時陳誠胃疾轉劇，12 月 12 日，蔣電詢陳「清恙如何？甚念，如乘坐飛機無妨，擬即派機來接也」伺據陳電覆：「近日匪有發動攻勢，俟情況確定後，

---

[132] 《蔣介石日記》，1948 年 9 月 24 日。

[133] 《蔣介石日記》，1948 年 9 月 25 日，「上星期反省錄」。

[134] 〈蔣中正電示傅作義其所請事不能答應但警備人事早在考慮中〉（1948 年 9 月 24 日），《蔣檔·籌筆──戡亂時期（十）》。

[135] 《蔣介石日記》，1948 年 9 月 30 日。

[136] 〈蔣中正電陳誠近期內遼西共軍必有行動務望能先發制敵〉（1947 年 11 月 27 日），《蔣檔·革命文獻──戡亂軍事：東北方面（一）》。

[137] 《蔣檔·事略稿本》，1947 年 12 月 10 日。

再定行期」。[138]蔣遂改變其原定在東北、華北主動出擊的打算，先專注東北，華北暫採攻勢防禦。12 月 18 日，蔣致電傳作義，謂：「共匪近在東北積極蠢動，可否在華北抽調一個軍增援，而華北暫取攻勢防禦，一俟東北之戰局告一段落後，再對華北進剿，如何？請與辭修（陳誠）兄直接商決是盼」。伺據傅電覆，謂：「已奉陳總長電，著由熱河方面進擊，今（十九）日職赴承德部署，此一行動可能東北、河北兼顧，並可完全主動」。[139]然蔣對由熱河方面進擊不甚贊同，於 12 月 20 日致電傳云：

> 東北之匪，其目的仍在拆毀北寧路與竄擾遼西，威脅錦州、營口各據點，中意華北部隊趁北寧路尚通之際，不如直接車運錦州控制，比由熱河出發為便。且匪在冬季作戰，準備未全，勢不能長期竄擾，如由熱河出擊，則行程與運輸必延誤戰機，必難收效。中意應即決心車運出關，期奏膚功也。[140]

傅隨於 12 月 22 日電呈蔣云：

> 毛匪對於東北之攻擊，為聲東擊西，企圖吸引我軍於東北，然後乘虛大舉擾亂華北，攻我北平、天津，我若抽兵東援，適中奸謀。故職昨電東北行轅羅副主任卓英商酌，以為此次協同作戰，似不宜採取馳援救點方式，而應找匪弱點去打。除已飭熱河石軍（按：即第十三軍，軍長石覺）積極攻襲熱東匪後方資源倉庫、補給基地、通信機構、新兵訓練地等設施外，並擬以冀東部隊由昌黎向東北大舉掃蕩，接任綏中以西防務，而東北行轅則可將原駐綏中一帶部隊，

---

[138] 《蔣檔・事略稿本》，1947 年 12 月 12 日。

[139] 《蔣檔・事略稿本》，1947 年 12 月 18 日。

[140] 《蔣檔・事略稿本》，1947 年 12 月 20 日。

就近東調夾殲，如此，既較由河北抽調轉用為快，北寧交通亦可確保無虞。奉前電，謹遵鈞意，即抽調一個軍（欠一師），速運指定地點。惟擬將熱河部隊立即行動，並抽調一個師於平北地區，俾職能於最短時期先對匪發動攻勢，以打破其計劃，否則，平、津情勢複雜，將來如陷於被動，前途不堪設想。[141]

蔣閱後，即命其從速實施。惟是時東北共軍已發動其冬季攻勢（即第七次攻勢，自 1947 年 12 月 15 日起，至 1948 年 3 月 15 日止），[142]國軍迭戰不利。1948 年 1 月 7 日，國軍新五軍軍部及其所轄之第四十三師、第一九五師，在瀋陽西北之公主屯地區全軍覆沒，軍長陳林達、師長留光天、謝代蒸均被俘，是為東北國軍一大挫敗，瀋陽為之震動。為此，蔣中正特於 1 月 10 日下午自南京飛抵瀋陽，即於晡時在東北行轅主持會議，聽取軍事報告，以行轅對敵情及敵軍行動皆欠瞭解，深以為憂。蔣旋召見華北剿匪總司令傅作義，研究增援東北方略，而傅竟向中央要求增加華北兵力。晚，蔣聽取空軍副總司令王叔銘、第九兵團司令官廖耀湘報告。[143]是日，蔣在日記中云：

東北公主屯陳林達軍又被匪消滅兩個師，情勢更覺嚴重，乃於週末飛瀋實地視察，當地軍政與組織情形與辭修之病態，殊堪憂慮，此行心神雖倍增悲戚，但獲益亦多，若因此而能加以改善，未始非轉敗為勝之道也。[144]

---

[141] 《蔣檔・事略稿本》，1947 年 12 月 22 日。

[142] 括號內的起迄時日，係引自陳炎、沈兆璜、柳金銘，〈勝利的戰略進攻──東北解放戰爭研究（三）〉，《東北地方史研究》，1988 年第 2 期，頁 9。及《第三次國內革命戰爭概況》（北京：人民出版社，1954），頁 25。

[143] 《蔣檔・事略稿本》，1948 年 1 月 10 日。

[144] 《蔣介石日記》，1948 年 1 月 10 日，「上星期反省錄」。

　　1 月 11 日上午，蔣朝課未畢，傅作義來謁見蔣，以大沽戰況緊急之電見告，傅欲即時飛回北平，蓋其甚恐商談及增援東北兵力之事。蔣乃明告以今後華北與東北二戰區應打成一片，首先應掌握冀熱遼邊區與保有北寧路，雙方應先派主力部隊肅清邊區之共軍，令其對冀西南暫取守勢，又以陳誠病狀公私關係相勉，傅似仍無所動。最後蔣令其三星期後必須抽出三個師有力部隊東進，實行此一任務，傅雖口頭勉允，蔣未知其能遵令奉行否。傅辭別後，蔣繼續朝課，九時半，至東北行轅會議，召見高級將領，檢討公主屯失敗經過，行轅以廖耀湘部赴援不力為言，蔣則認為實際上乃陳林達不能固守據點待援，及行轅指導無方所致，蔣本擬處分廖部，檢討結果並無過失，乃不置議。指示訓勉以後，已下午二時，乃即直至機場登機起飛，六時回抵南京。[145]

　　1 月 13 日，蔣鑒於陳誠病狀及東北局勢，決定改組東北軍政，因而致電時在漢口的國防部長白崇禧云：

> 東北局勢與辭修病狀皆甚可慮，其組織與人事似應重新調整，現在德鄰（李宗仁）兄調任東北恐更非其時，中意擬照華北辦法設立東北剿匪總司令，受東北行轅之指導，而任衛俊如（衛立煌）為總司令，專負東北軍事職責，如此，辭修可以專心養病，亦可望東北局勢好轉也。[146]

　　1 月 15 日，蔣致電傅作義，告知其同樣之事，望其能與衛立煌密切合作，協同一致，迅奏膚功。[147]1 月 17 日，國民政府明令特派衛立煌為東北行轅副主任兼東北剿匪總司令，[148]專負東北軍事全責，直隸於國防部，兼受東北行

---

145 《蔣介石日記》，1948 年 1 月 11 日。

146 《蔣檔・事略稿本》，1948 年 1 月 13 日。

147 《蔣檔・事略稿本》，1948 年 1 月 15 日。

148 《國民政府公報》，第 3034 號，1948 年 1 月 19 日，補登 1 月 17 日之府令。

轄之指導。[149]2 月 5 日，陳誠離瀋陽，回抵南京。2 月 12 日，國府特派衛立煌兼代東北行轅主任。自是，東北軍政定於一尊。

3 月 15 日，東北共軍為時三個月的冬季攻勢結束。據中國人民解放軍總部所編，1949 年 7 月出版的《中國人民解放戰爭三年戰績》載稱此冬季攻勢的戰績為：

> 消滅了敵人新五軍軍部及所屬三個師、四十九軍兩個師、五十二軍兩個師、新六軍一個師、七十一軍一個師，共九個師及其他部隊合計十五萬六千餘人，俘新五軍軍長陳林達等高級軍官以下十萬零五千人；並攻克了敵人堅固設防的戰略要點四平街，收復營口及其他城市十八座；擴大解放區十萬九千餘方公里，解放人口六百一十餘萬。使敵軍在東北的佔領區，縮小到東北面積的百分之一，東北敵軍的巢穴瀋陽成了孤立的死城，吉林之敵乃於三月九日逃至長春，至此，便奠定了東北全境解放的基礎。[150]

至此，國軍在東北僅保有瀋陽、長春、錦州、新民、撫順、本溪、鐵嶺、遼中、義縣、錦西、綏中、興城等十二不完全的縣市，而且是不能連成面的孤點。其中位置最北的長春，誠如當時《新路》雜誌特約記者所述：

> 三月十三日共軍又佔領了長、瀋間的四平，長春立刻變成吃不進去，吐不出來的一塊鯁骨。永吉的放棄，四平的不守，使長春的軍民都失去了信心。然而想退已經不容易了，過去四平在國軍佔領的時候，若想從長春撤退還能在四平站腳，今天再想撤退，必須一口氣跑出五百里纔能到瀋陽，而沿途已被共軍大兵盤據，守長春的新七與六

---

[149] 「特派衛立煌兼任東北剿匪總司令」（1948 年 1 月 21 日），《政治檔案》（臺北：國民黨黨史館藏）。

[150] 轉見於《第三次國內革命戰爭概況》，頁 25～26。

十兩軍，不僅掩護不了撤退的軍民，恐怕自身也難保，長春孤城只好守下去。[151]

國府當局為了加強長春軍民的信心，特派東北剿匪副總司令鄭洞國兼吉林省政府主席、第一兵團司令官，留駐長春。其第一兵團下轄新七、六十兩個軍，前者係由原新一軍撥出的新三十八師及偽滿鐵石部隊改編的暫五十師，另加由鬍匪和紛雜的地方部隊合編的暫六十師，湊合而成，由原新三十八師師長李鴻擔任軍長。後者為甫從永吉撤出的部隊，軍長曾澤生，移駐長春後，於原轄兩個正規師外，復編進了原駐永吉的交通警察總隊改編的暫五十二師，湊合而成三個師。防守長春的部隊名義上是六個師，實際上能作戰的只有三個師。這三個師也屢經挫折，士氣不振。而其他三個師，則是虛張聲勢而已。[152]

鄭洞國畢業於黃埔軍校第一期，係蔣中正的學生及親信有加的國軍將領。是年3月中旬，鄭由瀋陽飛抵長春。據其回憶，他到長春後的作法可用四句話來概括：「加強工事，控制機場，鞏固內部，搜購食糧」。守備長春的兵力為兩個正規軍及兵團部所轄直屬部隊約六萬人，地方遊雜部隊及後勤人員約四萬人，共十萬人左右。他根據持久防禦方針，把長春分為兩個守備區，東半部守備區歸六十軍負責，西半部守備區歸新七軍負責。除沿城市邊緣構築防禦工事外，在市區內利用堅固建築物，層層設防，並在中央銀行區構築核心工事。六十軍派出一部在東郊五六里一帶高地，佔領前進陣地，新七軍派一個師擔任西門外飛機場的警戒。[153]

長春曾是偽滿洲國的首都，日本關東軍在其街市及近郊地區做了許多堅

---

[151] 《新路》特約記者，〈長春・瀋陽・錦州——東北通訊〉，《新路》，第1卷第3期（1948年5月），頁17。

[152] 龍國鈞，〈長春解放經過〉，《文史資料精選》，第13冊，頁148～149。按：龍國鈞時任長春國軍新七軍少將參謀長。

[153] 鄭洞國，〈從猖狂進攻到放下武器〉，《文史資料精選》，第13冊，頁80。

強的防禦工事，如碉堡、壕溝、坑道、瞭望台等。城中心的關東軍司令部、
在鄉軍人會、空軍司令部及大興公司四個大建築物，雄踞在十字路口的四角
上，前三座樓房的地下室，都有鋼筋水泥的堅強坑道通過大馬路，彼此相連，
更有笨重的鐵閘門，可以彼此阻絕。四座樓房的地上建築，都是厚牆鐵窗、
鋼筋水泥屋頂，中級飛機炸彈不能損傷它們。再往南走，是偽滿洲國的中央
銀行，全部外牆都用花崗石砌成，厚度在一米以上，形成一個堅強的據點。
市內各主要街道都寬在六十米以上，街與街之間及和各大建築物之間都留有
很多草地花園，距離足夠發揚火力。重的街口還修有水泥掩蓋的地下碉堡。
自從日本投降，國軍進駐長春以後，更在環市添修了許多水泥地堡，將關東
軍的遺留工事聯繫起來，無形中把整個市區變成了要塞。[154]再看當時《新聞
天地》記者的描述：

> 長春的城防工事是全國數得著的，外邊一條圓形周圍百里，深一丈
> 五寬一丈五的護城壕，壕裏是永久性的碉堡羣，每個碉堡可以住一
> 連人，裏邊有井，足夠一連人吃半年的食糧，堡和堡間有暗道，五
> 個碉堡有一個醫院。在兵員方面，有新七軍、六十軍、有上次四一
> 四防守戰打過砲的劉德溥部隊、有突擊隊……不下十五萬人。在市
> 民方面，保甲組織健全，黨工作徹底，奸細或內應是無能為力的。
> 所以，憑實力打打長春，共匪是不敢的，他一定要用封鎖竄擾來困
> 長春，使長春這個刺蝟只能縮緊自己，不去干擾他在長春四週作的
> 鳥事！[155]

　　5 月下旬，東北共軍以兩個縱隊和七個獨立師進攻長春，殲滅國軍六千
餘人，佔領了大防身飛機場，惟共軍傷亡亦比較大。之後，東北共軍領導人

---

[154] 龍國鈞，〈長春解放經過〉，《文史資料精選》，第 13 冊，頁 149～150。

[155] 黎茄，〈長春春愁深〉，《新聞天地》，第 40 期（1948 年 5 月），頁 23。

（林彪、羅榮桓等）認為：攻城部隊與長春守軍兵力對比不佔絕對優勢，目前即攻長春難度較大。於是，6 月 5 日，又就部隊行動問題向中共中央軍委提出三個方案：其一、目前即正式進攻長春，但認為無把握，成功的可能性較小。其二、以少數兵力圍困長春，主力到北寧路作戰，但南下作戰除可能到處撲空，或因敵集中不好打外，糧食極為困難，同時長春之敵可能乘機逃回瀋陽，造成兩頭都無戰果的結果。其三、是用二至四個月的時間，對長春實行久困長圍，然後攻城，並認為目前以採第三個方案為好。6 月 7 日，中共中央軍委覆電，基本同意第三方案，「即用三個月至四個月時間攻克長春，並爭取殲滅援敵，待秋收後再攻承德或他處」。[156]長春被長圍久困的命運，已然決定，所謂的「一個特殊類型的戰役」，就此展開。[157]

　　根據東北共軍領導人林彪、羅榮桓等所指示圍困封鎖長春的具體規定為：

　　（一）畫長春市周圍五十里以內為封鎖區，在此封鎖區內除軍事所必須者外，應禁止人員車馬自由通行。必須通行者由各縣政府製造通行證及居留證發給人民（軍隊人員外出者由團部發通行證），以便憑證檢查。

　　（二）在宣佈斷絕對長春市商業關係、嚴禁糧食柴草及其他生活資料流入長春後（由總部出佈告），凡以上項資料偷運過境企圖接濟敵軍者，即一律扣留，由指定機關（地方歸縣，軍隊歸團）予以沒收處理。但持有證明文件並其所運係流向本區者，則必須允許放行，不得藉故留難。其有藉端勒索及不按規定手續執行沒收者，必須從嚴查辦。

　　（三）為反制長春市敵人之人口疏散政策，對長春市內出來之人民必須予以阻攔，凡能堵回去者，務必堵其回去，使敵對城市人口不能大量與迅速地疏散，而達成其減少糧食之困難。但應告誡部隊對出城人員只宜採取勸阻的辦法，不得施行毆打及開槍。

---

[156] 許農合主編，《解放檔案——中國人民解放軍征戰紀實》，中卷（北京：中共黨史出版社，2006年二版），頁 1295。

[157] 瀋陽軍區《圍困長春》編委會編，《圍困長春：一個特殊類型的戰役》（長春：吉林文史出版社，1988），以此為書名。

（四）為實行上項封鎖政策，應在各大小道口設立檢查站，以便執行盤查和戒嚴。除軍隊擔任者外，必須組織人民的放哨戒嚴，使敵探、奸商和反革命分子無隙可乘，此項戒嚴和盤查細則由當地軍隊會同地方規定之。

（五）勸告封鎖區內前沿地帶的居民，將多餘糧草及暫時不需用資料窖藏來，不要被敵搶去。[158]

當 5 月下旬共軍圍城前夕，長春約六十萬（一說八十萬）軍民日常生活就已感困難。燃料方面，因 1947 年 10 月吉長鐵路中斷後，煤炭電力的來源全部斷絕，長春變成黑暗的都市及燃料荒的冷城。市內的炊食取暖，除了少數機關僅存的一些餘煤外，大部份依靠木料來維持，這是生活上的最低要求，於是拆房子、砍樹木，乃成為無法禁止的必然趨勢。多少年來埋藏在地下的煤炭渣滓，竟變成了燃料市場的寵兒。自來水、煤氣、電燈、電車等全都停了（電車、公共汽車最近在極困難的條件下恢復行駛，但數量少得可憐。自來水沒有了，市府和人民普遍地挖掘土井。豆油燈是機關家庭晚間的唯一照明設備），大小四百家工廠統統關門。糧食的問題非常嚴重，大米、白麵自非一般公教人員及軍民所敢問津的，於是高粱米、大豆粉成為一般市民的主食。窮苦一點的人，只有把豆餅拿來果腹。生活的窘迫成為普遍性。[159]

到了 7、8 月間，情形已至極其嚴重的地步。當時在長春擔任報社記者的范叔寒（8 月中旬方自長春逃出），曾撰有〈長春——今之人間地獄〉一文，刊於天津《益世報》上，述說長春由於外糧來源斷絕，軍隊拼命搶購城內餘糧，以致秫米由十萬元流通券一斤，連番跳躍上漲，至 4 月中旬已至兩百萬元流通券一斤。人民吃不起秫米，只好改吃玉米麵和大豆頰，再改吃高粱糠和大豆頰的混合粉。緊跟著秫米、大豆，甚至高粱糠都一齊上漲，人民又改吃豆腐渣，豆腐渣也貴，也沒有了，於是，吃豆餅，由豆餅又發展到吃酒糟。至 8 月中旬，酒糟要一百萬元流通券一斤，大豆七百五十萬元，而秫米已經

[158] 李德、舒雲編著，《林彪日記》，上冊（香港：明鏡出版社，2009），頁 530～531。

[159] 葉舟，〈動盪中的長春市（長春通訊）〉，《新路》第 1 卷第 2 期（1948 年 5 月），頁 19。

八百萬元了。以關內的數字來表示：吃一斤秈米得要法幣一億元。撰者並以括號註說：「據最近長春消息，秈米已到三千萬流通券一斤，合法幣三億」。以上所述只是屬於有購買能力，也就是在吃上尚有「辦法」的這一階級的情形。至於本即貧困的細民，當糠和豆腐渣都昂貴而且稀少到無從購得時，則開始吃榆樹葉和野生的屈母菜，這兩種菜 7 月中旬都到過十萬元流通券一斤。繼則吃灰菜莖和嫩楊樹葉，[160] 長春最美麗的一條大街中山馬路，其兩旁街樹的葉和皮，都已被吃光，其光滑的柏油馬路，也讓市民把皮剝下來當柴火燒了。[161] 最後一種據說是含有植物毒素的野生草「線兒菜」，也被採為代用食品。食後中毒，臉和手腳都腫得像似發胖。然而受饑餓威脅的，並不完全是貧困的，只要是沒有糧吃，無論貧富一樣可能餓死。中正廣場躺著兩名中年婦人，都是穿著高級的潔白衫褲死在那裏。錢財已難買到食糧，遂用衣服交換，在 7 月中旬，五、六斤豆子便可換來一件相當可觀的毛皮大衣。以衣服換糠，換豆腐渣的交易，到處都是。[162] 乃至「十斤米換一位女人，三斤米換一所房屋是真實的事，祇是賣人肉一節倒沒有聽說」。[163]

　　然而據國防部保密局 8 月 14 日密呈蔣中正的報告，謂「東北糧荒嚴重，長春人民在一月前已開始偷吃死屍果腹，嬰兒因無奶吃，現幾全部死盡，但因長春當局封鎖此項消息，故內地鮮有知其事者」。[164] 9 月 5、6 兩日，長春版《中央日報》刊出了〈長春丹的發起、研究、及實驗經過報告書〉，此一研究、實驗，係 7 月下旬由市政府責成該市之東北科學技術學會總幹事王裴忱主持其事，至是其報告書出爐，鄭重地指出「長春丹」救饑理論的根據，並詳細分析了所含有的成份，是以脂肪質及蛋白質為最多，吃了以後能產生極

---

[160] 范叔寒，〈長春──今之人間地獄（上）〉，《益世報》（天津），1948 年 9 月 16 日，第三版。

[161] 〈堅守中的長春〉，《中央日報》（上海），1948 年 9 月 12 日，第三版。

[162] 范叔寒，〈長春──今之人間地獄（上）〉，《益世報》（天津），1948 年 9 月 16 日，第三版。

[163] 馬行健，〈逃出死亡綫〉〉，《中央日報》（瀋陽），1948 年 8 月 14 日，第一版。

[164] 「保安（密）局函蔣中正七五學潮專報」（1948 年 8 月 14 日），《蔣檔‧特交檔案：一般資料──民國三十七年（九）》。

大的熱量，確有忍饑之效。但如長期不食其他食物，恐陷於營養不良，故可作一時之救濟，不可作經常之糧食。該報 9 月 6 日所載「本市」最大的新聞則為「救死濟嬰運動」，這是軍隊裏的一種慈善運動，救濟瀕死的一些窮人及嬰兒的，因而新七軍六十一師第三團第一營第三連及機槍第一連的官兵，共捐流通券八億五千三百萬救災。新七軍的戴貴康並向「駐長（春）全體武裝同志」呼籲「希望救死運動能如人造花永遠地盛開著，直到毛匪潰退或消滅為止」。[165]均足見長春糧荒之極其嚴重。9 月 22 日，國府行政院例會通過「長春軍糧票發行及使用辦法」，規定軍糧票以高粱米為本位，其票面分為一兩、半斤、一斤、五斤、十斤、五十斤、一百斤七種，取代原來通用的東北流通券及其本票，以支付軍政開支。所有已發之流通券及本票，以流通券二千萬元折合軍糧票一斤，限於 1948 年 11 月 20 日以前收兌完畢。[166]對於解決長春糧荒亦未起多大作用。

又據范叔寒記述：共軍對長春圍困封鎖至為嚴密，大批冒險出城欲逃離孤島求生的長春人民，無法通過其封鎖線，由於進退不得，都麕集於國共兩軍之間的「真空地帶」。因為國軍方面的放出卡口，只有洪熙街、南關、東大橋三處，所以逃出的難民都集中在這三個地方，特別是洪熙街係南下必經的關口，難民也就分外的多，「目下足有十五萬人左右」。[167]最多時曾達二十萬人，困處在此方圓不過二三十里大小的地帶（洪熙街至范家屯）。[168]難民身上所攜帶的食糧，最多不過三、四日份，吃完便須吃草吃豆葉充饑，不能想辦法脫出這個地帶，就得在此活活地餓死。真空地帶是兩軍對峙的地帶，最近的地方，有的相距不過五百碼，晝夜槍砲聲不絕於耳，雙方的砲擊或因

---

[165] 冉無，〈從長春報紙看長春末日的景象〉，《世紀評論》，第 4 卷第 18 期（1948 年 10 月），頁 12。

[166] 《中央日報》（瀋陽），1948 年 9 月 28 日，第三版。

[167] 范叔寒，〈長春——今之人間地獄（上）（下）〉，《益世報》（天津），1948 年 9 月 16 日及 17 日，第三版。

[168] 〈堅守中的長春〉，《中央日報》（上海），1948 年 9 月 12 日，第三版。

夜間的誤會，都經常把難民打死一些。據其一位記者同業的估計，8 月中旬，真空地帶每天餓死、病死、被打死的難民，可能有五千人之多，此數字雖然未必可靠，總之，死亡率是相當驚人的。范氏並記述說：長春人民對於「軍糧」和「空投」，都懷著恐怖的心情，因為每當軍糧開始採購的時候，都會製造一個「殺人的物價」，令人心惶惶，不可終日。而空投呢，又因共軍的高射砲對空射擊，飛機大都在一萬公尺以上盲目地往下投擲，於是，糧袋打死人，砸壞了房屋，形成一種「殺人的空投」。長春人民每天須用躲避敵機的心情，忐忑地出來張望著投糧的機羣。「前幾天」，共軍開始用砲向市區盲射達兩小時之久，落彈有四、五百發，四馬路、永春路，都起了火災，人也傷亡了四、五十人。於是，長春人民又多了一層憂慮，晝間為了害怕飛機盲投，必須出來張望，夜裏，又害怕砲彈盲射，不敢在床上安睡。飽不得飽，睡不得睡，長春人民是在饑餓與恐怖的壓迫下生存著的。[169]長春的末日景象，由此可見一斑。至於娛樂活動，幾已完全停擺，在 6 月間，長春有五家電影院（上海、光藝、新新、大安、國泰），7 月似乎還有兩家，8 月只有一家，9 月則沒有了，只有一個新七軍的「鷹揚劇校」平劇團，點綴著此一「人間地獄」，其 9月 6 日演出的節目是《時遷偷雞》與《全部瀟湘夜雨》。[170]

　　對於被圍困中的長春，蔣中正至為關心懸念，曾於 1948 年 8 月 17 日致電鄭洞國，叮囑其現在駐長春的國軍必須有持久固守之打算，應即急速實施者：其一、凡長春市內所有民間及公私物資，皆應由總部下令嚴格集中管制，定量分配，不准再有私人賣買行為，即所有商業一律禁止，如有違者，予以軍法從事，就地槍決。其二、凡壯丁與青年一律徵集入伍訓練，不許自由散住，如槍械不足，則可以二兵共用一槍，並教以軍事有關如衛生、擔架、運

[169] 范叔寒，〈長春──今之人間地獄（下）〉，《益世報》（天津），1948 年 9 月 17 日，第三版。

[170] 冉無，〈從長春報紙看長春末日的景象〉，《世紀評論》，第 4 卷第 18 期（1948 年 10 月），頁12。「鷹揚劇校」的前身為「鷹揚劇團」，係 1943 年冬駐印度中國遠征軍新編第三十八師師長孫立人成立的平（京）劇團。1946 年 10 月，該劇團隨孫立人之新編第一軍進駐長春，次年 11 月，孫被調職離開東北，該劇團續留長春，殆長春陷共，隨新七軍投共。見張志強、王放編著，《1948‧長春：未能寄出的家信與照片》（濟南：山東畫報出版社，2003），頁 150、152。

輸、工程與偵查情報及假降等技術，嚴格組織，施以政治與主義之精神教育，期能以一當十。其三、凡市內老弱無能者，一面勸其大義，一面強迫其疏散。此時惟有徹底實施此三項辦法，方能達成孤軍保長之任務。[171]同日，蔣手令在北平之空軍副總司令王叔銘，囑其空運（投）長春軍糧每日須保持六十至九十噸，以慰軍民之渴望，並作有計劃持久不息之運輸。[172]並再致電鄭洞國並轉曾澤生、李鴻兩軍長，情詞懇切，備極關懷，勖勉全體官兵苦守待援，完成孤軍保衛長春之偉大使命：

> 凡我駐長各官兵忍飢耐苦之生活如何改善，及其被圍險惡之環境如何打破，余無時不在深念熟慮之中。須知其父兄對於子弟之生死榮辱能不拼命設法為之拯救乎？尤以余對我駐長官兵關懷之急切，實非言語所能形容其萬一，只要能於我官兵有益，則雖犧牲我一切，亦必樂受而不辭也。瀋陽對長增援之職責自為必然之事，決不有所猶豫，但必須有充分之準備，方能有濟於事，否則長春之圍未解，而赴援部隊如在中途竟遭不測，則我苦守長春之官兵更不堪設想矣。故必須有充分必勝之準備，方能達成赴援之目的，此時實不可過於躁急，只有苦守待時期達最後勝利，方不負我官兵精忠報國之志節也。現在赴援之準備尚未完成之時，只有增撥空運數量，補充糧服械彈，加強戰力，總使我官兵雖孤懸塞外，尚不至凍餓就斃，此則余可為我官兵負責保證者，切望我官兵堅忍苦守，耐心待援，發揮我國民革命軍頂天立地之傳統精神，是為切盼。刻已令空軍自哿日起，每日對長運量加足六十噸之數，此後當繼續增加，勿念。惟飛機降落之要求，端賴地面陸軍之奮勇出擊，至少要排除四週匪

---

[171] 「蔣中正致鄭洞國八月篠電」（1948 年 8 月 17 日），《蔣檔・革命文獻：戡亂軍事——東北方面（二）》。

[172] 「王叔銘呈蔣中正報告」（1948 年 8 月 19 日）中所言，《蔣檔・特交檔案：一般資料——民國三十七年（九）》。

方高射槍砲之威脅，方能嚴令飛機之降落，如能積極掃蕩收復機場，
則降機更不成問題矣。書不盡意，惟希心照，并望以此意轉達各師
長、參謀長、視察官、政工人員與全體官兵，親愛精誠，團結奮鬥，
共生死，同患難，用慰我陣亡將士與先總理在天之靈，完成孤軍保
長之偉大使命也。[173]

8 月 19 日，王叔銘電覆蔣並報告空投長春軍糧等情形云：（一）使用機
數與每日空投量：自 8 月 20 日起調派 C-46 機二十架，經常保持妥善者十二
架，每日每架空投兩次，以保持每日空投六十至九十噸之數量。（二）使用基
地：白晝以錦州為基地，如因共軍砲火阻滯不得已時，則以瀋陽北陵機場為
基地，實施夜間空投。（三）糧食儲運準備事宜：擬懇飭聯勤總部及東北剿匪
總部即速及時準備。（四）油料消耗：每日空投消耗油為一萬八千加侖，現錦
州存油僅敷十日之用，已電總部迅予補充。（五）冬季對飛機之維護：C-46
機在氣溫零下十八度時即不能露天停放，故於 12 月初須以北平為基地，但北
平再轉寒，恐須短期停止空投，擬請飭聯勤總部在北平早作準備（若以北平
為基地，如機數不增加，則投糧噸數將減少一半）。（六）飛機消耗：現第十
及第二十兩大隊共有 C-46 機一〇八架，以目前每日空投九十噸之標準，僅可
供八個月之消耗，如長春空投無止期，則對運輸機補充須早為準備。[174]足見
寒冬低溫對空投長春軍糧至為不利。蔣對於王叔銘覆電的批示為「現在運輸
機甚多，應調足卅架，專任長春空運，每日至少要運九十噸，勿誤」。[175]

8 月 25 日，鄭洞國電覆蔣，謂：（一）其到任後，即準備於必要時將市
內公私物資予以集中管制，經飭長春市政府 8 月 24 日徹底調查結果，糧食自
8 月 22 日起計口授糧，僅能維持至「7 月末」（按：原電文作此，令人費解），

---

[173] 「蔣中正致鄭洞國未篠電」（1948 年 8 月 17 日），《蔣檔・特交文電：共匪禍國——武裝叛國（九）》。

[174] 「王叔銘呈蔣中正報告」（1948 年 8 月 19 日），《蔣檔・特交檔案：一般資料——民國三十七年
（九）》。

[175] 同上，蔣之批示。

經召集軍政機關幹部及經濟專家嚴加檢討，僉認在此種情況下確保長春，祇有降低通貨，積極購集軍糧，維持軍隊生活為第一，輔以管制糧食代用品，酌量配授，開墾市內空地，增加生產。故自 7 月以來，大部分市民除疏散者外，均以樹皮、草根、糟糠、麵粉忍饑度命。（二）至於疏散人口，現出市者約二十萬人。關於編制壯丁構工及青年學生，均已分別注意，嗣因糧食無法供應，已部分疏散約千餘名。月來經濟、軍事，相輔相維，勉能於艱苦中收士民親善社會安謐之效。遵經再四思慮，似仍宜維持現在方針，繼續執行。（三）懇請飭令主管，將每日所需軍糧十八萬斤，及公教員師約一萬人所需食糧一萬五千斤全部空投，則孤軍苦守，必能不辱使命。[176]蔣閱電報後，於其上面批示曰：

> 現在長春市既被匪嚴密包圍，除市內糧食征集外，還有何處可積極
> 購集軍糧？此與前報各電完全不符，究竟所謂積極購集者，從何處
> 購來，如何購？請詳報。[177]

鄭洞國是否回覆蔣？如何回覆蔣？已無從得知，想係強迫搜購自市內民間私藏之糧食。8 月 26 日，參謀總長顧祝同上簽呈予蔣中正，其內容摘要為：（一）長春城內糧食搜購殆盡，城周百里亦被共軍空舍清野，故除軍食外，民糧亦須空投，每日共需三百三十噸（據鄭洞國 8 月 18 日電報告）。（二）每日飛行時間以十小時計算，除往返需四小時外，在長春上空可供投擲用者僅六小時，但每機所載為三點五噸，分十五次方可投完，共計可投二十四架次，故每日最大之空投總量為八十四噸。（三）長春附近共有機場三處，惟可供 C-46 機使用者為大房身一處。該機場無滑行道，因此第一架飛機降落後離開跑道，使次機能起飛（降落），至少須隔五分鐘，最多可供一百二十次之起落，

---

[176] 「鄭洞國呈蔣中正八月有電」（1948 年 8 月 25 日），《蔣檔・革命文獻：戡亂軍事——東北方面（二）》。

[177] 同上，蔣之批示。

即六十架次，因此如能恢復機場，實施空運，每日之總量亦僅二百一十噸。（四）以上空投空運，均不能敷當日之需，尤以對封凍期間飛機不易活動，長春部隊渡冬問題，至為困難，除遵照「鈞座」手令意旨，每日空投至大限量，並電鄭洞國設法恢復機場以便空運，暨電飭節屯糧食準備渡冬外，恭乞鑒核。[178]

9 月 16 日，蔣以次日為中秋節，特致電鄭洞國轉告駐守長春全體官兵，表達其嘉勉慰勞之意云：

> 明日中秋節，對我孤懸長春將士之辛勞殊為懸念之至。前撥四十噸罐頭食品，本為我長春將士中秋犒賞之用禮，聞因汽油關係，三日之內不能空運，恐難如期送到，不勝懸系，未知此品果能如期送到否？倘已接收，盼即電覆，以慰區區之意。近又搜集魚肝油丸三萬餘瓶，擬即起運送長，此為補助官兵營養最良之食品，在冬季更為有效，如運到接收後，必須吾弟負責作有計畫之分配，每人能每日服飲一粒，則體力不患其不能持久矣。望以此意轉告各軍長師長與全體官兵，并代示慰勞之悃忱。[179]

然而長春市內軍民的處境日益艱危險惡，守軍迭有餓逃者。據長春視察官李克廷 9 月 25 日致電總統府第三局局長俞濟時轉呈蔣稱：（一）長春守軍每日每人僅得大米六兩餘，按牌價發給代金每斤一千四百四十元。而長春市高粱米每斤高達一億元，因之民間窖藏米糧，乃被強迫搜購。月來士兵餓逃者日有數十，現每連現有士兵最多者八十名，少者五、六十名，較諸 6、7 兩月幾逃半數，至全班攜械譁變者時有所聞。又如駐守宋家窪子之騎兵第一旅「馬」（按：當指 9 月 21 日）晚譁變一百餘名，此皆為饑餓所迫，險惡萬

[178] 「顧祝同呈蔣中正八月二十六日簽呈」（1948 年 8 月 26 日），《蔣檔・革命文獻：戡亂軍事——東北方面（二）》。

[179] 「蔣中正致鄭洞國九月銑電」（1948 年 9 月 16 日），《蔣檔・革命文獻：戡亂軍事——東北方面（二）》。

狀。（二）長春自去年 6 月孤立，本年 5 月 23 日（梗日）被共軍饑困，市區可吃之樹葉、草根、麴子、酒糟已無餘存，近日倒斃市區之無名饑屍五百餘具，兒孩倒斃者觸目皆是，現棄嬰收容一千四百餘，因營養缺乏，每日死亡十五名左右。現長春市壯丁逃亡或盡，僅餘老弱。（三）饑困歷經五月，情況日脅，懇請加強空運，以救倒懸，迅予設法解圍，以挽危局。（四）吾人為民族生存而戡亂，對此民族第二代生命之嬰孩懇飭空投奶粉，謹電鑒核。[180]

　　至此，長春國軍必須要有斷然的行動，不能坐以待斃。再者，零下三十度的酷寒，對於這座煤渣已挖光，柏油路都燒完的孤城，其威脅性更大於十萬雄師，冬天一到，在戰火和酷寒飢餓多重壓迫之下，必然無法支持。[181]此外，東北共軍刻已傾力大舉南下，進攻錦州，此正長春國軍突圍南旋之良機，且南旋之舉亦不失為「國軍圍魏救趙的一着險棋」。[182]故 9 月 30 日，蔣中正自南京啟程北巡，並記稱此次北平之行的任務之二即為「督導長春突圍」。[183]

四、錦州甫遭圍攻情勢緊急

　　在東北國軍的三大據點中，錦州位置最南，距關內最近，是華北通東北的門戶，是東北的咽喉，其得失關係東北戰場整個國軍的安危。蔣中正對錦州自是極其重視，尤其是 1947 年底東北共軍展開冬季攻勢以後，蔣有意調派范漢傑守備錦州一帶，以維繫東北、華北兩大轄區之間的往來，並負責打通錦州、瀋陽間的交通。范早年以粵軍校級軍官入黃埔軍校第一期就讀，[184]抗戰期間，歷任第二十七軍長、第三十八集團軍總司令、第一戰區副司令長官

---

[180] 「李克廷呈蔣中正申有電」（1948 年 9 月 25 日），《蔣檔・特交文電：共匪禍國——武裝叛國（一六八）》。

[181] 遇之，〈轉變中的北方戰場（天津通訊）〉，《新路》，第 2 卷第 2 期（1948 年 11 月），頁 17。

[182] 此說見季明，〈鷄肋！鷄肋！——冷眼看東北的新趨勢〉，《觀察》，第 5 卷第 10 期（1948 年 10 月），頁 10。

[183] 《蔣介石日記》，1948 年 9 月 30 日。

[184] 見范大英，〈范漢傑將軍生平〉（手稿）。

兼參謀長，[185]係蔣所親信的國軍將領。抗戰勝利後，1946 年 3 月底，范奉蔣之命，赴東北參贊軍務，了解狀況（據范氏憶述，蔣要其準備接替杜聿明之東北保安司令長官職務，時杜因病在北平住院動手術）及傳達蔣關於國共在東北地區停戰線概略位置的密令給東北行營主任熊式輝，要熊務必儘先佔領該條線（東起臨江、通化、海龍、遼源、四平街、鄭家屯、通遼向西南至赤峰之線）上有關點線要地。[186]據當時駐在錦州的東北行營主任熊式輝憶述，是年 4 月 2 日，范持蔣的親筆函來見他，蔣在函中囑告熊「東北執行組方針及我方應取之態度，特派范漢傑同志來錦面詳一切，並留其在東北協助一切可也」。熊憶述范「其人身體魁偉，言談樸質，帶有電臺及第一戰區黨政處副處長與地下工作之劉某等多人來，以後任務，猶有待於中央指示，此時余亦不明，決先委任為軍事特派員」。[187]

4 月 15 日，范漢傑自東北電呈蔣中正：（一）東北眼前兵力不足，而後續部隊到後，向東向北延伸，仍然不敷。故對已收復各縣，似應分由人民組織自衛團，由縣選任當地人士任指揮官，政府可派連絡指導人員，使與部隊配合肅清「小匪」。其次則收編地方武力為縣區警察隊，略加整訓補充，發給糧餉服裝，使任地方交通警備，俾國軍能集中機動，在未收復區秘密選派有歷史幹員，攜帶電台與經費前赴各地區收編部隊，以為國軍前進接防恢復主權之策應，詳細辦法正研究詳報東北行營主任熊式輝中。（二）東北情形複雜，對於民眾組訓工作特別重要，似應由行政與黨團密切統一組織，與地方自衛武力配合肅清潛伏之「匪」，其在未收復區派員深入潛伏組織工作，與收編敵後地方武力同樣重要。[188]此呈文於 4 月 19 日經蔣批示「應電熊主任照辦」。[189]

---

[185] 鄧家孫編，《范漢傑先生年譜初稿》（編者印行，1978），頁 48、53、56。

[186] 范漢傑，〈1946 年春蔣介石對東北的陰謀〉，《文史資料選輯》，第 146 輯（北京：中國文史出版社，2001），頁 24～25。

[187] 熊式輝，《海桑集——熊式輝回憶錄 1907-1949》（香港：明鏡出版社，2008），頁 519。

[188] 「范漢傑呈蔣中正四月十五日報告」（1946 年 4 月 15 日），《蔣檔·革命文獻：軍調期間中共擴大叛亂情形（一）》。

足見蔣對其建議之重視。

4 月 25 日，范漢傑致電軍政部長徐永昌：（一）東北現勢：現東北態勢依外交、政治方式接收業經失敗，而「匪」勢在吉林、黑龍江、松江、安東、興安日益擴大，在大連、通化、延吉與朝鮮北部的蘇軍互相呼應，交通活動已較我方方便。（二）軍事之檢討與調整意見：我方以目前有限之兵力作無限線面之推進，殊屬困難。若北路已越四平街，如企圖接防長春目的未達，須以瀋陽為中心，將西北之法庫、康平收復，宣撫蒙旗，鞏固熱河、遼寧左側背，東向安東、通化擴展，以確保撫順、本溪動力基地，向西南消滅冀東李運昌部，以鞏固交通。（三）軍事、政治須並重及人事調整之建議：現蘇軍已撤退，「匪」後亦可活動，從事宣傳，招撫地方武力，組織民眾。瓦解「匪軍」須黨政軍互相配合，方可展開接收工作，對東北作法須大刀闊斧，不可過於謹慎，須有膽識魄力人才，故建議以第一戰區司令長官胡宗南調主東北。再者，德王、李守信、烏古廷對蒙古信仰已失，可否調白海風來東北對蒙工作，並可否儘量動員軍校第八期以下東北籍軍官以及戰幹團第二總隊受訓之大學生，調東北作敵後工作，敬祈鈞裁，詳情另函飛報。[190] 蔣中正於 5 月 8 日批示：「此（一）（二）兩項皆可採納，由軍政、軍令部研究實行可也」，對其第三項則批示：「此可盡量動員，交蔣經國研究具體動員計畫實施」。[191]

至 5 月下旬，范收到蔣來函，謂杜聿明已返防，東北國軍正向四平街之線順利進軍，要其回南京供職。[192] 范旋由東北南返，歷任國防部參謀次長、陸軍副總司令兼第一兵團司令官等要職。[193]

---

[189] 同上，所附之批示。

[190] 「徐永昌電蔣中正據范漢傑廿五日電稱東北現勢等情形」（1946 年 4 月 29 日），《蔣檔‧革命文獻：軍調期間中共擴大叛亂情形（一）》。

[191] 同上，所附之批示。

[192] 范漢傑，〈1946 年春蔣介石對東北的陰謀〉，《文史資料選輯》，第 146 輯，頁 26。

[193] 鄧家孫編，《范漢傑先生年譜初稿》，頁 58、60。

圖 44　蔣中正與陸軍副總司令范漢傑合影（1947 年 6 月 9 日）

　　1947 年 9 月底，參謀總長兼東北行轅主任陳誠曾電呈蔣中正，請調派范漢傑或胡宗南為東北行轅副主任以襄助之未果。[194]10 月 18 日晚，陳誠再託即將於次日自瀋陽飛返南京的空軍副總司令王叔銘代為向蔣報告四事，其中之一為其「須有一好將領，以范漢傑為最佳，否則由夏楚中、王敬久兩員中挑選一人」。[195]10 月 20 日，王叔銘在青島晉見蔣，將陳誠所託事向蔣報告，蔣答以「范漢傑為不能調，夏、王兩員均不行」。[196]但不久蔣即為因應東北情勢，及膠東戰事告一段落而改變原意。據范漢傑回憶：同年 12 月底，范解除了其在青島的第一兵團司令官的兼職，次年（1948 年）1 月初至南京專任陸

---

[194] 1947 年 9 月 27 日，陳誠電呈蔣中正：「東北地位重要，環境複雜，加以軍事政治經濟均集中一身，以職之學問能力，實感不能兼顧，如能就宗南、漢傑兩兄擇一委派前來最為盼禱，倘一時均不能即來，而尤青（按：羅卓英字尤青）兄又暫無適當任務，則擬請先派尤青即來相助，當否？乞電示遵」；見《陳副總統文物：陳誠手稿（四）》（臺北：國史館藏）。

[195] 王叔銘，《王叔銘日記》（手稿本），1947 年 10 月 18 日。

[196] 王叔銘，《王叔銘日記》（手稿本），1947 年 10 月 20 日。

軍副總司令。1 月 10 日，蔣自南京飛赴瀋陽巡視（前後僅兩日），范奉命隨
行，參與會議。蔣回南京後不久，即設置冀熱遼邊區剿匪指揮部（按：應為
冀熱遼邊區司令部），以范為司令（按：應為司令官）。范遂派前第一兵團司
令部參謀長唐雲山率領司令部原有人員，從青島於 1 月間開赴秦皇島，組織
新的司令部。[197]

　　然事實上，是蔣於 1 月 10 日抵達瀋陽時即面諭陳誠，第一兵團與第五十
四軍（第八團、第一九八團）應改開東北等，陳誠當天即代蔣急電在徐州之
顧祝同（陸軍總司令），青島之范漢傑、丁治磐（第十一綏靖區司令官兼青島
警備司令）、闕漢騫（第五十四軍軍長）：（一）著范漢傑率第一兵團司令部於
子寒（1 月 14 日）由青島船運秦皇島，進駐榆關，統一指揮第五十四軍、第
六十二軍、第九十二軍，歸東北行轅序列，兼受華北剿匪總司令部督導，擔
任冀熱遼邊區之作戰。（二）著第五十四軍（第八團、第一九八團）由青島改
運葫蘆島，續開錦州，歸東北行轅序列，應不待集結完畢，即於子寒開拔，
並限於子篠（1 月 17 日）清運。[198]

　　至范漢傑本人則於 1 月 30 日上午九時偕同其處長林國華、秘書宋康侯及
參謀、副官等十一人，自南京搭機北飛，午間於濟南降落稍停，即繼續北飛，
下午二時十五分抵達北平西苑機場。北平行轅主任李宗仁之代表蕭一山（行
轅秘書長）、甘沛澤（行轅副參謀長）及華北剿匪總司令部副參謀長賈瑞等赴
機場迎接，范之二子一女亦在機場迎候。記者詢問冀熱遼邊區剿匪機構何時
正式成立，人事組織如何，及其個人的行止，范拒絕發表任何意見，僅謂：
本人將到各處看看。繼詢所屬部隊現已進抵何地，范笑而不答，詢何時離平
赴瀋陽，答短期內即離北平。旋即與甘沛澤同車進城休息，下午往訪李宗仁，
晚上八時，訪華北剿匪總司令傅作義商談軍務。另據記者側方探悉：范氏將
在北平作短期逗留，與剿匪總部商配合佈防北寧路事畢，即直接飛瀋陽，其

---

[197] 范漢傑，〈錦州戰役回憶〉，《文史資料選輯》，第 20 輯（北京：中華書局，1963），頁 87～
　　88。

[198] 「陳誠呈蔣主席一月灰電」（1948 年 1 月 10 日），《蔣檔・革命文獻：戡亂軍事——東北方面（二）》。

是否常駐榆關迄未決定。[199]1 月 31 日上午九時，范再度赴北平行轅謁李宗仁，下午赴西郊訪傅作義。[200]晚上，參加北平行轅之重要會議，與會者有李宗仁、傅作義、吳奇偉（北平行轅副主任）及甫自瀋陽抵平的羅卓英（東北行轅副主任）等，[201]會議至午夜十二時才結束。2 月 1 日晨八時，羅卓英再往訪范漢傑，即同赴機場，於十時半偕飛瀋陽（同行的尚有北平行轅秘書長蕭一山）飛赴瀋陽（於午後抵達），謁見陳誠、衛立煌（東北剿匪總司令）。[202]次日下午四時，范自瀋陽返抵北平，部署軍事。[203]2 月 4 日上午九時四十分，范偕同第六十二軍軍長林偉儔等自北平乘鐵甲車抵天津，即在鐵甲車上與天津市長杜建時、第九十二軍軍長侯鏡如、天津警備司令馬法五等有所晤談，十時二十分，乃乘原車離津東開，前赴秦皇島。[204]

　　當時，上海的《觀察》雜誌記者曾報導：長城此一條歷史上的痕跡，劃分著國軍東北、華北兩大轄區，共軍是慣於乘隙找縫的，不會放鬆在這兩大轄區邊緣上的攻擾。東北、華北雖然是人盡皆知的唇齒相依，但唇齒之間有個空隙，極容易給共軍以可乘之機。北寧走廊不通這是主要的原因。故該記者以「范漢傑打補綻」為顯著標題，來比喻其出任冀熱遼邊區司令官的目的，如果此一張補綻打得牢靠，東北可以稍鬆一口氣，華北也可以減去後顧之憂，安心從事在河北境內的攻剿。[205]

　　蔣中正為提升范漢傑權勢地位，除了成立冀熱遼邊區剿匪司令部，以范為司令官，又先後令其為熱河省政府主席（1948 年 2 月至 6 月）、東北剿匪副總司令兼錦州指揮所主任。在政治上，遼寧省政府則在錦州設置了一個「遼

---

[199] 《中央日報》（瀋陽），1948 年 1 月 31 日，第一版，「本報北平三十日專電」。

[200] 《益世報》（天津），1948 年 2 月 1 日，第一版。

[201] 《大公報》（天津），1948 年 2 月 1 日，第二版。

[202] 《大公報》（天津），1948 年 2 月 2 日，第二版。

[203] 《大公報》（天津），1948 年 2 月 3 日，第二版。

[204] 《益世報》（天津），1948 年 2 月 5 日，第一版。

[205] 《觀察》記者，〈關內外的烽火〉，《觀察》，第 3 卷第 23 期（1948 年 1 月），頁 14。

西行署」，由著行署主任賀奎（兼冀熱遼邊區剿匪副司令官）推行政務，錦州市、縣、義縣、錦西、興城、綏中，都聽命於遼西行署。東北剿匪總部政務委員會為了加強遼西政治、經濟和軍事上的配合，特派一個顧問魏錕，在錦州設辦事處，俾順利執行東北總體戰。[206]其後的半年間（1948 年 2 月至 8 月），范漢傑不時來往於錦州、葫蘆島、秦皇島等地，整軍經武，支撐著冀東的半壁山河。集結兵力，機警謹慎，不妄動，不貪功，得無大過。對外以秦、葫兩港作氣孔，對內以錦州、錦西、葫蘆島三角地區為基地，另置後方總部於秦皇島，控制灤東地區。南依華北戰區，北以大凌河為界，沿河設防，以備共軍南襲。華北剿總與冀熱遼邊區總部的防地原以灤河為界，後因李彌兵團（第十三兵團）自山東調來，冀熱遼邊區的防地又擴展至唐山。[207]

　　由於東北國軍的處境日趨孤危，錦州及遼西地區在東北的重要性早已超過瀋陽和長春。有一位教授自東北講學歸來，談到東北的情勢，說東北國軍好像是三隻虎，長春是死老虎，瀋陽是餓老虎，錦州是小老虎。死老虎是沒有希望了，餓虎還可以捕食，作一番搏鬥。唯一的希望寄託在小老虎身上，希望那隻乳虎能夠日就成長，看住東北門戶。[208]然這隻乳虎如欲成長，則必需哺之以充足而堅實的兵力，故范漢傑在就任冀熱遼邊區司令官之初（1948 年 2 月），即電呈蔣中正，略謂：（一）查共軍對我十團以上之大點如無必勝兵力將不採取攻勢，遼陽陷後判斷將繼續攻掠瀋陽、錦州外圍各小據點，國軍士氣消沉，亟盼關內增兵，以變有利局勢。（二）職所指揮之暫編第五十師、暫編第六十師，各僅有實力約四個營，第五十六師僅兩個半團，連同交警十二總隊共約六個團兵力，現任高橋、北戴河長達兩百公里鐵道之守備及秦、葫兩港、錦西、榆關各要點之固守，兵力既薄而分散。至第六十三軍、第九十二軍（56D）兩部對於關內活動，且任北寧路西段守備，亦無法抽調兵力，

[206] 韓清濤，〈東北三顆強心丸〉），《申報》（上海），1948 年 8 月 24 日，（五）。

[207] 《觀察》特約記者，〈范漢傑與遼西戰場〉，《觀察》，第 5 卷第 3 期（1948 年 9 月），頁 14。

[208] 《觀察》記者，〈內戰全局的檢討與展望〉，《觀察》，第 5 卷第 1 期（1948 年 8 月），頁 13。

故兵團對錦州作戰只能作精神上之支援。（三）除一面請求迅予補充各部隊實力，一面遴選優秀幹部，分赴錦西、興城、綏中協助加強組訓民眾，增強地方武力外，擬赴北平就北寧路西段防務及策應關外作戰等問題請示華北剿匪總司令傅作義後，擬轉赴南京面報一切，以打開局面。[209]

2 月 18 日，范漢傑自秦皇島前赴北平，次日晨，往謁李宗仁，有所請示，並往訪傅作義，面談冀東防務問題。[210]2 月 23 日下午，范再訪傅作義，與其商議。[211]2 月 26 日午，范自北平飛赴南京，行前與東北剿匪副總司令鄭洞國同至西郊華北剿匪總部，與傅作長談一小時餘。[212]2 月 27 日下午四時半，蔣中正在南京召見范，垂詢冀熱遼邊區情況。[213]2 月 28 日上午十一時至十二時，蔣中正在其南京官邸舉行陸海空聯席軍事會報，白崇禧（國防部長）、秦德純、范漢傑、湯恩伯、林蔚、劉斐、方天、郭懺、桂永清、周至柔、鄭介民等均奉召與會，對陸海空聯勤全面支援東北戰事問題，特別著重商討。蔣除聽取各將領報告外，並提出若干指示。[214]同日，范漢傑函呈蔣中正，報告自山東抽調第八軍（軍長李彌）所部赴錦州集中等情形，略謂：（一）李彌至快 3 月 1 日晚始能抵青島，已留函李其第八軍至少抽出七至八個團海運葫蘆島登陸，至錦州集中，餘部確保煙臺，並另留國防部第三廳王副處長、聯勤總部航運司謝副司長，在青島等候與李商量海運技術問題。（二）由龍口撤運上船，必須空軍掩護。（三）李彌於處置後，仍飛京晉謁請訓。（四）第八軍現有十二個團（煙臺六個團，威海衛二個團，蓬萊一個團，龍口三個團），另第十一綏靖區司令官兼青島警備司令丁治磐撥出一個總隊，編成獨立第一旅（三個

209 「范漢傑呈蔣主席二月文電」（1948 年 2 月 19 日），《蔣檔・革命文獻：戡亂軍事——東北方面（二）》。

210 《益世報》（天津），1948 年 2 月 20 日，第一版。

211 《大公報》（天津），1948 年 2 月 24 日，第二版。

212 《大公報》（天津），1948 年 2 月 27 日，第二版。

213 《大公報》（天津），1948 年 2 月 28 日，第二版。

214 《大公報》（天津），1948 年 2 月 29 日，第二版。

團），在福山將續成立獨立第二旅。第八軍缺額尚差萬名，全軍兩個師，每師一個補充旅，抽出八個團後，守煙臺尚不成問題。（五）第五十四師現已編成第三十六團，正補充兵員中，另編有獨立旅，正在整訓。第六十四師尚缺六千人，擬編成一補充旅。（六）丁治磐函告中央，如能在膠東部隊缺額內撥二萬人之糧，可由各縣抽募成立四個總隊（十二個團），以撥補各部。[215]

2 月 29 日下午四時半，范漢傑自南京飛抵北平，進城稍事休息，即分訪李宗仁、傅作義。[216]並轉達蔣中正之旨意予傅，傅表示第九十二軍 3 月 2 日（即冬日）可東運錦州，對於再抽調一個軍則面有難色，謂須用心研究，以將來當錦州會戰時華北之共軍必同時呼應為慮。范請其將再抽出之軍先控置於天津附近，於 3 月 15 日前加入，傅仍在考慮中，對各部隊統一補充同意遵辦。關於第九十二軍之第二十一師所缺之重機槍，聯勤總部尚未運到，已由傅部第三十五軍先撥發，輕機槍則囑范向東北剿匪總司令衛立煌在錦州附近先撥發。關於傅作義至錦州指揮一事，傅表示請蔣於抽調部署完成會戰開始之前電令行之，當可遵辦。談及對各部隊補充兵辦法時，傅的意見則與丁治磐之辦法相同，即先由縣自衛團募足補成，至飽和點再陸續轉撥於預備師或總隊整訓後，再撥補各部隊，似此不斷轉撥，人民、壯丁無師管區徵撥之恐懼。至於各部隊之政治工作與對軍民之宣傳須加強，傅對此一再強調之。[217]

3 月 1 日，范漢傑離北平飛赴青島，[218]與第八軍軍長李彌談抽調其部隊事。據當時駐守青島的第十一綏靖區司令官丁治磐在 2 月 29 日之日記中記云：「李軍長今早乘永翔艦由煙臺開行，明日上午可到青」。[219]次日（3 月 1

---

[215] 「范漢傑呈蔣中正二月二十八日函」（1948 年 2 月 28 日），《蔣檔・革命文獻：戡亂軍事——東北方面（二）》。

[216] 《大公報》（天津），1948 年 3 月 1 日，第二版。

[217] 「范漢傑呈蔣中正二月二十九日函」（1948 年 2 月 29 日），《蔣檔・革命文獻：戡亂軍事——東北方面（二）》。

[218] 《大公報》（天津），1948 年 3 月 2 日，第二版。

[219] 丁治磐，《丁治磐日記》（臺北：中央研究院近代史研究所，1992），第 7 冊，頁 97。

日）記云：「下午二時，佐公（按：即山東省政府主席王耀武，王字佐才）偕
其夫人到青，傑公（按：即范漢傑）亦到。……對抽兵事，余向佐公言宜顧
大局，任其抽去一師，不過，仍應迅速擴編地方，充實國軍戰力」。[220]3月3
日，范飛抵瀋陽，晉見東北行轅代主任衛立煌，請示遼西剿匪機宜，並出席
此間各友好之歡宴。[221]3月4日，范自瀋陽電呈蔣中正，提出建言云：

> 查林彪入東北，僅帶幹部與散匪，由海運入遼，年來愈戰愈多，我
> 則全是精銳部隊，終覺劣勢，其原因為匪採軍區制，由「鄉鎮縣」
> 小支隊、團而獨立師而縱隊，不斷擴充補充，我則以好部隊守點線，
> 長期消耗，靠師管區補充，實非得計。應請採取由鄉縣自衛隊團而
> 省保安團、總隊，與國軍一部配合，任點面守備，國軍則任攻擊，
> 亦可愈戰愈強，東北局面亦可改觀，如有不當，亦可重擬，謹建意
> （議）。[222]

蔣對此建議甚為重視，批示交國防部次長林蔚、參謀次長劉斐會同核議
具報，應在3月15日綏靖會議上提出，照此方案。[223]

3月5日，參謀總長陳誠上簽呈給蔣中正，擬具冀熱遼邊區司令部戰鬥
序列甲乙兩案及作戰地境，請蔣核閱。其甲案為：冀熱遼邊區司令部轄孫渡
（第六兵團司令官）、鄭洞國（第一兵團司令官）、石覺（第十三軍軍長）等
部，至兵團以下之作戰境地及任務，由范漢傑自行調整，其詳細序列為該司
令部下轄：（一）第六兵團（司令官孫渡），轄（1）第九十三軍（軍長盧濬泉），
下轄暫編第十八師（師長景陽）、暫編第二十師（師長王世高）、暫編第二十

---

[220] 《丁治磐日記》，第7冊，頁99。

[221] 《中央日報》（瀋陽），1948年3月6日，第一版。

[222] 「范漢傑呈蔣中正三月支電」（1948年3月4日），《蔣檔・革命文獻：戡亂軍事——東北方面
（二）》。

[223] 同上，蔣之批示。

二師（師長龍澤匯）；（2）第六十軍之第一八四師（師長楊朝綸）。（二）第五十四軍（軍長闕漢騫），下轄第八師（師長周文韜）、第一九八師（師長張純）、暫編第五十七師（師長朱茂臻）。（三）暫編第五十師（師長吳寶雲）。（四）第五十三軍之暫編第六十師（師長陳膺華）。（五）第九十二軍之暫編第五十六師（師長王有湘）。（六）第十三軍（軍長石覺），下轄第四師（師長駱振韶）、第八十九師（師長劉建章）、暫編第六十三師（師長林栖）。（七）第一兵團（司令官鄭洞國），轄（1）第六十軍（軍長曾澤生），下轄第一八八師（師長白肇學）、暫編第二十一師（師長隴耀）；（2）新編第七軍（軍長李鴻），下轄新編第三十八師（師長史說）、暫編第五十六師（師長劉德溥）、第一六一師（師長鄧士富）；（3）暫編第五十二師（師長李嵩）。乙案為：冀熱遼邊區司令部轄孫渡、闕漢騫、石覺等部，兵團以下之作戰境地及任務，由范漢傑自行調整。第一兵團司令官鄭洞國，則率領第一兵團司令部移駐長春，指揮永吉之第六十軍及長春之新編第七軍，使吉、長之指揮統一。[224]經蔣批示，准照乙案辦理。[225]

　　同日，范漢傑自瀋陽飛抵錦州，當晚召集軍政會議，次日，視察城防工事。[226]3 月 6 日，范自錦州飛抵北平。[227]3 月 10 日上午十一時，范與熱河省民政廳長于國楨在北平會見熱河在平士紳及省縣參議會人士二、三十人，交換對於省政意見。范對熱省人士表示，三、五日內即偕于國楨赴熱履新，惟其本人以東北軍事亟待開展，不能長期駐在承德，省政由于國楨代理。東北局勢有開展，亦即熱省有屏障，本人雖不能久駐承德，實際仍在為熱省效力。[228]3

---

[224] 「陳誠呈蔣中正三月五日簽呈」（1948 年 3 月 5 日），《蔣檔‧革命文獻：戡亂軍事——東北方面（二）》。惟其中未列出第一九八師師長張純姓名，特予補列。

[225] 「陳誠呈蔣中正三月二十六日簽呈」（1948 年 3 月 26 日），《蔣檔‧革命文獻：戡亂軍事——東北方面（二）》。

[226] 《益世報》（天津），1948 年 3 月 7 日，第二版。

[227] 《大公報》（天津），1948 年 3 月 8 日，第二版。

[228] 《大公報》（天津），1948 年 3 月 11 日，第二版。

月 13 日上午十一時，范漢傑偕同于國楨、劉廉克（熱河省教育廳長）、王致雲（熱河省臨時參議會議長）等自北平飛抵承德，[229]3 月 15 日，就熱河省政府主席新職，由北平行轅主任李宗仁代表中央監誓。當日下午五時半，范即與李宗仁同機返平。[230]3 月 16 日下午六時，范自北平乘鐵甲車東行，八時三十五分抵達天津東站，下車至張園招待所休息。旋於招待所接晤天津市長杜建時、警備司令馬法五，就天津市軍政情形及北寧路沿線駐防部隊配備狀況，交換意見。[231]次日上午九時九時二十分，范氏即仍乘鐵甲車離津東行，下午四時已許已過古冶，當晚可抵山海關，可能繼續東行，前往錦州。[232]

3 月 26 日，陳誠上簽呈給蔣中正，謂其前擬具冀熱遼邊區司令部戰鬥序列甲乙兩案，奉蔣批示准照乙案辦理，當即分飭東北剿匪總司令衛立煌轉令遵行。惟傅作義請求，駐熱河承德之第十三軍石覺部仍歸華北剿匪總部直轄，陳已權准。茲又據衛立煌 3 月 18 日寅巧電稱：冀熱遼邊區司令部擬就原第一兵團司令部之機構改編成立，暫位置於秦皇島，不必移至承德（按：原定該司令部位置於承德，由范漢傑依狀況設指揮部於錦州或葫蘆島）並設東北剿匪總司令部錦州指揮所，不另立機構。因是陳誠認為：駐承德之第十三軍已仍歸傅作義指揮，范漢傑在熱河南部兵力較少，而遼西與北寧路沿線部隊複雜，且局勢亦較嚴重，為使便於指揮該方面之作戰，衛立煌所請擬准：1.冀熱遼邊區司令部就原第一兵團司令部之機構改編成立後，暫位置於秦皇島。2.即由范漢傑兼東北剿匪總司令部錦州指揮所主任，統一指揮錦州一帶部隊，不另成立機構。請蔣鑒核示遵。蔣批示：照准。[233]

4 月 4 日，范漢傑將遼西一般情形及改進之點向蔣呈報：

---

[229] 《大公報》（天津），1948 年 3 月 14 日，第二版。

[230] 《大公報》（天津），1948 年 3 月 16 日，第二版。

[231] 《益世報》（天津），1948 年 3 月 17 日，第二版。

[232] 《大公報》（天津），1948 年 3 月 18 日，第二版。

[233] 「陳誠呈蔣中正三月二十六日簽呈」（1948 年 3 月 26 日），《蔣檔・革命文獻：戡亂軍事──東北方面（二）》。

　　（一）部隊狀況：（1）義縣守軍第九十三軍之暫編第二十師糧彈已於 3
月杪屯足三個月。（2）錦州第五十四軍已補充新兵九千餘名，刻正加強訓練，
增築工事。新編之暫編第五十七師集中訓練月餘，頗有成績，惟請補武器，
未蒙核發，如能迅予裝備充實，不難期成勁旅。（3）第九十三軍已補充新兵
六千七百餘名，尚缺一千一百餘名。又保安第四支隊奉改為暫編第五十五師，
集結女兒河附近整補。（4）第九十二軍之第五十六師兵員武器尚佳，第六十
軍之第一八四師武器俱應充實。暫編第五十師數質均差，已責成嚴加整補。（5）
錦州、錦西、葫蘆島、秦皇島等永久工事及加大錦州機場跑道，均已先後施
工，惟限於經費及材料，完成時間，尚難確定。

　　（二）錦州軍民雜處，素無組織，尤以閒散工人約四萬餘名及散兵游勇、
難民麕集錦州要街，益以民生凋敝，軍民唯利是圖，走私事件層見迭出，此
中難免不無奸匪混跡其中。為安定地方，鞏固要衝，經呈准以第九十三軍軍
長盧濬泉兼任錦州市警備司令，負責嚴密查拿。

　　（三）錦州、錦西之硫酸廠、煉油廠，規模均大，即錦西煉油廠日可煉
成汽油七百五十加侖，其餘如製粉等小工廠亦多，似可加強復工，藉以改作
軍械彈藥之製造或修理。

　　（四）為發動民眾武裝動員，加強編組，應先由各縣編成鄉（鎮）自衛
隊，並按其成績選補為在營之縣自衛大隊或縣（省）保安團，賦予實際任務，
配合國軍掃蕩或任據點與交通線之守備，必要時視情形獎掖成為國軍，俾國
軍能集中擊匪，愈打愈多，愈戰愈強，比由師管區徵募為可靠。

　　（五）由東北後調補充之軍師，擬位置於錦西至秦皇島一帶地區，爭取
時間補充訓練完成後，並可策應華北、東北兩方面。[234]

　　然而范漢傑旋以上述工作多非短時間內能夠完成奏效為慮，其所轄之兵
力也有所不足，且多為雜牌軍及新兵，實難勝任如此艱鉅重大的使命，故其

---

[234]　「范漢傑呈蔣中正四月四日函」（1948 年 2 月 29 日），《蔣檔‧革命文獻：戡亂軍事——東北方
　　　面（二）》。

於 5 月 15 日函呈蔣中正，請辭卻本兼各職，返鄉一行云：

> 職奉命來東北已有數月，事先發佈消息太早，各方屬望過殷，華北
> 部隊牽於事實，一時不能抽調，而整補訓練一切準備未能及時完成，
> 惶恐萬分，加以連年患病，康健不佳，家慈遇難，勒索至奢，心緒
> 不寧，難負此艱巨任務，謹懇求准予辭去本兼各職，俾回粵之潮、
> 汕一行，徐效馳驅。[235]

范漢傑是否真如其在函中所述「連年患病，康健不佳」，礙難查證，
惟「家慈遇難，勒索至奢」，則非虛言。據鄧家孫所編之《范漢傑先生年譜
初稿》謂：1947 年 6 月 10 日晚，范家鄉（廣東省大埔縣）之澄懷堂為粵東
土共劉永生部百餘人洗劫一空，並虜去其八旬餘老母鄧氏，妻童氏及姪大
成，密藏於山中，挾持為人質，曾密函范要脅其勿為蔣中正指揮大軍進犯共
區等事，范未為所動，僅持約一年。[236]此事亦有雜誌略為提及，語焉不詳，
謂聽說綁匪向范勒索美金二十萬元。[237]1947 年 8 月 27 日，蔣中正分電福建
省政府主席劉建緒、廣東省政府主席羅卓英，令其務須於一月之內徹底破獲
范漢傑家屬遭匪綁架失蹤一案，閩、粵二省府應協同辦理，不得相互推
諉。並以廣東省大埔縣羅縣長懦弱無能，做事顢頇，應即撤換，希即遵照辦
理勿誤。[238]9 月 10 日，廣東省政府主席羅卓英致電蔣中正，謂已遵令將大埔
縣縣長羅博平撤職，命新任縣長尅期赴任，配合進行，營救人質。[239]至 11 月

---

235 見「蔣中正致范漢傑五月世電」（1948 年 5 月 31 日）之附件，《蔣檔·革命文獻：戡亂軍事——東
　　北方面（二）》。

236 鄧家孫編，《范漢傑先生年譜初稿》，頁 60。

237 《觀察》記者，〈關內外的烽火〉，《觀察》，第 3 卷第 23 期（1948 年 1 月），頁 14。

238 「蔣中正致劉建緒、羅卓英未感電」（1947 年 8 月 27 日），《蔣檔·特交文卷：交擬稿件——民
　　國三十五年一月至民國三十六年十二月》。

239 「羅卓英致蔣中正電」（1947 年 9 月 10 日），《國民政府檔案·內政：治安——動亂事件處理》。

間，汕頭警察局捕獲綁擄范母嫌犯曾建平，據供其 1927 年曾加入共產黨，願設法救出范母等語。[240]惟至次年 5 月范漢傑函呈請辭本兼各職時仍未破案起擄（按：范母於是年 11 月 9 日始獲救出險），[241]范內心的焦急不安當可想見，但閱其呈函，此僅為其辭職要因之一而已，其當時所承受的壓力之大，也由此可以概見。1948 年 5 月 31 日，蔣電覆范漢傑加以慰勉，不允其辭本兼各職：

> 五月十五日函悉，所述各項問題已交顧總長從速分別辦理。至弟請假一節，此時萬勿再提，惟有剿匪報國即所以報親，亦惟有努力剿減匪患，方能解決一切問題也。[242]

其後約至 7 月中下旬，范漢傑嘗赴瀋陽面見東北剿匪總司令衛立煌，商議應付遼西地區未來的戰局。據當時任瀋陽《新報》（國軍第二○七師所經營的）採訪主任兼上海《大公報》駐瀋陽記者的于衡憶述：范漢傑是位很坦率的人，于去看他時，他直率地說，如衛立煌將軍對遼西局勢表示關切，他將在瀋陽多停留幾日，並且要到本溪及撫順兩個工業區看看，要是衛對他冷淡，他將馬上返防。范也向于衡表示，錦州地區存糧很多，祇是兵力薄弱，但他所指揮的部隊士氣很高，當局如能用他的部隊堅守城池，吸住共軍主力，然後以大兵團包圍住共軍的主力，內外夾攻，在遼西地區可以一舉殲滅共軍，不知衛立煌能否同意他的意見。但在第二天，范即悄然返防，很明顯的，衛、范間的會談並不融洽。後來從剿匪總部傳出的消息說，衛、范之間的會談不

240 見「宋子文（廣東省政府主席）致蔣中正電」（1947 年 11 月 14 日），《國民政府檔案‧內政：治安──動亂事件處理》。

241 括號內的按語係參見「黎鐵漢（廣州警備司令）呈蔣中正電」（1948 年 11 月 19 日），《蔣檔‧特交檔案：一般資料──呈表彙集（一一八）》。該電係由總統府參軍長孫連仲轉呈。

242 「蔣中正致范漢傑五月世電」（1948 年 5 月 31 日），《蔣檔‧革命文獻：戡亂軍事──東北方面（二）》。

僅不融洽，而且衛還拍了桌子。[243]1957 年 7 月，與范漢傑為同鄉舊識且同為戰犯的李以劻，在參觀東北途中見到睽違已久的范，詢問及當年錦州戰役情況時，范對其罵衛立煌乃出賣東北給共軍的最大功臣，錦州之敗是衛按兵不救所造成，1940 年范當第一戰區政治部主任時即知衛親共，老校長（按：稱蔣中正）糊塗，用親共將領來做東北的總司令，不敗何待？！[244]

關於衛立煌、范漢傑的不和，空軍副總司令王叔銘在其 1948 年 6 月 15日的日記中謂是日與范在錦州范之司令部密談，范告稱衛立煌對其不甚信任，且處處對其限制，范有辭職之意。王以為其態度不應如此，並力勸其負責一切，以慰總統。認為范為人猶豫不決，顧慮極多，因囑其應破釜沉舟，刻苦硬幹，但恐范之魄力不夠，有此機會不肯不能負責表現成績，殊為可惜。范送王至機場，王再叮嚀其不可稍形消極，關於范之困難，王表示當負責轉呈。[245]

6 月 16 日，王叔銘在其致蔣中正電中更詳細地轉述范漢傑告稱：（一）孫渡（第六兵團司令官）出主熱河省政事，彼唯鈞命是從。（二）孫渡調職後，關於其兵團及第九十三軍（屬滇軍系統）之人事問題，盧漢（字永衡，時任雲南省政府主席，為滇軍之大家長）已有電報至盧濬泉（第九十三軍（軍長）處，盧濬泉曾告知范漢傑，謂「此事可不必于事前與盧主席商行」。（三）鈞座賦予范漢傑之任務，衛立煌總司令多有異議。鈞座授予范之職權，衛多不同意，處處牽制，范不能統一指揮，處境至為困難。（四）趙家驤（東北剿匪總部參謀長）、廖耀湘（第九兵團司令官）表面擁衛，暗中各處活動，不惜以種種造謠手段，期使杜聿明（前東北保安司令長官）重回東北。（五）范漢傑以唐山、開灤「受匪竄擾」，擬抽調一個軍助傅作義殲蕩，嗣後再同傅軍出關

---

[243] 于衡，〈被圍困的長春城──採訪二十五年之五〉，《傳記文學》第 20 卷第 5 期（1972 年 5 月），頁 53。

[244] 李以劻，〈范漢傑的崢嶸歲月與鋒鏑餘生〉，《傳記文學》，第 65 卷第 3 期（1994 年 9 月），頁 65。

[245] 王叔銘，《王叔銘日記》（手稿本），1948 年 6 月 15 日。

作戰，衛立煌不同意，未准實行。（六）鈞座令范漢傑督訓正在錦州訓練之部隊，衛亦不同意，廖耀湘現已另派其副司令官舒適存負督訓之責，范不能指揮。（七）凡作戰、訓練、裝備諸般事宜，衛逕下令與孫渡，甚至各軍長，但不通知范漢傑。又不久前，鈞座召見范漢傑，衛以軍情緊急為藉口，令其暫緩晉京，並囑范因其不明全般情況，不得其同意，不可逕向鈞座報告有關軍事問題。王認為察范漢傑之意，似有因衛見忌，不相信賴，處境困難，亟想離開現職，但其一切行動措施，並未表現消極。[246]

　　此後衛、范之間的關係，仍未見改善，瀋陽東北剿匪總部對范及其作風甚為不滿。8月3日，王叔銘在瀋陽與衛立煌晤談時，衛謂范漢傑能力不強，指揮大軍作戰過去在山西時，第二十七軍為范弄壞，以致打敗仗，范有許多事未能與其取得協調。王繼與東北剿匪總部參謀長趙家驤談話，趙亦謂范漢傑在錦州欲形成獨立之作風，如司令之更換，新五軍軍長之人事，孫渡調主熱河省政，第十兵站之設立，第八軍之改編，第九軍之編成及人事，盧濬泉之升任第六兵團司令官，第九十三軍軍長之更換諸般大事，事前均未得衛立煌的同意，衛一度甚消極，現在較好。[247]惟據范漢傑憶述，第六兵團司令官孫渡調任熱河省主席，第九十三軍軍長盧濬泉升任第六兵團司令官，副軍長盛家興升任第九十三軍軍長等人事更動，都是蔣中正事先與滇軍首領雲南省主席盧漢商定發表的。至於第十三兵團的第八軍周開成部，及第九軍黃淑部的調動，都是根據蔣電令執行的。衛立煌事先不知道，因此，對范很不滿。[248]

　　范以將帥不和，不能作戰，在南京向蔣面陳原因，堅辭一切職務，蔣表示不准。出來後又遇到參謀總長顧祝同，范向其辭職，並請假到臺灣去（范家屬時在臺灣），顧說他不能決定，只許范短假到杭州休息，不能他去，隨時

---

[246] 「王叔銘致蔣中正電」（1948年6月16日），《蔣檔‧特交檔案：分類資料——軍事剿匪》。該電報所署日期為6月15日，參照王日記所述，應為6月16日。

[247] 王叔銘，《王叔銘日記》（手稿本），1948年8月3日。

[248] 范漢傑，〈錦州戰役回憶〉，《文史資料選輯》，第20輯（北京：中華書局，1963），頁92。

接到電話要趕回南京，因蔣準備上廬山。[249]據時任新疆警備總司令與范為黃埔軍校第一期同學的宋希濂回憶：1948 年 7 月下旬至 8 月上旬，蔣中正在南京召開了一次重要的軍事會議，歷時七天，他及范漢傑等都曾參加。會後，宋於 8 月 10 日攜眷至上海、杭州一帶旅行，在車上遇見范漢傑夫婦，范對於自己的任務感到困難重重，不想再幹下去。[250]8 月 18 日，范回到南京，次日，蔣同時召見范、宋希濂、黃維（黃埔軍校第一期畢業，時任陸軍軍官學校校長兼陸軍第三訓練處處長）三人，范再三請辭本兼各職，蔣云：「你們不幹，我又怎樣」，並云：「限 20 日回到防地去」。又吩咐勵志社總幹事兼聯勤總司令部接待處處長黃仁霖電話通知空軍總司令周至柔派飛機送范回防。范回到錦州後，又到瀋陽見衛立煌請求准予辭職，並建議以東北剿匪副總司令之一的陳鐵到錦州比較適宜，因陳是衛找來東北的，是衛的舊屬，衛當面敷衍說：「不要辭，大家是好朋友，共同努力」，范只好返回錦州，繼續供職備戰。[251]

　　至 8 月中旬，錦州方面的實力已較前增長，此時歸范漢傑之東北剿總錦州指揮所所指揮的部隊為：（1）第六兵團（司令官為孫渡）：下轄第九十三軍（盧濬泉）─轄暫編第十八師（景陽）、暫編第二十師（王世高）、暫編第二十二師（龍澤匯），第一八四師（楊朝綸），新編第八軍（沈向奎）─轄第八十八師（黃文徽）、暫編第五十四師（黃建鏞）、暫編第五十五師（安守仁）。（2）新編第五軍（劉雲瀚）─轄暫編第五十師（吳寶雲）、暫編第六十師（陳膺華）、第二十六師（張越群）。（3）第五十四軍（闕漢騫）─轄第八師（周文韜）、第一九八師（張純）、暫編第五十七師（朱茂臻）。（4）暫編第六十二師（劉梓皋，轄第一、三團及新編第六軍之人力團）。以上共計十四個師，任山海關至錦州南北地區之守備。其中新五軍、新八軍係 8 月上旬成立，其所

[249] 范漢傑，〈錦州戰役回憶〉，《文史資料選輯》，第 20 輯（北京：中華書局，1963），頁 92。

[250] 宋希濂，〈一九四八年蔣介石在南京召集的最後一次重要軍事會議實況〉，《文史資料精選》，第 13 冊（北京：中國文史出版社，1990），頁 1 及 7。

[251] 范漢傑，〈錦州戰役回憶〉，《文史資料選輯》，第 20 輯（北京：中華書局，1963），頁 92～93。

屬之第二十六師、第八十八師、暫編第五十四師及直隸於錦州指揮所之暫編第六十二師，於 4 至 7 月底期間，仍分別隸屬於第四十九、七十一、五十二軍及新六軍，而於 8 月上旬僅將各該師幹部，由瀋陽空運錦州，重新補充新兵成立。暫編第六十二師調錦州時，其所屬之第二團由其他各團兵員補充齊全後，仍留瀋陽直隸新六軍。[252]孫渡旋赴熱河就任省主席，第六兵團司令官由盧濬泉升任，仍兼第九十三軍軍長。

其時在錦州西北面及沿遼西走廊一帶，長期以來共軍僅有兩個縱隊及若干軍區活動，主要在破壞北寧路交通，不時亦向錦西進襲。8 月中旬以前，雙方尚維持對峙狀態，及至東北共軍雲集遼西，范漢傑深感事態嚴重，必須集中三個軍兵力於錦州附近，並將戍守義縣之暫二十師王世高部撤回錦州歸建，轄區內之兵力部署，亦作如下之調整：其一、新八軍全部集中錦州，歸第六兵團指揮，擔任錦州城東紫金山互松山間地區守備，與守備錦州北面及西南面之第九十三軍切取聯繫。其二、第九十三軍（欠暫二十師）配屬第一八四師，擔任錦州北部、西南地區，並包括機場之守備。其三、新五軍即由山海關分水陸兩路，向錦州集中，為指揮所之總預備隊。其四、第五十四軍集中錦西，任錦西、葫蘆島之守備。此一兵力部署之調整，經分別呈報東北剿總及國防部後，旋即接東北剿總總司令衛立煌電示：對暫二十師撤離義縣，不予同意，並對新五軍北調一節，亦須待華北剿總派隊接替後方可行動。不僅暫二十師及新五軍未能調整，且將第五十四軍之第八師調駐興城，暫六十二師佔領塔山，以使錦州與錦西連成一氣。東北剿總此一變更，使范漢傑集中力量強化錦州守備之構想，完全落空。使得守備錦州的兵力僅有第六兵團所轄之第九十三軍及新八軍，不過六個師而已，其中除第一八四師外，第八十八師係新近全部充員編成，另四個暫編師，皆係交警或保安團隊改編而成者，人員裝備既不足額，戰鬥技能亦欠嫻熟，與其他有深長歷史之軍師相較，

---

[252] 三軍大學編纂，《國民革命軍戰役史：第五部——戡亂》，第 4 冊——戡亂前期（上），頁 43 及 53。按：其中第六兵團司令官孫渡旋赴熱河任省主席，由第九十三軍軍長盧濬泉升任第六兵團司令官，兼第九十三軍軍長。

戰力顯著偏低。9 月 27 日至 28 日，原屬第九兵團（司令官為廖耀湘）的第四十九師（師長陳衡）由瀋陽空運至錦州（番號易為第七十九師，改隸於第六兵團），嗣因錦州機場不能使用，僅完成該師之兩個團及砲兵第十三團之空運作業。[253]

　　而東北共軍方面，自 1948 年 1 月 1 日起，正式宣布改名稱為東北人民解放軍（原稱東北民主聯軍），區分成東北軍區及東北野戰軍，林彪任軍區司令員兼政治委員，同時任野戰軍司令員。[254]其後 2 月至 8 月的半年間，林彪與中共黨中央反覆商討，是否應冒險南下攻打錦州，由於毛澤東的堅持，林彪不得不放棄其先拿下長春較為穩當的主張。[255]其實毛澤東此一直趨錦州「關門打狗」[256]的主張，與其說是一極高明的戰略卓見，毋寧說是一場以東北全局為籌碼的豪賭，勝則全勝，輸則全輸。據胡一貫、任卓宣、殷海光等時人的分析，其所冒的風險為：其一、林彪的東北共軍將遠離老巢二千里，迂迴到海邊，不顧側背安全，失敗即後退無路。其二、遠距離行軍，均係輕騎輕裝，不能自帶糧秣彈藥，難以持久。其三、天氣漸寒，其兵卒尚着單衣，遼西荒寒，糧食又不能就地供應，必致影響士氣。[257]惟即使其風險甚大，亦端視國軍方面能否善加利用及妥為對應，才是雙方勝敗關鍵之所在。

　　事實上，共軍大舉南下，行動至為隱密，國軍方面似乎懵然不知，未予因應，且共軍部隊及軍用物資均係由火車載運南下，並非「遠距離行軍」，更

---

[253] 三軍大學編纂，《國民革命軍戰役史：第五部──戡亂》，第 4 冊──戡亂前期（上），頁 43、44、59 及 109。

[254] 李德、舒雲編著，《林彪日記》，上冊，頁 458。

[255] 肖瑜，〈毛澤東的戰略決策最英明？──錦州攻堅戰再考察〉，《二十一世紀》，第 112 期（2009 年 4 月），頁 55～58。張志輝、許建新，〈戰錦方為大問題──毛澤東與林彪在錦州戰役上的分歧〉，《世紀橋》，2008 年第 19 期，頁 37～39。

[256] 吳學陵編著，《關門打狗第一仗：記遼瀋戰役錦州之戰》（北京：中國工人出版社，1998），頁 8。

[257] 胡一貫、任卓宣、殷海光、胡煥庸、吳俊升、馬大英、張六師、陳定閎，〈我們對當前軍事情勢的意見〉，《中央日報》（長沙），1948 年 10 月 31 日，第二版。

非「輕騎輕裝」，上述時人的相關分析顯係其想當然耳。8 月 29 日，林彪等向各縱隊、各師下達戰鬥動員令：以部分兵力圍困長春，而以最大主力南下，向北寧路前進。以奔襲的動作，堅決殲滅分散於北寧線上守備的各處敵人，切斷並摧毀東北敵人與華北的聯繫，使兩處敵人彼此完全陷於絕望的孤立中，並求引出長春之敵突圍，而在突圍中殲滅該敵，由此求得加速全東北「解放」的到來。[258]

9 月 8 日，林彪下令：（一）第一、二、七、八縱隊均應準備 9 月 12 日開始出發；（二）第四、九縱隊於 12 日可插到錦州、義縣之間，包圍義縣敵人；（三）熱河以兩個獨立師包圍興城，一個獨立師包圍綏中，均於 12 日 12 時左右到達，完成包圍；（四）第十一縱隊應於 12 日突然到達昌黎、灤縣一帶，殲滅分散之敵，並將昌灤段鐵路徹底翻毀，第二步即殲昌黎之敵，並抗擊傅作義部隊增援。（五）第三縱隊 10 日開始車運，並在阜新、海州、新秋三地下車；（六）第九縱隊先頭師應以奔襲動作於 12 日 10 時左右到達義縣以南至松林堡、新民屯一帶，該師應繼續前進，迅速插到松林子一帶占領 650 高地，構工事死守；（七）第四縱隊第十二師應於 11 日出發向義縣南之松林堡前進，第十師及十一師於 12 日出發。[259]

數十萬部隊和軍用物資用火車運到遼西，在共軍作戰史上是第一次。共軍為了隱蔽其作戰意圖，需要嚴格保密。9 月 11 日，林彪等下達訓令：上車的位置最好不選擇在主站，上車前應將部隊帶到上車車站附近隱蔽，待車輛、馬匹、物資上車後，各單位按建制次序迅速上車，絕對不許爭先恐後的混亂次序。下車也應選擇在貨物站，下車後立即按建制帶開，分散隱蔽休息，以防敵人突然襲擊。列車行進途中，絕對禁止每到一站，不經請假，隨便下車，以免耽誤列車行進。特別要防止個別人員自以為能，明知開車也不著急，車開後慌忙追車，或自以為時間有把握，以致誤車現象，尤其夜間更應注意。

[258] 李德、舒雲編著，《林彪日記》，上冊，頁 551。

[259] 李德、舒雲編著，《林彪日記》，上冊，頁 553。

為了保密，除部隊儘量隱蔽不要亂走及隨便下車與百姓接談外，應儘量做到偽裝，使群眾最好不知我們是軍用列車，更不能使其他部隊知道我們的真實番號。必須切實使用部隊代字代號，這點特別重要，應在各單位反覆進行教育。[260]

9 月 12 日，共軍開始攻擊錦州外圍各縣，所謂的遼瀋戰役的序幕戰──錦州戰役，就此打響。對於共軍的大舉攻錦，蔣中正備致關注，海軍總司令桂永清因接到蔣的電話及衛立煌、范漢傑的來電，共軍第六十獨立師與國軍第五十四軍在興城附近激戰，飭派艦增援，即於 9 月 14 日令長治艦由大沽駛抵秦皇島，並飭第一艦隊派太康、永泰二艦 9 月 15 日由煙臺馳援。長治艦於 9 月 15 日酉時（下午五時至七時）到達綏中縣南海面，向天龍寺及綏中縣南地區共軍各主要據點猛烈轟擊，天龍寺中彈大火，共軍四散而逃，綏中方面共軍傷亡一千人，於 9 月 16 日午開始撤退。葫蘆島威脅減輕，而秦皇島方面情勢甚緊，乃另由青島派逸仙艦逡駛該區協戰。9 月 16 日亥時（晚九時至十一時），長治艦抵秦皇島時，共軍第十一縱隊之一部攻北戴河甚急，國軍節節敗退，共軍已迫近市郊，當於 9 月 17 日午載副司令官唐雲山等沿海巡視，並向共軍砲擊，致其攻勢頓挫。[261]

9 月 17 日，范漢傑致電蔣稱：（一）共軍第九縱隊之一部向我義縣外圍部隊進攻未逞。又據報共軍第七縱隊現全部進抵義縣東北興隆堡、石佛寺，其第十九師 16 日（銑日）晚進抵大街河北岸邊門子一帶。（二）興城共軍經我闞漢騫（第五十四軍軍長）部連日猛攻，已向紅崖子舊門一帶潰退。又綏中共軍仍與我守軍對峙。另據報綏城北塔子溝方面發現共軍第九縱隊，番號待証。（三）冀東共軍第十一縱隊攻佔昌黎後，於 9 月 16 日晨攻佔留守營，續向北戴河以西嘱各庄、公富庄、起雲寺及煙筒山各地猛進中。（四）錦州本部守備一狹長地帶，如共軍向我方大舉進犯，自以確保錦州、錦（西）、葫（蘆

[260] 李德、舒雲編著，《林彪日記》，上冊，頁 557。

[261]「桂永清呈蔣總統九月十八日報告」，《蔣檔‧革命文獻：戡亂軍事──東北方面（二）》。

島）、秦（皇島）、榆（關，即山海關）三要地區為守勢作戰根本方針，茲就目前一般狀況爰為如下之指導作戰：1.義縣守軍撤已不可能，務須堅守，另酌派部隊對共軍嚴密警戒，並阻其南進，俟將興城之共軍完全擊破後，視義縣共軍情況及動態如何再策解圍之圖。2.榆、秦目前部隊酌以小部兵力續對綏中之共軍周旋，以行牽制主力，以確保秦、榆之目的對共方作戰。[262]

9月27日，駐錦西之國軍第五十四軍軍長闕漢騫致電蔣中正，報稱9月12晨，共軍獨立第六、第八兩師及新編獨立第三十一、三十二兩團二萬餘人，分別進攻錦西、興城，鏖戰竟日，共軍獨立第六、第八兩師幾遭殲滅之打擊，我頗有俘獲，我方亦傷亡官兵八百餘。9月21日（馬日），共軍第四縱隊抵興城西北，復招集獨六、八兩師及獨三團殘部東進，9月24日（敬日）晨於竣家溝、拉子山一帶展開惡戰，我軍左翼暫編第五十七師因作戰經驗缺乏，幹部尤欠沉著，致遭敵乘，損失頗大。是時共軍第九縱隊午後進至江家屯（錦西以西23公里），第三縱隊進至亭池塘（錦西北），我軍為避免與優勢共軍於陣地外決戰，入夜轉移至既設陣地。9月25日（宥日），我軍以一部作限制目標之攻擊，稍獲戰果。9月27日（感日）晨，共軍以一部圍攻興城、高橋，主力進攻塔山，竟日反復爭奪陣地，均確保，犯敵遺屍枕藉，現仍激戰中。半月來，除暫五十七師損失頗重，不堪作戰，業呈范漢傑主任嚴予懲處外，其餘各部官兵均能用命。惟錦、葫地區遼闊，機動兵力太少，糧彈不繼，而共軍逐次麕集，對錦、葫似頗有野心，職當策勵所屬，盡最大之努力，達成任務。[263]

9月28日下午，蔣中正研討錦州戰局，始報其機場已落砲彈，不能使用，因之以不能增援空運部隊為憂，繼報共軍砲兵已被驅逐空運可行，略慰，然

[262] 「范漢傑致蔣中正申篠電」（1948年9月17日），《蔣檔・特交文電：共匪禍國——武裝叛國（一六七）》。

[263] 「闕漢騫致蔣中正申感電」（1948年9月27日），《蔣檔・特交文電：共匪禍國——武裝叛國（一六八）》。

仍以錦州已入危局。[264]9 月 29 日，蔣朝課後研究錦州戰局，知其機場已被共軍砲火擊中，空運停止，情勢可慮。[265]當即致電華北剿匪總司令傅作義，謂：「錦、葫危急，駐秦、榆新五軍之廿六、暫六十兩師，應即開錦、葫增援，所遺秦、榆防務，請即派有力部隊接替為要」。下午，又研究錦州增援問題，決定明日飛北平指導。而以上午電囑傅作義，調新五軍赴援錦、葫，深恐該軍不能達成任務，因再電其改調第九十二軍或第九十四軍中強有力之兩個師，或再加第九十五師由津直運葫蘆島應急。旋得傅覆電，以九十二軍及九十四軍另有任務，似難抽調。蔣又覆之，謂：「如第九十四軍、第九十二軍一時不易抽調，則即照兄意，先調新五軍全部運葫蘆島，但必須增調第九十五師同行，否則不足出擊，恐於錦州戰局無補，請即決心實施，勿再往返磋商，免誤時間也」。[266]是日，共軍攻佔興城、綏中。9 月 30 日，蔣中正記曰：「近日錦州戰況深為憂慮，決飛北平指導作戰」。同日，蔣自南京啟程北巡，並記稱此次北平之行的第一任務即為「督導增援錦州，予匪以制命打擊」。[267]

第二節　經過詳情

9 月 30 日，蔣對於昨日錦州戰局深以為憂慮、決定在北平指導作戰。朝課後，約見副總統李宗仁、行政院長翁文灝、國防部長何應欽、總統府參軍長孫連仲等，指示要務。十一時，由南京起飛。[268]隨行的有海軍總司令桂永清、空軍總司令周至柔、聯勤總司令郭懺、陸軍大學校長徐永昌、國民黨中央黨部副秘書長鄭彥棻、青年部長陳雪屏、軍務局長俞濟時、秘書曹聖芬等。

---

[264] 《蔣介石日記》，1948 年 9 月 28 日。

[265] 《蔣介石日記》，1948 年 9 月 29 日。

[266] 《蔣檔‧事略稿本》，1948 年 9 月 29 日。

[267] 《蔣介石日記》，1948 年 9 月 30 日。

[268] 《蔣介石日記》，1948 年 9 月 30 日。

[269]蔣於途中休息，批閱公文，下午一時三刻飛抵北平。[270]蔣下機時著黃綠色中山裝，黑披風，灰呢帽，含笑下機，與歡迎者華北剿匪總司令傅作義、北平警備總司令陳繼承、河北省政府主席楚溪春、北平市長劉瑤章等頷首答禮。將及二時，蔣偕傅作義共乘一車，離機場入城，二時二十分，抵後圓恩寺行邸。[271]

　　據隨同蔣至北平的國防部第三廳廳長郭汝瑰憶述：蔣抵後圓恩寺行邸後第一個處置，就是向錦州空投其親筆信，令范漢傑根據當前情況，按蔣規定的三個暗號，回答「決定突圍」、「死守待援」或「不能守」。飛機出發後，蔣令郭守候電臺，不一會兒又催問范漢傑有無回電。三時左右，得范覆電是死守待援的暗號，蔣非常高興，要郭立即去與傅作義商量遼西作戰方案。[272]商議結果，決先抽調第九十五師運葫蘆島，再續運新編第五軍增強錦西、葫蘆島兵力，再鞏固港口基地，再作第二步驟。[273]時聶榮臻所部共軍進攻歸綏，傅作義部主力北上堵擊，致牽制其派兵赴援錦州。而錦西北部之青龍眼高地已為共軍攻佔，錦州機場在共軍砲火射擊目標之下，跑道悉毀，空運無由，從此援錦部隊衹得由葫蘆島經塔山、高橋之陸路一途。蔣當即致電在瀋陽之東北剿匪總司令衛立煌，並轉參謀總長顧祝同，謂「中刻抵北平，與宜生兄研究增援錦州及平、瀋兩方對遼西之匪會戰方略，中有來瀋之必要否，盼覆」。另分電上海之宋美齡及蔣經國，告以安抵北平。[274]

　　四時半，蔣午餐後在行邸心神安定，意趣雅逸，遊覽庭院，巡視全寓後，晚課，以宋美齡因病未能偕行為恨。晚，約見傅作義、楚溪春（河北省政府

[269] 《大公報》（天津），1948 年 10 月 1 日，第二版。

[270] 《蔣介石日記》，1948 年 9 月 30 日。

[271] 《世界日報》（北平），1948 年 10 月 1 日，第二版。

[272] 郭汝瑰，《郭汝瑰回憶錄》（北京：中共黨史出版社，2009），頁 221。

[273] 《蔣介石日記》，1948 年 9 月 30 日。

[274] 《蔣檔・事略稿本》，1948 年 9 月 30 日。

主席）暨同行等將領聚餐。[275]晚餐前，徐永昌向蔣進言，謂長春部隊早撤為宜，蔣謂撤往瀋陽為佳，徐則以為甚難，如撤熱河，必有幾分幾可得，尤其係我們自動撤出，軍事物資得以自如處置。並建議此時就決，不虞瀋陽國軍之傾巢而出，逕救錦州，如果將錦州之敵擊潰情況許可時，再回佔瀋陽，亦無不可。否則屯集錦、葫之線以保衛華北，最為上策。蔣是之。[276]

10月1日，蔣朝課後，研究戰局，致函在瀋陽之衛立煌、顧祝同，督促其出擊，並令第六十二軍先開赴錦、葫增防。又令海軍總司令桂永清封鎖威海衛海面，以共黨於該地召集所謂各黨派新政治協會。與徐永昌談北平警備總司令人選事宜，而以傅作義不願直說主見為苦。正午，至北平西郊華北剿匪總司令部，召集高級將領訓話。[277]

圖 45　蔣中正召集駐平津將領聽取會報（1948 年 10 月 1 日）

---

[275] 《蔣介石日記》，1948 年 9 月 30 日。

[276] 《徐永昌日記》（臺北：中央研究院近代史研究所，1991），第 9 冊，頁 128，1948 年 9 月 30日。

[277] 《蔣介石日記》，1948 年 10 月 1 日。

對華北剿匪總部成立後的工作績效，深為嘉許，期望各將領於傅作義總司令領導之下，恪守紀律，服從命令，達成剿匪任務。旋即共進午餐，餐已，復至傅作義私邸小憩，與其單獨談話，商決北平警備總司令等人事問題，[278]蔣以「彼之思想與理論實遵循三民主義，可喜也」。回行轅，已下午三時半。假寐片刻，晚課。召見甫自瀋陽來之顧祝同、衛立煌，聽取其東北作戰計畫，蔣心為之大慰。又聽取國防部第三廳（作戰廳）副廳長許朗軒報告計畫決定之經過，以「其先一般高級將領精神畏匪，不敢出擊，則生疑慮」，乃決心親自飛瀋陽鼓勵之。[279]晚，約高級將領會餐，面示出擊遼西之重要，並訓勉之。歸去後，另電駐錦西之軍長（第五十四軍）闕漢騫云：「中昨來北平，已決派有力部隊增援錦、葫，望弟嚴督所部，努力奮鬥，完成使命，是為至要」。[280]又蔣於是日日記中云：「共匪將於雙十節組織其所謂聯合政府，聞有推孫宋慶齡為主席之說，果爾，則當有預先準備也」。[281]

10 月 2 日，朝課後，批閱記事。召見高級將領及北平市警察廳長楊清植等，有所指示。九時三十分，蔣自行轅赴西郊機場，偕同周至柔、郭懺、衛立煌、俞濟時等赴瀋陽巡視。

座機於十時後起飛，隨員及東北剿匪總部參謀長趙家驤先於是日晨七時飛瀋候駕。十二時，蔣等人抵瀋陽，蔣即至勵志社行邸小休，進餐。下午，接見地方官紳後，靜默，晚課未終，即往東北剿匪總司令部主持軍事會議，聽取各軍師長作戰意見，若輩仍以打通營口為目的，而不敢向彰武、新立屯取攻勢之出擊。蔣力斥其非，謂此一戰略不合剿匪原則，堅決主張如欲解救遼西，非以主力向彰武、新立屯出擊不可，並告以華北方面已增調四個師至錦、葫增援，各將領始默然而無異議。六時半，復於東北剿匪總部召集政委會委員、東北各省高級官員暨黨政主要人員，聽取政情報告，力戒其勿為匪

[278] 《蔣檔・事略稿本》，1948 年 10 月 1 日。

[279] 《蔣介石日記》，1948 年 10 月 1 日。

[280] 《蔣檔・事略稿本》，1948 年 10 月 1 日。

[281] 《蔣介石日記》，1948 年 10 月 1 日。

探以東北人自治之說所蠱惑，致墮其陰謀。並警告左派人士，莫再為匪張目宣傳。旋即會餐，蔣又即席致訓，再點各師長之名，特加訓勉。[282]

圖 46　蔣中正乘中美號座機飛瀋陽視察（1948 年 10 月 2 日）

　　蔣於次日補記其是晚聚餐時對將領之訓勉「情詞誠摯，明告其此次與大家晤面，當以不成功便成仁之遺訓互勉，如果出擊不勝，爾等自必成仁，只要爾等無虧厥職，則余決不愧為爾之統帥，亦將無顏立世，故此會或為余等永別之會也。余必盡我所有一切力量增援東北，此次之會戰，望爾等專心遵命作戰，不必要作其他之想念為要」。餐後，召見周福成、廖耀湘。十時半，就寢。[283] 又蔣於是日日記中云：「聞義縣本日已無戰事，恐被陷落矣，如此則我王師長（世高）英勇戰將又犧牲一個矣，悲乎」。[284] 關於蔣是日在瀋陽的情

---

[282] 參見《蔣介石日記》，1948 年 10 月 2 日；《蔣檔‧事略稿本》，1948 年 10 月 2 日。

[283] 《蔣介石日記》，1948 年 10 月 3 日，補記 10 月 2 日晚之事。

[284] 《蔣介石日記》，1948 年 10 月 2 日。義縣位於錦州北方，王世高率所部（第九十三軍之暫編第二十師）駐守。9 月 11 日，共軍第七、九兩縱隊進至義縣以南，發動猛烈攻擊，後復調集第三縱隊砲兵一部約三萬人繼續猛攻，王師以寡敵眾，堅守孤城達二十日，至 10 月 1 日晚戰火迫入城內，至次日晨聯絡中斷，全城已為共軍佔有。

況，時任勵志社瀋陽分社主任的李中奇回憶云：

> 我記得這一次是瀋陽警備司令部稽察處處長崔志光（軍統少將，蔣
> 後幾次來瀋都是他負責警衛）頭一天先得北平的密電，他轉告我第
> 二天蔣要來瀋。2日午前，蔣抵瀋，到勵志社。這一次，蔣走上樓，
> 我緊跟在他身後，行至餐廳時，侍衛官將門打開。蔣介石心中惶亂，
> 竟在原地打了一個轉身，並未進去，說：「快找衛總司令來！我了解
> 了解情況！」這種神情不安的情況，我是從來沒有見過的。侍衛官
> 接過披風，蔣匆匆進入會客室，隨即衛立煌、羅卓英趕到，他們共
> 同觀看二十萬分之一的軍用地圖，商討對策。午餐後，蔣到「剿總」
> 召集軍長以上高級將領參加的軍事會議，研究布置作戰方案；晚間，
> 召集師長以上將領及遼寧省廳長以上人員在「剿總」會餐，餐後又
> 召集師長以上軍官訓話。據侍衛官回來對我說，蔣訓話非常沉痛，
> 說：「我這次來，就是救你們出去，這個仗打到現在，如再不能打勝，
> 將來前途不堪設想。我要做戰犯，你們都要當俘虜！成敗在此一
> 舉！」蔣介石訓話回來就寢前，又單獨在辦公室召見了廖耀湘，面
> 授機宜達一小時之久，門外由侍衛官站崗，誰也不得入內。第二天
> 午飯後，蔣介石離瀋飛往北平。[285]

上述的回憶中，謂蔣曾單獨召見廖耀湘，面授機宜達一小時之久。後來
廖耀湘在撰文中言及此事經過，以及與蔣之間的諸多對話，最後屈從蔣意擬
由廖指揮瀋陽主力，直出遼西，先到達新立屯地區，再由新立屯經阜新直出
錦州、義縣，從共軍後方攻擊其側背，與葫蘆島國軍東進部隊東西夾擊，在
錦州地區予東北共軍以殲滅性之打擊。惟廖耀湘將此次召見的時日誤記為 10

---

[285] 李中奇，〈解放戰爭中蔣介石來瀋情況所見〉，《文史資料存稿選編》（北京：中國文史出版社，
2002），第 20 冊——軍政人物（下），頁 729。

月 8 日。[286]又據李中奇回憶：

> 蔣介石在「剿總」會餐時，勵志社臥室內留副官斯紹凱看家，我沒事走進臥室隨便看看，只見斯副官正在收拾掛在牆上的蔣介石「全家福照片」。
>
> 這張照片是抗戰勝利還都後，1946 年陰曆 9 月 15 日，蔣介石過六十歲大壽時全家在南京官邸的合影。……。此照為勵志社攝影幹事胡宗賢所攝，1947 年我去南京開會時帶回，掛在蔣介石臥室。斯副官見我進來，一用桌布包「全家福」照片，同時對我說：「李主任！方才先生（蔣的侍從室人員對蔣的內部稱呼）說了：臥室裏牆上掛的那張『全家福』照片，他這次要帶回南京去，告訴你一聲」。我聽到這話，預感到蔣介石可能要放棄瀋陽，今後不會再來了。當晚，蔣介石的警衛室主任石祖德對我說：「廖兵團要西進，我知道他一動，瀋陽就空虛了，往後我們不一定再來了，你可以先飛北平等著。什麼時候需要你來，我會臨時通知你」。於是，第二天我就隨蔣的先行機飛往北平。[287]

10 月 3 日，晨五時後起床，朝課畢，手書致長春、錦西各將領函六通，直至八時半始竟事。[288]隨於勵志社召見周福成、廖耀湘二司令官，聽取其作戰計畫與序列。九時，召見遼寧省政府主席王鐵漢、瀋陽市市長董文琦、遼寧省議會議長張寶慈、瀋陽市議會議長李仲華，指示一切，兩議長對地方情形報告頗詳。[289]據董文琦回憶，當時蔣垂詢軍糧有無困難，董即答以現存軍

---

[286] 廖耀湘，〈遼西戰役紀實〉，《文史資料精選》，第 13 冊（北京：中國文史出版社，1990），頁 115～118。

[287] 李中奇，〈解放戰爭中蔣介石來瀋情況所見〉，《文史資料存稿選編》，第 20 冊──軍政人物（下），頁 729～730。

[288] 《蔣介石日記》，1948 年 10 月 3 日。

[289] 《蔣檔‧事略稿本》，1948 年 10 月 3 日。

糧供應現有軍隊，足敷一月之需，如部分軍隊調赴錦州，則可支持兩個月，且新糧即將上市，當更無困難。蔣聽後狀甚欣慰，並指示彼等與軍方密切合作，同心協力來確保瀋陽。[290]

　　十時，召見瀋陽報界各負責人，聆取瀋陽新聞事業實況，並訓示努力配合戡亂建國大業，加強報導工作。旋復召集衛立煌、周至柔、郭懺三位總司令、糧食部政務次長陳良、安東省政府主席董彥平，對糧彈運濟問題再作切實之督導。十一時，偕周至柔、郭懺、俞濟時等乘專機離瀋陽，中途遇風，略事少休，故抵北平已下午一時以後。召見華北剿匪總司令傅作義與談戰局，許其頗有見地。電衛立煌，告以安抵北平，並請其轉告各將領勿念。另電上海市市長吳國楨轉宋美齡，謂「兄已由瀋陽返平，約數日後回京，開塞林生日，在本月八日，未知已致電否」。靜默，晚課後逕輕車簡從，往遊頤和園，欣賞秋景。是日碧空無雲，天高氣爽，蔣登佛香閣與智慧海，以勘察第二基督凱歌堂地址，不甚洽意。時西山紅葉，絢爛似霞，縱目遙望，頗有作客吳江之感。旋自山背而下，復於園中遊覽一周，乘船至龍王廟，中流款乃，狀至悠閒，移時登岸，出北正門而返行邸。[291]晚，約杜聿明、謝義等聚餐。隨後與太原綏靖公署參謀長郭宗汾談最近局勢最為艱難，但深信必可克服一切；並言「共匪無成功之理，而且其失敗亦在不遠，其亡焉忽也，乃可斷言」，囑其轉告太原綏靖公署主任閻錫山。[292]對於此次瀋陽之行，蔣在次日記云：

> 此次飛瀋審視，市況蕭條，精神散漫，機關情況、生活狀態皆現苟安不定之象。三年來到瀋五次，每況愈下，慨嘆無已。途中每念東北殘敗至此，皆由馬歇爾致之，但余自怪胸無成竹，國家大政竟為外交牽累，不能自主，受制於人，因東北進駐大兵而使整個國家陷

[290] 張玉法、沈松僑訪問，沈松僑紀錄，《董文琦先生訪問紀錄》（臺北：中央研究院近代史研究所，1986），頁151。

[291] 參閱《蔣介石日記》，1948年10月3日；及第《蔣檔‧事略稿本》，1948年10月3日。

[292] 《蔣介石日記》，1948年10月4日，補記10月3日晚事。

此危境，誠不堪回首，亦不堪設想矣。今後惟有信我天父，遵奉旨意，向前邁進，盡性聽命而已。[293]

　　10月4日，朝課前，令國防部第三廳廳長郭汝瑰飛煙臺，調軍增援錦州。致函王伯勳（第三十九軍軍長，時駐煙臺）及研究戰局。朝課後，約傅作義來談調其華北有力部隊增援錦州事宜。記事，批閱公文。[294]十二時，接見顧孟餘（按：顧氏為前國民政府顧問，曾任中央大學校長等），與談半小時。又接見地政署署長鄭道儒與天津金融管制局局長施奎齡，對於改幣（金圓券）後平津金融情況，垂詢甚詳，並留顧、鄭、施三人共進午餐。下午，赴蘆（盧）溝橋視察，由北平市市長劉瑤章、工務局長譚炳訓陪同前往。蔣佇立橋頭，對此爆發抗戰之地，徘徊良久，似有不勝感慨之意。[295]

圖 47　蔣中正巡視盧溝橋（1948 年 10 月 4 日）

[293] 《蔣介石日記》，1948 年 10 月 4 日。

[294] 《蔣介石日記》，1948 年 10 月 4 日。

[295] 《蔣檔·事略稿本》，1948 年 10 月 4 日。

其時蘆溝橋邊風沙瀰漫，黃葉飛舞，一片深秋景色。[296]譚炳訓在旁陳述是橋興建歷史，蔣頗感興趣。又視察一文字山七七事變戰蹟而還。蔣於車中，指示劉瑤章有關整頓市容救濟糧政諸端，至為詳盡。見東西長安街蔥鬱之行道樹排列成行，青蒼欲滴，深為贊許，當囑劉瑤章於永定門內各大道上，亦增植此樹，以壯觀瞻。[297]關於此行，蔣記之曰：「蘆溝橋為古時通南御道，其規模宏大，構築堅實，自宛平城直至彰儀門大道，其基石之堅實，現尚存在，殊為可感」。[298]晚課已，召見周至柔、郭懺二總司令，督導運輸事宜。晚七時，於長安戲院觀賞伶人譚富英等演唱之平劇，[299]劇碼為劇碼為「樊江關」、「白水灘」及全部「借東風」，演出者除譚富英外，尚有梁小鸞、楊盛春、高維廉、郭元汾等。[300]當時《新路》雜誌之「天津通訊」曾對此略有述及，並調侃云：

> 有家報紙上刊載蔣總統在五日（按：應為四日）赴蘆溝橋視察歸來後，晚上並且到長安大戲院去看譚富英演出的「借東風」，今日中國大局的借東風局面已定，但是每天的西北風越吹越緊，何時能夠看到越洋前來的東風呢？而東西風的碰頭時候，氣候必然要逆轉，一場大旋風便起來了。[301]

又據徐永昌之日記，謂是日蔣邀其晚餐，進餐時蔣一再囑其致意傅作義，望傅一切負責到底，人事亦然。蔣並謂聞有人謂蔣辦事有兩套者，此殊非實，即指某事曰：君等觀此即可知矣。對此，徐特於括號中加以解說云：

---

[296] 《大公報》（天津），1948 年 10 月 5 日，第二版，「本報北平電話」。

[297] 《蔣檔・事略稿本》，1948 年 10 月 4 日。

[298] 《蔣介石日記》，1948 年 10 月 5 日，補記昨日之事。

[299] 《蔣檔・事略稿本》，1948 年 10 月 4 日。

[300] 《世界日報》（北平），1948 年 10 月 4 日，第四版。

[301] 《新路》特約記者，〈蔣總統到了北方（天津通訊）〉，《新路》，第 1 卷第 23 期（1948 年 10 月），頁 15。

前日，為北平警備司令事，蔣先生雖謂陳繼承必更換，但以平中訛
言繁興，代之者必須與中央接近者為宜，今提出三人，王東原、黃
杰、李文，聽宜生（按：傅作義字宜生）自擇之。余以告之，宜生
曰：我於前二者皆不熟稔，遂定為李云。[302]

又蔣對於錦州、葫蘆島之通訊設備至為關懷，因於是日電錦州之東北剿
匪副總司令范漢傑曰：「通信設備及陸空聯絡電台有幾架？其裝置地點是否安
全？希特加防護，盼復」。又電駐葫蘆島第五十四軍軍長闕漢騫曰：「弟部陸
空聯絡電台有幾架？其裝置地點是否安全？詳報」。[303]

10 月 5 日，朝課前，指示暫時放棄煙臺，加強長山島守備，俾得控制煙
（煙臺）、蓬（蓬萊）等地區。朝課畢，召見侯鏡如（第十七兵團司令官）、
段澐（第八十七軍軍長）等將領。十時後，與傅作義同車至機場。途中，蔣
對傅愷切指導，謂傅「只要能負責盡職，余必以華北賦予全權」。傅表示甚願
效忠，惟終以歷史關係為憂，蔣誠摯慰之。蔣旋登機起飛，正午抵天津。蔣
下機後，即乘車赴塘沽。[304]

途中，蔣與同行的徐永昌談話，且問司機天津城距機場遠近，徐遂言為
省油計，機場宜距城近，並言及南京目前大小汽車多達三萬五千餘輛，而 1937
年前僅七八千，現今其減半，仍多七八千輛。蔣默然無言，以手擊車者再。
少頃，至塘沽，登 203 號砲艇（原為掃雷艇），途中，徐又談及對經濟之建議，
宜早為挽救。蔣令其再述之，徐又詳為剖陳。又及於當前切要二事，一為江
防，一為傷兵，遂舉以蘇州各處傷兵常滋鬧地方等事，宜使傷兵居僻蔽之鄉，
而其主發者貪戀繁華城市，因致弊害叢生。此外，徐再言宜放棄瀋陽傾巢救
錦州之計。隨由砲艇換登英國致贈之「重慶號」巡洋艦，蔣對徐言，謂英人

---

302 《徐永昌日記》，第 9 冊，頁 129～130，1948 年 10 月 4 日。

303 《蔣檔·事略稿本》，1948 年 10 月 4 日。

304 《蔣介石日記》，1948 年 10 月 5 日。

偉大，抗戰時允借數億美元，未付（言明在戰時有效）而勝利已至，因贈我
軍艦二艘，此艦即值美金一億四千元。[305]此艦與另外一艘較小的驅逐艦「靈
甫號」，甫於五個月前在英國交接，兩月前初抵國門，加入海軍行列。[306]是時
將下午四時。五時半，啟椗。蔣於默禱，晚課後，與徐永昌等聚餐。[307]

圖 48　蔣中正登臨重慶號軍艦（1948 年 10 月 5 日）

---

[305]　《徐永昌日記》，第 9 冊，頁 130～131，1948 年 10 月 5 日。

[306]　「重慶號」原名「震旦號」（Aurora），係 1936 年 8 月下水，艦上裝有六吋口徑大砲，在第二次
　　　世界大戰中，曾轉戰於北海、地中海、大西洋等海域，戰績輝煌。「靈甫號」原名「孟迭普號」
　　　（Mendip），係 1940 年建造完成。兩艦於 1948 年 5 月 19 日在英國樸資茅斯港舉行交接儀式，
　　　「重慶號」係英國贈與之巡洋艦，其官兵人數為 642 名，「靈甫號」係英方租借之驅逐艦，官兵
　　　人數為 158 名。兩艦於 5 月 26 日起航，7 月 28 日駛抵香港，8 月 14 日駛抵南京，泊下關江面，
　　　逗留數日後即赴青島，編入海防第一艦隊服役。以上係參見朱恆齡，〈歡迎英國兩贈艦〉，《寧
　　　波日報》（寧波），1948 年 8 月 17 日，第二版；子健（《申報》特約記者），〈兩艘新軍艦重
　　　慶號・靈甫號在香港〉，《申報》（上海），1948 年 8 月 2 日，（五），及該報，1948 年 8 月
　　　15 日，（一）；《蔣檔・事略稿本》，1948 年 7 月 8 日，海軍代總司令桂永清呈蔣中正之報告；
　　　「桂永清呈蔣總統八月二十日簽呈」（1948 年 8 月 20 日），《蔣檔・革命文獻：對英印外交》。

[307]　《蔣介石日記》，1948 年 10 月 5 日。

圖 49　重慶號軍艦全貌（1948 年 10 月 5 日）

　　在艦上，蔣輾轉得盧濬泉（第六兵團司令官兼錦州警備司令）、盛家興（第
九十三軍軍長）「冬電」（10 月 2 日發），呈報義縣確已棄守之訊。蔣至為痛
惋，當電錦州之東北剿匪副總司令范漢傑、盧濬泉、盛家興，並轉全體官兵
慰勉之曰：

> 接冬電，無任悲痛，此次王師長在義縣惡戰苦鬥，必已成仁，我軍
> 如此壯烈犧牲，誠可泣鬼神而動天地。現義縣雖失，但因王師犧牲
> 之精神，致使共匪主力至今尚徘徊猶豫，不敢向我錦州主力進攻，
> 他日錦城轉危為安，我軍在東北轉敗為勝，實皆王師長犧牲所致之
> 代價也，思之轉覺慰藉，弟部有此忠勇壯烈之部屬，增我國民革命
> 軍無上之光輝，中亦與有榮也。切盼弟等嚴督所部，一面為王師官
> 兵復仇雪恨，一面發揚我革命傳統之犧牲精神，完成確保錦州最大
> 之任務。中今赴葫指揮增援各軍，俾與弟等早日會師。王師長及其
> 所部官長眷屬現在何處，望併報以便料理，餘不一一。[308]

---

[308] 《蔣檔・事略稿本》，1948 年 10 月 5 日。

是日，蔣以傷風未癒，故晚間八時即就寢。[309]

10月6日，朝課如常。九時，艦近葫蘆島，海軍總司令桂永清登艦，報告陸上情況，謂兩錦（錦州及錦西）皆穩定，無戰事。蔣「乃知匪已失其強襲兩錦之時機」。又得瀋陽來電稱，「已於今日如期開始向匪出擊」，蔣心略慰。十時後，重慶艦入港泊岸，唐雲山（東北剿匪總司令部錦州指揮所參謀長、冀熱遼邊區副司令官）、闕漢騫（第五十四軍軍長）等登艦迎接，蔣聽取其報告，指示其出擊方針，囑其制訂方案候核。下午三時後，蔣至第五十四軍軍部，駐茨山硫酸廠，登高視察錦西附近地形，召集各將領訓示約一小時，分別與之合影。復與范漢傑通無線電話後回艦，[310]已近五時。隨蔣同往的徐永昌，則記稱在第五十四軍軍部時，見軍長闕漢騫頗耽翰墨，以為在兵馬悾惚之今日，似非所宜。[311]

圖50 蔣中正巡視葫蘆島各處留影（1948年10月6日）

---

[309] 《蔣介石日記》，1948年10月5日。

[310] 《蔣介石日記》，1948年10月6日。

[311] 《徐永昌日記》，第9冊，頁131，1948年10月6日。

圖 51　蔣中正至第五十四軍軍部登高視察錦西附近地形（1948 年 10 月 6 日）

圖 52　蔣中正與第五十四軍軍長闕漢騫合影（1948 年 10 月 6 日）

圖 53　蔣中正與隨行之海軍副總司令馬紀壯、海軍總司令桂永清及黎玉璽三人合
　　　　影（1948 年 10 月 6 日）

　　晚課後，召見唐雲山、關漢騫等，個別談話，並派羅奇為督戰員。八時，
約各師長以上人員會餐、訓話。[312]並說明此次希望軍事勝利意義之重大，謂
不僅解錦州之圍，並須會瀋陽之師聚殲頑匪。其不惜撤守煙臺，調來新八師，
並天津一帶之九十二軍、六十二軍及九十五師等六個師，叢集此一地帶，即
為成功此一攻勢，語多興奮與勗勉（與在茨山訓話略同）。[313]九時，第六十二

---

[312] 《蔣介石日記》，1948 年 10 月 7 日，補記昨晚之事。

[313] 《徐永昌日記》，第 9 冊，頁 131，1948 年 10 月 6 日。

軍軍長林偉儔登艦晉謁，蔣對其諄諄訓示，勉勵其努力奮鬥，明告其此次親自來此之意義，應知此次出擊成敗關係之如何重大。[314]

據林偉儔憶述此次晉見蔣的經過情形，謂蔣對其說：「此次敵人攻打錦州，最多有七個縱隊，等於七個師兵力，我們瀋陽出四個軍，華北出兩個軍，煙臺來一個軍，原駐葫蘆島有一個軍，共有八個軍兵力，足夠援錦之用，如若不夠，還可抽兵來。葫蘆島將由侯鏡如負責指揮，他就要回去帶隊伍來，在他未來到以前，你暫歸五十四軍軍長闕漢騫指揮。你們是同學，他駐葫蘆島時間又比較久，情況比較熟悉」。又問：「你的部隊到齊了嗎？」林回答說：「只有三艘輪船來往運輸，現在只到了一個師和軍直屬部隊，尚有兩個師未到」。蔣說：「趕快一點，趕快一點！我回去增派輪船給你」。足見當時蔣親自調兵之急。時重慶號軍艦已升火待發。[315]十時，啟椗離港。[316]是日，蔣考慮處置事務而記之曰：

> 一、令人事廳，凡華北區各軍人事皆應由傅（作義）轉呈。二、鐵道沿線傷兵應內遷分駐。三、長江巡艦分區加強。四、二〇七師師長人選以趙家驤繼任。五、邱清泉任第二兵團代司令。六、王伯勳為山東省主席。七、電胡（宗南）注意匪西調。[317]

10月7日，朝課如常。是日風浪頗大，但以艦位甚重（7200噸），故蔣不覺眩撼。因思「時局雖艱苦萬分，然亦不能撼動我意志也」。見艦髒非常，因而感嘆「英國以此良艦贈我，而我海軍人員不自愛護，深為痛惜，嚴斥桂永清負責改正。惜乎，所部更無海軍人才，而彼以陸軍將領來帶海軍，不知

---

[314] 《蔣介石日記》，1948 年 10 月 7 日，補記昨晚之事。

[315] 林偉儔，〈塔山戰役的回憶〉，《文史資料精選》，第 13 冊，頁 163～164。

[316] 《蔣介石日記》，1948 年 10 月 7 日，補記昨晚之事。

[317] 《蔣介石日記》，1948 年 10 月 6 日。

負責學習，亦不知海軍之常識，想念國事，不勝憂悶之至」。記事。[318]上午近十一時，蔣約徐永昌談話，蔣興致頗佳，首即問徐謂「你看怎麼樣？」徐知其即指錦州、瀋陽等事，因答曰：「照昨日總統訓話之懇切，勉勵軍官之精神尚旺，第一步打通錦葫之線，可能達到，若云第二步企圖，則難言矣」。蔣即坐起連謂「怎麼講？」徐即曰：「士無鬥志」，蔣固問言所由來？徐答以言者殊夥，最近艦中桂永清即言之。蔣無言，顧而呼曰端飯，時才十一時半。又責窗欄之何啟，色殊不豫，倉卒列陳三四籃，飯未竟而去。[319]

　　下午一時，艦抵塘沽口外，蔣與全體海軍官兵攝影後，換乘小輪，向新港直駛，視察該港工程。由外入內，港口司令就地說明甚詳，蔣頗多心得。三時，登岸，乘火車直赴北平，在車中晚課。[320]

圖 54　蔣中正離重慶號軍艦前與全艦官兵合影（1948 年 10 月 7 日）

---

[318] 《蔣介石日記》，1948 年 10 月 7 日。按：蔣是日日記記重慶號重 7200 噸，係為滿載排水量，其標準排水量為 5270 噸，屬輕巡洋艦。

[319] 《徐永昌日記》，第 9 冊，頁 131〜132，1948 年 10 月 7 日。

[320] 《蔣介石日記》，1948 年 10 月 8 日，補記昨日之事。

圖 55　蔣中正在塘沽登岸後搭乘火車回返北平（1948 年 10 月 7 日）

　　車過廊房，徐永昌再語蔣，謂早上之言無結果，擬再竟其意，蔣笑詢如何？徐即謂總統如謂必有把握，則其為過慮，否則似宜亟謀補救之方，蔣問如何補救？徐即請以李文易侯鏡如，指揮上或較得力，蔣謂李不能離北平。徐即建議一面令侯來北平聽訓，一面可分別親函各軍師長，責成分別盡最大努力務期達成此一任務，說明駐北平專待捷音。否則再至瀋陽、葫蘆島督師，蔣謂瀋陽兵此時已出，徐謂不然或不時於空中視察指導，如此庶收效較宏，蔣聞而言曰我上海還有事，那麼我明日便不走了，徐答以此須請總統酌其輕重，即辭而出。[321]七時，抵北平後，得報錦州之共軍似向東退，而太原又被攻。與傅作義略談後，入浴，晚餐。十時，就寢。[322]

　　10 月 8 日，朝課後召見侯鏡如、陳鐵二副總司令，指示錦州作戰指揮問題，以華北已允調四個師至錦、葫增援。傅作義前來見晉見，蔣與談「剿匪」

[321] 《徐永昌日記》，第 9 冊，頁 132，1948 年 10 月 7 日。

[322] 《蔣介石日記》，1948 年 10 月 8 日，補記昨晚之事。

問題，傅以為先消滅黃河以南共軍，然後再行北進之戰略，付諸於今形勢，似宜略為更易。繼又與之討論東北作戰策略，蔣並告以外交經過實情，使其於國際狀況有所瞭解。十時許，召見行政院副院長張厲生，垂詢平津經濟動態及糧食供應情形，至為詳盡，時張任天津區經濟督導員。午，得錦州戰局並無變化之訊，蔣心至慰，乃決定飛滬返京。下午三時半，蔣乘中美號座機離平飛滬。六時半，抵上海龍華機場，前往迎迓者，除宋美齡外，尚有上海市市長吳國楨、警備司令宣鐵吾、警察局長俞叔平。蔣下機後與歡迎者握手為禮，即與宋美齡同車赴東平路行館休息。手擬致北平傅作義電，告以已平安至滬。旋至行館庭園中遊覽散步，與宋美齡在月下談心。時明月初升，一輪皎潔，尤覺晚景宜人。晚餐後，與宋美齡乘車巡視上海市區，自東平路經華山路、南京路外灘、林森路等處，於八時三十分返行館。[323] 十時前就寢。[324]

圖 56　蔣中正離北平飛往上海與送行人員合影（1948 年 10 月 8 日）

---

[323] 參見《蔣檔·事略稿本》，1948 年 10 月 8 日條;《蔣介石日記》，1948 年 10 月 8 日。

[324] 《蔣介石日記》，1948 年 10 月 8 日。

　　10月9日，朝課如常。時蔣經國（上海區經濟督導員）在無錫主持經濟管制座談會，聞蔣中正昨已由北平至滬，特於是日晨自無錫來滬，逕至東平路行館省候，即於美亭中晤敘。蔣經國對於上海經濟管制經過情形作詳盡之陳述。[325] 蔣慨然以為「經濟本為複雜難理之事，而上海之難，更為全國一切萬惡鬼詐薈萃之地，其處理不易，可想而知。對於孔令侃問題，反動派更借題發揮，強令為難，必欲陷其於罪，否則即謂經之包蔽（庇），尤以宣鐵吾機關報攻訐為甚，余嚴斥其妄，令其自動停刊」。[326]

　　八時，至襄陽路中國農民銀行招待所，探視臥病之陳果夫（國民黨中央財務委員會主任委員，兼中國農民銀行董事長）。繼又訪國民黨元老吳稚暉於其寓所，蔣見其所居狹隘簡陋，而處之晏如，為之讚佩不置。召見吳國楨、宣鐵吾、俞叔平等人，分別聽取滬市治安及經濟管制等各項工作之報告，蔣皆殷殷戒勉之，尤於推行勤儉建國運動一事，多予訓示。傍午，與宋美齡適虹橋路萬國公墓，展謁岳父母墓，獻花致敬。旋即巡視市區，沿途見秩序甚佳，並不如北方所傳滬濱搶購風行之甚。返行館，蔣經國妻蔣方良，攜子蔣孝武前來訪謁。下午，接見故交陳景韓，暢敘衷曲。繼見中央銀行總裁俞鴻鈞，對滬市金融物價問題，詳為指示。再接見上海市警察局長俞叔平。[327] 得太原綏靖公署主任閻錫山來電告急，並請增調援軍，蔣當覆之曰：

　　　齊佳電誦悉，最近各戰區皆有激戰，實無法增援，只有固守既設陣
　　　地，與匪持久拼戰，一面派大量空軍助戰，以期陸空協同作戰，消
　　　滅匪部於陣地之前，一面待各地戰況好轉，約半月後，方可派有力

[325] 《蔣檔・事略稿本》，1948 年 10 月 9 日。另據蔣經國記稱，他是 10 月 8 日晚 9 時離無錫，12 時抵上海，10 月 9 日清晨往見蔣，報告上海情況，以「目前有許多問題，尚未解決，但亦不忍報告，蓋不願煩父之心也」。見曾景忠、梁之彥選編，《蔣經國自述》（北京：團結出版社，2005），頁 145～146。

[326] 《蔣介石日記》，1948 年 10 月 9 日。

[327] 參見《蔣檔・事略稿本》，1948 年 10 月 9 日；《蔣介石日記》，1948 年 10 月 9 日。

部隊增援也。[328]

　　默禱後，與宋美齡遊覽介園一匝，四時許，相偕離愛廬，即東平路行館，至龍華機場，登中美號座機起飛，五時，抵南京，即乘車逕返官邸。[329]電北平傅作義，謂「中已於午後抵京，侯司令鏡如已否前往葫蘆島，應令即日前往為要」。另致電瀋陽衛立煌、葫蘆島闕漢騫，告以今日回京，每日戰況望直接電告，並問闕，侯鏡如司令已到葫蘆島否？又電北平市市長劉瑤章，轉河北省黨部主任委員王秉鈞曰：「中此次來平，未克晤談為恨，不久仍將北來，當約談一切，希將此意轉告各委員為盼」。接見國防部長何應欽、參謀總長顧祝同等各要員，垂詢各地戰況，並加以檢討。[330]晚課後，蔣心緒鬱結異甚，以滬上事繁心悶，京中檢討各地戰況，皆多不利，故憂患更切。十時，就寢。
[331]

第三節　特色和影響

一、特色方面

　　其一、此為國府行憲蔣中正就任總統後的首次北巡，距離傅作義總綰華北軍事已將及一年。

　　其二、蔣夫人宋美齡因病未能同行，蔣頗引以為憾。

　　其三、此次隨行的幾均為將領和謀士。如海軍總司令桂永清、空軍總司令周至柔、聯勤總司令郭懺，以及平素管作戰的郭汝瑰（國防部第三廳廳長）、

---

[328] 《蔣檔・事略稿本》，1948 年 10 月 9 日。

[329] 參見《蔣檔・事略稿本》，1948 年 10 月 9 日；《蔣介石日記》，1948 年 10 月 9 日條。

[330] 《蔣檔・事略稿本》，1948 年 10 月 9 日。

[331] 《蔣介石日記》，1948 年 10 月 9 日。

羅澤闓（總統府參軍，前國防部第三廳廳長），全一起來了，國防部差不多是只留部長何應欽看家。陸軍大學校長徐永昌，青年部長陳雪屏，也都奉召隨行，徐永昌不僅熟諳山西情形，堪作蔣與閻錫山的橋樑，而且嫻於韜略，是蔣的智囊，陳雪屏當負有溝通教育界意見，消弭學潮的任務。此外負責全國軍令的參謀總長顧祝同，已先期飛赴瀋陽作先行官。前軍需署長時任糧食部次長陳良，也不前不後到了北平。元首、將星、謀士，冠蓋滿京華，說明當局對於北方沉重局勢的重視。此時，義縣危殆，錦州告急，葫蘆島形勢險惡，作為東北鈕帶的遼西，搖搖欲墜；華北方面，共軍的主帥聶榮臻實施延翼戰，把戰線從冀東扯到綏南。濟南失陷後，北方各個戰場，已經迫切的需要重新的統籌和配合了。[332]

其四、蔣曾經乘重慶號軍艦前赴葫蘆島，並登岸至茨山國軍第五十四軍軍部，居高視察錦西附近地形，召集各將領訓示，是為蔣歷次北巡中在陸地上最接近敵軍的一次，親臨火線督師的意味至為明顯，足見其救援錦州之心的急切。

其五、回程時先自北平飛上海，停留一日，處理要務，次日，再飛返南京。

二、影響方面

其一、未能達成增援錦州予共軍致命打擊之目的，致錦州孤立無助，岌岌可危。蔣此次北巡僕僕風塵，飛赴瀋陽，親自督導增援錦州，從關內急調大軍海運葫蘆島，與原駐錦西之國軍組成東進兵團，瀋陽方面則分兵組成西進兵團，兩大兵團東西對進，夾擊攻錦州之共軍主力，足見蔣此次北巡非一無成就。10 月 2 日，東北共軍總部收到確息，關內國軍新編第五軍及獨立第九十五師已海運至葫蘆島，共五個師，擬增援錦州。林彪以本來準備了一桌「菜」，現卻來了「兩桌」客人，東北野戰軍運輸線太長，部隊南下時只有單

---

[332] 曹應，〈蔣總統在北平〉，《新聞天地》，第 50 期（1948 年 10 月 16 日），頁 4。

程的汽油，萬一錦州打不下來，大量的汽車、坦克就會因為沒有油撤不下來。故一度對攻錦猶疑不前，甚至致電中共中央考慮回頭攻打長春。旋覺不妥，決定仍攻打錦州。[333]蔣對共軍攻打錦州的因應，尚屬果斷正確，然卒未能解錦州之圍，究其原因為：（一）錦州機場跑道遭共軍砲擊燬壞，空運增援無法進行。（二）瀋陽之東北剿匪總司令衛立煌等欲圖自保，全力鞏固瀋陽，不欲分兵赴援錦州，以致貽誤時機。（三）經蔣嚴飭後，瀋陽方面始由第九兵團司令官廖耀湘率領西進兵團援錦，在新民集中（10月6日）就前進準備位置後，卻瞻固不前，遷延至四天後（10月10日），始開始行動，10月11日攻佔彰武（距錦州仍甚遠）後，又延至10月14日始行前進。[334]致蔣東西兩路救援錦州夾擊共軍聚而殲之的計劃無法實現。（四）駐錦西、葫蘆島及從華北調至的國軍組成的東進兵團，距錦州僅數十華里，雖有充裕的時間赴援解圍，但共軍搶先在錦西至錦州間唯一之陸上通道要地塔山佈防堅守，致國軍東進受阻。（五）蔣中正曾於10月6日親至錦西前線巡視，提振東進兵團士氣，如能繼續坐鎮於此（或駐重慶艦上助戰），督師奮進（錦西國軍將領多係其黃埔軍校學生），一舉攻下塔山，及時解錦州之圍，亦非為不可能。然蔣僅在錦西停留半日，即回北平，繼以錦州戰局並無變化，於10月8日飛赴上海，處理孔令侃之揚子公司遭檢舉攻訐事，並囿於其10月10日必須在首都（或陪都重慶）現身雙十國慶及發表國慶文告的慣例，而輕離北方返回南京，實失之大意。此次隨蔣一同北巡的陸軍大學校長徐永昌，曾建議蔣留駐北平，坐鎮督導，否則再至瀋陽、葫蘆島督師，不然或不時於空中視察指導，庶收效較宏。惟蔣未予採納。蔣似乎未意識到錦州已至生死存亡之最後關頭，以為錦州國軍應能堅守，東進兵團實力強大，距錦州近在咫尺，當能迅速達成解圍任務。否則蔣不致遷延至10月15日方再飛赴北方坐鎮督導。

　　其二、督導長春國軍突圍，未竟其功。早在1947年11月7日，蔣中正

---

[333] 李德、舒雲編著，《林彪日記》，上冊，頁569。

[334] 據隨西進兵團偕行的第三組視察官周醒寰1948年11月上呈蔣中正之報告書（經由總統府參軍長孫連仲，於11月19日呈上），見《蔣檔·特交檔案：一般資料——呈表彙集（一一八）》。

與國防部長白崇禧與談戰局時，白曾主張放棄石家莊與長春、永吉，縮小範圍，惟蔣未肯同意，以為「各重要據點無可再失，只有苦撐堅持，尤其長春如為匪所佔領，則彼匪必在該處建立偽政府，於我更為不利也」。[335]此外，蔣或尚有其他的考量：（一）放棄長春攸關國府顏面，且有損民心士氣。（二）長春棄守，將影響國際視聽，導致國府地位愈益低落，中共聲勢因之提高。（三）長春兵強城堅，足以言守，當可牽制北滿共軍，使之不敢大舉南犯。（四）東北國軍處境艱危，但未至無可挽救的地步，放棄長春，尚非其時。主張放棄長春的國軍將領除白崇禧之外，時任陸軍官校校長的關麟徵，在答人問時，亦謂東北「現仍有十數個裝備優良的兵團，應立即放棄消極的『守點』現況。如即行調整部署，集結兵力，以平津葫蘆島為後方，以錦州為前進據點，進可以攻，退可以守，裕如也，隨後相機反攻，亡羊補牢猶未為晚」。[336]另據時任遼寧省政府主席的東北國軍將領王鐵漢憶述：1947 年冬，蔣中正曾有撤兵長春、瀋陽之計劃，參謀總長兼東北行轅主任陳誠也同意了。然陳誠旋於 1948 年 2 月去職離瀋，由衛立煌繼之，並出任新成立的東北剿匪總司令部之總司令。衛反對放棄瀋陽，不主撤退，極力主張維持現狀，不採取任何行動，故陳誠的提案無形中擱置，形成此後長期固守的局面。[337]殆 3 月 8 日永吉撤守，3 月 14 日共軍攻佔四平街，長春成為遠懸敵後的一座孤城，再想撤守，已時不我予。

　　至同年 7 月下旬，國防部第三廳廳長郭汝瑰鑒於長春空投愈形艱難，因而主張如果 10 月底不能向長春空運所需的過冬物資，則長春須毅然突圍，瀋陽則適時加以援助。8 月 25 日，郭面見蔣中正，提出上述意見，蔣當即指示「先電長春、瀋陽，告訴他們：10 月份須打通長、瀋交通。如果此時共軍集中四平街一帶，則國軍打通瀋陽、錦州線。等到共軍向遼西移動，則長春守

[335] 《蔣介石日記》，1947 年 11 月 7 日。

[336] 劉玉章，《戎馬五十年──劉玉章回憶錄》（臺北：撰者印行，1966 年再版），頁 200～201。

[337] 沈雲龍訪問，林泉紀錄，《王鐵漢先生訪問紀錄》（臺北：中央研究院近代史研究所，1985），頁 93～94。

軍經西豐方面突圍」。第三廳根據蔣的指示擬定東北作戰方案，蔣命郭汝瑰攜
之赴瀋陽與衛立煌協商施行。9 月 10 日，郭自南京飛北平轉赴東北。[338]郭在
北平時曾與空軍副總司令王叔銘晤談，王認為其赴瀋陽與衛立煌密商撤退長
春問題，衛決不願遵從此項命令。[339]是日下午六時，郭自北平飛抵瀋陽，晚
十一時，見衛立煌，衛反對長春突圍，認為突圍只要兩天，便會被全部殲滅，
同時認為如瀋陽方面出兵援助，則瀋陽方面也必定亂得站不穩陣腳。次日上
午十時，郭再度與衛交換對長春和東北作戰意見，衛堅決不主張長春突圍，
亦不作任何處置，只堅持就現狀取守勢而已。9 月 12 日，郭自瀋陽飛返北平
（次日即飛返南京）。[340]王叔銘約其午餐，郭告王稱：衛立煌極不贊成撤守長
春之行動，並力主不能實行，如實行，長春之兩軍必歸消滅，而鄭洞國亦無
此膽量，但彼對長春守軍之將來辦法，亦無腹案，只要求加強空運而已。王
囑郭是日下午與傅作義晤面，明日返京。王曾在是日的日記中批評衛立煌「自
到東北，一貫之作風是敷衍固守據點之局面，毫不打算如何開展，此公非良
將也」[341]

　　9 月 17 日上午，東北剿匪總司令部參謀長趙家驤在北平晤見王叔銘告
稱：廖耀湘對衛立煌提出下列問題質問：（一）對長春問題究有何決策？（二）
共軍在遼西發動攻勢，瀋陽方面如何處置？（三）有否計劃打通營口？衛對
三問題均未作答，只稱待趙家驤返回瀋陽後開會討論。廖耀湘對衛不甚恭敬。
[342]9 月 25 日，衛立煌飛赴南京請示，蔣中正命郭汝瑰急與衛等研究東北問題。
郭只好提出一合理方案，主張如共軍攻錦州，國軍應放棄瀋陽，全力援錦，
以求一決定性勝利。同時，敵我主力決戰之時，長春守軍立即突圍南下。如
共軍對錦州只是虛張聲勢，則國軍可襲擊彰武，殲滅共軍部分有生力量，並

---

[338] 郭汝瑰，《郭汝瑰回憶錄》，頁 216～217。

[339] 王叔銘，《王叔銘日記》（手稿本），1948 年 9 月 10 日。

[340] 郭汝瑰，《郭汝瑰回憶錄》，頁 217～218。

[341] 王叔銘，《王叔銘日記》（手稿本），1948 年 9 月 12 日。

[342] 王叔銘，《王叔銘日記》（手稿本），1948 年 9 月 17 日。

破壞鐵路後，立即撤回瀋陽。此時，如判定共軍主力在遼西，長春守軍亦可立即突圍。然衛立煌始終毫不動搖，堅決主張固守，而對錦州陷落的後果，全不顧及。下午復繼續會商，仍無結果。[343]

9月30日，蔣中正自南京飛抵北平，並作駐留，因而社會上各式各樣的謠言和臆測亦隨之到處流傳，有的說，華北、東北將設一聯合統帥部，有人更進一步推測，這肩重挑將落在顧祝同肩上。將撤守長春的說法也盛極一時，舊金山10月6日廣播說，長春守軍出擊命令，係蔣由京飛往華北時發出者。[344]有的報紙則報導長春突圍軍民五萬餘，可能過了四平抵達鐵嶺。[345]稍後證明此類消息是完全不確實的。比較可靠的說法是長春國軍一部分曾經到達長春附近的大房身。[346]據當時負責守衛長春的鄭洞國憶述：1948年10月初旬，當共軍攻打錦州之時，他曾抽出大約兩個師的兵力，組織一次試探突圍的攻擊，由長春的西北角打出去，雖然有幾里路的進展，卻發現共軍的阻擊力量很頑強，感到突圍沒有成功的可能，於是又決定繼續固守下去。[347]

關於此次突圍的經過，當時鄭洞國等曾致電蔣中正詳為陳述。據10月9日鄭所發之電報稱：長春國軍於10月7日，以新七軍一部向長春西邊外圍之共軍發動攻擊，激戰終日，於黃昏攻佔宋家窪子（長春西北三公里處）、三合屯（長西北三公里）、楊家粉房（長西三公里）、東大房身（長西三公里）及其西側高地之線。斃傷共軍八百餘，鹵獲火箭砲一門，輕機槍三挺，衝鋒槍一枝，步槍三十六枝，國軍則傷亡官兵二百二十餘人。次日拂曉，繼以第六十軍之保安旅、新七軍之主力，向長春西北譚家營子（長北四公里）、班家營子（長西北五公里）、白狗屯（長西北四公里）、火燒李（長西二公里）之線

---

[343] 郭汝瑰，《郭汝瑰回憶錄》，頁218。

[344] 曹應，〈蔣總統在北平〉，《新聞天地》，第50期（1948年10月16日），頁4。

[345] 《寧波日報》（寧波），1948年10月8日，第一版。

[346] 仲亨，〈週末專欄〉，《展望》，第2卷第22期（1948年10月16日），頁9。

[347] 鄭洞國，〈從猖狂進攻到放下武器〉，《文史資料精選》，第13冊（北京：中國文史出版社，1990），頁83。

攻擊。爾後進入高家窩棚（長西北七公里）、上下陳家溝子（長西北六公里）、大房身機場（長西七公里）之線。並各以一部分向長春東北八溫堡及長春西南范家屯佯攻以牽制共軍。迄午，國軍第一八二師已攻佔譚家營子，保安旅攻佔老西窩堡（長北四公里），新三十八師已攻佔白狗屯附近高地及楊家粉房、東大房身各西側高地之線。共軍幾度增援猛撲，均經擊退。惟以地形複雜，共軍工事堅固，進度不易，刻於該線警戒，擬於 10 月 9 日拂曉繼續攻擊。為鼓勵士氣，鄭洞國每日均往前線督戰。並謂此間軍糧早罄，官兵以豆餅、草籽充饑，尚難一飽，懇飭加強空投為禱。[348]

又據長春視察官李克廷、蕭樹瑤 10 月 11 日下午（二時）致電蔣中正報告稱：國軍第一八二師於 10 月 9 日四時三十分，續向譚家營子、班家營子之線攻擊，共軍憑堅頑抗，進展頗為不易，於班家營子前緣碉堡演成爭奪戰，刻激戰中。暫編第六十一師則於石虎溝、孟家屯、丁家窩棚之線與共軍對峙，並澈底破壞其工事。第六十軍之部隊於八時向長春北水塔之共軍據點攻擊，共軍陣地設備堅固，並屢經增援，戰鬥至烈，該軍曾兩度攻近共軍陣地前緣，刻正對峙中。是日戰鬥計斃傷共軍六百餘，俘三名，國軍傷亡官兵百餘人。[349]

10 月 12 日，鄭洞國致電蔣中正、顧祝同報告稱：經過四日（魚至佳，即 10 月 6 至 9 日）來對共軍陣地攻擊結果，知悉其陣地工事均為鋼軌構成之地堡，縱深甚大，其強度不弱於長春國軍工事，而交通壕、鐵絲網猶較國軍堅固，並特講求反斜面陣地之構築與利用，控制強大部隊，待國軍進入陣地，即猛烈逆襲，以密集手榴彈施行反撲，以恢復陣地，故國軍每一次之攻擊，必經反復衝鋒始能克佔，因之傷亡幹部及兵員特多。現主攻方面，對北僅佔領譚家營子，對西佔領三合屯、楊家粉房、東大房身之線，搜索掃蕩部隊已佔領七分局、丁家窩棚之線。

---

[348]「鄭洞國致蔣中正、何應欽等酉齊十時電」（1948 年 10 月 9 日），《蔣檔・特交文電：共匪禍國——武裝叛國（一六八）》。

[349]「李克廷、蕭樹瑤致蔣中正酉灰電」（1948 年 10 月 11 日），《蔣檔・特交文電：共匪禍國——武裝叛國（一六八）》。

　　計傷斃共軍兩千餘，生俘九名，獲輕機槍四挺，火箭砲一門，衝鋒槍一枝，步槍四十六枝。[350]國軍則陣亡連長四員，排長十二員，士兵一八八人，傷團長李克己一員，營長三員，副營長一員，連長六員，排長二十三員，連指導員三員，特務長二員，士兵三七四名，失蹤排長一，士兵三十名。[351]

　　綜上所述，可知：（一）此次突圍行動係遵奉蔣中正命令而為之。（二）僅係試探性的突圍行動。（三）突圍的主攻方向為長春之西、西北、北及東北。（四）似以奪回長西七公里之大房身機場，俾恢復空運為主要目的。（五）此次突圍遭到共軍頑強抗拒，戰況激烈，至 10 月 9 日，國軍主攻方面，僅推進至長春西、北數公里處，即難以續進。

　　此後數日，長春周邊雖仍有零星戰鬥，其規模小，影響殊微。如長春視察官李克廷、蕭樹瑤致電蔣中正報告云：「（一）灰（按：即 10 月 10 日）夜，我九三九七部隊（即新三十八師）一部，于長西回回義地以西高地之線，乘夜向匪襲擊四次，我傷亡一，斃傷匪十餘。（二）真日（即 10 月 11 日），匪砲擊我綠園外圍陣地，並向我猛撲數次，均被我擊退」。[352]又另電報告云：「我九三九九部隊（按：即暫六十一師）第一團第一營，于真日（10 月 11 日）廿時向長西興隆堡附近掃蕩，甫抵該地即與匪遭遇，匪增援猛攻，激戰至文日（10 月 12 日）一時，撤返原防」。[353]

　　其三、決定了北平警備總司令的繼任人選，傅作義與陳繼承不和的困境得以消解：蔣此次北巡初抵北平時，即與華北剿匪總司令傅作義面商，徵詢其意見，惟傅不願意直說明告。傅所以如此，可能是一則表示謙恭，再則如

---

[350]「鄭洞國致蔣中正、顧祝同酉灰電（二）」（1948 年 10 月 12 日），《蔣檔·特交文電：共匪禍國——武裝叛國（一六八）》。

[351]「鄭洞國致蔣中正、顧祝同酉灰電（三）」（1948 年 10 月 12 日），《蔣檔·特交文電：共匪禍國——武裝叛國（一六八）》。

[352]「李克廷、蕭樹瑤致蔣中正酉元電」（1948 年 10 月 14 日），《蔣檔·特交文電：共匪禍國——武裝叛國（一六九）》。

[353]「李克廷、蕭樹瑤致蔣中正酉寒電」（1948 年 10 月 14 日），《蔣檔·特交文電：共匪禍國——武裝叛國（一六九）》。

提出自己屬意的人選（傅系將領），係蔣所不喜者，甚至加以峻拒，豈不尷尬？三則揣測蔣已有內定人選，徵詢己意，僅為客套而已。傅為人沉穩內斂，務實而圓滑，自不會魯莽行事。稍後，蔣與隨其北巡與傅交誼甚深的陸軍大學校長徐永昌商議，提出王東原（時任總統府戰略顧問委員會委員兼總裁辦公室軍事組組長）、黃杰（黃埔軍校第一期畢業，時任長沙綏靖公署副主任兼第三訓練處處長）、李文（黃埔軍校第一期畢業，時任第四兵團司令官，駐守北平）三人，囑徐告知傅，由傅自其中擇一人為北平警備總司令。三人均非傅系將領，足見蔣的用心，傅實無多少選擇餘地。傅答以與王東原、黃杰皆不熟稔，遂決定為李文。10 月 27 日。蔣乃電徐州之參謀總長顧祝同，並轉國防部長何應欽，告以調陳繼承為首都衛戍總司令，由李文繼任北平警備總司令。[354]其後陳繼承尚未就任新職，即改調為戰略顧問委員會之委員而投閒置散。[355]10 月 30 日，蔣中正即頒布命令，派李文為北平警備總司令。[356]惟李亦未到任，而由第四兵團副司令官周體仁代理。周於 11 月 8 日到部，[357]11 月 12 日就代北平警備總司令職。[358]

其四、決定撤守煙臺，駐軍及部分民眾得以撤出，但撤出民眾大都生活無著：據國府國防部第三廳廳長郭汝瑰憶述，第三廳原計劃放棄煙臺、承德，以便集中優勢兵力，謀取遼西戰役的勝利，但蔣突然改變決心不肯放棄承德，抽調第十三軍，而只於 10 月 3 日令郭汝瑰次日赴煙臺抽調第三十九軍。郭於 10 月 4 日上午自北平飛赴煙臺，晤見第三十九軍軍長王伯勳，當日晚郭返抵北平，將煙臺情況向蔣報告後，蔣決心留三個團守煙臺，並令郭致電王伯勳

[354] 「蔣中正致顧祝同、何應欽十月感電」（1948 年 10 月 27 日）《蔣檔・革命文獻：戡亂軍事──華中方面（四）》。

[355] 陳靜餘，〈陳繼承官運〉，《新聞天地》，第 54 期（1948 年 12 月），頁 5。

[356] 《大公報》（天津），1948 年 10 月 30 日，第二版。

[357] 見羅奇 1948 年 11 月 11 日致俞濟時轉呈蔣中正電，《蔣檔・特交檔案：一般資料──呈表彙集（一一八）》。

[358] 《益世報》（北平），1948 年 11 月 13 日，第四版。

實施。然次日清晨，蔣召郭入見，突又改變決心，決定將煙臺駐軍全部撤出。[359]由於蔣的當機立斷，爭取到時效，惟王伯勳以煙臺中央機關頗多，如中央銀行及行政、交通各機關、學校公教人員及學生計四萬人，未便遺棄，如同時撤退，極感困難，且需大量交通工具，擬在軍事行動前掩護先行撤退上述機關，因於 10 月 6 日致電蔣中正，懇乞配撥適量船隻。[360]次日，煙臺國軍先將外圍突出的據點福山放棄，退守宮家島。10 月 9 日，與海軍作成細部協調，決定撤退部署：（一）以重慶艦擔任火力支援，掩護陸上部隊於脫離前之出擊行動。（二）以中基、中練、中鼎、永順四艇搶運難民至青島。（三）以掃雷艇第二〇一、第八十七、第八十八號，差船第八十五號及機帆船等分別率領帆船，搶運物資至青島。（四）以逸仙艦率第二〇一號艇，於煙臺以東海面掩護陸上部隊之左翼安全。（五）以永泰、海豐兩艦，於芝罘島以西海面掩護陸上部隊右翼安全，並另以永靖艦擔任芝罘島之警戒。（六）以泰安艦於煙臺港以北海面擔任港口掩護，並負責收容所有機帆船。（七）以第八、第八十八號艇於東碼頭海面支援陸上部隊之撤退，並擔任臨時任務。且自 10 月 9 日起，先就在港船隻撤運機關、眷屬、輜重及青年學生。次日，又決定先搶運機關、難民及物資，分別運往青島及長山八島。[361]據煙臺市長延珍卿稍後在青島述說其撤出經過云：

> 此次煙臺撤退，市府始終未奉到正式命令，當本（十）月七日福山
> 國軍撤守後，市民即極為驚慌，紛紛傳說國軍欲撤退煙臺。時市府
> 並未奉到任何命令，詢問軍方，亦答以未奉到命令。至八日忽有十
> 數隻船到港外，市民益感恐慌，扶老攜幼，紛集碼頭上船，時本人

---

[359] 郭汝瑰，《郭汝瑰回憶錄》，頁 222～223。

[360] 「王伯勳致蔣中正西魚電」（1948 年 10 月 6 日），《蔣檔·特交文電：共匪禍國──武裝叛國（一六八）》。

[361] 三軍大學編纂，《國民革命軍戰役史：第五部──戡亂》，第 5 冊──戡亂前期（下），頁 178～179。

仍未奉任何命令，自不能擅作撤退準備。直至九日，膠東前進指揮
所主任三十九軍王（伯勛）軍長始面諭令公教人員先行撤退，當時
即召集各團體首長開始分公教人員、民眾及各法團、學生三組編隊
撤退，因當時船隻甚少，且不知撤退期限，難民、學生、公教人員
擁擠於碼頭，爭相上船，當時秩序混亂異常，且因擁擠而發生數起
不幸事件、情形至為悽慘。後桂總司令（按：即海軍總司令桂永清）
到煙協助、劉司令官安祺亦派輪到煙、始能使難民學生等約四萬餘
人平安撤退來青。[362]

　　然而，煙臺民眾在上大船前，搭乘之舢舨翻覆而溺死者甚多，而搭小船
自行逃亡的，有許多人就此失蹤，[363]實為一大遺憾，致稍後有人以「悲劇」
稱之予以報導者。[364]，王伯勛於 10 月 10 日下午四時致蔣中正電中，亦略事
提及此事，謂運輸船已到七隻，是日午，公教人員、學生、市民八、九萬人
群集海岸及碼頭，爭上駁船，軍警無法制止，已有數人投水溺斃。[365]至 10
月 11 日下午，煙臺各機關公教人員、學生、難民差不多撤走光了，次日夜，
東碼頭、北碼頭已不見民眾的影子，要走的走了，不走的關上門死守。10 月
14 日，煙臺國軍準備全部撤離，是日拂曉，把守山區的部隊撤到北碼頭上船，
尚未登畢，共軍即已跟蹤而至，第三十九軍軍長王伯勛命上了船的輸送團特
務營趕緊下船參加戰鬥，又把煙臺從共軍手中拿回來。至 10 月 15 日晚九時，
最後一艘船海蘇輪滿載國軍，在共軍砲火中離開碼頭，九時十分，煙臺又換
了主人。國軍最後掩護部隊由西沙灣到芝罘島坐小筏上凌雲輪，煙臺撤退至

[362] 《大公報》（天津），1948 年 10 月 28 日，第五版。

[363] 《大公報》（天津），1948 年 10 月 31 日，第五版。

[364] 吳一知，〈煙臺撤退的悲劇〉，《新聞天地》，第 51 期（1948 年 11 月），頁 14～15。

[365] 「王伯勛致蔣中正西佳十六時電」（1948 年 10 月 10 日），《蔣檔・特交文電：共匪禍國──武
裝叛國（一六八）》。

此告一段落。[366]總計一週之內，共撤出官兵三萬二千餘人，各地方機關人員及難民約二萬八千餘人（一說四萬餘人）。[367]自此，山東除青島及長山八島外，均為共軍所據。而青島與長山八島相距遙遠，實際上青島為一座孤城。[368]

至於撤退至青島後的煙臺民眾二萬餘人，集中於遼寧路原國華中學校址，由臨救會每日發放米粥一次，露天食宿，為狀至慘，每遇風雨，更為狼狽。[369]其中煙臺八所中學（國華、中正、崇德、崇正、益文、志孚、簡師、真光）流亡學生一千九百名（其中女生四百多名），中小學教員三百人，教職員的家眷二百人，旋自青島搭「安達」輪（10月23日啟行，由煙臺市參議會議長鄒鑑率領），於10月25日上午十一時抵達上海，寄宿於自忠路山東同鄉會（即山東會館）內外，衣食困難，輪流喝著上海社會局流動施粥車的白粥度日，等待各界的救濟及上海當局的安排。茲定於10月31日搬到江灣體育場暫住，男生住在新兵招待所，女生住在體育館。[370]10月26日，《大公報》記者前往山東會館採訪時，只見該會館「由門口起一直到大廳，和走廊上，屋簷下，都擠滿了流亡學生和難民。學生大都穿了黑布中山裝，三三兩兩，有的在談天，有的在洗衣服，有的躺在舖蓋上看書。每個人都是一副營養不佳的臉色」。[371]

---

[366] 大川，〈煙臺撤退記〉，《大公報》（天津），1948年10月30日，第五版。

[367] 三軍大學編纂，《國民革命軍戰役史：第五部——戡亂》，第5冊——戡亂前期（下），頁179。又據當時在煙臺海上坐鎮督導的海軍總司令桂永清呈蔣中正等的電報（1948年10月12日發）云：「煙臺各機關及難民由中基、中鼎、中練各艦撤退者約萬餘人，及必能自力撤退者近二萬人，本日風浪平靜，已三時撤退完畢」。此與「約二萬八千餘人」數字接近，該電報收於《國防部史政編譯局檔案》（新北：國家發展委員會檔案管理局藏），〈煙臺戰役案〉內。

[368] 張玉法，〈戰後國共戰爭在山東的一幕：青島及膠東之守備與撤退（1945－1949）〉，收入《一九四九年：中國的關鍵年代學術討論會論文集》，頁61。

[369] 《中央日報》（上海），1948年10月26日，第四版。

[370] 《大公報》（天津），1948年10月31日及11月2日，第五版。其括號內的文字係參見《中央日報》（上海），1948年10月26日，第四版及《大公報》（上海），1948年10月27日，第四版之報導。

[371] 《大公報》（上海），1948年10月27日，第四版。

　　10 月 27 日下午，上海市教育局代局長李熙謀，會同煙臺流亡學生暨教職員代表前往江灣勘察地址，待煮食之鍋爐等準備齊全後，即可遷往。而教育部為救濟該批流亡學生與教職員，於是日派簡任督學張堯年至滬與有關各方會商，據悉：教育部已決定撥三萬圓作救濟費用。據張氏語記者云：此批流亡學生僅擬在滬逗留短時期，教育部已決定在寧波、海寧與浙贛路沿線城市擇地設立臨時中學收容，待魯省新教育廳長人選發表後即可成立，仍屬魯省教育廳管轄，經費則由教育部負擔。是日，國民黨上海市黨部主任委員方治、立法委員葛覃與教育部督學張堯年等，均至山東同鄉會慰問。市衛生局亦派員前往為學生、教職員接種牛痘，噴射 DDT 與清理廁所。附近市民紛紛送飯送菜，紅十字會捐贈棉衣服三百三十五套與食米五石，市救濟會派往供應伙食之流動粥車，自晨至晚雖不斷煮粥耗米達八百斤，但因食者眾多，每人一天仍祇進粥一次，不能果腹。紅十字會將於次日派員前往協同煮餐。[372]據統計，是日已種痘者一四二〇人，傷寒預防注射者一〇一五人，治療疾病者六十五人，室內及衣服均已噴射 DDT，以防疫癘。[373]

　　10 月 28 日，該批流亡學生辦理登記，編為一大隊（大隊長為煙臺中正中學校長趙蘭庭），下分六小隊，市教育局派有組訓人員十三人前往協助訓導管理。教育部所派督學張堯年，連日與各方接洽後，定是日下午攜同登記名冊返京覆命。是日，因煮粥未及，各學生仍祇進食一次。山東同鄉會捐助麵包二千磅（一作一千三百磅），是日已送到七百二十磅。市民亦有自動送肥皂、食米及鹹菜者。此外並收到捐款二千六百多圓，上海市小學教職員聯誼會發起一圓運動捐助，是日已有阜春分校捐助十三圓。[374]且市教育局是日接到教育部由京匯款，前後兩次，共三萬圓，俾救濟流亡學生。市社會局為流亡學

---

[372] 《申報》（上海），1948 年 10 月 28 日，（四）。

[373] 《大公報》（上海），1948 年 10 月 29 日，第四版。

[374] 《申報》（上海），1948 年 10 月 29 日，（四）。其括號內的文字，係參見《新聞報》（上海），1948 年 10 月 29 日，（四）所載。

生採辦之日用品毛巾、牙膏、牙刷、鞋子等件，亦即將分發。[375]11 月 2 日，煙臺流亡來滬之中學生及中學教職員，於午刻集隊由自忠路山東會館徒步前往江灣體育場，行李則由車輛載送，其餘中小學教職員眷屬與小學教職員共百餘人，仍留居山東會館內，待請示教育部後，再作安置。[376]

11 月 13 日，煙臺流亡在滬各中學奉教育部令，改編為國立煙臺聯合中學，總校長由張敏之擔任，第一分校校長由趙蘭庭，二分校校長由鄒鑑，三分校校長由徐承烈擔任，復校地點係在湖南藍田。11 月 15 日，煙臺流亡學生自上海搭乘火車，經杭州、紹興、南昌等地，於 11 月 21 日抵達株州。即坐船渡湘江至湘潭，再經過九天的步行，於 11 月 30 日抵達目的地湘西之藍田。次年 4 月 26 日，煙臺聯中以局勢動盪，離藍田經湘潭、衡陽，於 5 月 29 日抵達廣州。6 月 22 日，再自廣州搭乘濟和號登陸艇出珠江口，於 6 月 25 日抵達澎湖之漁翁島。至 7 月 13 日，開始編隊入伍，教職員集中到馬公，年少的男女學生則編入澎湖防衛司令部子弟學校。[377]當時，包括煙臺聯中在內的山東省各臨聯中（即濟南第一、二、三、四、五、煙臺、昌濰、海岱）師生約四、五千人，均集中於澎湖一隅，此後的近四年間，他們雖因澎湖防衛司令官李振清為了擴充其軍力，駐軍師長韓鳳儀為了一己的名位和利益而遭到迫害（強徵學生入伍，施刑或管訓反對此舉者，其中煙臺聯中總校長張敏之、第二分校校長鄒鑑及五名學生竟被誣以「匪諜」罪名而槍決，尚有離奇失蹤者），卒能堅忍淬礪，渡過難關，其絕大多數均如願脫離軍伍，轉入澎湖子弟學校就讀。1953 年 2 月，澎湖子弟學校自馬公遷至彰化縣員林鎮，更名為「教育部特設員林實驗中學」（次年，改由臺灣省教育廳管轄，易名為「省立員林實驗中學」）。山東流亡學生歷經近五年的辛酸，終於踏上臺灣本島。員林實驗中學辦至 1962 年結束，歷屆畢業學生頗多考入大學就讀並繼續深造

---

[375] 《新聞報》（上海），1948 年 10 月 29 日，（四）。

[376] 《申報》（上海），1948 年 11 月 3 日，（五）。

[377] 煙臺聯中同學集體執筆，〈一段艱辛的流亡之旅〉，收入陶英惠、張玉法編，《山東流亡學生史》（臺北：山東文獻社，2004），頁 432～443。

者，日後在各行各界表現出色的亦所在多有，其中原屬煙臺聯中者約有于兆澊（藝術）、蔣樹民（理工）、曲立皓（醫學）、張傳林（醫學）、曹景雲（文學）等。[378]

---

[378] 陳芸娟，《山東流亡學生研究（1945-1962）》（臺北：山東文獻雜誌社，1998），頁 161、202～209、235、269、285、330～331、334、336～337、340。

第七章
第六次北巡（1948.10.15.～10.30.）

第一節　背景原因

一、繼續督導各部隊直趨錦州

　　10 月 9 日，蔣中正返抵南京。同日，駐葫蘆島負責指揮錦（錦西）、葫國軍之第五十四軍軍長闕漢騫致電蔣（10 月 10 日收到），報稱：（一）共軍第二、三、八、九四個縱隊主力 10 月 9 日（佳日）已對錦州開始積極行動。（二）10 月 9 日，共軍第四、七兩縱隊主力各在高橋、老官堡一帶集結。10 月 6 日（魚日）以來，於上坎子（塔山）、老官堡以南高地構築工事。第九縱隊第二十六師 10 月 7 日（虞日）午由英守堡（虹螺縣東）向西南前進，第十一縱隊 10 月 6 日申時進抵韓家溝、雙樹舖、拉子山各附近地區，據俘虜供稱，其主力及獨立師亦已到達興城以北地區。[1]10 月 10 日，闕漢騫致電蔣，謂國軍東進兵團是日拂曉向打魚山、塔山、張家屯及老官堡之線攻擊，共軍第四縱隊（塔山附近似為第七縱隊）憑既設之工事頑強抵抗，迄午已攻佔打魚山及老官堡以南一九七點高地，塔山及以西一一二點七與二二一點五等高地仍

---

[1] 「闕漢騫致蔣中正西佳電」（1948 年 10 月 9 日），《蔣檔・特交文電：共匪禍國──武裝叛國（一六八）》。

在劇烈圍攻中。[2]又據闕漢騫致電蔣稱：（一）東進兵團午後仍繼續猛攻，共軍憑堅固工事頑強抵抗，並於黃昏時數度反撲，入夜後國軍仍返回二七一高地、周拉河子、腰屯、東西官溝之線，準備明日拂曉繼續攻擊。（二）計斃傷共軍七、八百名，國軍第一五一師獲輕機槍二挺、六〇迫擊砲一門、衝鋒槍、步槍各一支，俘敵一名，傷亡官 20，兵 250，第八師傷亡官四，兵百餘名，暫編第六十二師損傷較重。又電蔣稱：東進兵團午後雖繼續猛攻，仍無進展，原因為敵工事強固，國軍兵力未能充分使用。入暮，召集幕僚會議，檢討得失，策定明日攻擊計劃，並限令各部務於明日攻佔塔山亙老官堡以南高地，並進出於大紅旂營子、潘家屯、老官堡之線。另電蔣謂明日繼續向塔山、高橋、老官堡以南高地攻擊，共軍工事堅固，懇多派重轟炸機助戰。[3]10 月 11 日，蔣中正於晨五時半起床，默禱，祈求「上帝保佑我錦州能固守不失」。上午，審閱各區戰報，知錦西出擊部隊被共軍阻於塔山一線，退回錦西，而錦州被攻益急，南面陣地移至太子河，又被共軍突破幾點，情勢危急，蔣以「將領不學無術，士氣消沉至此，殊為悲痛」。[4]是日，東進兵團續攻塔山，雖一度攻入，旋遭逐退，據闕漢騫電蔣之戰報稱：

> （一）……真日（按：即 10 月 11 日）拂曉，我東進兵團仍續向塔山及 2216 高地攻擊，初期戰鬥頗有進展，第八師楊團於辰攻入塔山及鐵路橋頭堡，與匪巷戰三小時，嗣匪大股再三逆襲，我反復衝殺，我楊團傷亡過半，塔山復陷匪手。我一五七師曾攻佔劉家屯北端高地泉眼溝，嗣匪以猛烈砲火及再三逆襲，使我未能立足。入夜，各部於原地澈夜對峙。（二）本日計一五一師獲輕機槍四，重機槍一，

---

[2] 「闕漢騫致蔣中正西蒸未電」（1948 年 10 月 10 日），《蔣檔・特交文電：共匪禍國──武裝叛國（一六八）》。

[3] 「闕漢騫致蔣中正電」（1948 年 10 月 11 日）之一、二、三，《蔣檔・特交文電：共匪禍國──武裝叛國（一六八）》，均係述 10 月 10 日之事。

[4] 《蔣介石日記》，1948 年 10 月 11 日。

步槍十餘枝，俘匪三名，共斃傷匪千餘名。（三）我第八師傷亡營長、副營長各一，其他尉官廿餘，傷亡士兵三百餘名，一五一師傷亡官十餘，兵二百廿餘，暫六二師蒸（按：即 10 月 10 日）真兩日傷亡官卅餘，兵五百餘名。（四）錦西西南之匪真辰一部向我老和尚台、富有屯一帶陣地進犯，經我守軍迎擊，匪不支退去。[5]

10 月 12 日，蔣於晨五時半起床，默禱錦州與全國各區戰局能轉敗為勝。上午，審察戰報，以錦州昨日戰鬥雖甚激烈，空軍以氣候不良，不能多加協助，但比昨日穩定，此心略慰。下午，蔣再審察戰局，以錦州尚穩，力促錦西部隊急進。[6]是日，蔣手擬致各將領電多通，其一為電錦州之范漢傑轉第六兵團司令官盧濬泉等，勉其固守現有陣地，俾轉敗為勝云：

錦州戰局嚴重，系慮之至，中必嚴督各方部隊急進赴援，決不使之延誤，勿念。惟希弟等固守現有陣地，發揮我革命軍傳統無畏之精神，勿讓去年四平街兩次巷戰獲得最後勝利英勇戰績獨美於前也。革命信徒精神到此最後決戰生死關頭，惟有抱定死中求生不成功便成仁之決心，凡動天地而泣鬼神之革命戰爭，未有不能轉敗為勝轉危為安也，望切勉之，達成弟等之使命也。[7]

其二為電葫蘆島之第五十四軍軍長闕漢騫轉第十七兵團司令官侯鏡如、第六十二軍軍長林偉儔，指示其對共軍作戰方針：

---

[5] 「闕漢騫致蔣中正西真電」（1948 年 10 月 12 日），《蔣檔‧特交文電：共匪禍國──武裝叛國（一六八）》。

[6] 《蔣介石日記》，1948 年 10 月 12 日。

[7] 「蔣中正電盧濬泉等錦州戰局嚴重嚴督各方部隊急進赴援」（1948 年 10 月 12 日），《蔣檔‧革命文獻：戡亂軍事──東北方面（二）》。

進攻匪陣之兵力不可平分，只可用中央突破或一翼迂迴，現在塔山、
高橋陣地之右翼憑我海空軍之助戰與掩護，當易奏效，何如，希切
實研究，務須嚴督所部，一鼓作氣，併力向前，切不可中途徘徊陷
於被動也。[8]

其三為再電闕漢騫並轉侯鏡如、林偉儔等，限兩日內達成增援錦州任務：

今晨電諒達，務限於兩日內達成增援錦州任務，已令海空軍協同進
攻，以我軍如此陸海空強大兵力，不能擊破區區兩縱隊之殘匪，解
救錦州之圍，則何以自解，何以立世耶！海軍重慶艦等有否參戰？
盼復。[9]

據時任秦（皇島）、葫（蘆島）港口副司令的惠德安憶述：重慶號軍艦在
10 月 10 及 11 兩日曾參加了戰鬥，在塔山南海面上，以艦上之六吋（相當於
一百五十二毫米）巨砲向塔山轟擊。以後即未再參戰。據時任重慶號艦長的
鄧兆祥回憶，該艦在砲擊塔山時，根本看不到目標，只憑圖上方向盲目射擊。
海軍總司令桂永清等認為效果不大，且砲彈有可能會落到國軍自己的陣地
上，因此就停止了。[10]

其四為電北平之空軍副總司令王叔銘，促空軍全力協助兩錦（錦州、錦
西）部隊作戰：

---

[8] 「蔣中正電侯鏡如、林偉儔對共軍作戰方針」（1948 年 10 月 12 日），《蔣檔・革命文獻：戡亂
軍事——東北方面（二）》。

[9] 「蔣中正電闕漢騫、林偉儔、羅澤聞（按：應為羅奇）限兩日內達成增援錦州任務」（1948 年 10
月 12 日），《蔣檔・革命文獻：戡亂軍事——東北方面（二）》。

[10] 惠德安，〈國民黨軍在葫蘆島作戰側記〉，全國政協文史資料研究委員會《遼瀋戰役親歷記》編
審組編，《遼瀋戰役親歷記（原國民黨將領的回憶）》（北京：文史資料出版社，1985），頁 287
及 288 之注釋 1。

空軍最近應竭全力，不分晝夜協助錦州守備及錦西出擊各部隊作戰，尤其對於塔山附近匪之既設陣地，予以澈底毀滅，最為急要。[11]

其五為電瀋陽之東北剿匪總司令衛立煌並轉第九兵團司令官廖耀湘、參軍羅澤闓等，嚴飭廖耀湘之西進兵團不問兩錦情況如何，應一意西進馳援錦州，切勿延誤：

最近東北匪情，似在乘我葫島援軍未能完全集中發揮力量之時正集結其全力，攻擊兩錦，而且匪決無在瀋、錦中間地區決戰之企圖更為明瞭。刻葫島出擊部隊既被阻於塔山、高橋一帶，萬一錦、葫不保，則瀋陽必成束手待斃之局。故此時我瀋陽出擊部隊不可再作等待兩錦部隊東進會師之打算，應即乘此匪攻兩錦疲困之機，不問兩錦情況如何變化，廖司令官所部應一意西進，勿再猶豫，萬一錦州不保，亦須盡其全力，負責恢復，此為東北整個國軍生死存亡之關頭，亦為今日惟一之戰略，接電應立即遵行，切勿延誤，並盼立復。[12]

是日，共軍第十一縱隊之一部及獨立第四、六兩個師，於拂曉分向國軍東進兵團駐守之台子山（寺兒堡北）、柳樹屯、老和尚台、真家屯進攻，激戰竟日，除台子山獨立據點因眾寡懸殊終告失陷外，均未得手而退。東進兵團除以一部作有限制目標之攻擊外，其餘則調整部署，準備次日再圖攻擊。[13]

10 月 13 日，蔣中正於晨六時前起床，默禱錦州之保全不失。上午，始聞錦州戰況尚佳，繼報外圍據點盡陷，傷亡慘重，已退守城內，不勝繫慮之

---

[11] 《蔣檔・事略稿本》，1948 年 10 月 12 日。

[12] 「蔣中正電衛立煌等廖耀湘部不問兩錦情況應一意西進」（1948 年 10 月 12 日），《蔣檔・革命文獻：戡亂軍事——東北方面（二）》。

[13] 「闕漢騫致蔣中正西文亥電」（1948 年 10 月 13 日），《蔣檔・特交文電：共匪禍國——武裝叛國（一六八）》。

至。[14]當即致電北平之華北剿匪總司令傅作義，示以無論兩錦情形如何，第九十二軍二十一師、五十六師，應照原定計劃從速全部增援葫、錦為要，並盼覆。傅接電後，即覆電蔣，謂其轄區自抽派第六十二軍及第九十二軍一部，並獨立第九十五師赴援錦後，兵力甚感空虛，懇請按照原定計劃，俟第三十一軍兩個師到達後再行遵辦。蔣又以駐煙臺之第三十九軍，前曾決定令其開赴葫蘆島，參加援錦任務，因電該軍軍長王伯勳，令其即遵命撤離煙臺，向目的地急進勿誤。[15]

是日，據闕漢騫次日電蔣之戰報稱：（一）東進兵團於 13 日拂曉續向塔山及 1167 高地之線攻擊，戰鬥竟日，激烈異常，雖略有進展及斬獲，而以共軍工事堅固，未奏全功。入夜，終止攻擊，原地對峙。（二）東進兵團第八師傷營長二員，連長七員及其餘官兵三百餘員名，俘共軍五名，獲輕機槍三挺，衝鋒槍五枝，步槍六十餘枝。（三）第九十五師傷團長一，官兵八百餘員名。獲重機槍二挺，輕機槍一挺，60 迫擊砲二門，衝鋒槍三枝，步槍八十餘枝，擲彈筒六個。（四）其餘部隊傷亡較少，詳情清查中。（五）是日（13 日）殲敵三千餘名。[16]

而蔣派赴錦西前線之督戰員羅奇致蔣的電報，對於是日東進兵團的戰況有更詳細的述說：（一）攻擊部署：右翼隊劉、周兩師（即暫編第六十二師，師長劉梓皋；及第八師，師長周文韜），攻擊目標為三道橋、上坎子、大紅旗營子；中央隊朱師（即甫自華北調至的獨立第九十五師，師長朱致一），目標為二道橋、塔山及其以北高地；左翼隊侯師（即第一五一師，師長侯志馨），目標為 116.7 高地。重點指向塔山方面。（二）戰鬥經過：拂曉開始攻擊，共軍據堅強工事及不斷增援爭奪，除朱師於午刻攻佔鐵道上之二道橋共軍據點之外，左右兩翼攻擊隊無若何進展。未刻，朱師周團（即第二八四團）奮勇

---

14 《蔣介石日記》，1948 年 10 月 13 日。

15 《蔣檔‧事略稿本》，1948 年 10 月 13 日。

16 「闕漢騫致蔣中正酉元電」（1948 年 10 月 14 日），《蔣檔‧特交文電：共匪禍國——武裝叛國（一六九）》。

突破塔山之東南角，其右碉堡遭共軍猛烈砲火損害，代團長周紹福負傷，犧牲慘重，致弗克，以保衛戰果。酉刻，共軍二千餘由兩翼逆襲，朱師沉著應戰，將來犯之共軍擊潰。迄晚八時，國軍仍佔領亮窩柵、塔山東南端互泉眼溝之線，與共軍對峙中。朱師本日全線斃敵極多，但均未達成預定任務，計俘獲共軍四十餘名（內共軍第四縱隊第十二師警衛營排長一員），重機槍二挺，輕機槍四挺，六零迫擊砲二門，步槍八十餘枝，其他各師亦有斬獲。（三）據共俘供稱，當面之共軍為第四、十一兩縱隊，第十師之主力在上坎子，第十二師主力在塔山。又稱共軍每個連均傷亡過半。[17]

又是日晨，國軍第十七兵團司令官侯鏡如抵葫蘆島，取代闕漢騫指揮錦（錦西）、葫各軍。當晚，侯召集第六十二軍軍長林偉儔、第五十四軍軍長闕漢騫及各師長、參謀長，並邀請海軍總司令桂永清、北平警備副總司令、督戰員羅奇、冀熱遼邊區副總司令唐雲山與其他有關人員會議，決定以第二十一師增加由林偉儔指揮五個師，10 月 14 日（即寒日）拂曉開始續向塔山及其以北高地與老官堡南端高地之共軍猛攻而捕殲之，並向高橋方面進出，以暫編第六十二師（約四個營兵力）為預備隊，並以闕漢騫指揮第五十四軍（欠第八師）附第六十七師，仍任錦西、葫蘆島守備，並對寺兒堡、千草嶺方面之共軍攻擊。侯鏡如並於次日致電蔣中正報告上述情形，且謂塔山附近及其以西地區之共軍，經國軍 10 月 10 日至 13 日數日攻擊，斃其約六、七千，國軍亦傷亡約三千餘，勢成膠著。因共軍憑國軍原既設工事，頑強抵抗，數日來，僅將塔山南二道溝子、沙河等據點攻佔。[18]

至於是日（10 月 13 日）錦州方面，據范漢傑是日午致蔣中正電（下午 1 時 10 分拍發，2 時 42 分收到，5 時 05 分譯出）稱：錦州防守戰自 9 月 25 日（即申有）起，已逾十七晝夜，各部隊初在外圍據點逐漸消耗，迄目前現

---

[17] 「羅奇致蔣中正西元亥電」（1948 年 10 月 14 日），《蔣檔‧特交文電：共匪禍國──武裝叛國（一六九）》。

[18] 「侯鏡如致蔣中正西寒二時電」（1948 年 10 月 14 日），《蔣檔‧特交文電：共匪禍國──武裝叛國（一六九）》。

有兵力計暫編第十八師兩個團，第八十八師四個營，暫編第二十二師四個營，暫編第五十四師四個營，第七十九師兩個營，第一八四師四個營。現共軍已緊逼市區，四面合擊，以現有兵力至感運用困難。務乞集中所有空軍主力，派大編隊晝夜輪番行面的轟炸，摧破共軍攻擊力量，延長固守時間，以待東進兵團之到達，並望加強東進兵團兵力，能迅即打破共軍之阻力前進。[19]是晚，范致電蔣中正、何應欽、衛立煌（10 月 13 日晚 10 時 42 分拍發，次日 0 時 55 分收到，1 時 50 分譯出）稱：共軍第七、八、九縱隊及砲兵師本日竟日向錦州猛烈圍攻，九里營子、黑山團管區先後失陷，外圍據點已完全棄守，刻丕土城市區落彈數百發，工事大部被毀，四處起火，刻在準備街市戰中。[20]范漢傑旋又致電蔣、何、顧（電報所署日期為 10 月 13 日，14 日凌晨 2 時 20 分拍發，3 時 55 分收到，上午 10 時譯出）稱：

> （甲）錦州方面：匪三、八、九縱隊及砲兵師主力集中火砲七、八十門，晝夜向各據點猛轟中，北方公司（東市區）、車站南北地區、老城均遭砲擊，落彈數百顆，竟日大火，八家子、五里營子、北大營之 T54D（按：即暫編第五十四師），配水池、黑山團管區之 T22D，新民屯、三洲壕、拉拉屯之 88D，德勝廟、流南店之 184D，晝夜與匪接戰，工事被毀，守軍大部壯烈犧牲，各該地先後陷匪，刻我正與匪在城垣（景圍子）南面激戰中。本日我傷亡官兵四千餘，匪傷亡尤為慘重。（乙）錦、葫方面：東進兵團仍遲滯于塔山街半部（一五四）、（三七六）高地、常家溝、楊家窪子、田家屯之線。[21]

[19] 「范漢傑致蔣中正西元午電」（1948 年 10 月 13 日），《蔣檔‧特交文電：共匪禍國——武裝叛國（一六九）》。

[20] 「范漢傑致蔣中正、何應欽、衛立煌西元申電」（1948 年 10 月 13 日），《蔣檔‧特交文電：共匪禍國——武裝叛國（一六九）》。

[21] 「范漢傑致蔣中正、何應欽、顧祝同電」（1948 年 10 月 14 日），《蔣檔‧特交文電：共匪禍國——武裝叛國（一六九）》。

　　10 月 14 日，錦州方面，范漢傑於中午致電蔣中正、顧祝同（12 時 40 分拍發，下午 1 時 20 分收到，2 時 10 分譯出），謂「匪已分路突入城區，刻在南關及以西巷戰中。城區彈落如雨，電線多遭破壞，情況至為危險」。[22]塔山方面，據侯鏡如電蔣之戰報稱：（一）是日（即寒日）拂曉，以第六十二軍（欠第六十七師）並指揮第八師、二十一師、九十五師，向塔山及老官堡南端高地一帶猛攻，共軍憑既設堅固陣地頑抗，酣戰竟日，計擊斃共軍二千餘，第九十五師俘獲共軍官兵三千餘，繳獲步槍三十餘枝，輕機槍二挺，重機槍二挺，國軍則傷亡官兵五百餘。（二）擬乘共軍疲憊，出其不意，於本晚利用暗夜嚴督各部續向當面之共軍猛攻而痛殲之。[23]是日，蔣於晨五時起床，默禱錦州戰局先求穩定。朝課後手擬致衛立煌、王叔銘等電稿數通，嚴督空軍與關漢騫部增援錦州。審察戰報，錦州城區工事被毀多處，形勢危急異常。下午，審察戰報，錦局危極。[24]是日，蔣致衛立煌、羅澤闓等電，促廖耀湘部儘速挺進，限期收復錦州：

　　此時我軍向錦州挺進，切莫仍作增援錦州之觀念，而應先下收復錦
　　州之決心，但前進愈速，則危險愈少，尚可望解錦州之圍。故最遲
　　務於十九日以前到達錦州，在此期間無論錦州情況如何變化，而廖
　　司令官之惟一任務應一意挺進，限期恢復錦州也。屆時煙臺第八軍
　　及九十二軍必可集中錦、葫，仍可夾擊兩錦附近之匪，予以殲滅，
　　完成最大之使命也。[25]

[22]「范漢傑致蔣中正、顧祝同酉寒電」（1948 年 10 月 14 日），《蔣檔・特交文電：共匪禍國──武裝叛國（一六九）》。

[23]「侯鏡如致蔣中正酉寒廿一時電」（1948 年 10 月 14 日），《蔣檔・特交文電：共匪禍國──武裝叛國（一六九）》。

[24]《蔣介石日記》，1948 年 10 月 14 日。

[25]「蔣中正電衛立煌、羅澤闓等廖耀湘惟一任務應為一意挺進限期收復錦州」（1948 年 10 月 14 日），《蔣檔・革命文獻：戡亂軍事──東北方面（二）》。

並致電王叔銘，促其命空軍全力協助錦州守城作戰：

空軍應集中全力協助錦州守城作戰，最好能在錦州外衛分區分時作廣正面之大轟炸，并派偵察機專偵匪之各區砲兵及其陣地，予以低空轟炸，使其大部砲兵毀滅，減少其攻城效力。又對錦西、塔山附近之轟炸，必須與地面部隊先一日作事前詳密協同作戰技術，由空軍督導，其轟炸之際，陸軍必須向轟炸地區直前猛攻，不得觀望不進，致失戰機，中亦以此意嚴電各軍矣。錦西機場可用否？詳復。[26]

旋得王叔銘電覆，謂：「對錦州外圍之匪正日夜派機不斷施行攻擊，確已炸燬匪砲兵多處」。[27]然攻擊塔山一帶的國軍陸軍未能與空軍配合作戰，致屢失良機，對此蔣甚為痛憤，於是日致電闕漢騫並轉侯鏡如等，嚴督各部隊在空軍轟炸時陸軍必須同時急起直前猛進，不得遲滯觀望：

空軍報稱，攻擊塔山一帶之陸軍，當空軍對重要據點塔山等地集中轟炸之後，陸軍仍在原陣地內觀望不前，以致屢失良機，坐令以致轟炸無效云，尤以真、文二日為然。進攻塔山之陸軍究係第幾師部隊？為何如此畏縮怕匪，毫無攻擊精神？且不知陸空協同技術，殊為可痛！此後必須嚴督各部隊，凡見我空軍轟炸之際，陸軍必須同時急起直前猛進，不得滯遲觀望，否則以後空軍即不能再同該線陸軍協同作戰矣。對塔山攻擊部隊究為何軍何師，查復勿誤。[28]

---

[26] 「蔣中正電王叔銘空軍應全力協助錦州守城作戰及在外圍作大轟炸」（1948 年 10 月 14 日），《蔣檔・革命文獻：戡亂軍事——東北方面（二）》。

[27] 同上所附覆電—「王叔銘酉寒指平電」。

[28] 「蔣中正電闕漢騫、侯鏡如等嚴督各部隊在空軍轟炸時陸軍必須同時急起猛進」（1948 年 10 月 14 日），《蔣檔・革命文獻：戡亂軍事——東北方面（二）》。

經查明後，蔣當即致電侯鏡如轉第一五一師師長侯志馨，責之以「聞弟作戰不力，而且違抗上令，任務多未達成，殊為可痛，希即徹底改過，努力猛進，以補前愆，而觀後效」。[29]

又據東北剿匪總司令衛立煌致電蔣（10 月 14 日晚九時五十分拍發，十一時五十分收到，次日下午二時譯出）稱：（一）是日（寒日）辰時，其自瀋陽飛赴錦西視察，錦、葫東進兵團之作戰將士均極努力，惟塔山共軍之工事堅強，致我國軍傷亡甚眾。（二）現錦西國軍雖有九個師番號，但據報告實際僅有十八個團可使用作戰。（三）已本蔣之指示，令東進兵團調整部署，猛攻塔山、高橋一帶，向錦州挺進。（四）第九十二軍僅第二十一師抵葫蘆島，其餘第五十六師、一四二師侯鏡如懇請迅即開葫，最少第五十六師懇速先運葫島。（五）蔣已令戰車一個營開赴錦州作戰，懇飭迅速運葫。[30]然據蔣派赴錦、葫的參軍羅澤闓、國防部第三廳副廳長許朗軒致俞濟時（總統府第三局局長）轉呈蔣的電報（所署時日為 10 月 14 日晚七時）稱，衛立煌並無積極應援錦州之意圖：

> 職等寒辰隨衛總司令飛錦、葫視察，見錦州城內濃烟沖天，戰況激烈，抵葫島後，就闕漢騫司令部召集各將領會議，不料衛總司令竟以確保錦西、葫島一隅為詞，對待積極應援錦州，則反漠然視之，經職等嚴詞爭辯，始允一面加強錦西區工事，一面盡可能向北求進展，似此則在津、煙二地後續部隊未到葫島前，欲求彼等即以容有兵力進出高橋以北接應范部恐不可能，致廖兵團接奉鈞電雖稍較積極，亦決難如期達到大凌河西解錦州之圍。總之，遲鈍畏葸為各級通病，職等當努力督促。惟積習已深，鮮有效果，此役關係國家安

---

[29] 「蔣中正致侯鏡如轉侯志馨電」（1948 年 10 月 14 日），《蔣檔‧特交檔案：一般資料——民國三十七年（十一）》。

[30] 「衛立煌致蔣中正西寒電」（1948 年 10 月 14 日），《蔣檔‧特交文電：共匪禍國——武裝叛國（一六九）》。

危，謹將實情電請鈞察。[31]

羅、許旋再致電俞濟時轉呈蔣（電報係 10 月 14 日晚十一時十五時拍發，10 月 15 日上午九時收到，十時四十五分譯出）報告云：

（一）衛總司令對增援錦州始終無積極之堅決信念，對廖兵團之戰鬥序列以向鈞座臨行時所報告者打了折扣，而將周福成軍剔去，所有後方人力輸力多未動員，支持最後一戰，又不能努力如何搶購糧食，準備過冬，對廖之指導不欲其冒險深入，僅以消極敷衍拖延為能事。（二）對葫島兵團囑其準備固守錦西一隅，勿冒險輕進，徒招損害，適足以增長各將領之畏縮心理。（三）現錦州已呈混亂狀態，自本日下午五時起，一切電信皆斷，恐旦夕難保，我以南北兩兵團向錦州對進夾擊匪軍之計劃恐難實施，請速策定爾後之新方略為禱。[32]

惟蔣為了堅定錦州守軍的信心，乃於是日覆電范漢傑，告以「元各電均悉，一切嚴令空軍與錦、葫陸軍照辦，并限令瀋陽主力五日內必到錦州增援矣」。[33]然共軍已於是日攻入錦州城內，范漢傑、盧濬泉等於黃昏前自東門出城，打算經南山農場附近向高橋、塔山與陳家屯之間突擊，俾與從錦西向塔山攻擊之部隊會合。[34]蔣中正雖知錦州大勢已去，仍擬於次日飛赴瀋陽督師規復錦州。

---

[31]「羅澤闓、許朗軒致俞濟時轉呈蔣中正寒十七時電）」（1948 年 10 月 14 日），《蔣檔・特交文電：共匪禍國——武裝叛國（一六九）》。

[32]「羅澤闓、許朗軒致俞濟時轉呈蔣中正寒亥電」（1948 年 10 月 14 日），《蔣檔・特交文電：共匪禍國——武裝叛國（一六九）》。

[33]「蔣中正電范漢傑令空軍與錦葫陸軍照辦並令瀋陽主力五日內增援錦州」（1948 年 10 月 14 日），《蔣檔・革命文獻：戡亂軍事——東北方面（二）》。

[34] 范漢傑，〈錦州戰役回憶〉，《文史資料選輯》，第 20 輯，頁 100～101。

二、繼續督促長春國軍突圍

　　蔣中正以東北共軍大舉南下進攻錦州，因而嚴令長春國軍乘機突圍，會同瀋陽國軍、錦西國軍，夾擊攻錦州之共軍。事實上此一企圖極難達成：（一）長春被圍已久，外援無望，致士氣低落，缺乏鬥志。據 10 月 2 日林彪口授致中共中央軍委電謂：「長春之敵經我數月圍困，我已收容敵逃兵 1.8 萬人左右，週邊戰鬥殲敵 5000 餘人，估計長春守敵現約八萬人，士氣必甚低」。[35]（二）長春國軍內部不協，難以齊心合力，一體行動。據國府國防部第二廳廳長侯騰呈報蔣中正稱：長春守軍主力之一的第六十軍為雲南部隊（即滇軍），對另一主力中央嫡系之新編第七軍「不無隔閡，中下級幹部間亦不甚協調，故早為匪活動對象」，其內部早於 1947 年 4 月「即據報有奸匪潛伏，針對國軍弱點積極活動」。[36]又據林彪 9 月 9 日簽發之其與羅榮桓、劉亞樓給毛澤東《關於圍攻長春的報告》中稱：「新 7 軍與滇軍 60 軍有矛盾，東北暫編師與蔣系矛盾更大，故滇軍及東北籍之軍官，有不少與我接近拉關係，送情報掩護我方人員入城，故內線關係較易建立，情報亦較靈通，但發動反正仍不容易」。[37]（三）糧荒嚴重，官兵普遍營養不足，體能欠佳，難堪久戰。（四）長春國軍不乏有家眷者，其總數恐不在少，棄之不忍，且足以動搖軍心，隨軍突圍則為一大累贅，實難以委決。（五）長春到瀋陽當中相隔七百華里，其間有公主嶺、四平、開原、鐵嶺幾個重要城市，尤其四平是共軍的軍政中心，在此一條線上林彪置有重兵構成陣勢，長春國軍要殺出重圍，亦非易事。[38]據林彪 11 月 8 日簽發之其與羅榮桓、劉亞樓署名給毛澤東並中共東北局的電報中稱：當東北共軍主力南下攻錦州之時，即以第十二縱隊及六個獨立師，再增

---

[35] 李德、舒雲編著，《林彪日記》，上冊，頁 569。

[36] 「侯騰呈蔣中正長春陷落檢討」（1948 年 11 月 11 日），《蔣檔‧革命文獻：戡亂軍事——東北方面（二）》。

[37] 李德、舒雲編著，《林彪日記》，上冊，頁 555。

[38] 〈長春得失〉，《寧波日報》（寧波），1948 年 10 月 23 日，第二版。

加遼北新編之獨立第十二、十三師及原留在鐵嶺以西之，獨立第一、四師，安東之獨立第三師及其新編之獨立第十四師，均向北移動，再以北滿之第二線各獨立團沿奉吉線佈防，共約十六萬人，已使長春之敵陷入共軍重迭圍困中。[39]長春國軍 10 月上旬的突圍行動，僅至城外近郊，即受阻無法續進，遑論突破上述重圍。

據鄭洞國憶述：就在 10 月上旬長春國軍出擊受阻而回的幾天之後，接到蔣中正空投給他和兩位軍長每人一封的親筆信，要其設法突圍。鄭當即召集師長以上幹部開會，研討關於突圍的問題。大家一致認為目前官兵的體力甚弱，很難通過共軍的層層堵擊，倘勉強突圍，將遭全軍覆沒的後果，不如堅守下去，還可能多支持些時日。鄭和各軍長聯名電覆蔣，說明不能突圍的理由。[40]

另據當時在長春的新編第七軍副軍長史說憶述：大約在 10 月 10 日前後，由飛機空投下蔣中正給鄭洞國、曾澤生（第一兵團司令官兼第六十軍軍長）、李鴻（新編第七軍軍長）每人一封親筆信，大意是空中投糧，已無法繼續，命長春守軍向東突圍，轉進至撫順以東的營盤，再轉到營口。突圍之日有飛機來掩護。時李鴻患傷寒病甚重，軍務由史說代理。鄭洞國邀史與曾澤生至其住所密商。大家認為官兵久餓，腳浮腫難以行走，遑論突圍不出去，就是能突圍出去，七、八百里路，中間無一援軍，無異係死路。鄭洞國致電蔣，陳述不能突圍的理由。不久，蔣發來第二次電令，催鄭突圍。鄭又召集史、曾商議，史與曾估計在長春外圍，有共軍第一兵團新編的六個師，雖戰鬥力不強，但阻止長春國軍突圍則有餘，而在遼河兩岸，尚有共軍久經戰鬥的第六縱隊，在此種情況下，若硬行突圍，必被消滅。鄭允再將此意電陳蔣。[41]

---

[39] 李德、舒雲編著，《林彪日記》，上冊，頁 592。

[40] 鄭洞國，〈從猖狂進攻到放下武器〉，《文史資料精選》，第 13 冊（北京：中國文史出版社，1990），頁 83。

[41] 史說，〈新編第七軍在長春〉，全國政協文史資料研究委員會《遼瀋戰役親歷記》編審組編，《遼瀋戰役親歷記（原國民黨將領的回憶）》（北京：文史資料出版社，1985），頁 365。

10 月 12 日，鄭洞國在致蔣中正、顧祝同等電報中云：

查圍城匪軍戰鬥力，以長西南之匪獨六、獨十兩師較強，其餘戰鬥
較弱，但我一部向獨六師攻擊時，匪並不作堅強抵抗，我進展頗速。
於西北機場方面，我以主力向獨七師攻擊，則寸地無不乘虛血肉換
取。現匪獨八師、獨十師主力均集結西方，獨六師主力控制大南屯
附近，似設卡東、西、北三方面堅守，以正南面開放，再以其主力
控置遼河西岸地區，誘我於南方突圍，再於陣地外截擊我軍。現我
以向西北方面攻擊傷亡太大，短期內擬仍以控制一飛機場之目的轉
移兵力，向另一方向試行攻擊。[42]

同日，衛立煌致電蔣中正云：

（一）鄭洞國西真親配電：（1）此次出擊情形，對西北主攻，傷亡
大，進展微，對中長路方面，匪工事雖強，而抵抗較弱，匪似因由
長春謠言及京滬兩方面消息之透露，有故意誘我向南突圍，以西北
方各師尾追，而主力由側翼在遼河北岸橫截我軍之企圖。據報十二
縱隊主力尚在遼沿岸，六縱隊似亦未遠離，如最近遵鈞示行動，幹
部士兵鑒于吉林撤退情形，均有畏念，士氣低落，體力亦不強，行
軍不特途中受截難以抵抗，即週圍之六個獨立師，亦無法脫離。如
東北形勢尚有挽回之望，葫島機場最近能用，長春著竭力打開機場，
以空運補給固守較有代價。（2）如必遵鈞示實行，則實施時機必須
至機場打開，飛機降落，人心安定，謠言息滅，匪于瀋西南大決戰
時對長春地勢較鬆時，相機實行逆襲，或能達成任務。（二）經立電

---

[42] 「鄭洞國致蔣中正、顧祝同西灰電（三）」（1948 年 10 月 12 日發），《蔣檔・特交文電：共匪
禍國──武裝叛國（一六八）》。

確遵原定計劃，立即實施。（三）鈞座十日手諭已空投鄭，另有無指
示，謹乞電復為禱。[43]

10 月 13 日，蔣以昨日接鄭洞國等來電，尚不願撤退，亦不敢突圍，因
嚴電促其遵令實施突圍，勿再自誤誤國。是日上午，蔣聞長春部隊已突圍南
下，略慰。[44]據史說憶述：10 月 15 日，蔣第三次手令辭意嚴厲，有如再拖延
時日，將受嚴厲之軍法制裁等語。鄭洞國接到手令後又召曾澤生及史說至其
住所，曾至後，匆匆看了看地圖上鄭指出的突圍後行軍路線，說聲「好、好」，
即離去，後來派其參謀長來接受命令。[45]是日，蔣自南京飛赴瀋陽督師，次
日，記稱其「此次來瀋，一為作恢復錦州之計；二為督促長春守軍限期突圍
南下；三為嚴督瀋陽與錦、葫兩兵團赴援錦州，以期救護我范漢傑、盧濬泉
等忠勇將士也」。[46]

第二節　經過詳情

10 月 15 日，蔣晨五時半起床，默禱後，朝課畢，深慮錦州戰局已至最
後階段，雖明知其已無望，但仍切思補救之道，決定親自飛瀋陽督導各軍急
進赴援，即使錦州失陷，其東西兩兵團援軍，仍應繼續前進，收復錦州，否
則東北國軍之主力部隊將無法撤回關內。因電瀋陽之東北剿匪總司令衛立
煌、第九兵團司令官廖耀湘等，應作收復錦州之決心，而不僅以赴援為目的，

---

[43] 「衛立煌致蔣中正酉文電」（1948 年 10 月 12 日），《蔣檔・特交文電：共匪禍國——武裝叛國（一六八）》。

[44] 《蔣介石日記》，1948 年 10 月 13 日。

[45] 史說，〈新編第七軍在長春〉，全國政協文史資料研究委員會《遼瀋戰役親歷記》編審組編，《遼瀋戰役親歷記（原國民黨將領的回憶）》，頁 365～366。

[46] 《蔣介石日記》，1948 年 10 月 16 日。

並明示其積極進取之方針。[47]電曰：「前昨各電諒達，錦州戰況如此，廖兵團西進，應即增強兵力，至少要抽調有力三個師以上加入廖兵團，勿誤」。另電北平之華北剿匪總司令傅作義曰：「錦州戰局應作最後之準備，中決下午飛瀋督導，決令作積極之行動，錦、葫方面指揮官，仍須派李文同志前往為要，并望其能於明日上午乘機來瀋，面授機宜」。[48]

　　旋以日昨太原戰局告急，綏靖公署主任閻錫山迭電乞援，蔣一面電復盡力籌畫增援，一面電商北平傅作義抽調部隊前往。旋據傅作義電陳，擬調榆林之獨立旅增援太原。蔣覆之曰：「見電，擬調榆林之獨立旅增援太原，未知寶珊兄與馬主席少雲之意如何？寧夏現駐榆林附近之部隊幾團？可否進駐榆林，皆盼詳酌速復。又李文同志暫不赴錦、葫亦可」。嗣得傅作義呈復，當均送辦，並已飭李文由前方回平赴瀋，所遺指揮事宜，暫著副總司周體仁代行。[49]

　　召見國防部長何應欽、參謀總長顧祝同等，研討東北戰局。下午三時前，與夫人宋美齡乘中美號專機自南京起飛赴瀋陽，軍務局局長俞濟時、政工局局長鄧文儀等隨行。六時半，抵瀋陽，東北剿匪總司令衛立煌、參謀長趙家驤、甫自徐州至瀋陽的徐州剿匪副總司令杜聿明，皆在機場迎接。得悉錦州尚在巷戰中，蔣心略慰，即赴勵志社行館休憩。晚，召見衛立煌、杜聿明，對東北目前戰局略予垂詢。手書致錦州之東北剿匪副總司令范漢傑、第六兵團司令官兼第九十三軍軍長盧濬泉，對其固守孤城，英勇殲敵，深致嘉勉之意。[50]據杜聿明回憶是日晚見蔣等情形云：

　　　我到瀋陽時，蔣介石已先到達，蔣介石住在勵志社，我住在「剿總」
　　招待所，即衛立煌公館。蔣介石立刻找我去，對我說：「今天已給錦

---

[47] 《蔣介石日記》，1948 年 10 月 15 日。

[48] 《蔣檔·事略稿本》，1948 年 10 月 15 日。

[49] 《蔣檔·事略稿本》，1948 年 10 月 15 日。

[50] 參見《蔣檔·事略稿本》，1948 年 10 月 15 日；《蔣介石日記》，1948 年 10 月 15 日。

州范漢傑空投一封信，要他能守則守，不能守則退守錦西」。又說：
「同時給鄭洞國也空投了一封信，要他趕快突圍，否則瀋陽也不等
他了。」……。蔣這時一再問我的意見，我說：「目前敵我情況未明，
很難提出意見。」蔣要我找廖耀湘談談再說。……當晚衛立煌的
參謀長趙家驤等許多東北將領都來同我談蔣、衛之間半年來的矛
盾，就在於蔣要衛集中主力向大虎山、黑山之敵攻擊，將主力撤至
錦州，而衛則堅決不肯。趙又說：「目前衛老總堅決反對廖兵團再西
進……」。當時我認為錦州戰役之勝敗，取決於范漢傑能否在錦州堅
守半月，使人民解放軍曠日持久，攻擊頓挫，然後蔣軍由瀋陽、葫
蘆島出兵，南北夾擊，可收勝算。各將領皆同意我的意見。[51]

是日，蔣於日記中記云：

一、……。三、如果錦州失陷，則瀋陽之援錦主力部隊是否撤回原
防，固守瀋陽一時，重定方針如何？此誠存亡成敗之關係，應切實
考慮，慎重將事。四，營口敵情因其佔領已久，防務必固，果易收
復否。五，錦州初陷，敵力不強，當易恢復也。六，援錦部隊既已
全部出發，且其前線已經接戰，如再臨時撤回，徒喪士氣，即使撤
回，亦絕不能再守瀋陽，更不能令其打通營口矣。七，既定方針與
決心不宜變更，仍應貫澈決心，力圖打通此關，方有全軍撤回關內
之望。否則，即使能有半數部隊入關，亦可整頓補救，恢復戰力，
仍可重整旗鼓，確保華北，徐圖消除此萬惡之赤禍共匪也。[52]

10月16日，晨五時起床，默禱。以「昨夜手書范（漢傑）、盧（濬泉）

---

[51] 杜聿明，〈遼瀋戰役概述〉，《文史資料精選》，第13冊，頁27～28。

[52] 《蔣介石日記》，1948年10月15日。

等函，惟據空軍偵察回報，今晨錦州已無戰鬥，則全城被陷矣，惟聞昨黃昏時，西南方有激戰，或為我突圍之故。甚願各將領能獲天眷，出險歸來，勿被所俘耳」。朝課後，手書致長春之東北剿匪副總司令鄭洞國、第一兵團副司令官兼第六十軍軍長曾澤生，[53]函曰：

> 迭送函電，迄未見弟部行動，焦慮無已，中為我全體官兵安危生死及弟等各將領前途成敗榮辱計，熟慮至再，突圍時機，未有如今日之安全者，此誠千載一時稍縱即逝之良機，切勿延誤，故今日特再到瀋，親來督促。現錦州情況已經不明，以後不惟長春空運無法繼續，即瀋陽接濟亦因受美國油料之限制，不能空運接濟矣。最近歐海形勢激變，世界大局不久必有變動，我軍政略戰略皆有變更。故瀋陽兵團不能不從速轉移，務希我長春各軍如期突圍南下，遵命實施，如在此十日內不能到達瀋陽，則勢難久待，此乃不得不明告於我忠愛之官兵也。此時，只要我將領決心堅定，激勵所部，團結一致，共同生死，衝出一條血路，定可安全到達目的地。中嚴令此間陸軍，充分準備接應，并命空軍不分晝夜，切實掩護，以策萬全，希於接函之次日，即行出發，至要至盼。若再猶豫濡滯，遷延不動，必以抗命論處。如突圍行動遵命實施，不再變更，即以「反攻機場」四字密語電告，中仍在瀋專待覆電也。[54]

九時，於行館召開軍事會議，出席者有衛立煌、杜聿明、鄧文儀、徐康良（空軍第一軍區司令）、劉耀漢（聯勤總部第六補給區司令）、王鐵漢（瀋陽防守司令官、遼寧省政府主席）諸將領，指示要旨，決定計畫。會後，召見東北剿匪副總司令萬福麟，有所垂詢。旋又分別召見衛立煌、杜聿明，再

53 《蔣介石日記》，1948 年 10 月 16 日。
54 《蔣檔‧事略稿本》，1948 年 10 月 16 日。

予指示，當命杜留瀋陽襄助軍務。[55]據杜聿明憶述：

16日上午，錦州情況已不明。蔣介石分別召見東北各將領後，令我同廖耀湘至新立屯視察後向他陳述攻擊人民解放軍的意見。我和鄧文儀、侯騰等當日上午乘火車到達新民車站廖耀湘兵團指揮所和廖耀湘、鄭庭笈等會面後，在指揮所用了午餐，即同廖耀湘乘汽車赴新立屯視察，和軍長潘裕昆、龍天武、李濤會面。這時我問廖耀湘的意見如何？廖吹他在彰武截斷人民解放軍的後路，在新立屯給人民解放軍以極大的打擊，如果范守住錦州，空軍絕對優勢空投補給，由葫蘆島、錦西協同遼西兵團向錦州之敵攻擊是可以的。可是廖又說：「錦州本晚電訊已斷，恐怕已完了。」他主張從營口撤退，我同意廖這一方案，其他各將領如潘裕昆、龍天武等皆認為錦州失守，不能再向西進，只有撤回瀋陽或從營口撤退。我視察完畢後，於16日深夜返新民。[56]

又據廖耀湘憶述是日與杜聿明討論作戰方案獲致結果云：

討論結果，他也同意我經大虎山以南直接退營口的方案，但杜聿明仍想順應蔣介石的要求想要打回錦州，因之他要求我在退到營口地區之後，再經盤山、溝幫子向北打，與他所指揮的東進兵團在大凌河會師。我認為這一案可以實行，遼西兵團以營口作後方之後，經由上述路線向北打側翼與後方交通聯絡線，有渤海與遼河下游作屏障，進退自如，沒有危險。我答應他在退至大洼、營口地區後再向北打，與他在大凌河會師。這是我們兩個人當天會談的結果，但還

---

55 《蔣檔・事略稿本》，1948年10月16日。

56 杜聿明，〈遼瀋戰役概述〉，《文史資料精選》，第13冊，頁28。

要待蔣介石最後決定。我要他先面報蔣介石，因在電報中不可能說得很詳細。我也必需報告衛立煌得到他的同意和支持，才能採取行動。我同杜聿明下午坐吉普車到新立屯視察一趟，夜晚同坐他的專車回瀋陽去見衛立煌。[57]

十時半，蔣自瀋陽起飛，十二時，到錦西。[58]於第五十四軍闕漢騫之軍部聽取其作戰經過之報告，闕支吾其詞。蔣以其有如許新兵力，與共軍最無力之第四、第十一兩縱隊作戰，不能衝破其防線，增援相隔六十華里之錦州，以致其淪陷，言之痛憤。且闕前在海陽，「畏縮怕匪」，本應早撤辦，卒因范漢傑保薦，延誤至今，不勝悔恨。惟此時臨戰易將，恐無人負責，復以督戰員羅奇勸阻，姑再試之，以觀其後效如何。復召集兩位副總司令陳鐵、侯鏡如及羅奇、闕漢騫等，決定計畫，下令實施後，訓誡闕漢騫。[59]

關於蔣此次錦西之行，時任國軍第六十二軍軍長的林偉儔憶述云：

15 日（按：應為 16 日）上午，蔣介石又從北平（按：應為瀋陽）坐飛機到葫蘆島（按：應為錦西）來，侯鏡如和羅奇指定我負責前線指揮，派軍參謀長謝義回去商量。謝義回來對我詳細地作了匯報，他說：「老頭子（指蔣介石）和羅澤闓、俞濟時同來，我們到飛機場迎接，一齊到五十四軍軍部休息。羅奇首先向蔣報告錦州已經失守的情況，並說塔山碉堡工事非常堅固，鐵絲網鹿砦又多又縱深，幾日來集中力量攻不下。老頭子忽然怒形於色，叫拿地圖來看。我拿出以紅筆劃好的塔山工事位置圖給他看。老頭子指著地圖說：『塔山如此靠近，敵人怎能夠這樣快就做了這樣多的堅強工事及障礙物來

---

[57] 廖耀湘，〈遼西戰役紀實〉，《文史資料精選》，第 13 冊，頁 126～127。

[58] 《蔣介石日記》，1948 年 10 月 16 日。

[59] 《蔣介石日記》，1948 年 10 月 17 日，補記 16 日事。

呢？闕軍長駐在葫蘆島，早就應該發現這種情況，為什麼不進行阻撓破壞呢？』老頭子越說越有氣，就指著闕漢騫，要槍斃他。還罵他說：『你是黃埔學生，是蝗蟲，是蝗蟲！』我從來未見過他這樣罵人，也很少見到他這樣發怒，嚇得大家立正不敢動，也不敢出聲。大家默默無言好久，羅奇才又報告說：『請總統息怒，大家已出了力。此次作戰陸海空軍得不到協同，戰車又趕不到使用，部隊作戰已傷亡很重。』但蔣介石怒猶未息。羅奇繼續報告說：『據闕軍長講，塔山這些野戰碉堡工事是最近夜間做起來的，一夜之間做了許許多多的工事。』又說：『今天早晨從錦州方面逃回一個副團長，他現在前線指揮所林軍長處。』老頭子叫打電話送來，羅奇去打電話，才轉移了話題，談論起錦州的情形。」當羅奇打電話給我，叫我快用汽車將今晨從錦州逃回的副團長送去問話時，我說：「你們商量了什麼事情？」他說：「見面再談。」我當即把這個副團長用汽車送去。以後聽說這個副團長見了羅澤闓，羅對他查詢了錦州的一切情形。同時又根據飛機偵查報告錦州已無炮聲，城內部隊紛紛向城外移動，這時蔣介石才認為錦州的被解放已無可置疑了。蔣介石還親自打電話問我前線情況怎樣？我回答說：「前線只有幾個小高地發生小的戰鬥，陣地前線沒有重大變化。」蔣介石連聲說：「好，好，好。」就沒有說下去了。[60]

三時半，蔣乘座機由錦西起飛，[61]在塔山上空盤旋了兩圈，才向西南方向飛去，據當時正在塔山陣地上的共軍第四縱隊政治委員莫文驊憶稱：

遠處又傳來飛機的轟響，藍天下，一架大型飛機在三架戰鬥機的護

---

[60] 林偉儔，〈塔山戰役的回憶〉，《文史資料精選》，第 13 冊，頁 171~172。

[61] 《蔣介石日記》，1948 年 10 月 17 日，補記 16 日事。

衛下，從葫蘆島方向飛來，在塔山一線盤旋兩圈後，向西南方向竄去。據後來被俘的國民黨第六十二軍軍長林偉儔說：這天拂曉，蔣介石來到葫蘆島督戰，一個從錦州化裝逃出的副團長向他報告說，錦州情勢非常危急，東北野戰軍的部隊已攻入街道，只有零星守軍在戰鬥。蔣介石眼見援錦無望，「夾擊共軍主力于遼西走廊」的夢想也已破滅，他連連哀鳴：「意外打擊」「意外打擊！」隨後他氣急敗壞地坐上飛機竄回北平，途中飛經塔山上空，就想看看究竟是什麼樣的共軍，擋住他援兵的去路。[62]

　　六時，蔣抵北平。此行蔣「甚嘆將領貪私圖利，寧願為匪困死，而不肯遵命撤防自救之心理，思之痛心。若不徹底改革，何以革命？」晚課如常。[63]
　　致電瀋陽、葫蘆島、上海各地，告以已抵北平。其致瀋陽之衛立煌電曰：「中已回平，在錦西對指揮官與作戰計畫，皆已決定，即與兄所商者相同，餘函詳」。致葫蘆島之陳鐵電曰：「中刻已回平，空軍已派董科長在葫與侯司令聯絡，希即切實接洽」。致上海之蔣經國電曰：「刻已由瀋來平，約少住數日即回京」。是日，蔣夫人宋美齡於上午十一時，由衛立煌夫人暨董彥平（瀋陽市市長）夫婦陪同，參觀瀋陽美齡小學，及東北區婦女工作委員會主辦的托兒所與縫紉工廠，宋氏對兒童學業及生活狀況殷殷垂詢，至員工工作情形亦至表關切。下午一時，乘中美號專機飛北平，未與蔣偕行。[64]
　　10月17日，是日為陰曆9月15日，即蔣六十二歲生日。六時起床，與宋美齡共禱上帝保佑。既已，朝課如常。補記前、昨二日事，感懷萬千。上午，召見聯勤與運輸人員，及第二〇五師師長。聞煙臺駐軍，以缺煤未能起

---

[62] 莫文驊，〈英雄塔山〉，中共中央黨史資料徵集委員會、中國人民解放軍遼瀋戰役紀念館建館委員會、《遼瀋決戰》編審小組合編，《遼瀋決戰》，上冊（北京：人民出版社，1988），頁384～385。

[63] 《蔣介石日記》，1948年10月17日，補記16日事。

[64] 《蔣檔·事略稿本》，1948年10月16日。

運，憂憤無已。[65]正午，由北平市工務局局長譚炳訓陪同遊覽西山（即香山）碧雲寺。嗣傅作義亦隨至，即於寺東側龍王廟前釣魚台野餐，餐已，登塔謁孫中山衣冠塚。即在塔上與宋美齡眺望徘徊約半小時，並攝影留念。乃經含青舍前院出寺，再遊普覺寺（即臥佛寺）一匝。回城，已下午三時半。[66]關於蔣夫婦此次西山之行，北平《世界日報》有更詳細而生動的報導：

上次九月三十日總統來平時，圓恩寺行館裏還是丹桂飄香，滿庭馥郁，現在正是籬菊盛開，已到深秋季節。昨午十一時左右，八輛汽車由後圓恩寺駛出，經過地安門，太平倉，到新街口出西直門。總統夫婦同車而行，傅作義將軍也隨同前往。

一個秋高氣爽日麗風和的日子，爭似「秋天裡的春天」，西郊道上，充滿著秋遊的紅男綠女，一列車子從這些遊人身邊掠過時，盡都可以看很清楚的瞻仰到總統夫婦的丰采。

車子經過香山靜宜園門口，那裏已給遊客的車輛擠得水洩不通，於是總統的車子繞上另一條道路，於十二時半停到碧雲寺門前。總統夫婦首先到國父衣冠塚前行禮致敬，憑弔良久，然後與夫人攜手拾級登上碧雲寺的浮屠，縱覽秋山景色。總統夫婦均以愉快的神色，頻頻向管理人詢問附近地方和寺內情況。

總統昨天御藍色長袍黑呢馬褂，一手策杖，一手拿着呢帽。夫人是豆灰色呢的短秋裝，架着太陽眼鏡。在碧雲寺逗留約半小時，就和傅作義將軍一路談笑着走出了碧雲寺。傅將軍依然是那套綠布軍裝，紮着裏腿，臉上紅紅的泛着光。

這時路上遊人不多，好多鄉民遠遠的佇立道旁張望着，附近慈幼院百餘小學生，却聞訊趕了來，列隊歡呼，總統也和這些天真無邪的

---

[65] 《蔣介石日記》，1948 年 10 月 18 日，補記 17 日之事。

[66] 《蔣介石日記》，1948 年 10 月 19 日，補記 17 日之事。

兒童含笑相答，且作慰問。下午三時許，才離了一片紅葉的西山，
回到後圓恩寺行舍。[67]

圖 57　蔣中正夫婦於西山碧雲寺瞻仰孫中山衣冠塚與華北剿匪總司令傅作義合
　　　　影（1948 年 10 月 17 日）

圖 58　蔣中正夫婦遊覽碧雲寺在石牌坊前留影（1948 年 10 月 17 日）

[67]　《世界日報》（北平），1948 年 10 月 18 日，第二版。

圖 59　蔣中正夫婦遊覽西山在碧雲寺之含青齋留影（1948 年 10 月 17 日）

　　小憩片刻，默禱。晚課未畢，接空軍副總司令王叔銘電話，謂長春第六
十軍軍長曾澤生叛變，並威脅副總司令鄭洞國要求其共同投共。蔣以「此雖
出於意料之外，然究為余疏忽不能研幾窮理，預防消患之罪也。因之長春新
七軍突圍計畫亦受頓挫，余乃決心仍令鄭照既定方針，由空軍掩護改道突圍
也」。[68]蔣命令鄭改道突圍之電報略云：

> 60A 變起倉促，吾弟必能鎮靜處理，但行動力求迅速，仍應不顧一
> 切立即行動，斷然打開一條生路，奮力衝出。茲定巧（按：即 10
> 月 18 日）午派大批飛機臨空轟炸東南方面曾部防地，以開突圍之

---

[68] 《蔣介石日記》，1948 年 10 月 19 日，補記 17 日之事。

路，希準備妥當，屆時即在空軍掩護下一鼓由曾部防地衝出，爾後
可以團營為單位，分多數縱隊鑽隙向約定之目標疾進，萬不可再存
固守之念，致遭被俘之奇辱，至要至要。已令廖兵團切實策應，并
以平瀋兩地空軍全部出動，晝夜助戰，希隨帶對空電台，并望確保，
以便沿途與空軍切取連絡，爾後對空布板符號改為單日十字，雙日
口字為要。[69]

晚，蔣招宴傅作義夫婦、江長川牧師夫婦等，暨行政院副院長張厲生、
河北省政府主席楚溪春、北平市市長劉瑤章等。席間談笑風生，賓主盡歡。
蔣以國事多艱，民生疾苦，故今日壽辰，秘而不宣，惟於宴後出一蛋糕，上
植六十二枝小蠟燭，由蔣吹熄後，經夫人親手剖切分饗來賓而已。繼觀電影，
處理長春事變，迨畢事，已十一時半，就寢。[70]

10 月 18 日，晨興，蔣以長春情況不明，至為焦灼，為力促鄭洞國、李
鴻（新七軍軍長）等率部突圍，及督導瀋陽兵團，毋以長春事變而中止其規
復錦州之行動，乃決定再飛瀋陽，面授機宜。當電南京之參謀總長顧祝同、
并轉國防部長何應欽：

昨晨長春部隊鄭洞國正擬奉命突圍，曾澤生忽以其被所部拘禁，不
能行動等電話告鄭，故李鴻軍亦不能如期行動，中決今晨飛瀋處置
一切。關於此事之宣傳，望從速研究，以免被匪眩惑，動搖軍民心
理。又煙臺自動撤退，及以後剿匪戰略，亦應大體察明。[71]

---

[69] 「蔣中正致鄭洞國西篠亥電」（1948 年 10 月 17 日），《蔣檔·特交文電：共匪禍國——武裝叛國（九）》。

[70] 參見《蔣檔·事略稿本》，1948 年 10 月 17 日條；及《蔣介石日記》，1948 年 10 月 19 日，補記17 日事。

[71] 《蔣檔·事略稿本》，1948 年 10 月 18 日。

　　上午九時半，自北平起飛，正午，抵瀋陽。即於飛機上召集衛立煌、杜聿明、趙家驤等，檢討規復錦州之方針，與今後東北作戰之計畫，直至下午二時半始已。決定先回北平與傅作義協商後再作最後決策，良以衛、杜等仍力主打通營口，而無恢復錦州之決心。進餐已，遊北陵，即清太宗皇太極之陵墓。蔣見其荒蕪凌亂，荊棘叢生，嘆曰：「蕭條極矣」。三時後，由瀋陽乘原機飛返北平，遂出葫蘆島、錦西，瞰視運兵艦艇及作戰狀況，途中復與參軍羅澤闓等商討今後計畫，抵北平，已六時矣。[72]據杜聿明憶述是日蔣在瀋陽召集各將領會商的經過情形云：

　　18 日蔣介石再度飛瀋陽，召集衛立煌、杜聿明、趙家驤等開會。我向蔣匯報了在新立屯視察中各將領共同的意見後，蔣介石說：「據連日空軍偵察，『共匪』大批向北票、阜新撤退。我料定『共匪』不會守錦州，現錦州已沒有什麼『共匪』。」他強要衛立煌將五十二軍、六軍全部調歸廖耀湘指揮，繼續向錦州攻擊前進，協同葫蘆島、錦西間已集中的部隊，一舉收復錦州。這時衛以歷來會議上受蔣介石的責備默不發言。蔣介石一再問：「俊如兄意見如何？」衛說：「請光亭（杜聿明）大偉（趙家驤）講講。」我說：「對於東北敵我情況，我尚未十分摸清，請大偉兄先作情況判斷，然後再研究是否可能收復錦州。」這時趙家驤站起攤開兩張敵我態勢圖，判斷：「敵人在東北約有 80 萬。……。兩相比較，敵軍兵力超過我軍將近兩倍多，而且敵軍無後顧之虞，可以集中兵力同我決戰。而我軍既要保衛瀋陽，又要收復錦州，南北分進，既不能合擊，有被敵軍各個擊破之虞。所以，繼續向錦州攻擊，是值得慎重考慮的。」蔣介石聽了似乎不符合他的主觀願望，把鬍鬚吹了一吹，憤怒地說：「我們空軍優勢，

---

[72] 參見《蔣檔·事略稿本》，1948 年 10 月 18 日；及《蔣介石日記》，1948 年 10 月 20 日條，補記 18 日事。

炮兵優勢，為什麼不能打？」蔣又問：「羅參軍（澤闓）看怎麼樣？」
羅是完全仰承蔣的意志的，他說：「委員長的看法對的，我們空軍、
炮兵都占優勢，可以南北夾攻一舉收復錦州。」蔣聽到了合乎他的
主張，接著連說嗯嗯，表露出一點笑容。又問：「光亭的看法？」我
說：「趙參謀長的判斷可能符合實際狀況，目前敵我兵力懸殊，還是
以守為攻，相機收復錦州為好。」蔣見我未迎合他的主張，雖然快
快不樂，但并未作硬性的決定，只說：「你們研究研究再說。」當日
又急忙飛北平。[73]

晚，蔣於行邸詳商東北作戰計劃，至十一時方畢。晚課後，十一時半就
寢。是日蔣有感於「長春將領猶豫不決，突圍恐已絕望，為此心力交瘁，對
部屬與學生，已盡我職責，再無他道，聽命而已，悲傷極矣」。[74]又記云：

近日每念「風雨如晦，雞鳴不已」句，環境與局勢雖甚惡劣，尤以
高級將領凡軍長以上者，幾乎多是貪污怕匪，以致軍隊枉然犧牲，
而反加余之恥辱，思之無以自解，幾乎無地自容。情勢之黑暗，實
極有生以來未有如此之悲慘者。但此時所恃者惟有天父之恩德。彼
既培植我至如此地位，賦予我如此重任，決不任我長此黑暗，竟致
失敗到底。每一想念過去之父神大德以及世界之前途，無不為之振
奮無已，轉悲為樂。只要今後重造人才，專力訓練與組織，則自助
天助，轉危為安，轉辱為榮，亦非難事耳。[75]

10 月 19 日，朝課後，約杜聿明、羅澤闓、許朗軒來談東北作戰方針及

---

[73] 杜聿明，〈遼瀋戰役概述〉，《文史資料精選》，第 13 冊，頁 30～31。

[74] 《蔣介石日記》，1948 年 10 月 20 日，補記 18 日事。

[75] 《蔣介石日記》，1948 年 10 月 18 日。

全盤戰略。杜仍主張固守瀋陽，蔣以其「與衛（立煌）之思想無異，只求個人英雄主義成功，而整個國策與戰略，則全不顧及也，殊令人悲痛欲絕，不知革命之前途如何結果矣」。乃策定作戰計畫，交杜帶回瀋陽，以示衛立煌，並令衛、杜再來北平，面決一切。上午，召見太原綏靖公署副主任楊愛源，其因太原危急，衛主任閻錫山命來催請增援，蔣以好言慰之。下午，接空軍副總司令王叔銘報告，謂空軍與東北剿匪副總司令鄭洞國在長春上空通話，謂新七軍官兵意志全部動搖，與軍長李鴻已失去聯絡，該軍業已為共軍繳械，惟鄭洞國仍在司令部率衛隊固守，正被圍攻中。蔣聞之，五中焚裂，感嘆「何上帝賜我如此悲慘之恩德也」。轉思「主將洞國並不降匪，即使被匪所俘，乃減少恥辱，黃埔歷史與精神獲得保全，則較勝投匪矣」。因此略慰，雖境遇如此悲慘，而內心泰然，信心毫不動搖，安定如恆。[76]

晡，與宋美齡車遊北平東之通縣城，至伏魔廟前，乃折回北平。晚課後，手擬電稿數通，[77]一致西安綏靖公署主任胡宗南，促其「積極進擊潰匪，毋使再犯關中」。一致南京參謀總長顧祝同、國防部長何應欽，告以長春新七軍已被繳械，鄭洞國司令部被圍，勗勉警惕雪恥。又電顧祝同并轉何應欽，囑速遴定人選接替杜聿明徐州剿匪副總司令職務，因蔣已命杜襄助東北剿匪軍事。[78]清理積案，十時前，就寢。[79]

10月20日，朝課已，與參軍羅澤闓等研究東北戰略與由營口轉運其主力於葫蘆島之方案。彼等以為此可適應東北將領之心理，比在大凌河渡河收復錦州勝算較大。惟杜聿明孤守瀋陽之心理，與增加十個師之需求，必須先行打破也。[80]

鄭洞國自長春電呈蔣，謂「新七軍死傷慘重，已轉移陣地，以中央銀行

76　《蔣介石日記》，1948年10月21日，補記19日事。

77　《蔣介石日記》，1948年10月22日，補記19日事。

78　《蔣檔‧事略稿本》，1948年10月19日。

79　《蔣介石日記》，1948年10月22日，補記19日事。

80　《蔣介石日記》，1948年10月22日，補記20日事。

為據點，職等一秉革命犧牲精神，誓流最後一滴血，以報黨國，決不有負鈞
座付託之重」。[81]蔣當覆電勉之曰：

> 皓十五時電悉，吾弟孤危奮鬥，至死不屈，無負使命，可以報慰我
> 總理與諸先烈在天之靈矣。吾人革命，生死早置度外，惟留一片浩
> 氣，以為民族爭光後人師法而已。中必不辜負弟等為黨國壯烈犧牲
> 之大節大義，誓步弟等繼續血跡邁進，復仇雪恨，克盡我統帥對弟
> 等之職責也，家中諸事，不必遺念，中必誓以弟等之親屬為余之親
> 屬也，并望代告李克廷、蕭樹瑤諸同志，言不盡意，諸惟心照。[82]

　　批閱公文，切盼衛立煌、杜聿明能早到，直至下午二時，二人始抵北平。
蔣與商討東北進退與轉進方略，衛仍以退守瀋陽為得計。蔣嚴斥其死不覺悟，
長春現實之慘痛教訓，而其尚不以為意，令蔣痛憤之至。六時後，略事休息，
晚課。旋聞鄭洞國自戕殉職矣，悲慟無已，停止約宴。晚，再令羅澤闓往見
杜聿明，說明蔣之策略及付託其東北之全權，徵求其意見。蔣以內心沉悶悒
鬱已極，十時，就寢。[83]
　　10 月 21 日，起床默禱，手擬鄭洞國覆電稿。朝課後，召見杜聿明，與
談東北總司令問題。杜仍主退守瀋陽，要求增加十個師兵力，「與匪周旋，保
滅共匪」為言。蔣嚴斥其妄想，「如其必欲守瀋，則任其自處，但中央決不能
增加兵糧」。並明示其「如此，余亦再不能〔以〕瀋陽國軍為國軍矣」。蔣「思
之痛心，明示至此，尚不能打破其觀念」。杜乃允以東北剿匪副總司令與冀熱
遼邊區司令官名義，赴前方指揮轉移主力於錦西，而以衛立煌專任後方與防
衛瀋陽之責。乃召衛立煌來談，決定照此辦法辦理。中午，約傅作義、衛立

81　《蔣檔‧事略稿本》，1948 年 10 月 20 日。

82　「蔣中正電鄭洞國中必不負弟等為黨國壯烈犧牲大節大義誓步血跡邁進」（1948 年 10 月 20 日），
　　《蔣檔‧革命文獻：戡亂軍事——東北方面（二）》。

83　《蔣介石日記》，1948 年 10 月 22 日，補記 20 日事。

煌及杜聿明等共進午餐。下午，與宋美齡遊香（西）山靜宜園，至雙清別墅
瀏覽，此為 1928 年蔣駐節舊遊之地。旋參觀熊希齡創辦的慈幼園。回城，已
七時半。晚課如常，入浴。接鄭洞國 10 月 20 日晚十一時來電，實為其絕命
作別哀書，蔣「閱此，心膽為裂，不知何以慰之」。[84]

**圖 60　蔣中正與華北剿匪總司令傅作義、東北剿匪總司令衛立煌合影（1948 年
　　　10 月 21 日）**

　　10 月 22 日，朝課後，召見參軍羅澤闓及石覺（第十三軍軍長）、鄭挺鋒
（第九十四軍軍長）各軍長。手擬致參謀總長顧祝同電，令將重新教育高級
將領之具體計劃限期實施。批閱公文，清理積案。下午，續批公文，研究瀋
陽撤退前對所有物資處理方針，並指示東北剿匪副總司令陳鐵，對錦西工事

---

[84] 《蔣介石日記》，1948 年 10 月 23 日，補記 21 日事。是日，蔣氏夫婦在香（西）山參觀的慈幼園
　　（院），是 1920 年由曾任北洋政府國務總理的慈善家熊希齡所創辦，至 1949 年中華人民共和國
　　成立後被接收為止的約 30 年間，其收養的畢業生約 6,000 人。見大江平和，〈熊希齡と香山慈幼
　　院──1920 年から 1927 年までの財政を中心に〉，《人間文化創成科學論叢（お茶の水女子大學
　　大學院）》，第 15 卷（2013 年 3 月），頁 27。

與防務之要領。繼與傅作義談太原、石家莊、歸綏、榆林、包頭等地攻守與撤退之方針。其時太原形勢較為好轉，因榆林之第八十三旅已空運太原增防。惟對灤縣、榆關間鐵路之修復與維持尚無辦法，灤煤不能續運上海為慮。[85]又蔣以錦西、葫蘆島地近前衛，關於清查戶口、組訓民眾、糾察奸宄，乃極重要，特令葫蘆島之陳鐵，切實辦理。

行政院長翁文灝以蔣赴北平已有多日，而中樞要政又須隨時請示，因電蔣詢問回京行期。蔣覆之曰：「中近日須暫留平，如有必要，請兄飛平面敘為要」。[86]晚課，餐後，召見段澐（第八十七軍軍長）與郭懺（聯勤總司令，字悔吾），指示瀋陽物資處置及各軍補充方針。十時前，就寢。[87]

10月23日，晨六時起床，朝課畢，往弔第三十五軍故軍長魯英麐、第三十二師故師長李鼎銘（魯、李係1947年12月25日在河北省之淶水殉職）。回行邸後，批閱公文，手擬今後訓練幹部課目及軍師部編制要領。[88]又蔣關懷錦西戰事，乃致電葫蘆島之陳鐵，指示「毋中匪以退為進之奸計」，並令「加強興城方面工事」。又電瀋陽之衛立煌並轉杜聿明、郭懺：「錦葫方面砲兵所需之武器，甚感不足，所有瀋陽方面可用之各種重、野砲及其彈藥，儘量空運錦西，或海運葫島，切實詳計其種類數目電復」。[89]

正午，國防部廳（第三廳）長郭汝瑰，攜帶華中、華東會剿計畫來北平見蔣請示，經蔣修正後，即令當日回京實施。惟蔣以華東指揮人選尚未決定，引以為憂。下午，約見陸軍大學校長徐永昌，與談擬以其接替閻錫山之太原綏靖公署主任現職，徐甚有難色。蔣之所以出此者，以「山西將領與軍民對閻已失信仰，恐難持久，而閻之本人恐亦不願出此耳」。與行政院長翁文灝談經濟問題歷時甚久，以「情形日非，商舖空室藏貨，人民排隊擠購，尤以糧

[85] 《蔣介石日記》，1948年10月23日，「上星期反省錄」，補記22日事。

[86] 《蔣檔·事略稿本》，1948年10月22日。

[87] 《蔣介石日記》，1948年10月23日，「上星期反省錄」，補記22日事。

[88] 《蔣介石日記》，1948年10月24日，補記23日事。

[89] 《蔣檔·事略稿本》，1948年10月23日。

食缺乏為最可慮耳」。[90]故翁氏特自南京飛平，請示限價辦法。[91]

10 月 24 日，晨五時半起床，朝課後，原擬飛承德視察，以霧重不克飛行，乃改期再行。八時，與翁文灝商討對美交涉方針。[92]商定後，即致電在巴黎之外交部長王世杰，囑再與美國務卿馬歇爾切商今後援華之具體計畫。[93]此乃因蔣忽接美國將於 10 月 26 日正式宣布平津美僑撤退之報，認為「此必共產國際又在國務院作祟，欲乘我軍事緊急之時抽腿，予我制（致）命之打擊，實於我政治、軍事之影響皆極不利，故發電阻之」。復與徐永昌、傅作義商討太原閻錫山的去留問題。[94]據徐永昌是日之日記云：

> 八時三刻，晤蔣先生，宜生（按：傅作義字宜生）亦來，經研晉事，蔣先生仍覺今時以閻先生不易較能久守，并出外部電，謂美國由我顧大使轉致云，擬即撤退華北美僑云云。詢之，宜生以為市面當然受影響，在軍事上看，他們撤走，富戶隨之，平津今後少些吃飯的，多些住房，無寧說有益（宜生可人）。宜生并述敵人若攻歸綏，準備好好打個勝仗，即使其攻至疲勞，急赴兵以擊破之，如此平綏路可保幾個月無事云云。[95]

正午，與夫人宋美齡到西山八大處遊覽，在山麓舊旅館野餐，此亦蔣 1928 年舊駐之地。餐後，遊覽第一處泉池，即回程。[96]北平《世界日報》對蔣此

---

[90] 《蔣介石日記》，1948 年 10 月 24 日，補記 23 日事。

[91] 《蔣檔・事略稿本》，1948 年 10 月 23 日。

[92] 《蔣介石日記》，1948 年 10 月 24 日。

[93] 《蔣檔・事略稿本》，1948 年 10 月 24 日。

[94] 《蔣介石日記》，1948 年 10 月 24 日。

[95] 徐永昌，《徐永昌日記》（臺北：中央研究院近代史研究所，1991），第 9 冊，頁 142，1948 年 10 月 23 日。

[96] 《蔣介石日記》，1948 年 10 月 24 日；及 10 月 25 日，補記 24 日事。

次西山之遊有詳細而生動的報導：

昨天不失為一個好天氣，只是不如上個星期晴朗，空際籠罩著一層
薄雲，但西郊道上依然遊人如織。蔣總統又愉快的作了四小時西山
之遊。上午十一時十分總統偕夫人，在譚炳訓陪同之下，帶了三五
隨員，分乘汽車四輛，魚貫的出了復興門，駛抵西山八大處。總統
精精（神）很好，藍袍，黑馬褂，灰呢帽，灰西褲，皮鞋，夫人是
一襲藍色的短裝，西褲，毛衣，紅綠相間的圍巾。陪在蔣夫人旁邊
的，還有一位穿了黑呢短外衣的女士。總統下車以後，就走進山麓
的西山飯店，這時餐館裏早坐滿了許多男女遊人，一見總統夫婦駕
臨，都驚喜的站了起來，表示敬意。總統和夫人等圍坐在一張方桌
上，要了紅茶，咖啡和烤麵包，西山飯店的外國掌櫃笑瞇瞇的招待
著，連嘴都合不攏來。

離了西山飯店，總統和夫人並肩從四平台走上山去，連手杖都沒有
拿，山路兩側的紅葉蒼松，扶搖相迎，許多秋遊的輔大男女同學和
其他遊客，都趕著從山上跑下來，追隨在總統後面，爭睹觀采。總
統走幾步就回過頭來，笑著和他們點頭。有幾位女學生天真的告訴
蔣夫人，說：「夫人的鞋帶開了！」

大家遠遠的擁護著總統和夫人走進半山的靈光寺，總統在廟裏兜了
一圈，在池邊觀了半晌金魚，才緩步走下山來。在山下，又去參觀
了一家西山農場，直至下午兩點半鐘，才和夫人離開八大處返城。
總統登車後，還和遊人們招著手，大家目送著四輛汽車絕塵而去後，
還在說：「總統的精神真好，總統今天真高興！」[97]

蔣夫婦於歸途中順遊西直門外五塔寺，其所殘留者惟五塔而已。抵行邸

---

[97] 《世界日報》（北平），1948 年 10 月 25 日，第二版。

休息，半小時後得營口已於正午克復，蔣心略慰。聞范漢傑（東北剿匪副總司令）夫人安抵錦西，甚慰，只惜范氏本人為共軍所俘。[98]晚課後，接南京外交部次長劉師舜「敬電」呈報，約晤美國駐華大使司徒雷登，已允暫緩正式發表撤僑之聲明。晚八時，於行邸款宴各大學校長與教授，應邀參加者有胡適、陳垣、梅貽琦、陸志韋、袁敦禮、趙迺博、蔣碩傑、周作仁、陳岱蓀、吳景超、劉大中、戴世光、趙守鈺、賀麟、朱光潛等二十餘人。行政院長翁文灝、副院長張厲生亦被邀作陪。席間，蔣就目前經濟問題，垂詢意見，以供政府參考施行。隨即先後發言，歷二小時始散。[99]

10 月 25 日，朝課後，召見國民黨中央黨部副秘書長鄭彥棻，乃知 22 日北京大學教授八十餘人共同罷教，22 日以生活困難，要求借薪兩月為詞，其學生亦要求全部發給公費，其校工與助教亦皆罷工。蔣以為「此乃共匪外圍之陰謀，乘軍事緊急之際，在我後方搗亂響應也」。批閱公文。下午，與秘書陶希聖研討答覆美國記者問話，約一小時餘畢，蔣覺心神安逸。晚課後，邀約侍從人員共啖烤羊肉。之後復與陶希聖談話，並研究東北戰局，覺其情勢甚危[100]。

10 月 26 日，朝課後，接瀋陽衛立煌電，知廖耀湘兵團為共軍所圍，其一半拉門之後方，已被共軍奪據，因之後路斷絕，其勢甚危。蔣以「此息殊令人有東北全部果真陷入全軍覆沒之命運，寸心憂患，不知所止」。急命空軍全力增援，與偵察實地情形。召見傅作義，與談石家莊及太原、包頭、歸綏赴援方略。蔣不待其要求，即如其所期望，儘量加強其實力，並授以全權，使能發揮其長才。批閱公文。正午後，得空軍報告，謂廖耀湘兵團態勢尚好，並無大戰鬥。下午，與鄭彥棻、陶希聖，商談對美記者談話之補充意見。北京大學教授罷教事，以已發借其薪資一月，或可了結，蔣並再令中央銀行准

[98] 《蔣介石日記》，1948 年 10 月 25 日，補記 24 日事。

[99] 《蔣檔·事略稿本》，1948 年 10 月 24 日。

[100] 《蔣介石日記》，1948 年 10 月 25 日。

借平津各大學一月之薪金。及至傍晚，知廖兵團主力已移至饒陽河以東，接近遼中縣附近，已脫離危機，內心略慰。晚課如常，十時前睡。[101]是日，蔣考慮今後改善部隊之任務而記之曰：

（一）各級部隊專設防奸保密負責人員。（二）戰區駐地組訓民眾，管制物資及督辦自衛，由政工負責。（三）宣傳技術應特加強。（四）軍部應分三部：甲、作戰；乙、後勤；丙、政務；此三部主管皆兼副軍長，督導本身業務，予以專權，能使之負責。[102]

10月27日，晨六時起床，朝課後，與杜聿明、羅澤闓等研究東北戰局。[103]據杜聿明憶述，是日清晨，蔣派專機到葫蘆島接其至北平，蔣告以廖兵團電訊已失聯，羅澤闓建議馬上調海軍運輸艦將葫蘆島的部隊海運營口登陸，策應廖兵團從營口撤退。杜則以調軍艦至葫蘆島及由葫運部隊到營口共需時一週，在此一週內，如廖兵團尚存在，就可自己打出來退至營口，否則一兩天就完了，再把葫蘆島的部隊調去，不是等於送死麼？杜認為廖兵團已靠不住了，只有趕快調船把營口的部隊撤退，瀋陽的部隊是否能撤得出來還是問題。蔣同意杜的看法，表示將令桂永清準備船艦，促杜馬上去瀋陽見衛立煌，召集周福成（第八兵團司令官兼第五十三軍軍長）、趙家驤（已發表為第六軍軍長）等部署瀋陽防務，最後並對杜說：「你到瀋陽給周福成說，留到瀋陽的部隊都歸周指揮，死守瀋陽」。杜即於是日午後搭機離開北平，路過葫蘆島降落，令錦西各部隊停止攻擊，退回錦西即設陣地，嚴防共軍反攻。傍晚，杜至瀋陽見衛立煌，商議之後，決定還是照蔣的意見，叫周福成守瀋陽。[104]

繼而蔣得空軍偵察報告，廖耀湘兵團主力似已退過饒陽河東岸，可安全

[101] 《蔣介石日記》，1948年10月26日。

[102] 《蔣介石日記》，1948年10月26日。

[103] 《蔣介石日記》，1948年10月27日。

[104] 杜聿明，〈遼瀋戰役概述〉，《文史資料精選》，第13冊，頁47～49。

退回瀋陽，心為之略慰，乃決定今日赴承德視察後，再回南京。[105]十一時，自北平起飛，徐永昌、俞濟時隨行。沿途俯瞰古北口、密雲等處形勝。蔣欣然記曰：「足慰平生之志」。午，抵承德，下機後，巡視城防。旋由軍（第十三軍）長石覺駕車至離宮，於其司令部檢閱地圖，逕赴北區陣地視察。蔣見其工事薄弱，引以為慮。又熱河河流縱橫，地勢開闊，土質肥美，其水味清甘，風景華麗可愛，尤為蔣所讚賞。惜乎古蹟名勝，於 1945 年冬，為俄兵與共黨所摧毀，今惟存殘破之遺跡而已，已無景可覽。便道探訪熱河泉源口而返司令部，午餐，已下午二時半。三時，召集駐熱河中上級官長訓話，對遠戍塞北之國軍頻年勛績，備致讚揚，並提示承德地區佔國防重要性，以克盡黃帝裔胄之神聖責任保衛錦繡河山相勖勉。旋出麗正門至省政府巡視一匝後，登機，四時半起飛，順道經興隆山，至東陵上空瞰視而回。六時，返抵北平行邸。入浴，默禱。致電承德之熱河省政府主席孫渡、軍長石覺，告以已安抵北平。[106]據徐永昌記此次熱河之行云：

> 午前，蔣先生約往熱河，到機場時，渠已先至。……。下午一時抵承德（曾繞古北口），下機，即由石覺軍長駕車視察工事，繞經行宮，有康熙時製扁，經過楠木殿，精工之製，或謂由南京遷來。二時半，午飯，省主席孫渡來同食，飯後，至行宮附近之軍官集會所在，蔣先生對校官以上講話，先勉勵守紀律，耐勞苦，在口外雄壯山河立功之更偉大。末及長春之失，由於軍官納娶匪諜女子以敗事，但鄭洞國壯烈殉職，其遺呈函電尤足千古云云。關於工事，余言做時人都努力於合乎新學理，若官兵教育不從而努力，殊屬白費。蔣先生即顧石軍長必令官兵到工事處來演習（此殊未深解）。四時一刻，回航，經繞東陵而歸。[107]

---

[105] 《蔣介石日記》，1948 年 10 月 27 日。

[106] 參見《蔣檔·事略稿本》，1948 年 10 月 27 日；《蔣介石日記》，1948 年 10 月 27 日。

[107] 徐永昌，《徐永昌日記》，第 9 冊，頁 144～145，1948 年 10 月 27 日。

　　徐州剿匪總部副總司令杜聿明，前專召飛往東北，並奉命負責襄助瀋陽防守事宜，其所遺徐州剿總職務，不宜虛懸，而北平警備總司令陳繼承因與傅作義相處不甚融洽，其職位亦須調整。蔣乃電在徐州之參謀總長顧祝同，并轉國防部長何應欽，告以調宋希濂為徐州剿匪副總司令，陳繼承為首都衛戍總司令，原任之首都衛戍總司令孫連仲，則調為總統府參軍長，以原任參軍長薛岳已呈請辭職，而陳繼承之遺缺，即由李文繼任，薛岳則調任戰略顧問委員。[108]

　　夜，得空軍偵察報告，東北廖耀湘兵團情形混亂，各軍電台終日未能聯絡通報云，蔣至以為念，但信不致全軍覆沒。與秘書陶希聖研究對記者談話稿畢事，十時，就寢。[109]

　　10月28日，晨六時起床。朝課後，仍未得廖耀湘兵團各部隊行動消息，蔣甚恐廖司令部被共軍襲擊，因之不能通電發令，以致全部崩潰為慮。連接衛立煌來電，皆係不利與恐慌之辭，謂鐵嶺昨已失陷，瀋陽東北二十里處已發現敵情，彼擬移總部於葫蘆島，皇皇無主。蔣嚴令其鎮靜部署，必得廖耀湘確切消息再定方針。[110]電曰：

　　此時應特別鎮定與速作緊急守備據點之部署，各機關切勿移轉，兄之行止必須待廖司令官之消息及其撤退部隊有適宜之處置後再定，俾軍民精神有所寄託，惟此方能遏制匪攻瀋之企圖也。杜副總司令想已到瀋，請予切商一切為要。[111]

　　繼而修正對記者談話稿二通，以「在此緊急焦慮中，更費心力也」。批閱

---

[108] 《蔣檔・事略稿本》，1948年10月27日。

[109] 《蔣介石日記》，1948年10月28日，補記27日晚事。

[110] 《蔣介石日記》，1948年10月28日。

[111] 《蔣檔・事略稿本》，1948年10月28日。

公文，清理積案。[112]十一時，於行邸召集河北省、北平市黨務工作人員，暨主任委員楚溪春與省市委員三十餘人，聽取所陳意見，並勉各同志團結精神，集中力量，在總司令傅作義指導之下，與軍事政治切實配合，徹底實行總體戰，以完成戡亂之任務。[113]下午，手擬覆白崇禧（華中剿匪總司令）電。召見於遼西戰役中脫險歸來之新編第八軍軍長沈向奎等各將領與范漢傑夫人，慰勉之。晚課後，與北京大學校長胡適談話。[114]據胡適是日之日記云：

> 今夜總統蔣先生約吃飯，我很質直的談了一點多鐘的話，都是很逆耳的話，但他很和氣的聽受。1.局勢很艱難，有很大的危險。2.決不是一個人所能對付，必須建立一個真正可靠的參謀部。3.必須認錯，必須虛心。4.美國援助是不容易運用的，也須有虛心作基礎。5.黃埔嫡系軍人失敗在沒有根底。必須承認這失敗。6.國軍紀律之壞是我回國後最傷心的事。7.必須信賴傅作義，真誠的支持他。8.北方的重要千萬不可忽視。9.「經濟財政改革」案實有大錯誤，不可不早早救正。10.我在南方北方，所見所聞，實在應該令人警惕！例如人們說，「放棄大城市若繼續在別處作戰，那是戰略。試問放棄石家莊後，在何處作戰？放棄濟南後，在何處作戰？放棄鄭州開封後，在何處作戰？」這種責備，不可不深思反省。[115]

繼與空軍副總司令王叔銘、聯勤總司令郭懺談話，研討東北部隊情況。據空軍偵察所見，今日廖兵團各路部隊共五萬人，已渡過遼河東岸。[116]又是

---

[112] 《蔣介石日記》，1948 年 10 月 28 日。

[113] 《蔣檔·事略稿本》，1948 年 10 月 28 日。

[114] 《蔣介石日記》，1948 年 10 月 28 日。

[115] 胡適著，季羨林主編，《胡適全集》（合肥：安徽教育出版社，2003），第 33 卷—日記（1938-1949），頁 698。

[116] 《蔣介石日記》，1948 年 10 月 28 日。

日下午四時，蔣夫人宋美齡於行邸召集傅作義夫人、陳繼承夫人及北平市婦女界領袖三十餘人，舉行座談會，商討成立新生活運動婦女運動會華北分會事宜。宋美齡即席致詞，希望北方婦女運動能統一起來，與南京新運婦女總會及各地分會密切聯繫，共同推行救護傷兵，救濟難民等戡建使命。繼而介紹傅作義夫人劉芸生與全體婦女界見面，並推劉為北平分會主任委員。終則表示希望下次來平能見到分會工作圓滿成功。[117]

圖 61　蔣中正夫婦與北平婦女指導委員會分會成員合影（1948 年 10 月 28 日）

　　10 月 29 日，廖耀湘仍無消息下落，蔣以廖「恐已犧牲無望矣」。瀋陽收容部隊亦未得確數，惟知衛立煌急於離瀋移駐錦西，蔣急制止之，並有感而記之曰：「此乃為將領不知責任，而臨難苟免之污點，不勝痛苦」。召見傅作義，告知瀋陽兵團失敗情形，傅亦同表憂戚。又聞由保定進襲石家莊之行動，已為共方偵悉，且曾公開廣播，蔣感嘆「此計恐亦不成乎」。批閱公文，為 10 月 27 日出生之三孫命名為孝勇，以「此為憂患之中一慰也」。修正對記者

---

[117] 《蔣檔‧事略稿本》，1948 年 10 月 28 日。

答話稿。下午，為衛立煌將欲離瀋陽一事所困擾，數用電話阻止之。晚，衛立煌妻由瀋陽飛赴北平，而衛本人仍留瀋，蔣心略慰。然瀋陽情勢已甚危急，惟蔣仍冀其能收容殘部，盡其最後之職責，或不無轉危為安之望，良以其主力部隊尚有二十團之數。錦西出擊部隊今午已越塔山、高橋，向錦州挺進，但已無濟於事矣。[118]

晡，行政院秘書長李惟果，自南京攜院長翁文灝補充經濟改革方案稿及其辭職書至北平晉見蔣。事後，蔣記之曰：

> 經濟改革計畫與金圓政策，似已完全失敗，以限價已為不可能之事，則物價飛漲比前更甚，尤其糧食斷絕難購最為制命傷也。以無組織之社會與軍事之失敗，任何良策皆不能收效也。[119]

晚課後，約宴考試院長張伯苓。蔣又記曰：

> 此時軍事、經濟同時失敗，實為崩潰在即之象，但深信上帝必能佑我中華，尤其內心不愧不怍，故亦不憂不懼耳。[120]

十時後，就寢。[121]

10 月 30 日，晨五時起床，星月皎潔，萬籟無聲，翹首仰望，神清氣爽，已「久不領納此種朝景矣」。朝課後，約見黨政軍首長及修正答記者問句。迭接瀋陽消息，其東區已被共軍攻陷。又稱第五十三軍前線部隊「通匪叛變」，而衛立煌自晨起後，已不發一語，神志恍惚，蔣以「主將如此，部隊離亂，瀋陽似已絕望」。乃決定令衛離瀋陽，飛往葫蘆島。蔣記之曰：「此種行伍粗

---

[118] 《蔣介石日記》，1948 年 10 月 29 日。

[119] 《蔣介石日記》，1948 年 10 月 30 日，補記 29 日事。

[120] 《蔣介石日記》，1948 年 10 月 30 日，補記 29 日事。

[121] 《蔣介石日記》，1948 年 10 月 30 日，補記 29 日事。

漢，已不能如往日之勇壯，害事殊甚。然將領缺乏，多皆怕死貪私，求一如
衛者，亦不可得也，痛愧之至」。[122]

　　上午，與傅作義詳談，以華北今後責任重大，付之全權，望其對中央駐
華北各部隊嚴加管束，一如其直屬部隊，望毋負付託之重。最後修正答記者
問話稿，至下午一時方畢。二時，至機場，遇杜聿明，蔣指示其對錦西任務，
決定固守之，不再攻錦州。並告知傅作義，已令衛立煌離瀋陽，對東北已絕
望，今後惟有速籌鞏固華北之計畫而已。[123]據杜聿明憶述：是日上午蔣派飛
機至錦西機場，命其馬上去瀋陽找周福成調整妥防務，再回葫蘆島。杜即乘
機前往，尚未至瀋陽上空，得知瀋陽北陵機場已混亂，不能降落，乃決定先
到北平向蔣請示後再回葫蘆島。抵北平西苑機場時，蔣正準備上座機飛離北
平。杜上前向蔣請示，蔣遂與杜一同至空軍作戰室談話，稍後空軍副總司令
王叔銘亦下飛機至作戰室，向蔣報告，謂：「瀋陽已混亂，北陵機場已失，東
塔機場也落炮彈，城內還有一個民航機場，我叫留一架飛機等衛先生」。這時
蔣轉身問杜說：「你還有什麼事？」杜說：「以目前情況看，瀋陽已無希望，
請校長決定大計，營、葫隊伍要趕快撤退，華北如何部署，而最重要的是徐
州……」蔣聽到這裏站起即向外走，邊走邊說：「你回葫蘆島等命令」。走到
飛機附近，杜推了王叔銘上前去，王說：「是不是把衛先生接出來」。蔣說：「叫
他到葫蘆島指揮」。於是蔣上機向南京飛去，杜則飛返葫蘆島。[124]

　　與蔣同機飛回南京的陸軍大學校長徐永昌，其是日之日記云：

蔣先生上機，神情至焦灼（蔣夫人起入另一室去），言瀋陽完了，余
謂聞四十九軍等二三部隊尚整齊，若令精幹將領率之奪路，尚可得
達營口以歸，渠謂四十九軍等均已無力。旋起往駕駛處，約至豐台

---

[122] 《蔣介石日記》，1948 年 10 月 30 日。

[123] 《蔣介石日記》，1948 年 10 月 30 日。

[124] 杜聿明，〈遼瀋戰役概述〉，《文史資料精選》，第 13 冊，頁 50～51。

左近，見機左迴走，已至北平上空。俞局長來詢總統，尋俞回告曰，總統原擬降落，嗣已找到王叔銘，正說電話云。旋即首途，蔣先生狀極不安，余謂曾屢言燥急之害事，今日之局愈應以平旦之氣冷靜處之，華北事可全交宜生辦理，錦、葫之九十二軍等亦應聽宜生或守或撤。蔣先生謂錦西必守，可以杜敵鐵路交通，余謂若然，尚不如秦皇島一帶，但亦不如令宜生斟酌辦理。[125]

在機上，蔣又用電話修改答記者問話稿，刪除譴責美國政府對東北冷眼旁觀，有背國際道義與共同責任，引為遺憾一段，以其在大選之時，說此無益反有害。五時，返抵南京。[126]即致電葫蘆島之杜聿明，告以刻已回京，「如衛總司令已來島，萬一瀋陽挽救無望，應即令趙參謀長統率各軍向營口方向撤退可也，並望弟時刻予以指導，一面派空軍切實掩護為要」。[127]

是日，蔣在日記中記曰：

一、自本月十五日錦州失陷，繼之以長春各部叛降，加之瀋陽出擊之主力全軍覆滅，共計被匪消滅者實有三十二個師之眾。此為平生以來最大之失敗，亦為余最大之恥辱。將帥非人，官長腐敗，軍紀掃地，只要糧款與空運物資，其實多為各級主管所中飽，政府以鞭長莫及，無權過問，徒增全國軍餉五分之二以上負擔，實已成為國家之贅疣。故與其長此不生不死，無補於剿務，有損於國庫，不如冒險撤退，苟能如計完成，則全軍撤回關內，尚有整頓補救之望也，此乃嚴令向錦州進擊之決心也。二、當時以情勢而論，錦州既陷，明知反攻兵力不足，地形不利，尤以士氣不振，將心不固為慮，苟

---

[125] 徐永昌，《徐永昌日記》，第 9 冊，頁 147～148，1948 年 10 月 30 日。

[126] 《蔣介石日記》，1948 年 10 月 30 日。

[127] 《蔣檔・事略稿本》，1948 年 10 月 30 日。

能依照時初意，由新立屯撤回瀋陽固守一時，再向營口撤退，轉進
葫蘆島，以圖恢復錦州，亦計之得者也。余不此之圖，竟以長春部
隊叛降之故，與國際外交情勢惡劣之故，仍令不顧一切冒險出擊，
竟遭此莫大之失敗，其責任之重，將何以自贖也。三、卅餘年之靜
坐，十八年之信教，以及朝夕虔禱與默誦聖經及學庸首章與孟子養
氣章。自以為修養有素，持志養氣，研幾窮理，不致大誤。不料驕
矜自大，鑄此大錯，能不痛悔切戒。可知每遇危急大事，更須寬緩
研討，博問詳詢，以求至中，務期虛心涵泳，捨己從人，或可補救
于萬一乎。[128]

第三節　特色和影響

一、特色方面

其一、此次北巡與上次北巡相距僅有六天，是蔣六次北巡中間隔最短的
一次。主要是蔣必須於 10 月 8 日離北平至上海，處理孔祥熙長子孔令侃主持
的揚子公司（全名為揚子建業股份有限公司）遭上海國民黨當局大肆攻訐之
事（且 10 月 5 日監察院第三十一次會議通過派員調查該公司囤積巨量物資
案）。[129]而且 10 月 10 日為雙十國慶，蔣必定要親自主持慶典並向全國軍民發
表文告，已成行之有年的慣例，故儘管東北錦州戰局緊急萬分，蔣仍毅然南
返，一週以後又趕赴北方，延續其上次北巡未竟之事。

其二、此次北巡蔣夫人宋美齡隨行，其他隨行者僅軍務局長兼侍衛長俞

---

[128] 《蔣介石日記》，1948 年 10 月 30 日，「上星期反省錄」。

[129] 括號內的補充說明係參見宋子昂，〈揚子公司的一麟半爪〉，《文史資料選輯》，第 36 輯（北京：
中華書局，1962 年 12 月），頁 169。及《中央日報》（重慶），1948 年 10 月 6 日，第二版。

濟時、政工局長鄧文儀等少數人。可謂輕車簡從，較之上次北巡海、空軍、聯勤之總司令等軍政要人隨行的大陣仗景況迥異。也許蔣明知東北大勢已去，仍冀以一己之力作最後的努力，赴東北督促東進兵團與西進兵團夾擊錦州地區的東北共軍主力，一舉殲之，俾翻轉敗局。

其三、此次北巡前後共十六天，是蔣六次北巡中為時最長者。其間曾兩度赴瀋陽召集東北國軍將領會商軍事，一度赴錦西前線及熱河省會承德巡視，其絕大多數之時日均駐停北平。

其四、在駐停北平期間，蔣除了接見各將領及黨政人士外，並於行邸款宴北平各大學校長與教授，就當前經濟問題垂詢意見，以供政府參考施行。此外，並曾單獨約見北京大學校長胡適，與談國是，傾聽其意見。

其五、此次北巡期間，行政院長翁文灝以經濟緊急，特自南京飛赴北平與蔣晤商請示，此國家元首與閣揆非於首都共商大計的舉措，在國民政府史上殊為罕見，足見時機之窘迫，及事態之嚴重。

二、影響方面

其一、未能及時解救錦州，終致其為共軍所陷。10 月 14 日，共軍對錦州發動總攻擊，經過三十一個小時的激戰，於 15 日完全佔領之。據自錦州戰場脫險至北平之國軍第一〇三軍副官處上校處長蔣樞上蔣中正的呈文，論析錦州戰役失敗的主因為：（一）東進援軍始終不能突破高橋（在塔山附近）。（二）外圍工事事先並無準備，臨時補救已來不及，以致被共軍突破。（三）部隊不健全，裝備不完善。（四）新兵訓練未完成。（五）作戰準備均不週到（開戰時即空投步槍彈及迫擊砲彈），此完全暴露我軍內情。[130]

上述第一個主因，即指國軍東進兵團猛攻塔山，前後六日，始終攻之不下，以致無法應援錦州，故此六日至為關鍵，即決定了錦州的命運。東進兵

---

[130] 「第一〇三軍副官處上校處長蔣樞上呈蔣中正之報告」（1948 年 11 月 17 日），見《蔣檔・特交檔案：一般資料——民國三十七年（十二）》。

團屢攻塔山不下的原因固多（如共軍防禦工事堅固；塔山地形狹隘，國軍優勢兵力難以發揮；國軍陸空作戰未能配合等），最重要者乃為守塔山之共軍第四及十一縱隊前仆後繼拼死阻擊所致。林彪在攻擊錦州之前，最擔心的是塔山，他和羅榮桓派參謀處長蘇靜赴塔山瞭解戰前準備，林彪交代蘇說，錦州地形有利於我軍發揚火力，攻取錦州看來沒有問題，關鍵在於能否守住塔山一線陣地，擋住援敵。你到塔山告訴四縱領導，希望他們死打硬拼，堅決守住陣地，創造模範的英勇頑強的防禦戰例。四縱提出「與陣地共存亡」，準備付出一萬人的犧牲。[131]據四縱的司令員吳克華憶述，當時「敵人的兵力比我們多三倍，火力也強，而且有空軍和海軍配合，而我們必須在這樣的條件下堅守七天到十天，不許敵人前進一步」。四縱除提出「死守陣地」，「寸土不丟」，「與陣地共存亡」等戰鬥口號外，並把守備塔山與整個戰役的重大關係，守備戰的性質特點與要求，通過各種會議，進行了反復動員，具體布置，深入討論，在各級動員會議中，在每個新修的陣地上，在每面代表著戰鬥榮譽的旗幟下，從幹部到戰士，普遍進行了宣誓，紛紛表達了決心。從 10 月 10 日至 15 日，塔山共軍經過六晝夜的浴血作戰，終於完成了此次阻擊任務。[132]

其第二個主因是否屬實，則待商榷。據當時《和平日報》之「錦州通訊」的報導，錦州的城防工事，是 1947 年夏季開始修築的。起初是在市區的外緣修築壕塹，每戶出一人，修了三天，算是修好。其後雲南軍隊（即第九十三軍）覺得此類壕塹不適用，於是圍著市區又建起一圈城牆。1948 年初，范漢傑兵團由膠東調來遼西，又認為過去的工事不合理，要重新動工在城郊廣築碉堡，每個碉堡都用磚頭土料及水門汀築成，外面圍以鐵刺或蘆柴（短短的削尖的木頭埋於土中，阻止敵人越過），但此一「浩大的國防工程」，至錦州戰役爆發前夕猶未完成，而城周四五十里的樹木都被砍光，鐵路以北和西關的日人所建造的住宅也都拆光，一部分工廠廠房夷為平地，通往東海海濱的

[131] 李德、舒雲編著，《林彪日記》，上冊，頁 575。

[132] 吳克華，〈塔山阻擊戰〉，紅旗飄飄編輯部編，《解放戰爭回憶錄（增訂本）》（北京：中國青年出版社，1961 年 2 版），頁 203、205。

運鹽鐵軌也被拆掉。[133]另據當時在錦州任遼寧省遼西行署主任兼冀熱遼邊區司令部副司令官的賀奎憶述：錦州的城防工事曾被宣傳為銅牆鐵壁般的堅固，其實，除飛機場有幾個鋼筋水泥的碉堡外，其他地方的工事，不過如同地主看家護院的砲樓而已。所不同的是間而有幾個鋼筋水泥的建築物，在錦州東、西、北三面的那些斷斷續續的、既非野戰又非永久或半永久的工事，使人看了莫名其妙。最可笑的是那些星星點點的掘土散兵陣地，經過風吹雨澆，已不堪用，亦未見修補，任其坍塌。特別是錦州城南什麼工事都未構築。所以，當共軍突然由此方向襲擊時，使范漢傑措手不及，給錦州威脅很大。[134]賀奎的憶述，是其成為共軍戰俘以後所寫，身不由己，故語多譏諷，未盡公允。然足證錦州外圍工事並非事先無準備，只是不夠周全。至其堅固與否，及能發揮多大作用，則亦端視敵軍攻堅技能和威力而定。東北共軍總部為總攻錦州的順利，調集了其砲兵縱隊及各縱隊的重砲（山砲、野砲、榴彈砲、加農砲）共三百多門，再加上各種部隊的小口徑砲三百多門，特種兵戰車團的十五輛坦克。如此多的重武器打一個城市，這在共軍戰史上還是首次。[135]如此，再堅固的防禦工事，恐亦禁受不起。何況攻城之共軍在兵力上亦顯居優勢（錦州守軍八個師約十萬人，攻錦共軍則為五個縱隊約十五萬人）。加以東北共軍甫經過出關以來第一次近半年的大練兵（即以「大兵團、攻堅戰、正規化」為指導方針的軍事大練兵，及以「訴苦、三查」方法進行新式整軍運動的政治大練兵），部隊的軍事素質和政治素質，提高到了新的水平。全軍陣營雄壯，士氣高漲，求戰心切。[136]故錦州被共軍攻陷，其主因不能僅就戰敗的國軍一方論析之。

[133] 〈戰神羽翼下的錦州〉，《和平日報》（臺北），1948 年 10 月 7 日，第五版。

[134] 賀奎，〈錦州戰役和遼西地方團隊的被殲〉，中國政治協商會議全國委員會文史資料研究委員會《遼瀋戰役親歷記》編審組編，《遼瀋戰役親歷記（原國民黨將領的回憶）》，頁 121。

[135] 李德、舒雲編著，《林彪日記》，上冊，頁 578。

[136] 韓先楚〈東北戰場與遼瀋戰役〉，中共中央黨史資料徵集委員會、中國人民解放軍遼瀋戰役紀念館建館委員會、《遼瀋決戰》編審小組合編，《遼瀋決戰》，上冊，頁 110。按：韓先楚時任東北共軍第四縱隊副司令員。

　　其第三、四、五個主因，則是指向錦州國軍的訓練及裝備不足的缺點方面。這方面的缺點，范漢傑早已在致蔣中正的各電報中言之，欲有所加強，未見顯著成效，尤其是訓練新兵，更非短時間即可速成。蔣樞在報告中指出該軍（第一○三軍）在遼西師管區所接收之新兵，因其管理及營養太差，以致百分之九十新兵皆係衰弱、疾病者，其行軍時猶如風中之燭，其悽慘狀態，目不忍睹。[137]而東北共軍方面對於錦州國軍的戰力狀況似甚了然，10 月 1 日林彪在攻錦前，曾與羅榮桓、劉亞樓、譚政聯署給第一、二兵團、各獨立師、各縱隊、師；各軍區並報軍委，中共東北局的電報中稱：錦州城內雖有八個師的兵力，但缺乏骨幹，除第九十三軍之暫編第十八師、暫編第二十二師第一團（其第二、三團已在錦州城外大部被殲）稍強外，其餘均為今年去年下半年成立的新師，戰力不強。其中因又有派系矛盾（雲南系、東北系、蔣系），難協同動作，便利於我各個擊破。只要擊破其防線後乘機猛烈擴張，便易於造成其混亂，能使戰鬥較快解決。[138]

　　此外，錦州國軍作戰準備均不週到，如開戰時彈藥竟需常川仰賴空投接濟，此可由 10 月 11 日范漢傑接連致蔣中正等的告急電中見其端倪：「本日（按：指 10 月 10 日，因電文係 10 日深夜擬就，次日晨發出）空投機僅五架次，收到彈藥甚微，刻錦州匪已迫近市區，戰況慘烈。……務請轉飭五、六補給區，明真日迅投濟急是禱」。[139]「（一）灰（按：即 10 月 10 日）夜以來，錦州東南兩面匪已緊迫市區，正激戰中。（二）此間能有戰力部隊實不敷運用，至感艱苦。又彈藥甚為缺乏，79 彈早已顆粒無存，務懇儘速空投彈藥，派大機群不分晝夜前來助戰，並懇飭各方軍隊為迅速之行動為禱」。[140]「酉灰（按：

---

[137] 「第一○三軍副官處上校處長蔣樞上呈蔣中正之報告」（1948 年 11 月 17 日），見《蔣檔・特交檔案：一般資料——民國三十七年（十二）》。

[138] 李德、舒雲編著，《林彪日記》，上冊，頁 568。

[139] 「范漢傑致蔣中正等酉灰廿三時電」（1948 年 10 月 11 日 3 時 20 分發），《蔣檔・特交文電：共匪禍國——武裝叛國（一六八）》。

[140] 「范漢傑致蔣中正等酉真 0730 電」（1948 年 10 月 11 日 8 時 30 分發），《蔣檔・特交文電：共匪禍國——武裝叛國（一六八）》。

即 10 月 10 日）軍機五架次，內僅收到 79 彈二萬 3,900 粒，60 彈 30 顆，28 槍榴彈 1,810 顆，及擲彈筒五，38、94 砲彈一部。以每機裝三噸，共 15 噸，與原定每日百噸投量僅六分之一，相差懸殊，未悉何故？刻匪已迫近市區，危急萬分，無彈藥何能作戰？平時既不按基數屯足，危急時亦不照所請需要空投，焦急萬狀。請（懇俯）迅予（飭）按規定於本日投足 79 彈二百萬粒，60、28 彈各 10,000 顆，以挽危機，否則巷戰時雖投，亦不及矣」。[141]其焦灼憤懣，溢於言表。

　　至於最關鍵的塔山之戰國軍東進兵團失利被阻的主因，如前所述，係為共軍阻援部隊（第四及十一縱隊）深知任務重大，拼死戰鬥，憑堅固守所致。另外，進攻塔山的國軍過於輕敵，以為擁有絕對優勢的兵力及裝備，且有海、空軍協同作戰，當能輕而易舉攻下塔山，及遭到頑強抵抗屢攻失利，士氣轉趨低落，而其攻擊部署失當，作戰配合欠佳，指揮能力不足，亦均為其失利原因。據 10 月 13 日駐錦州之戰地視察官黃錫璋（戰地視察第八組代組長）致蔣中正電，轉述錦西視察官王典則「酉文」（10 月 12 日）午後電報稱：10 月 10 日及 11 日，國軍進攻塔山不下的原因為（1）攻擊精神不振。（2）指揮技術不夠，步、砲協同不良。（3）指揮官第六十二軍軍長林偉儔忠厚，缺乏果決，對所屬第一五一、一五七兩師指揮難以如意，一五一、一五七師奉令不力。[142]關於指揮官林偉儔的能力，空軍副總司令王叔銘在 10 月 14 日致蔣中正電中謂：「據傅總司令宜生（按：即傅作義）告稱，林軍長偉儔不善於作戰指揮等語，請作鈞考」。[143]益以如前所述，其陸、空作戰亦未能緊密配合，發揮應有戰力。指揮空軍助戰的王叔銘，係蔣黃埔軍校第一期學生，故助戰

---

[141]「范漢傑致蔣中正等酉真十一時電」（1948 年 10 月 11 日 13 時 20 分發），《蔣檔‧特交文電：共匪禍國——武裝叛國（一六八）》。

[142]「黃錫璋致蔣中正酉文戌電」（1948 年 10 月 13 日 8 時 40 分發），《蔣檔‧特交文電：共匪禍國——武裝叛國（一六九）》。

[143]「王叔銘致蔣中正酉寒電」（1948 年 10 月 14 日 15 時 30 分發），《蔣檔‧特交文電：共匪禍國——武裝叛國（一六九）》。

至為賣力，觀其 10 月 14 日致蔣中正電所云，可見一斑：

（一）土匪在錦州北最猛之砲兵陣地，昨以 B24 會同 C47 機合作廣面積轟炸，成績甚佳，目睹毀陣地三處，傷及數處，經此後自昨下午迄全夜，未見該處匪砲再射。（二）昨夜又發現匪之新砲兵陣地在錦州東南及東北兩處，發砲甚多，除由夜間機轟炸及監視地點外，今經研究，仍用昨日之使用法，已派機群分別作面積轟炸。（三）錦西援軍進展遲緩，我機協同其作戰原則生定：（1）以輕型機炸射其前線當面之匪，直協作戰。（2）以轟炸機轟炸較後方之匪據點。（3）嚴密搜索其左側背之山地區，掩護其安全。（4）凡接近匪前線及較後方之小村溝谷樹林，均以威力搜索并掃射之。（四）接東北剿總錦州指揮所轉錦西林軍長偉儔酉灰亥電稱，空軍協助甚力，彈著要點。（五）錦西援軍有陸空聯絡台。（六）今派陳副司令嘉尚飛降錦西，與援軍負責人面洽密切協同之辦法。（七）援軍右側接近海濱，似宜以海軍協同并掩護其作戰，期能陸海空合收殲匪之效力。（八）……（九）空軍各飛行員深明錦州之重要，均能按其駕駛之機種發揮其效能，輕型機低空搜匪幾至數十尺，勇敢熱忱，實堪嘉許。昨一日間被匪擊落 P51 三架，受傷飛機日來多有，生必能督率所屬，勇敢作戰，詳研戰法，盡力以為，請釋鈞念。……（十）生已飭空軍駐錦高射砲營參加地面作戰，頃又接錦州來電告稱，匪全夜猛攻城防，終未得逞，我空軍功效卓著，高射砲營各處使用，尤顯威力，我採用空運機載彈助戰法，得效極大。（十一）汽油極度恐慌，現僅存四萬加侖，天津汽油五十萬加侖，是由德士古行陸續交我之數，并非為我現有，經連番交涉，自本日起每日或可裝運一千桶「五萬加侖」，明晚可能到平。生決定萬不得已時，將強迫徵用北平各民航公司之

汽油，盡全力維持，不使中斷，請釋鈞念。[144]

　　惟空軍終究無法如陸軍般攻城掠地，雖奮勇助戰，亦未能扭轉戰局。11月12日，北平警備副總司令兼此次錦、葫作戰的督戰員羅奇，自北平致電蔣中正，報告錦、葫東進兵團作戰經過及檢討，其中之檢討不僅詳密深入，而且中肯持平，極具參考價值：

　　（一）屬於指揮方面：1.情報及偵察：共軍第四縱隊在上坎子、高家灘、塔山、劉家屯、常家溝之線工事堅強，第五十四軍對當面共軍之工事及兵力與陣地編成未能詳細偵察，致國軍攻擊部署無所依據，為此次錦、葫兵團作戰指導中之遺憾。2.部署與指揮：緒戰時，左縱隊（第六十二軍，欠第六十七師）使用不充分之兵力攻擊，頗嫌不當，卒致犧牲雖大，仍未能奏功，為此次最大之缺點。至各級指揮，多因指揮官多欠果斷，更以指揮技術低能，遂致逸失戰機。

　　（二）屬於部隊方面：1.部隊素質：此次參加錦、葫兵團作戰之部隊，以暫編第六十二師及第第六十二軍之第六十七師、第五十四軍之第五十七師，戰鬥力較弱。第六十二軍之第一五一師、第一五七師、第九十二軍之第二十一師，雖能用命，但戰力平常。其他如第五十四軍之第八師、第一九八師，與獨立第九十五師，戰鬥力則較強。2.協同作戰諸問題：各部隊因過去不常在一個戰場作戰，故協同與連絡，均多缺憾，其顯著之例，如11月15日獨立第九十五師攻佔塔山後，兩側部隊及第二線兵團未能利用以擴張戰果。又步砲、步空、海陸空三方面之協同亦欠確實，致未收良好之戰果，深為可惜。3.士氣與戰力之比較：以獨立第九十五師對塔山之攻擊為最英勇，而富於犧牲攻擊精神，其次為第八師對三孔橋、高家灘之攻擊，其他各師，無甚表現。

---

[144] 「王叔銘致蔣中正西寒電」（1948年10月14日15時30分發），《蔣檔‧特交文電：共匪禍國──武裝叛國（一六九）》。

　　（三）屬於後勤方面：1.糧彈補給：糧彈補給大致尚稱圓滑，惟對副食與馬秣等現品之補給甚欠週到，以致馬騾餓斃，士兵營養不足，於戰鬥精神頗有影響。2.傷患處理：事先毫無準備，以致所有傷患幾至乏人過問，影響士氣者亦不少。

　　（四）共軍戰力戰法之所見：1.東北共軍因裝備之逐次改善，其戰力顯見加強，而戰鬥紀律亦稱嚴明。2.共軍防禦陣地其火力之配備與編成，射界不求廣闊，惟求嚴密，掩體力求蔭蔽，尤以副防禦特注意鐵絲網之構置，多不講究形式，多為面的設置，使國軍破壞困難。3.共軍對陣地守備，多編為火力與突擊力兩組，其火力組為輕重機槍，突擊力組為步槍兵，而預備隊之使用多以營為單位，編成強大之逆襲部隊，行陣地內逆襲，以確保陣地。4.共軍砲兵射擊精確，步砲協同尤為良好。5.共軍工事構築善能利用地形。

　　羅奇最後在結論中綜合此次攻擊作戰，共軍以圍點打援一貫戰法，能以必要之兵力（兩個半縱隊，三個獨立師）阻擋國軍前進，其成功實為情報之正確，故其防禦能始終堅韌頑強。反之，在國軍方面，則對共軍兵力與陣地編成均極迷糊，由此益證戰略上之缺憾，決非戰術戰鬥所可補救。惟在整個作戰中，各級官兵無不克盡厥職，盡其最大之努力，尤以第五十四軍軍長闕漢騫，第六十二軍軍長林偉儔，時赴最前線巡視指揮，此則為難能可貴者，而士氣始終如一，尤足多稱。[145]

　　此外，國軍第九軍於一年前擔任護路時，曾在塔山、高橋一帶構築鋼筋水泥掩體，部隊移防時廢棄工事未加破壞，此時反被共軍利用，更增國軍攻擊之困難。又國軍不擅夜戰，一般是利用夜間，調整部署，拂曉開始進攻，黃昏以前撤退，日久共軍知所趨避，故國軍之攻擊，往往徒勞無功。[146]至於國軍東進兵團為何祇一味地正面強攻塔山，而不迂迴作戰？曾負責指揮過東進兵團的第五十四軍軍長闕漢騫嘗記云：

---

[145] 「羅奇電蔣中正錦葫作戰經過與檢討」（1948 年 11 月 12 日），《蔣檔·特交檔案：一般資料——民國三十七年（十三）》。

[146] 三軍大學編纂，《國民革命軍戰役史：第五部——戡亂》，第 4 冊——戡亂前期（上），頁 144。

余當時即主張避開正面攻堅，以有力之一部向其右翼老官堡包圍，
其時東進兵團指揮官幾天一換，換到四五次之多，各懷成見，有輕
敵而蒙受損失者，亦有畏匪而不敢大膽包圍者，說來頭頭是道，一
到緊急關頭，俱各面面相覷。又以其時我海空精銳部隊趕到助戰，
我亦擁有強大砲隊，以為小小一塔山不難燬平，而忘卻勁敵當前，
卒至遷延時日，一籌莫展。……而究錦州解圍未能達成任務之責，
不知到底應歸咎於誰？當時幾個指揮官應共負之，余亦曾負責指
揮，自不能例外。向使當日余所主張出左翼老官堡，繞過塔山，迂
迴高橋，鹿死誰手？尚難預知。余為尊重上級意旨，未能獨斷專行，
坐失良機，致負極峰付託之重，又未能解范長官之圍，余之過矣。[147]

其二、未能促成長春國軍突圍，卒致其內變不戰而降。長春被圍困愈久，
處境即愈危殆，身為東北剿匪副總司令、第一兵團司令官、吉林省政府主席
負責堅守長春的鄭洞國，深以其任務過度繁勞，且自 7 月 1 日（即午東）因
感冒而患心臟衰弱，頭暈目眩諸症以來，迭經診治，頭病近雖稍瘥而心臟病
迄未痊癒，據醫生囑咐再三，若不靜心調攝，難望痊癒。而近以繁勞過劇，
感冒又復加重，處理公務已感煩亂，強自尸位必將貽誤，為顧全大局，鄭氏
於 9 月 14 日電呈蔣中正，請准其辭卸第一兵團司令官、吉林省政府主席本兼
各職，另畀賢能，分主其事，庶使職責專一，而竟事功。查第一兵團副司令
官兼第六十軍軍長曾澤生，「資深績優，忠誠精幹，深謀遠略，均皆過人，出
關以來迭著戰績，尤以去冬吉林防守戰役，以一軍之力克數倍之匪，名城無
恙，人所讚譽，來長後甚得各友軍官兵之愛戴，且出關各軍師長俱已或升或
調，九三軍長盧濬泉近亦晉升兵團司令官，獨六十軍高級主官無何升調，似
難鼓勵其士氣」，故擬請以曾晉升第一兵團司令官，其副司令官遺缺，則由新

147 關漢騫，〈戎馬關山話當年——關漢騫回憶錄〉，收於趙雍之編著，《戎馬關山話當年——陸軍第
五十四軍史略》（臺北：胡翼烜發行，1997），頁 369。

編第七軍軍長李鴻調升，仍兼原職，藉以獎勵有功，鼓舞士氣。另吉林省民政廳長兼長春市長尚傳道，「從政有年，學驗俱富，兩任市長，政績卓著，庶民樂道」，以之升任吉林省政府主席，輕車熟馬，必可修明政治。吉林省政府祕書長崔垂言，「吉林人，北大畢業，曾服務于黨務、教育、訓練、行政諸部門，成績昭著，幹練有為，才堪重用，調主長春市長，人地適宜，建樹可期」。且以上三員相處甚久，情感融洽，「并歷經職周密考察，決可勝任愉快，兼收分工合作之效，且軍政分主之後，一人一事，精力專一，遠較一人綜理為上」。「職則以副總司令名義留此指導，仍可統一軍政於長春艱苦之局，裨益必多，并可藉此就地休養，使病軀早日痊癒而供他日驅策也」。[148]

　　由上述加以分析：其一、鄭洞國以生病為由，請求辭去其軍政兼職，專以東北剿匪副總司令名義留長春指導，以免事繁負擔太重，病體無法承受。鄭氏在電文中述說其病情頗詳，惟其是否真的有病？或即使有病，是否如其所述之沉重？均礙難查證。而無獨有偶地，當時負責守錦州的另一位東北剿匪副總司令范漢傑，亦嘗以生病等理由電呈蔣中正，請求辭職回鄉。要之，以生病作為請辭的理由，是較能獲得諒解及允准，已成其為官樣文章。查閱鄭洞國及長春守軍將領日後所撰寫的回憶書文資料，均未提及當時鄭氏有病在身，難免啟人疑竇。其二、鄭洞國擬於其辭軍政兼職獲准後，以曾澤生升任第一兵團司令官，李鴻升為副司令官，尚傳道升任吉林省政府主席，崔垂言調任長春市長，俾軍政分主，各司其職，分工而合作。實則擬以升遷來凝聚長春軍政高層向心力的用意昭然若揭，尤其是曾澤生，所部第六十軍屬滇軍系統，為長春國軍兩大主力之一。在民國史上滇軍曾有出色的表現，如辛亥革命、護國討袁，乃至對日抗戰等階段。其特色為：其一、地方色彩濃厚。一般而言，地方部隊因組成份子多有鄉情戚誼，上下形成一關係網絡，故凝聚力較強，有助於戰力的發揮，在這方面，滇軍亦然。其二、雲南為多民族

---

[148] 「鄭洞國呈請辭職申寒電」（1948 年 9 月 14 日），《國民政府檔案‧人事：吉林省政府官員任免（三）》。

省區，尤其自龍雲、盧漢相繼主持省政以來，因二人皆為彝族，故積極扶植雲南少數民族（特別是彝族），故滇軍亦呈現多民族混雜的情狀。惟雲南少數民族與漢人經多年融合，民族關係並不緊張，且龍、盧亦不排斥漢人，是以滇軍戰力並未受此影響。[149]其三、雲南人係山地的個性，倔強而孤僻。故滇軍觀念狹隘，容易感情用事。有兩件事直接刺傷了雲南人心，尤其是軍人，一為 1945 年 10 月初蔣中正解除龍雲職權事（即昆明事變），二為抗戰勝利後將滇軍自越南調至東北。前者來說，在雲南是一個大家族的觀念，尤其是軍隊，當他們覺得其大家長（龍雲）受到欺負時，他們對於感情的觀念是重於是非和其他的。至於後者，滇軍在越南受降接收，是以驕傲、權威的心情備受恭維和尊崇，越南之後被調赴東北，接受解決龍雲的杜聿明指揮（時杜任東北保安司令長官），在裝備和聲勢上，又不如美式裝備的新一軍、新七軍等中央系統部隊，加以向來沒有在零下若干度的寒帶戰爭經驗，都導致其心理上和身體上的不痛快。[150]

實則真正影響關外滇軍戰力的因素，恐還是部隊遠戍東北造成官兵思鄉之苦，與中央軍待遇、裝備的差異引發的不滿，加之部隊遭分割使用，以及沒有明確的戰爭目標所致。[151]惟儘管如此，關外的兩支滇軍（第六十軍及守錦州之第九十三軍）在東北戰場上的表現之佳，實不在中央軍之下。其中第六十軍於 1948 年 3 月自永吉成功撤至長春，尤屬難能可貴。據第六十軍之暫編第五十二師營長楊佩瑚呈文蔣中正謂：第六十軍撤至長春後，存糧皆無，空投食糧未按規定發下。新七軍以大米、黃豆摻半維持，六十軍官兵僅能以豆餅、酒糟、麵子等果腹。新七軍之給養可以領到現品，六十軍之給養則全

---

[149] 楊維真，〈國共內戰時期東北戰場中的滇軍（1946-1948）——以第六十軍為中心的探討〉，《中華軍史學會會刊》，第 6 期（2001 年 8 月），頁 88～89。

[150] 季君子，〈從盧漢的三張王牌談到東北滇軍的結局〉，《寧波日報》（寧波），1948 年 11 月 6 日，第四版。

[151] 楊維真，〈國共內戰時期東北戰場中的滇軍（1946-1948）——以第六十軍為中心的探討〉，《中華軍史學會會刊》，第 6 期，頁 89。

部折發代金，因之曾起數度糾葛。[152]此外，中共自 1938 年起即在第六十軍內設有地下組織，黨員不少，作了許多工作。曾任第六十軍軍長曾澤生的副官長兼特務營營長楊濱、第五四六團副團長趙國璋等，都是該地下黨黨員。[153]據奉派至東北負責策反第六十軍的中共黨員劉浩回憶，其於 1946 年在延安中共中央黨校學習時，即受中國人民解放軍總司令朱德及中共中央秘書處書記劉少奇的親自派遣，前赴東北，和在第六十軍中作地下工作黨組織一起，對該軍官兵作了兩年多的、大量的政治思想工作。[154]原滇軍將領曾任第六十軍第一八四師師長、新三軍軍長、國民大會代表的張沖，於 1947 年 1 月自北平飛赴延安，4 月，加入中共為黨員。稍後，中共中央即派張沖前往東北，從事策反東北滇軍的工作。張沖先後擔任中共東北軍區高級參議、松江省人民政府副主席、中共中央東北局聯絡部滇工委委員，對滇軍的策反，頗著績效。1948 年新年來到之際，張沖特別印刷了賀年片，正面印有其到哈爾濱後的新照片，背面印有一首小詩：「專制獨夫踞上京，禍國殃民恨難平。死且鞭屍羞為伍，諸位何苦戀賊營」。該賀年片用砲彈發射到滇軍陣地，散落在地上，滇軍官兵拾到後紛紛議論：「老師長的賀年片比砲彈還厲害，砲彈只能傷人身，這賀年片射中了我們的心窩」。[155]其影響可見一斑。負責圍困長春的共軍，將被俘滇軍軍官中經過教育較順服者，如梅河口戰役被俘的第一八四師團長張秉昌、李崢先等，以派遣方式放回長春城內去做工作。中共中央東北局還委派 1946 年 5 月在海城投共的原第六十軍第一八四師師長潘朔端為共軍第一兵團副參謀長，潘利用各種關係給城內上層軍官寫了不少信。劉浩也化妝秘密進城做上層的工作。第六十軍中以孫公達為首的中共地下組織，在圍城期間也積極工作，擴大影響，增長了一批黨員，為第六十軍的投共創造了條件。

[152] 「楊佩瑚呈蔣中正六十軍叛變經過情形」（1948 年 11 月 29 日）《蔣檔・特交檔案：一般資料──民國三十七年（十三）》。

[153] 曾澤生，〈起義紀實〉，《人物》，1986 年第 1 期，頁 40～41。

[154] 劉浩，〈奉派進城〉，《人物》，1986 年第 1 期，頁 42。

[155] 謝本書，《民國勁旅滇軍風雲》（昆明：雲南人民出版社，2004），頁 342～344，349。

[156]而 1948 年 10 月 15 日共軍攻佔錦州，次日，蔣中正又空投手書嚴令長春守軍突圍，飭以「若再猶豫濡滯，遷延不動，必以抗命論處」，都更激化第六十軍的投共行動，於 10 月 17 日付諸實行，致鄭洞國及新七軍遵令突圍之舉難以為繼，並陷入險境。

鄭洞國於 10 月 19 日下午三時擬就五時四十分拍發十萬火急之電給蔣中正等：

（一）六十軍於篠（按：即 10 月 17 日）晨叛變，雖經數度派員懇切商洽，均無法挽回，午夜撤離長市，匪軍突入該防區。（二）篠日，曾逆數度電話向職連絡，職均經嚴詞責備勉以大義後中斷，繼由匪首林彪所派代表劉某通話，職斷然拒絕而止。（三）曾部叛後，我以新卅八師尚在長春西外圍準備攻擊，乃即撤返長，固守核心陣地應變。但該軍因受六十軍之影響，軍心亦呈動搖，職仍鼓勵突圍，巧（按：即 10 月 18 日）午命令該軍派兩團在孟集向自由大路機場突出，已不肯遵令行動。入晚軍心更為不穩，將級以下幹部意志不堅，李軍長又抱病在床，無法掌握部隊，職百般示以決心大義，均無法挽回，今晨即已全部繳械。（四）職直屬僅特務團兩個營兵力，步槍三百枝外，無其他輕重火器，突圍極難，乃於巧晚決定固守央行，一秉革命精神，奮鬥到底，上報黨國之恩及鈞座訓誨。今晨十時，匪即重重包圍，展開激戰中，謹聞。[157]

困守中央銀行後的鄭洞國，已面臨其人生最大的抉擇，據其回憶，到了此時，已感到山窮水盡，正在焦急中，接到杜聿明的電報，擬請蔣中正派直升飛機來接其出去，問其有無降落地點。鄭答覆他：「現在已來不及了」。但

---

[156] 蕭勁光，〈我軍歷史上第一個大的圍城戰役〉，《人物》，1986 年第 1 期，頁 28。

[157] 「鄭洞國致蔣中正酉皓十五時電」（1948 年 10 月 19 日）《蔣檔・特交文電：共匪禍國──武裝叛國（一六九）》。

是鄭還不肯改變其「寧可戰死，不願投降」的態度。鄭將此時的情況報知蔣中正，並對蔣表示「來生再見」。是日夜間，鄭的司令部附近仍一如過去兩天，響著劇烈的槍擊，後來鄭才知道，此為鄭的副參謀長楊友梅和司令部的幕僚們想出的辦法，要直屬部隊向天放槍，表示假抵抗後再放下武器，造成事實，使鄭跟著他們走。次日（應為 10 月 21 日）一早，鄭的司令部也就放下了武器。[158]

　　蔣中正初時得報，係鄭洞國自戕殉職，悲慟無已，各大報紙亦多競相刊載鄭壯烈殉國的相關報導。上海市各界且訂於 10 月 26 日下午二時假國民黨上海市黨部大禮堂舉行鄭洞國將軍追悼大會籌備會議，商討追悼事宜，並分函鄭母及鄭妻（澤蓮女士）致慰。函中有云：「鄭將軍的身軀雖為國犧牲了，但他那種忠貞的氣節，壯烈的精神，永遠活在人們的心裏，將與山河並壽，與日月爭光，這種代價比庸庸碌碌苟且偷生的人們，縱活一百歲，真不知要崇高幾千萬倍了。……鄭將軍今天能功垂宇內，芳流千古，可說是完全來自太夫人的母教，我們今天追懷將軍堅貞的氣節，不能不深深的感佩太夫人母教的偉大」；「我們昨天讀到了鄭將軍在成仁前最後致夫人的電報『望保重，永別矣』這簡短而沉重的兩句話，真像刀一般的刺著了我們的心，使我們無限的哀慟，每一個人都在為鄭將軍的壯烈殉國而黯然淚下，自然夫人當更有不可想像的悲哀，我們實在不知道用什麼話才能表達我們對鄭將軍的慟念，更不知道用什麼話才能安慰夫人的悲痛於萬一。……現在將軍雖為國犧牲了，但是高堂白髮，膝下遺孤，送往事居，夫人的責任正重，尚望收拾熱淚，節哀順變，體念將軍的遺志，善撫兒曹，來日好繼承將軍未竟的功業，以慰將軍在天之靈」。[159]《中央日報》之長沙版則以鄭洞國係湖南人，特在追悼其之社論中讚揚其「此次出守長春，受命於危難之際，知其不可為而為之；其孤忠慷慨之懷，直追張睢陽於千古，即與文天祥、史可法較似亦未遑多讓」。

---

[158] 鄭洞國，〈放下武器〉，《人物》，1986 年第 1 期，頁 49。

[159] 《中央日報》（上海），1948 年 10 月 26 日，第四版。

[160]並云：

> 鄭將軍為湘人，所部多三湘子弟。近十年來，新湘軍以洞庭浩淼，
> 衡嶽崔巍之精神，輝耀於各戰場，為河山生色不少；這一方面固由
> 於新湘軍將領能示以成仁取義之軌範，而三湘七澤之正氣，實激盪
> 於湖湘子弟的心胸。我們對於長春殉難的官兵，更不能不表示崇高
> 的敬意。尤有進者：昔曾國藩以道義相尚，湘軍將士多特具節烈的
> 情操。高級將領如羅澤南、江忠源、李續賓、曾澄侯均相繼死難。
> 賴此死難的精神，始得以激勵徒眾，戡平大亂而致中興。今日之戡
> 亂軍事，一切均勝於曩時，惟此種節烈之情操則似嫌不如；因之，
> 對於往昔的忠烈之風，方嚴之教，我們實具無限的希望之意與傾慕
> 之忱！[161]

11 月 11 日，國府國防部第二廳廳長侯騰呈文蔣中正，論析長春陷落之
影響為：（一）對戰局影響：（1）長春失後，共軍圍城兵力南移，增加瀋陽暨
平津方面壓力。（2）對國軍士氣有甚大打擊。（二）對國際影響：（1）國府地
位低落，中共聲勢提高。（2）喚起民主國家對華警覺。（三）對國內影響：（1）
中共在東北得一政治領導中心。（2）新政協有短期內召集，並成立聯合政府
之可能。（3）東北廣大資源、人力物力可供中共利用，其作亂根本將較穩固。
（4）動搖國民對國府信心。侯騰並建議今後之改進辦法為：（一）加強政工
宣傳。（二）改善戰略指導，尤其是確保機場。長春之失實始於機場之失，空
運中斷，空投微薄。除補給原因外，援兵無望，沮喪士氣，莫此為甚。（三）
加強各部隊保防工作。（四）優獎「剿匪」有功部隊，迅速擴編，提升其主官，
並補充因「剿匪」而減員之部隊，俾使各部隊消泯派系成見，不致顧全實力

---

160 〈社論：悼鄭洞國將軍〉，《中央日報》（長沙），1948 年 10 月 25 日，第二版。

161 〈社論：悼鄭洞國將軍〉，《中央日報》（長沙），1948 年 10 月 25 日，第二版。

而作權宜之舉。[162]

其三、致廖耀湘之西進兵團進退失據全軍覆沒，因而瀋陽棄守東北全失。西進兵團增援錦州不成乃至全軍覆沒，其原因為：

（一）東北剿匪總司令衛立煌對援錦始終無積極之堅決信念，只圖保全實力固守瀋陽。1948 年 9 月中旬共軍大舉進攻遼西，衛立煌不僅仍然反對長春國軍突圍，亦不欲派軍馳援錦州。9 月 25 日，衛自瀋陽飛赴南京向蔣中正請示。次日上午，舉行官邸匯報，蔣令衛共軍主力進攻錦州時，瀋陽國軍應向彰武、新立屯攻擊赴援。衛要求參謀總長顧祝同一同前往瀋陽，指揮作戰，顧乃於當日下午與衛一同飛瀋陽。[163]10 月 2 日，蔣中正自北平飛抵瀋陽，督促瀋陽國軍西向進擊。衛立煌不得不遵從蔣的命令，命第九兵團司令官廖耀湘率領新編第一軍、新編第三軍、新編第六軍、第四十九軍、第七十一軍等約二十萬人，組成西進兵團，準備馳援錦州，以第五十三軍、第六軍等留守瀋陽另，以第五十二軍南下進攻營口，為將來國軍撤出東北預作安排。此一將瀋陽三十萬國軍一分為三分的戰略部署，看似面面俱能顧到，實則以瀋陽國軍全部向遼西進擊，以解錦州之圍猶力有不逮，何況將兵力分割使用，致攻不足以在遼西取勝，守亦因兵力單薄無法固守瀋陽，而分兵進擊營口，亦無關大局。[164]身為國府最高軍事統帥的蔣中正，雖迭經會議商討，卒採行此一戰略部署，殊令人不解。

10 月 9 日（佳日）拂曉，西進兵團主力沿彰（彰武）新（新民）公路以東地區，向秀水河子、彰武、台門之線展開攻擊。右翼 9254 部隊（即新編第二十二師）擊破共軍第十六師之抵抗，迄晚，攻佔秀水河子。[165]10 月 11 日

[162] 「侯騰呈蔣中正長春陷落檢討」（1948 年 11 月 11 日），《蔣檔・革命文獻：戡亂軍事——東北方面（二）》。

[163] 郭汝瑰，《郭汝瑰回憶錄》，頁 218。

[164] 陳嘉驥，《東北變色記》，頁 263～265。

[165] 「衛立煌致蔣中正西佳廿三電」（1948 年 10 月 10 日），《蔣檔・特交文電：共匪禍國——武裝叛國（一六八）》。

下午三時，完全佔領彰武。[166]共軍東北人民解放軍司令員林彪分析此舉係在切斷共軍之補給線。是日，林彪收到毛澤東致其總部的電報，謂：「只要不怕切斷補給線，讓敵進佔彰武並非不利。目前數日，你們可以不受瀋陽援敵威脅，待錦州打得激烈時，彰武方面之敵回頭援錦，他已失去時間」。次日下午，毛致電林彪等，認為「瀋敵」進佔彰武置於無用之地，表示衛立煌想用取巧方法引我回援，借此以解錦州之圍，不敢直援錦州，避免遠出被殲之危險。錦州守敵都是雜牌，即使被殲，彼亦不甚痛心。如你們能於數日內攻下錦州，瀋敵勢必由彰武退回新民固守。但如攻錦需時較多，盧濬泉等呼援迫切，蔣中正嚴令衛立煌增援，則該敵有由彰武經新立屯、黑山到打虎山，或由彰武轉回新民，經饒陽河到打虎山之可能。但只要你們能於一星期內外攻克錦州，則該敵無論如何是不能迫近錦州的。錦州一克，該敵又必立即後撤，使你們無法尋殲該敵，此種可能性似乎很大。長春之敵是否撤退，亦是疑問，暫時不撤的可能性較大。假定如此，則你們於攻克錦州之後，仍以向南各個殲滅北寧線上之敵最為有利[167]

　　10 月 14 日，在瀋陽之總統府參軍羅澤闓、國防部第三廳副廳長許朗軒致電蔣，告以衛立煌對增援錦州始終無積極之堅決信念，對廖兵團之戰鬥序列以向「鈞座」臨行時所報告者打了折扣，而將周福成軍剔去，所有後方人力輸力多未動員，支持最後一戰，又不能努力如何搶購糧食，準備過冬，對廖之指導不欲其冒險深入，僅以消極敷衍拖延為能事。[168]足見衛立煌的消極心態和自保作風，亦可知 10 月 3 日蔣離瀋陽飛返北平時，衛立煌向蔣所報告者，援錦的西進兵團原應有六個軍，嗣後衛卻將第五十三軍（軍長周福成）從中剔出，以加強瀋陽守備。致西進兵團兵力益形不足。

---

[166] 「衛立煌致蔣中正西真廿電」（1948 年 10 月 12 日），《蔣檔·特交文電：共匪禍國——武裝叛國（一六八）》。

[167] 李德、舒雲編著，《林彪日記》，上冊，頁 577～578。

[168] 「羅澤闓、許朗軒致俞濟時轉呈蔣中正電寒亥」（1948 年 10 月 14 日），《蔣檔·特交文電：共匪禍國——武裝叛國（一六九）》。

　　（二）西進兵團戰志低沉，行動遲緩，逸失援錦解圍時機。據時在瀋陽任戰地視察第三組組長的毛定松電告蔣中正稱：9 月 28 日午，衛立煌在瀋陽召集軍長以上會議，假定主力進出新立屯、黑山之線攻擊共軍側背，以應援遼西。然無人申述意見，咸缺乏必勝之信念，理由不外：（1）圍點打援為共軍一貫戰法，此次共軍主力西進可能打點，而又打援，其企圖似在誘我主力外出，迫我決戰，希望一戰成功，達成整個控制東北進擾華北之陰謀，如我不察，適中其狡計，將遭到不利之結果。（2）即令會戰結果，雙方損失相等，我方補充困難，共軍則較我容易，再繼續冬季作戰，我方將無法應付等。[169]足見西進兵團尚未出師，已無求勝之企圖心。

　　10 月 6 日，西進兵團在新民集中，就前進準備位置，此時彰武尚無敵情，應即奔襲彰武，大施破壞後，跟即向西轉進，乃延 10 月 10 日始開始行動，則彰武、台門已被共軍佔領，而進擊又未能猛攻，致使共軍第五縱隊安全渡過柳河。10 月 11 日西進兵團佔領彰武後，若分途渡河包圍追擊，即可擊潰該共軍。乃延至 10 月 14 日始行前進，其時共軍已向西北逸去，致坐失圍殲之良機。[170]據當時在東北任國軍第五十二軍軍長率部自瀋陽南下攻取營口的劉玉章後來論析：西進兵團赴援錦州，在時機上雖落後了一步，但以堂堂五個軍，一個青年旅，三個砲兵團，四個騎兵師的龐大兵力，一切尚優於共軍，尤其葫蘆島，約以四個軍之眾此時恰在積極解圍攻擊中，若能運用得當，指揮適切，迅速進出戰場，內則利用錦州守軍，拘束大量共軍，外則以兩兵團前後夾擊，確切穩操勝利左券。[171]此論析固過於樂觀，然亦非不可能達成。

　　至共軍方面，10 月 3 日上午八時，林彪之東北人民解放軍總部列車到達彰武以北三十公里的馮家窩堡（棚）。九時，機要人員發林彪、羅榮桓、劉亞

[169]「毛定松致蔣中正申艷三電」（1948 年 9 月 29 日），《蔣檔・特交文電：共匪禍國——武裝叛國（一六八）》。

[170]「周醒寰呈蔣中正之報告」（1948 年 11 月），《蔣檔・特交檔案：一般資料——呈表彙集（一一八）》。按：周醒寰時任國防部派遣之第三組視察官，曾隨同西進兵團出擊援錦。

[171]劉玉章，《戎馬五十年——劉玉章回憶錄》，頁 210。

樓致中共中央軍委關於決心攻打錦州及具體部署的電報，其擬採的部署為：
第四縱隊和第十一縱隊及熱河的兩個獨立師對付錦西、葫蘆島方面的國軍八
個師，以第一、二、三、七、八、九共六個縱隊攻錦州，以第五、六、十、
十二共四個縱隊對付瀋陽增援之國軍。並以此次戰鬥的目的，擬主要放在殲
滅敵人上，惟打援力量僅能遲滯敵人而無殲滅敵人的可能。次日，毛澤東覆
電林、羅、劉，對於如此的部署認為「這是完全正確的」。[172]

由是觀之，共軍的打援部隊（四個縱隊，一個縱隊人數相當於國軍的一
個軍）兵力頗不及瀋陽國軍之西進兵團，如果廖耀湘挾此兵力優勢，益以精
良的美械裝備，果敢堅定，強攻猛打，直衝錦州，共軍打援部隊未必能阻擋
之，當可及時解錦州之圍。然如劉玉章所慨嘆的，廖兵團卻計不出此，戰志
低沉，有可戰之兵，而乏能戰之將，受命後，先則遲疑不決，開會復開會，
準備又準備，徒費時日；既則蠕蠕行動，每日行程二十華里，抵達新民後，
又為破壞共軍補給基地，抽分軍力，前往彰武，而致兵團屯兵多日，實急其
所緩，緩其所急，明知錦州守軍兵力單薄，在共軍壓倒性優勢的包圍攻擊下，
想見其必難持久，然赴援兵團卻狐疑無為，以致貽誤良機。[173]

10 月 12 日，蔣中正致電在瀋陽之衛立煌并轉廖耀湘、參軍羅澤闓等，
嚴飭廖之西進兵團不問兩錦情況如何變化，應一意西進，勿再猶豫，萬一錦
州不保，亦須盡其全力負責恢復，此為東北整個國軍生死存亡之關頭，亦為
今日惟一之戰略，接電應立即遵行，切勿延誤，並盼立復。[174]次日晚，羅澤
闓、許朗軒致電蔣：（一）錦州外圍據點盡陷，共軍已迫近土城，恐難持久。
（二）廖兵團到達彰武後，受共軍第五、六、十縱隊阻止，同時渡河準備未
週，何時到達新立屯，尚無確期，「職等連日口焦舌爛，無補實際」。（三）懇
即嚴令衛總司令再抽四個師增強廖兵團（現僅十一個師），俾能接柳河以東防

---

[172] 李德、舒雲編著，《林彪日記》，上冊，頁 569～571。

[173] 劉玉章，《戎馬五十年──劉玉章回憶錄》，頁 210～211。

[174] 「蔣中正致衛立煌並轉廖耀湘、羅澤闓十月文電」（1948 年 10 月 12 日），《蔣檔·革命文獻：
戡亂軍事──東北方面（二）》。

務，以免削弱攻擊兵團之實力，並嚴限五日內佔領新立屯，否則以貽誤戎機論罪。[175]

10 月 14 日，蔣再致電衛立煌並轉廖耀湘、羅澤闓，促廖耀湘兵團應一意挺進，限時恢復錦州，最遲務於 10 月 19 日以前到達錦州。[176]並電詢羅澤闓，謂接其來電（即文電），稱在一星期後作進攻新立屯之準備語，是否電碼有誤？否則為何要準備如此之久，不勝駭異，務希力促廖耀湘限 19 日到達錦州，達成使命。[177]同日，羅澤闓電覆蔣，謂其 10 月 11 日（即真日）向衛立煌、廖耀湘提出一個星期內到達新立屯之建議，衛、廖初不同意，限期後允努力邁進，惟請求增兵三師及配屬第一線膠輪大車一千輛。依此觀察，「哿日（按：即 20 日）前能到達新立屯，已屬最高表現，鈞座限皓日（按：即 19 日）到達錦州，恐難辦到」。[178]足見國軍方面的領導統御出了問題，命令亦無法貫徹。

10 月 14 日（寒日）晚，廖兵團主力渡過柳河，先頭部隊進抵饒陽河邊，準備搶渡中。[179]。次日，共軍完全佔領錦州，西進兵團援錦解圍的任務卒未達成。

（三）西進兵團於錦州失陷後未能及時回師瀋陽，固守應變，致遭居絕對優勢兵力的共軍包圍擊潰。按理，解錦州之圍既未達成，西進兵團的兵力亦不足以在遼西取勝，自以迅速東退，與瀋陽守軍會合，以厚實力，避免分

---

[175] 「羅澤闓、許朗軒致蔣中正酉元十九時電」（1948 年 10 月 13 日），《蔣檔・特交文電：共匪禍國——武裝叛國（一六九）》。

[176] 「蔣中正致衛立煌並轉廖耀湘、羅澤闓十月鹽電」（1948 年 10 月 14 日），《蔣檔・革命文獻：戡亂軍事——東北方面（二）》。

[177] 「蔣中正電詢羅澤闓進攻新立屯時間並促廖耀湘限期到達錦州達成使命」（1948 年 10 月 14 日），《蔣檔・籌筆：戡亂時期（十）》。

[178] 「羅澤闓致蔣中正酉寒電」（1948 年 10 月 14 日），《蔣檔・特交檔案：一般資料——民國三十七年（十一）》。

[179] 「衛立煌致蔣中正酉刪十一時電」（1948 年 10 月 15 日），《蔣檔・特交文電：共匪禍國——武裝叛國（一六九）。

割被共軍各個擊破，再圖打算為上策。然而蔣中正於於錦州失陷後，仍嚴令西進兵團繼續挺進，收復錦州，與錦西之東進兵團夾擊遼西共軍。蔣在其10月15日之日記中記述其作此決定的原因為：（1）營口為共軍佔領已久，防務必固，恐不易收復。（2）錦州初陷，敵力不強，當易恢復。（3）援錦部隊既已全部出發，且其前線已經接戰，如再臨時撤回，徒喪士氣，即使撤回，亦決不能再守瀋陽，更不能令其打通營口。（4）既定之方針與決心不宜變更，仍應貫徹決心，力圖打通此關，方有全軍撤回關內之望，否則即使能有半數部隊入關，亦可整頓補救，恢復戰力，仍可重整旗鼓，「確保華北，徐圖消除此萬惡之赤禍共匪也」。[180]

由蔣所述的第一個原因，可知蔣頗擔心營口不易收復，當時劉玉章之第五十二軍雖奉命南下收復營口，但尚未展開行動（10月22日拂曉自遼陽開始行動，於兩日半之時間內行進近三百華里，沿途且戰且行，於10月24日進佔營口）。[181]

如果不能收復營口，東北國軍即無法以海運撤出，只有自陸路撤退一途。此一顧慮，自屬必要。蔣所述的第二個原因，是蔣估算共軍雖攻佔錦州，傷亡必大，戰力受損，需經長時間的休整才能再戰，正係東北國軍規復錦州予以夾擊痛殲的機會。此一估算，實過於樂觀，共軍攻佔錦州，並未竭盡全力，雖付出兩萬四千人之傷亡（另塔山一帶傷亡未及萬人），相較於在遼西之共軍總數約三十五萬人，實屬傷亡有限，加以共軍打下錦州後，戰志更為高昂，休整時間亦非如蔣預期之長。毛澤東在10月17日致林彪、羅榮桓等並告中共東北局的電報中即指出「蔣介石素來對我軍力量估計不足，他似在判斷我軍打錦州後傷亡必大，非有一月以上休整不能再打，而我軍過去在一次大戰後，總是要作長時間休整，亦給他這種判斷以根據。他當然不相信你們現在能打新民、彰武之敵，也不相信你們在半月之後能打錦西」。因而毛希望林彪

---

[180] 《蔣介石日記》，1948年10月15日。

[181] 括號內的的述說，係參見劉玉章，《戎馬五十年──劉玉章回憶錄》，頁211～212。

等如能於兩星期內完成休整及攻錦、葫的準備工作，即發起進攻錦、葫，必出蔣、衛意料之外。如你們能以十天左右時間攻佔錦西，則瀋陽增援必難趕到。[182]蔣所述的第三個原因，似亦不成其理由。西進兵團的士氣本就低落，蔣應早已知悉，錦州失陷後，其士氣應更形低落。蔣認為如再臨時撤回，徒喪士氣，實則士氣已低無可低，或許反因不必再冒進涉險安然撤回瀋陽而提振。蔣所述的第四個原因，實則難度甚高，風險亦大，而且西進兵團戰志低沉，益以錦州初陷，其牽制共軍主力的作用已然消失，西進兵團能否擊破共軍多方攔阻直趨錦州，達成與錦、葫的東進兵團夾擊共軍主力予以痛殲的任務，其機率並不大，但蔣仍決定傾力一博，以為西進兵團縱未能達成任務，亦當有機會由陸路撤至關內。

　　東北共軍方面，在攻佔錦州之後，林彪較傾向於乘勝回頭圍殲自瀋陽出擊的西進兵團，同時以一部圍殲長春可能突圍的國軍。惟毛澤東仍主張先攻打錦西、葫蘆島，宜在休整十五天左右以後即行作戰，理由是：（1）錦、葫國軍現僅有八個師（另有三個師據傳在海運增援中，即便屬實，則共十一個師），雖戰力甚強，但士氣低，援兵遠；錦州共軍現有二十七個師，士氣高，兵員多，加以共軍大勝聲威，是可能奪佔錦、葫的。即使葫蘆島地形不利攻取，單取錦西，也就很好。（2）因錦、葫守軍是國民黨嫡系，和錦州守軍多為雜牌不同，共軍攻打錦、葫時，瀋陽國軍可能增援，故其西進兵團可能於11月被迫從打虎山、大凌河增援錦、葫，過了11月，營口封凍，其就無法海運撤出東北。（3）只要「瀋敵」11月不撤，待共軍攻佔錦、葫以後，便可以三至四個縱隊入關打津榆線，主力回至瀋陽周圍，逐步削弱「瀋敵」，直至奪取瀋陽。（4）另有一種可能，是蔣中正、衛立煌將長春守軍接出後，放棄瀋陽，全軍由陸路南撤，企圖重佔錦州，而將主力放在津榆線，則共軍更應爭取儘可能迅速地攻佔錦、葫及榆關、灤縣、唐山等諸點，威脅平、津。迫

[182] 李德、舒雲編著，《林彪日記》，上冊，頁580～581。

使蔣、衛空運一部兵力增援平津，以利回頭殲滅敵軍主力。[183]

　　然而，由於 10 月 17 日長春守軍第六十軍投共，毛澤東認為此將使蔣、衛很難下決心走陸路向錦、葫增援。假使蔣、衛利用共軍攻打錦、葫的時機，迅速全軍退至營口據守，利用海道運糧接濟，然後逐步運向津、榆或華中，則有使共軍無法阻止之虞，尤其是共軍在營口方面全無守備。除非林彪能利用蔣、衛躊躇不決之時，很迅速地攻下錦、葫，然後迅速以主力回圍瀋陽。惟毛以為攻錦、葫總需相當時間，恐難迅速佔領，主張應速派兵南下防阻國軍自營口撤退。[184]但由於國軍西進兵團仍繼續前進，其主力 10 月 17 日晚於歪脖山、老民屯、板石山、大黑山一帶全線徹夜激戰，其新三軍（9248 部隊）先頭部隊則攻抵小文來（泡子西南十公里）。[185]10 月 18 日午，廖兵團先頭部隊攻佔新立屯，第七十一軍（9294 部隊）所部則進抵西二道崗子（新立屯東二十公里）、馬家坨，刻於襲家屯、大民圈（一半拉門西北十公里）之線與共軍對峙中。[186]新一軍（9296 部隊）及第七十一軍所部則掃蕩新立屯以南地區，與共軍第十縱隊激夜激戰於小豆家屯、蔡家屯、左宮窩、下四家子之線，刻正向芳山鎮攻擊前進中。[187]10 月 19 日下午二時，林彪等致電中共中央軍委：

> 昨日進至新立屯以南之敵，如果仍按蔣計劃繼續前進，則我們來不及先殲錦、葫之敵，而只有先殲滅由瀋陽向錦州前進之敵。如敵因長敵起義改變計劃，不即向錦州前進，則我軍稍加休整後，即攻錦、

[183] 見毛澤東 1948 年 10 月 17 日致林彪等之電報，收於李德、舒雲編著，《林彪日記》，上冊，頁 580～581。

[184] 李德、舒雲編著，《林彪日記》，上冊，頁 582。

[185] 「衛立煌致蔣中正西篠十一時電」（1948 年 10 月 18 日），《蔣檔・特交文電：共匪禍國──武裝叛國（一七四）》。

[186] 「衛立煌致蔣中正西篠申電」（1948 年 10 月 18 日），《蔣檔・特交文電：共匪禍國──武裝叛國（一七四）》。

[187] 「衛立煌致蔣中正西皓十一時電」（1948 年 10 月 20 日），《蔣檔・特交文電：共匪禍國──武裝叛國（一七四）》。

葫，或攻新立屯。[188]

經中共中央軍委與林彪等往復電商，10 月 20 日凌晨四時，毛澤東致電林彪等，完全同意林等之建議，即不打錦、葫，而打廖耀湘，以免兩面同時作戰，陷於不利。故如廖兵團繼續前進，則等其再進一步再進攻之，一經發覺其不再進，或有退瀋陽退營口的徵兆時，則立即包圍彰武、新立屯兩處敵人，以各個擊破為方法，以全殲廖兵團為目的。望即本此方針，即刻動手部署，鼓勵全軍達成任務。上午十時，林彪即簽發由林及羅榮桓、劉亞樓致中央軍委電，以及加上譚政聯署的《全殲東北敵人的政治動員令》之電報。決意集結第一、二、三、五、七、八、九、十、十二、砲兵縱隊及長春方面十一個獨立師，與敵軍在新立屯、彰武間決戰，首先殲滅廖兵團之五個軍（缺兩個師）；以第四及十一縱隊在塔山一線阻擊錦西北之敵。[189]

是日（20 日）午，廖兵團先頭部隊攻抵芳山鎮、無樑店之線。另新六軍（9253 部隊）向西掃蕩七家子、大巴車站之線。[190]次日，共軍佔領長春。10 月 22 日下午一時三十分，林彪簽發林及羅榮桓、劉亞樓致中央軍委並東北局電報：（1）諜息：敵第五十三軍之第一三〇師及原在遼陽之第五十二軍第二師，均已到巨流河、新民地區。在鐵嶺之第五十二軍部隊，亦有撤退徵兆，可見敵現已開始向錦州總退卻。（2）決心照原定計劃在新立屯、黑山地區與敵決戰，攻錦各部隊已接近集結地區，兩、三天內可以在北鎮、黑山地區集結完畢；長春方面之第十二縱隊已到達四平附近，各獨立師今日黃昏開始南下。（3）已令第六縱隊今晚出動，明日包圍彰武之敵一個師，以拖住敵之尾，吸引敵回頭兵援，分散敵人。（4）遼南獨立第二師已無去營口之必要，已令

[188] 李德、舒雲編著，《林彪日記》，上冊，頁 582～583。

[189] 李德、舒雲編著，《林彪日記》，上冊，頁 583～586。

[190] 「衛立煌致蔣中正西皓十時電」（1948 年 10 月 20 日），《蔣檔·特交文電：共匪禍國——武裝叛國（一七四）》。

其回頭至新民以西箝制敵人。[191]

10 月 22 日，廖兵團繼續向芳山鎮及新立屯以西以南地區前進，先頭部隊已到達黑山附近。[192]次日，開始猛攻黑山，共軍第十縱隊及蒙騎第一師憑踞尖山子、拉拉屯東西之線既設陣地頑抗，激戰竟日，反復爭奪。入暮，卒一舉突破，乘勝進逼黑山。[193]10 月 24 日午，廖兵團之暫編第五十三師所部攻佔台安。廖兵團三路圍攻黑山，迄午，新一軍攻佔正安堡（黑山西十八公里），刻在東西趙家屯之線與共軍第三、八縱隊激戰中。第七十一軍則攻佔羊腸河（黑山西南十公里），正沿攻哈家山中。又據情報，大凌河西岸之共軍第七、九縱隊已全部東向至北鎮附近，似有配合其第一、二、五、六、十各縱隊，強迫廖兵團於打虎山（又名大虎山）以東河沿地帶決戰之企圖。[194]是日夜至次日拂曉，廖兵團與共軍第三、八、十縱隊及蒙騎師在黑山附近激戰，因共軍據既設之工事頑抗，砲兵火力甚猛，故迄無進展。另據國軍之空軍偵察，新立屯以東雙山子、大黑山、沙林岡子均到有步騎聯合之共軍，正向南急進中，顯有截斷廖兵團後方之企圖。[195]

10 月 25 日，廖耀湘自黑山東之胡家窩棚致電衛立煌，向其報告云：

三日來，由北鎮以北地區之四方台、正安堡、水淦、黑山及打虎山、七台子至大鵠林子之線戰鬥激烈，匪我傷亡皆大，匪兵力日夜增加，仍在激戰中。匪正由南北兩翼向我大包圍，職擬在其未完成前實行

---

[191] 李德、舒雲編著，《林彪日記》，上冊，頁 586。

[192] 「衛立煌致蔣中正養申電」（1948 年 10 月 23 日），《蔣檔・特交文電：共匪禍國——武裝叛國（一七四）》。

[193] 「衛立煌致蔣中正梗廿時十分電」（1948 年 10 月 23 日），《蔣檔・特交文電：共匪禍國——武裝叛國（一七四）》。

[194] 「衛立煌致蔣中正敬十五時電」（1948 年 10 月 24 日），《蔣檔・特交文電：共匪禍國——武裝叛國（一七四）》。

[195] 「衛立煌致蔣中正有申電」（1948 年 10 月 25 日），《蔣檔・特交文電：共匪禍國——武裝叛國（一七四）》。

反包圍其外翼，當竭盡智能以為之。[196]

是日夜，廖再電衛報告稱：東北共軍主力現全部集結新立屯、打虎山地區，第三、五、七、八、十五個縱隊在正面及兩側，第六縱隊因騎兵各旅長未供情報，由彰武直進，陷據半拉門（亦名一半拉門）以西地區，第四縱隊由溝幫子向東南移動。廖兵團在此形勢下向任何方向行動，皆可能因立足未穩或在行動中被共軍擊破，故決心先就地調整態勢，實行攻勢防禦，再求共軍弱點而擊破之，請速空投補給。廖又有「酉電」稱：台安、打虎山間為共軍截斷，東西兩兵團會合不易，是否可運兵由營口登陸，經遼中台安堡、打虎山，以阻止此地東北共軍主力決戰。[197]但均遭衛立煌及其參謀長趙家驤之堅決反對，以「海運空運增援在空間時間上決不可能，以劣勢兵力改取攻勢防禦，實屬違背戰術原則」，電令廖「應即當機立斷，萬勿遲延」。但廖耀湘以突圍必遭殲滅，故未遵辦，仍以其攻勢防禦之決心令新三軍全力截斷錦州、瀋陽間一半拉門、二道境子及厲家窩棚共軍第五、六兩縱隊之後方交通，另將攻擊黑山之新一軍及第七十一軍向胡家窩棚兵團部靠攏以第七十一軍之第九十一師守備芳山鎮，新一軍則控制於胡家窩棚，為機動部隊，歸潘裕昆（新一軍軍長）指揮。是時，各部在運動當中，第七十一軍未遵令佔領指定地點，以致共軍第二、三縱隊跟蹤進至胡家窩棚，突襲廖兵團指揮部，第七十一軍亦陷入混戰。廖即將第九十一師師長戴海容撤職，並令第七十一軍軍長向鳳武戴罪圖功。後經新六軍之第一六九師之反攻，將共軍擊退，全線立趨穩定。又新三軍苦戰至 25 日，擊破共軍第五、六縱隊之抵抗，攻佔二道境子及厲家窩棚，即有恢復廖兵團瀋陽後方連絡線之希望。不意，該兵團指揮部電台被共軍砲火擊燬，與各方連絡中斷達三小時之久。第四十九軍電瀋陽衛立煌請

---

[196] 據「衛立煌致蔣中正西有十八時戰虞超電」（1948 年 10 月 25 日）所轉述，《蔣檔‧特交文電：共匪禍國——武裝叛國（一七四）》。

[197] 均據「衛立煌致蔣中正西宥子電」（1948 年 10 月 26 日）所轉述，《蔣檔‧特交文電：共匪禍國——武裝叛國（一七四）》。

示行動，衛因不知廖兵團當時情況，乃速令各軍師各個輕裝突圍，經大黑山
向彰武、台門、新民、巨流河地區集結，致彼此爭先脫離戰場，陷於混亂。
廖無法指揮，兼又受湖沼地帶影響，行動困難。於強渡遼河、饒陽河、柳河
三道天險時，所有重武器、輜重車輛損毀殆盡，全軍潰散。[198]

據當時任新一軍參謀長的葉錕上呈蔣中正的報告云：

> 殆兵團于黑山以東地區受匪包圍以後，司令官廖及數軍長集于本軍
> 新卅師師部時，七一軍戰況稍形不利，司令官意態倉皇，許久不能
> 下一斷然之決心，職當即向司令官貢獻意見如左：（1）我們五個軍，
> 有十五個師，四十五個團（說明為一極強大之兵力，極龐大之面積），
> 應就原地迅速調整態勢，構築四十五個團據點，與之決戰，縱被匪
> 擊破二、三據點，亦等于九牛一毛，無傷全局。（2）匪至多八個縱
> 隊，其初期使用于第一線至多四至五個縱隊，其兵力實為劣勢，若
> 經一週以上之惡戰，匪必因傷亡慘重而自行潰退，我乘勢猛追，必
> 可全勝。（3）不可輕易動搖，替匪軍造機會。廖司令官當時採納職
> 之意見，即在卅師師部手令各軍構工固守，旋乘裝甲車汽車南去，
> 全兵團入晚後無大戰鬥，時為十月廿六日。……殆是晚九時許，本
> 軍軍長接奉司令官無線電語（明語），令各軍突圍，脫離戰場，慘劇
> 即由是發生，大部隊夜暗運動，指揮掌握最易混亂，軍長最後率騎
> 兵突圍，職因乘馬被擊斃，伏于草叢間，利用夜暗，潛行回瀋陽。[199]

10月27日晚8時，衛立煌致電蔣中正，報告廖兵團的動向：（1）截至
目前，除第一六九師電台瞬間出現即已與本部失去連絡不收報外，其餘均未

---

[198] 「毛人鳳局長呈報我軍前在東北錦州、長春、瀋陽各地作戰之檢討」，《蔣檔·事略稿本》，1949
年1月5日條。

[199] 「葉錕呈蔣中正遼西戰役概要」（1948年12月1日於青島），《蔣檔·特交檔案：一般資料──民
國三十七年（十三）》。

與本部取得連絡。（2）新民方面僅收容新六軍、新三軍之零星官兵。（3）遼中方面僅收容第四十九軍及第二〇七師之後方小數人員。衛並綜合判斷：廖兵團東進沿途迭遭攔擊，大部被迫轉向厲家窩棚以東河沿地帶而致瓦解。[200]同日晚 11 時，衛再致電蔣，謂廖兵團是日 10 時起，由厲家窩棚以南向饒陽河東進，截至目前，到達新民者不足千人。[201]10 月 28 日上午 8 時 30 分，衛立煌致電蔣中正，謂廖兵團陸續到達新民西南柳河溝附近地區近兩萬人，所有車輛電台重武器等損失無遺，截至目前，尚無整全隊伍到達新民。[202]中午 12 時，衛再致電蔣，謂新一軍軍長潘裕昆於 11 時突圍抵新民，報稱廖兵團由胡家窩棚東西地區突圍轉進，沿途受共軍南北兩面節節截擊，各級指揮機構悉被衝亂，部隊失去掌握，隊伍零散。[203]是日，廖兵團全軍覆沒，廖耀湘及第四十九軍軍長鄭庭笈、第七十一軍軍長向鳳武、新六軍軍長李濤等被俘，新一軍軍長潘裕昆、新三軍軍長龍天武突圍回瀋陽。[204]

　　10 月 28 日，蔣中正知廖兵團凶多吉少，瀋陽防務至關重大，即致電衛立煌，叮囑其「此時應特別鎮定與速作緊急守備據點之部署，各機關切勿移動」。至於衛的行止，「必須待廖司令官之消息及其撤退部隊有適宜之處置後再定，俾軍民精神有所寄託，惟此方能遏制匪攻瀋之企圖也」。蔣並詢問衛「杜副總司令想已到瀋」，「請予切商一切為要」。[205]是時，蔣所派的新任東北剿匪

[200] 「衛立煌致蔣中正西感廿時電」（1948 年 10 月 27 日），《蔣檔・特交文電：共匪禍國——武裝叛國（一七四）》。

[201] 「衛立煌致蔣中正西感廿三時電」（1948 年 10 月 27 日），《蔣檔・特交文電：共匪禍國——武裝叛國（一七四）》。

[202] 「衛立煌致蔣中正西儉八時卅分電」（1948 年 10 月 28 日），《蔣檔・特交文電：共匪禍國——武裝叛國（一七四）》。

[203] 「衛立煌致蔣中正西儉十二時電」（1948 年 10 月 28 日），《蔣檔・特交文電：共匪禍國——武裝叛國（一七四）》。

[204] 〈遼瀋戰役前後東北地區國民黨軍大事記（1948 年 1 月至 11 月）〉，中國政治協商會議全國委員會文史資料研究委員會《遼瀋戰役親歷記》編審組編，《遼瀋戰役親歷記（原國民黨將領的回憶）》（北京：文史資料出版社，1985），頁 630。

[205] 「蔣中正電衛立煌應特別鎮定與速作緊急守備據點之部署等」（1948 年 10 月 28 日），《蔣檔・革命文獻：戡亂軍事——東北方面（下）》。

總司令部副總司令杜聿明（原徐州剿匪副總司令）已經蔣面授機宜自北平飛抵瀋陽，協助衛部署守備事宜。蔣致電杜，告以劉玉章的第五十二軍已調回瀋陽（實際尚在途中），第四十九軍鄭庭笈的餘部亦已到瀋陽，連同瀋陽原有守備兵團共有生力軍 28 個團以上的兵力，再加之重野山砲尚留有九個營，惟必須杜前往瀋陽「協助衛總司令妥為部署，并將收容部隊切實調整，堅之守固，當能挽回頹勢」。[206]杜旋自瀋陽飛赴葫蘆島，計畫撤退營口、葫蘆島方面的部隊。

　　10 月 29 日，東北共軍攻佔新民。次日，攻佔本溪、鞍山、遼陽，突破撫順，形成四面包圍瀋陽。[207]10 月 30 日正午 12 時，戰地視察第三組組員柯遠芬自瀋陽致電蔣中正，向其報告：（1）今晨東正面突破主陣地之共軍已進至東大營、馬官橋之線，正苦戰中，東北剿匪總部無兵可抽調增援，核心工事只有薄弱憲警看守，恐難制止共軍突入市區。（2）北面文官屯兵工廠以北主陣地已於今晨被共軍攻佔。（3）共軍第一、六兩縱隊昨夜已到達馬山家、大石橋南北地區，今晨開始向我陣地攻擊。（4）潰散收容為時間所不許，反使市區陷於混亂。（5）衛立煌總司令決心率特務團一營死守總部大樓。（6）依目前情況判斷，共軍今晚可能攻入市區，總部已無預備隊，將無法將共軍驅逐。（7）為國家計，對衛總司令安全懇迅作考慮為禱。[208]是日，蔣即電囑衛立煌「如情勢危急無法挽救時，可即移駐錦西指揮」，並告其「已令空軍隨時接兄飛錦矣」。[209]當日下午，衛立煌即偕同趙家驤（東北剿匪總司令部參謀長）、龍天武（新三軍軍長）、潘裕昆（新一軍軍長）、徐梁（遼北省政府主席）、劉耀漢（聯勤總部第六補給區司令）、高惜冰（東北剿匪總司令部政務委員會

---

[206] 「蔣中正致杜聿明酉艷廿三時電」（1948 年 10 月 29 日），《蔣檔‧特交文電：共匪禍國——武裝叛國（九）》。

[207] 李德、舒雲編著，《林彪日記》，上冊，頁 589。

[208] 「柯遠芬致蔣中正酉陷己電」（1948 年 10 月 30 日），《蔣檔‧特交文電：共匪禍國——武裝叛國（一六九）》。

[209] 「蔣中正電衛立煌如情勢危急無法挽救時可即移駐錦西指揮」（1948 年 10 月 30 日），《蔣檔‧革命文獻：戡亂軍事——東北方面（二）》。

代主任委員）、王家楨（東北剿匪總司令部政務委員會常務委員）、王鐵漢（遼
寧省政府主席）、董彥平（安東省政府主席）、董文琦（瀋陽市市長）、萬國賓、
吳禮等十餘人自瀋陽飛赴葫蘆島。[210]對於衛立煌等重要人員的倉皇出走，留
在瀋陽的各級首長軍民頗多怨憤及不滿，東北剿匪總司令部副參謀長姜漢
卿、市參議會及各民意機關等，於 10 月 31 日上午 11 時 30 分聯名致電蔣中
正，要求蔣將衛等人以軍法嚴予懲處：

> 瀋陽外圍現在並無戰鬥，兵力亦足以應付，昨衛總司令立煌竟偽造
> 戰況，捏報萬分嚴重之情勢，意圖瞞蔽聽聞而造成早日脫離危境之
> 企圖，終於卅十六時半率趙家驤等親信人員潛至機場，強行搭機飛
> 逃，以致總司令部無形潰散，前方戰事、後方補給，無人負責，各
> 軍紛電請示行動，亦無人指揮，軍心渙散，不堪收拾，而瀋陽市區
> 尚安謐如常，決不如所偽造之嚴重。兼以衛總司令離瀋時毫無計劃，
> 各級首長軍民頗多怨憤及不滿，咸以衛立煌等偽造戰報，擅離職守，
> 臨陣脫逃，影響整個戰局，擬請速為挽救危機，並乞將衛立煌、趙
> 家驤等親信人員以軍法嚴予懲處，以維民命而安軍心為禱。[211]

　　同日，蔣中正因瀋陽兵站部長與聯勤總司令郭懺通話，報告瀋陽情況甚
詳，而知悉瀋陽「今日市區平靜，惟秩序混亂而已」；留駐瀋陽的第八兵團司
令官兼第五十三軍軍長周福成（字全五）甚忠誠，但其內部恐有問題；「市郊
外圍十里、廿里之外，略有戰事，但不重要；又東陵與渾河兩機場均可降機，
絕無問題」。蔣當即致電杜聿明、衛立煌等，謂「瀋陽實情既如此，則應即令
趙參謀長與各軍長速即飛瀋執行任務，不得延誤，否則以臨陣脫逃論處也」。

---

[210] 見「杜聿明致蔣中正西卅電」（1948 年 10 月 30 日晚 10 時 20 分發），《蔣檔・特交文電：共匪
　　禍國——武裝叛國（一六九）》。

[211] 「姜漢卿與瀋陽市參議會等致蔣中正電」（1948 年 10 月 31 日），《蔣檔・特交文電：共匪禍國
　　——武裝叛國（一六九）》。

[212]蔣並電令空軍副總司令王叔銘，「望明日即派多機飛錦西，載趙參謀長與各軍長回瀋」。[213]

11 月 1 日，共軍對瀋陽發起總攻擊，其具體部署為第一、二縱隊統一由二縱指揮，由瀋陽西部突破，第十二縱隊由南郊突破，遼北各獨立師由東北、東與北郊突破，具體突破點自選。凌晨 5 時 40 分，第一、二縱隊所屬的第四、五師首先突破鐵西區，瀋陽國軍完全無組織，一片混亂，至下午 5 時，已完全停止抵抗。[214]是日抵抗最力的國軍第二〇七師（青年軍，欠第三旅，師長戴樸），見大勢已去，乃於 11 月 2 日零時下達突圍命令，所部相繼開始行動，沿途因受共軍截擊，損失重大，迄 11 月 18 日該師官兵先後到達山海關者僅 800 餘人。[215]

同日（11 月 1 日），蔣中正致電在葫蘆島的杜聿明，以瀋陽情勢不明，且據空軍偵察報告，瀋陽機場是日已不能降機，尤其機場內符號與通信設備皆已不見，且其市內行人稀少，不如昨日之混雜。囑咐杜「如趙參謀長等尚未飛瀋，則應待瀋市情勢切實明瞭再定」。[216]是時，趙家驤等尚在錦西待命。11 月 2 日，共軍完全據有瀋陽，計消滅國軍 1 個兵團部、2 個軍部、7 個師、3 個騎兵旅，共 134,500 人。繳獲各種火砲 1,685 門、輕重機槍 4,811 挺、步槍 71,383 支、裝甲車 114 輛、坦克 43 輛、汽車 841 輛，以及大批彈藥和物資。同日，共軍完全據有營口，計消滅國軍第五十二軍的第二師、二十五師大部及軍屬輜重團共 14,800 餘人，繳獲各種火砲 88 門、輕重機槍 301 挺、長短槍 2,574 枝、汽車 66 輛和大批彈藥和物資。第五十二軍軍長率所部官兵

---

[212] 「蔣中正電杜聿明、衛立煌令趙家驤與與各軍長速即飛瀋陽執行任務不得延誤」（1948 年 10 月 31 日），《蔣檔・革命文獻：戡亂軍事──東北方面（二）》。

[213] 《蔣檔・事略稿本》，1948 年 10 月 31 日。

[214] 李德、舒雲編著，《林彪日記》，上冊，頁 590。

[215] 戴樸，〈青年軍第二〇七師瀋陽作戰經過〉（1957 年 11 月 27 日呈），《陳誠副總統文物・文件：軍事國防──剿匪戡亂》。

[216] 「蔣中正電杜聿明待瀋陽市情勢明瞭再部署錦葫部隊仍遵令實施」（1948 年 11 月 1 日），《蔣檔・籌筆：戡亂時期（十一）》。

萬餘人出脫。[217]至此，歷時 52 天中共所謂的「遼瀋戰役」於焉結束，林彪指揮東北野戰軍 12 個縱隊、53 個師 70 萬人，加二線兵團、地方武裝 30 萬人共 100 萬人，與國軍東北剿匪總部所屬 4 個兵團、14 個軍、44 個師及雜牌武裝約 55 萬人，在遼西南地區進行最後的決戰。[218]結果共軍獲勝，國軍折損 47 萬餘人，其中死傷 55,000 人，被俘 32 萬人，投降 9 萬人。共軍則死傷 67,000 餘人（其中陣亡 14,010 人，傷 53,327 人）。共軍在戰役中消耗子彈 697 萬發，手榴彈 13 萬枚，砲彈 15 萬發。11 月 9 日至 12 日，錦西、葫蘆島和熱河承德的國軍分別從海上和陸路向關內撤退，東北全境為共軍據有。[219]

「遼瀋戰役」結束後不久，國府國防部保密局局長毛人鳳曾呈報蔣中正，對於國軍在東北錦州、長春、瀋陽各地之作戰經過有所敘述，並作了如下的戰鬥檢討：

（一）匪我實力懸殊，指揮不能統一。廖兵團以十個師兵力增援錦州，在黑山附近遭匪三十三個師之兵力圍擊，被迫決戰，冒險進兵，自難獲勝。其時未能即時回師瀋陽，以固守應變，兼以衛總司令直接下達突圍命令，致指揮紊亂，使廖司令官無法掌握部隊，各自逃散，陷於瓦解。（二）增援錦州遲緩，坐失時機。當義縣陷匪後，即應斷然西進，增援錦州，不應猶豫徬徨。在十月十三日，我新三、六兩軍自新民向北攻擊時，新三軍於彰武、台門一帶地區遭遇匪第十四、十五兩師之抵抗，新六軍於秀水河一帶遭遇匪第六縱隊十六師抵抗後，據俘供稱，其五、六兩縱隊均係由法庫急行軍趕來，在攻擊彰武之前，該地區僅匪之少數地方部隊，並無大股之匪軍，若在一週前即增援錦州，不但可得有力之支援，最低限度，亦可免去

[217] 劉統，《東北解放戰爭紀實：1945—1948》（北京：人民出版社，2004），頁 774。

[218] 李德、舒雲編著，《林彪日記》，上冊，頁 590～591。

[219] 劉統，《東北解放戰爭紀實：1945—1948》，頁 776。

共匪兩個縱隊之抵抗，而減輕匪對錦州之壓力。且因各部隊行李笨重，車輛缺乏，更因修配零件及油量不足，每日行程最大僅六十華里，行動遲滯，未能達成戰術上之理想計劃。（三）兵團指揮欠當。我軍對匪阻擊部隊僅知正面攻擊，而不能果敢迂迴包圍，或多面攻擊，以致匪能脫離戰場，逐次抵抗，遲滯我軍行動。當十月二十五日廖兵團補給線被匪截斷後，適錦州之匪又渡大凌河，當時即發現匪三、八、十等縱隊及大股匪軍向黑山西南地區運動，企圖包圍我西進兵團。當其時，廖司令官將攻黑山之部隊調回，固守胡家窩棚，並將新六、三、一及四十九、七十一等軍，分別控制於胡家窩棚及其外圍各據點，準備堅守。惟大部隊運動困難，彼此交錯，行進秩序混亂，而各軍軍部均蝟集於胡家窩棚，匪即乘我調整部署時乘隙突入胡家窩棚附近。二十六日，復向我猛攻，我軍因通訊發生阻礙，彼此無法連絡。八時許，廖司令官乃決心將司令部撤出胡家窩棚，與新六軍長會商，同向黑山東南之大興店行進，沿途車輛擁擠不堪，加以沙河阻隔，汽車行動困難，渡河不及兩里，即遭匪軍襲擊，官兵竟相率棄車逃生，從此，該兵團乃失去指揮重心，各軍、師自作處置，遭匪各個擊破。（四）後方補給業務不健全。一般後勤機關及人員平時既欠健全，復無周密計劃，戰時不能適時補給，弊端百出。如此次各部隊之汽車及裝甲車由新民出發時，每輛車僅發汽油二十五加崙，當因天雨道路泥濘，汽油消耗過量，無法接濟，運輸遂告中斷。又十月廿四、廿五兩日，各部隊請求補充彈藥時，因無法解決，而致戰局逆轉。（五）補給線無掩護部隊防守。當部隊向黑山攻擊時，彰武至新立屯之線及其以南一帶地區，未能控制有力部隊掩護，致盤據於彰武以北之匪第六縱隊窺破時機，即時攻佔彰武，並向西南急進，於十月二十五日其先頭部隊進佔二道境子，將我補給線整個截斷。另一路則於二十五日經新立屯東南地區向胡家窩棚竄進，以襲擊我兵團指揮所。（六）通訊不靈。當廖兵團攻克彰武時，

指揮所設於巨流河，與前線之電話連絡尚稱順暢，然對電報之收發多無專人負責處置，致急迫情報多逾時日，失去其重要性。又當該兵團攻克新立屯時，指揮所設於金家窩棚，斯時，部隊逐日前進，電話連絡復不確實，如新三軍及七十一軍失去連絡三日之久，而電台亦未攜去，致彼此情況均賴雙方派員傳遞，或由留守於新民之人員負責轉報各部隊，故對當時匪情及友軍行動無法予以適時適切之了解。又當錦州陷匪後，剿匪總部曾有令禁止使用各部隊電台之原定波長呼號，然至十月二十五日，對波長呼號猶未重新規定，致在電話中斷後，即無法利用無線電與部隊連絡。（七）高級軍政長官私離職守。當匪軍未進抵瀋陽時，衛總司令即於十月三十日下午飛離瀋陽，未遵上級指示作有計劃之部署，部隊因無人指揮，軍心動搖，自行潰散。又瀋陽警備司令胡家驥，市長董文琦，遼寧主席王鐵漢等高級將領，身負防守重任，亦竟於三十日棄職離去，激起軍民怨恨，相率搶劫，市區混亂，激成兵變。（八）軍紀廢弛，士氣不振。[220]

---

[220] 「毛人鳳局長呈報我軍前在東北錦州、長春、瀋陽各地作戰之檢討」，《蔣檔·事略稿本》，1949年1月5日。

第八章　結論

綜觀戰後蔣中正的六次北巡，約有如下的幾項特色：

其一、在時間的間隔上並不均衡。第一次是在 1945 年 12 月中、下旬，第二次是在 1946 年 5 月下旬至 6 月初，與前次相距約 5 個月；第三次是在 1947 年 10 月上旬，與前次相距約 1 年 4 個月；第四次是在 1947 年 11 月下旬，與前次相距 1 個多月；第五次是在 1948 年 9 月底至 10 月上旬，與前次相距約 10 個月；第五次是在 1948 年 10 月中、下旬，與前次相距僅約 6 天。時間間隔愈短，愈顯示蔣欲圖北巡的必要性與急迫性。

其二、北巡時日的長短不一。第一次約 12 天，第二次亦約 11 天，第三次約 5 天，第四次僅約 3 天，第五次約 9 天，第六次約 15 天。時日的長短，視需要而定，然亦有其限制。例如第三次及第五次均於 10 月 9 日結束北巡返抵南京，並非巧合，而是依慣例蔣勢必於次日上午在國府所在地親自主持一年一度舉行的雙十國慶大會，並向全國軍民發表文告之故。其中第五次，儘管錦州戰情緊急，蔣仍不顧隨行的陸軍大學校長徐永昌的勸諫，繼續留在北方督導軍事，而執意於 10 月 9 日返抵南京。

其三、旅程的安排有所不同。第一次是由陪都重慶先飛往北平，次往南京，再飛返重慶。其後的五次均以還都後的南京為起訖地，都駐停過北平，但各次的旅程略異，如第二次係由南京先飛往瀋陽，次至長春短暫停留，再至北平，自北平返南京途中，曾在濟南短暫停留。第三次係由南京飛往北平，次至瀋陽，再回北平，自北平返南京途中，曾在青島短暫停留。第四次係由南京飛往北平，隨自北平逕行飛返南京。第五次的旅程最複雜曲折，搭乘的交通工具除飛機、汽車外，尚有火車、砲艇、軍艦、小輪船；係由南京飛往北平，次赴瀋陽，再回北平，隨後自北平飛赴天津，乘汽車至塘沽，換乘砲

艇，登重慶號軍艦，駛抵葫蘆島登岸，至錦西視察，再自葫蘆島登重慶號軍艦，換乘小輪船至塘沽，搭乘火車直赴北平；其後自北平飛赴上海停留，次日，飛返南京。第六次係由南京飛赴瀋陽，次至錦西，再飛往北平，其後再度飛赴瀋陽，當日即飛返北平，在北平駐停期間，曾飛赴承德巡視，當日即回。最後，自北平飛返南京。旅程的複雜曲折與否，並不完全取決於北巡時日的長短，惟需要是視。

其四、蔣的政軍職銜迭有變動。蔣在第一次北巡期間主要的政軍職銜，是中華民國國民政府主席、國民政府軍事委員會委員長；第二次北巡期間，國民政府軍事委員會取消，於 1946 年 6 月 1 日成立國防部（時蔣正北巡在北平），蔣卸下曾任逾十三年之久的委員長一職，專任國民政府主席。第三、四次北巡，蔣均是以國民政府主席身份出巡；第五、六次北巡時，蔣已於 1948 年 4 月當選為中華民國行憲後的第一任總統，5 月 20 日蔣就總統職，國民政府於焉結束。儘管蔣於六次北巡期間政軍職銜有所更易，其國家元首身份及 1938 年膺任的中國國民黨總裁迄未有變。惟全國各地的國民政府軍事委員會委員長行營，均隨之改名（組）為國民政府主席行轅，蔣就任總統後，各行轅乃因之撤消或更名。

其五、隨行的人員不盡相同。第一次有國府參軍長商震、軍務局長俞濟時（兼為蔣的侍衛長）、總務局長陳希曾、國民黨中央黨部副秘書長鄭彥棻等。第二次有有副參謀總長白崇禧、東北行營經濟委員會主任委員張嘉璈等。第三次有國民黨中央黨部副秘書長鄭彥棻，軍務局長俞濟時，蔣的秘書曹聖芬等。第四次有蔣經國等。第五次有海軍總司令桂永清、空軍總司令周至柔、聯勤總司令郭懺、陸軍大學校長徐永昌、國民黨中央黨部副秘書長鄭彥棻、青年部長陳雪屏、國防部第三廳廳長郭汝瑰、總統府參軍羅澤闓、軍務局長俞濟時、秘書曹聖芬等幾均為重要將領和謀士，聲勢之大，為歷次北巡之最，足見當時北方（東北及華北）軍、政局勢的嚴峻沉重。第六次有國民黨中央黨部副秘書長鄭彥棻、軍務局長俞濟時、秘書曹聖芬等。蔣夫人宋美齡第一、二、三、四、六次均偕蔣同行，第五次則因病改由蔣經國隨行陪伴蔣。

其六、背景原因及特色影響各異。茲就其原因及影響比較之，第一次的原因主要是八年抗戰卒獲勝利，華中、華北收復區的人心亟待撫慰，部分接收人員的貪污惡風亦需他親臨鎮攝匡正，並藉此體察收復區的民生疾苦。其影響為華中、華北收復區的人心或多或少得撫慰於一時，准許人民投函訴苦，檢舉不法，使部分民怨得以宣洩，惟蔣北巡期間刻意在南京親迎甫抵華的美特使馬歇爾，不僅不符國際禮制，而且助長馬氏驕氣，效果適得其反。第二次的原因主要是國民政府於 1946 年 5 月上旬還都南京，蘇軍亦完全撤出東北全境，東北國軍正追擊共軍，進展順利，馬歇爾亟欲居間調停，蔣決定親赴東北宣慰軍民，處理一切。其影響主要為東北收復區的民心多少得撫慰於一時，國軍的士氣得以提振，惟蔣因離南京北巡，與馬歇爾之間的溝通協商不甚便捷，又蔣親臨東北後，更感受到東北問題非僅軍事所能解決，外交亦至為關鍵，尤其是美、蘇的動向，使得他在此次北巡期間已考慮接受東北停戰的要求。第三次的原因主要是 1947 年共軍在東北發動秋季攻勢，東北國軍兵力不足，情勢嚴重，蔣決定親赴北平與北方各將領商議對策。其影響主要為促成張垣綏靖公署主任傅作義調派所部暫編第三軍開赴東北，協同東北國軍邀擊共軍，連戰皆捷，長驅北上至長春，與守軍會師，終結了東北共軍來勢洶洶的第六次攻勢（即秋季攻勢）。第四次的原因主要是 1947 年 10 月清風店戰役的挫敗與 11 月石家莊的陷落，致河北情勢緊急，蔣決定親赴北平與各將領會商應對之道。其影響主要為確立華北剿匪總司令部的建制，敲定由傅作義主持剿總，負責指揮華北五省軍事，支撐住日形惡化的華北危局達一年之久。第五次的原因主要是 1948 年 9 月濟南陷落牽動北方戰局，北平警備總司令人選需待商決，長春被圍已久處境孤危，錦州甫遭圍攻情勢緊急，蔣決定親赴北方督導。其影響主要為未能達成增援錦州予共軍致命打擊之目的，致錦州孤立無助，岌岌可危；督導長春國軍突圍，未竟其功；然而決定了北平警備總司令的繼任人選，華北剿匪總司令傅作義與副總司令陳繼承不和的困境得以消解；決定撤守煙臺，駐軍及部分民眾得以撤出。第六次是承繼第五次的延續，其原因主要是為了繼續督導各部隊直趨錦州，繼續督促長春國軍

1948 年 10 月，蔣在北平時，於週日偕宋美齡赴西山碧雲寺謁孫中山衣冠塚，
據當時隨侍擔任護衛的張翼鵬記述：「領袖在返回途中，沿路盡是軍民人等各
種車輛，滿轉（載？）眷屬、女友，遊罷歸去，競馳道上，途為之塞，阻擋
得座車開不前去。座車司機不耐久被阻擋，超越而前。詎一輛中型吉普賽
（車？），不願後車超越，向左一擠，將座車擠到水溝邊，座車車身被擦撞很
長一條溝痕」。[3]蔣身為國家元首，最高統帥，其南京最高統帥部的首要幕僚
如國防部長（白崇禧）、參謀總長（陳誠）、陸軍總司令（顧祝同），均遠離中
樞，直接擔任策畫指揮（白崇禧思有所匡正，於 1947 年 11 月呈文蔣，提出
「健全最高統帥部」等之建議，主張上述各大員仍宜集中首都，使能分勞，
而利剿匪），[4]蔣出巡在外時萬一猝生意外，最高統帥部即無以運作，後果實
不堪設想。其二、蔣往往在北方召見各重要將領，並且召開軍事會議，以致
北方各戰場師長級以上的將官紛紛暫離指揮崗位，搭機乘車，匆匆趕赴，不
僅勞師動眾，往返奔波，而且有予共軍乘機發動攻勢的風險。如 1947 年 10
月上旬晉陝綏邊區總司令兼榆林警備總司令鄧寶珊，在北平受蔣召見並參加
軍事會議後，並未即回陝北榆林防地，10 月 27 日，榆林遭共軍大舉圍攻，
機場受損，致尚在張家口的鄧寶珊無法飛返坐鎮，情勢極其危急。[5]其三、蔣
北巡時主持軍事會議，決定戰略，命與會將領執行，可能在執行時會造成負
面結果。曾任湖北省政府主席、中訓團教育長的國軍將領萬耀煌，認為蔣在

---

[3] 張翼鵬，〈抗戰勝利先總統蔣公巡視北平見聞記〉，《西北雜誌》，第 13 期（1988 年 2 月），頁
41。

[4] 「白崇禧呈蔣中正健全最高統帥部及劃分四大剿共區建議」（1947 年 11 月），《蔣檔・革命文獻：
戡亂軍事——一般策劃與各方建議（三）》。

[5] 見 1947 年 10 月 27 日的「蔣中正電鄧寶珊如機場尚可用請兄速飛回榆林鎮守」、「蔣中正電傳作義據
報榆林附近其勢甚危兄能設法挽救否」、「蔣中正電傳作義擬即飛西安解決增援榆林辦法未知可否就
近赴援」及所附之「傳作義西儉電」；均收入《蔣檔・革命文獻：戡亂軍事——西北方面（一）》。姚
家駿，〈孤立的沙城——榆林〉，《中央日報》（南京），1947 年 12 月 30 日，第七版；有更具體
而詳細的報導。至於此次（第二次）榆林之戰始末，則可參見王立本，〈國共內戰在西北（1945－
1949）——從陝西塵兵到蘭州對決〉（臺北：國立臺灣大學歷史研究所博士論文 2006 年 6 月），頁
248～267。

國共內戰中失敗的因素，是蔣具有英雄本質，使他堅持必須親自指揮軍事；
為了明瞭戰場實況，他冒險在每一個吃緊的戰區出現，集合整個戰區的總司
令、兵團司令官等指揮官開會，他聽取每個人的報告才決定戰略，要大家執
行。問題就在各個帶兵官是否得到正確的情報？是否肯把實況報告出來？是
否敢把自己的弱點宣佈出來？無疑的蔣所得的報告要打很大的折扣，他的決
定當然成問題，何況戰爭是瞬息萬變的，說不定會議一結束，情況又不同了，
這是蔣指揮全國各戰場的缺憾。[6]衣復恩亦憶述「我曾多次冒險飛蔣總統上火
線。他確具軍人本色，不怕冒險犯難」，「他親上火線，令我敬佩」。「但從另
一個角度來思索，蔣總統事必躬親，讓下層的人不敢作主。他自認天縱英明，
授權和分層負責不夠。我想蔣總統在機上可能會沉思：『怎麼會被土八路打垮
了？』也許這是重要的原因」。[7]

　　至於北方人民（尤其是北平市民）對於蔣北巡到臨的即時反應和所持心
態如何？北平的《世界日報》在 1947 年 11 月 29 日蔣離北平南返的當天，刊
出了一篇社評，對此有所述論，並提出建言云：

> 正在物價瘋狂上漲，大家紛紛叫苦之際，忽然蔣主席由京飛抵北平。
> 一般人民羣相告語，都預測物價可能暴落，果然連日以來，物價確
> 是連續下跌。同時各機關工作的情形，我們從側面觀察，也顯得分
> 外嚴肅緊張。社會浮動的人心，也似乎漸趨安定。於是大家都存著
> 一個不可能實現的希望，即是希望主席有較長的時間駐蹕北平，因
> 為大家覺得如果主席能親身在此主持軍政，則一切都會有辦法。這
> 一個心理上的表現，固然一方面可以看出人民愛戴元首之熱誠與主
> 席精神感召之深切；但是從另一方面，我們又不禁會想到這是中國
> 政治上一種不健全的現象之反映。換言之，即是表示各地方負責者

[6] 沈雲龍訪問，賈廷詩、夏沛然、周道瞻、陳存恭紀錄，《萬耀煌先生訪問紀錄》（臺北：中央研究
院近代史研究所，1993），頁 458。

[7] 衣復恩，《我的回憶》，頁 114～115。

的無能，不能得到人民的絕對信任，而使一般人民不得不將一切問
題解決的希望寄託在主席個人的身上。人民有此希望，當然可以解
釋為愛戴與信任，但如事實上果真是這樣，非主席親臨督導便不能
推動工作，那麼國家的前途就未免太危險。……。總之，我們覺得
今天大家空喊「擁護領袖」是無補實際的，更重要還是要各人站在
自己的崗位上，克盡職守，代替領袖負起責任來![8]

此不啻為對蔣北巡及其影響的另類反思。

另外，蔣在北巡時曾接見過不少的各界要人及代表，聽取其報告、建議
或要求，對於這些報告蔣後來是否加以參考？建議是否採行？要求是否承
諾？承諾後是否兌現？兌現後績效如何？都無從知悉，這誠為論析其北巡影
響時難以克服的一些盲點。

---

[8] 〈社評：不要集勞於一人之身——與其空喊擁護領袖不若克盡職守為領袖分勞分憂〉，《世界日報》
　（北平），1947 年 11 月 29 日，第二版。

徵引書目

一、檔案

《政治檔案》。臺北：國民黨黨史館藏。

《國民政府檔案》。臺北：國史館藏。

《國防部史政編譯局檔案》。新北：國家發展委員會檔案管理局藏。

《陳誠副總統文物‧文件》。臺北：國史館藏。

《蔣中正總統文物（以下簡稱蔣檔）‧事略稿本》。臺北：國史館藏。

《蔣檔‧革命文獻》。臺北：國史館藏。

《蔣檔‧家書》。臺北：國史館藏。

《蔣檔‧照片》。臺北：國史館藏。

《蔣檔‧特交文卷》。臺北：國史館藏。

《蔣檔‧特交文電》。臺北：國史館藏。

《蔣檔‧特交檔案》。臺北：國史館藏。

《蔣檔‧游記初稿》。臺北：國史館藏。

《蔣檔‧籌筆》。臺北：國史館藏。

二、公報

國民政府文官處印鑄局印行，《國民政府公報》。臺北：成文出版社影印，1972。第
　　2995 號，1947 年 12 月 3 日。第 3030 號，1948 年 1 月 14 日。1 月 18 日

國民政府主席北平行轅印行，《北平行轅公報》，第 1 卷第 10 期。1947 年 12 月。

三、報紙

《人民日報》（河南省武安郵局轉），1947 年 10 月 12 日。

《大公報》（上海），1945 年 12 月 14、21、25 日；1948 年 10 月 27、29 日。

《大公報》（天津），1945 年 12 月 2、4、5、7、8、11、13、14、15、16、17、18、
　　19、20、21、22、24 日；1946 年 1 月 25 日，2 月 6 日，5 月 27、28、29、30、
　　31 日，6 月 4 日，8 月 31 日；1947 年 10 月 4、8、9、15 日，11 月 14、17、18、
　　29 日；1948 年 2 月 1、2、3、24、27、28、29 日，3 月 1、2、8、11、14、16、
　　18 日，6 月 25 日，7 月 5、6、7 日，8 月 29 日，10 月 1、5、28、30、31 日，
　　11 月 2 日。

《大公報》（重慶），1943 年 1 月 19 日；1945 年 8 月 13、16、19、21、26、27 日，9
　　月 4、27 日，10 月 7、9、10、11、12、16、31 日，11 月 15、16、17、21 日。

《山東民國日報》（濟南），1946 年 6 月 4 日。

《中央日報》（上海），1948 年 9 月 12 日，10 月 26 日。

《中央日報》（成都），1946 年 4 月 25、26、27、28 日。

《中央日報》（長沙），1948 年 10 月 25、31 日。

《中央日報》（南京），1946 年 6 月 2 日；1947 年 3 月 3 日，10 月 6、13 日，12 月
　　30 日。

《中央日報》（重慶），1945 年 8 月 25 日，12 月 7、8、18、19、20、22、23、24、
　　25、29 日；1946 年 1 月 23、26 日，2 月 23 日，3 月 2、13、30 日，4 月 20、23、
　　25、27 日，5 月 1、2、4、6 日；1948 年 10 月 6 日。

《中央日報》（瀋陽），1947 年 10 月 8、9、17 日；1948 年 1 月 31 日，3 月 6 日，8
　　月 14 日，9 月 28 日。

《中華日報》（臺北），1948 年 1 月 12 日。

《申報》（上海），1945 年 12 月 12、13、17、18、22 日；1946 年 1 月 6、31 日，4
　　月 15 日，5 月 3、4、5、6、7、8 日，1947 年 11 月 29 日；1948 年 8 月 2、24
　　日，10 月 28、29 日，11 月 3 日。

《北平日報》（北平），1948 年 8 月 18 日。

《世界日報》（北平），1945 年 12 月 17 日；1946 年 6 月 4 日，1947 年 10 月 5、8、9

日，11 月 29 日、12 月 7、12 日；1948 年 6 月 24、25 日，7 月 7 日，10 月 1、4、18、25 日。

《和平日報》（上海），1946 年 6 月 2 日。

《和平日報》（南京），1947 年 10 月 25 日，12 月 16 日。

《和平日報》（臺北），1948 年 10 月 7 日。

《東北日報》（哈爾濱），1947 年 10 月 6 日，11 月 28 日。

《東南日報》（上海），1947 年 11 月 28 日。

《前線日報》（上海），1947 年 10 月 8 日。

《益世報》（上海），1947 年 7 月 12 日。

《益世報》（天津），1945 年 12 月 16、19、21、24、26 日；1946 年 1 月 4、30 日，5 月 6、28 日，6 月 3、4、5 日，9 月 19 日；1947 年 10 月 5、6、7、9 日，11 月 28、29 日；1948 年 2 月 1、5、20 日，3 月 7、17 日，6 月 24、25、26 日，9 月 16、17 日，。

《益世報》（北平），1947 年 12 月 10 日；1948 年 4 月 7、10 日，7 月 10、16、17 日，8 月 3 日，9 月 1 日，11 月 13 日。

《華北日報》（北平），1945 年 12 月 24 日；1946 年 5 月 30 日、6 月 5 日；1947 年 10 月 6 日、11 月 28 日；1948 年 1 月 10 日。

《朝報》（南京），1946 年 5 月 4、6 日。

《新民報》（南京），1946 年 10 月 10 日。

《新華日報》（太岳），1947 年 11 月 15 日。

《新華日報》（重慶），1945 年 8 月 29 日。

《新蜀報》（重慶），1945 年 8 月 12 日。

《新聞報》（上海），1947 年 10 月 10 日，12 月 5、11 日；1948 年 10 月 29 日。

《新潮日報》（長沙），1947 年 10 月 24 日。

《寧波日報》（寧波），1948 年 8 月 17 日，9 月 23 日，10 月 8、23 日，11 月 6 日。

四、專書

《一二・一運動史》編寫組編，《一二・一運動史》。昆明：雲南大學出版社，1989。

丁治磐，《丁治磐日記》，第 7 冊。臺北：中央研究院近代史研究所，1992。

丁曉春、戈福祿、王世英編著，《東北解放戰爭大事記》。北京：中共黨史資料出版社，
　　1987。

人民出版社編輯，《第三次國內革命戰爭概況》。北京：編輯者印行，1954。

三軍大學編纂，《國民革命軍戰役史：第五部——戡亂》，第 1、2 冊（第 1 冊——概論，
　　第 2 冊——綏靖時期（上）），第 4、5 冊—— 戡亂前期（上）（下）。臺北：國防
　　部史政編譯局，1989。

中共山東省委黨史資料徵集研究委員會編，《山東抗日根據地》。北京：中共黨史資料
　　出版社，1989。

王世杰，《王世杰日記手稿本》，第 5、6 冊。臺北：中央研究院近代史研究所，1991。

王宗榮，《全國解放戰爭史專題》。鄭州：大象出版社，2006。

王叔銘，《王叔銘日記》（手稿本）臺北：中央研究院近代史研究所檔案館藏。

毛思誠編纂，《民國十五年以前之蔣介石先生》第 1 卷。臺北：中央文物供應社重印，
　　1971。

尹家民，《蔣介石與八大金剛》。北京：中共中央黨校出版社，1994。

衣復恩，《我的回憶》。臺北：立青文教基金會，2000。

李宗仁口述，唐德剛撰寫，《李宗仁回憶錄》。香港：南粵出版社，1986。

李宗黃，《李宗黃回憶錄——八十三年奮鬥史》，第 4 冊。臺北：中國地方自治學會，
　　1972。

李德、舒雲編著，《林彪日記》，上冊。香港：明鏡出版社，2009。

吳淑鳳編輯，《陳誠先生回憶錄——國共戰爭》。臺北：國史館，2005。

吳學陵編著，《關門打狗第一仗：記遼瀋戰役錦州之戰》。北京：中國工人出版社，1998。

沈雲龍訪問，林泉紀錄，《王鐵漢先生訪問紀錄》。臺北：中央研究院近代史研究所，
　　1985。

沈雲龍訪問，賈廷詩、夏沛然、周道瞻、陳存恭紀錄，《萬耀煌先生訪問紀錄》。臺北：
　　中央研究院近代史研究所，1993。

佟靜，《宋美齡大傳》，下冊。北京：團結出版社，2002。

周宏濤口述，汪士淳撰寫，《蔣公與我：見證中華民國關鍵變局》。臺北：天下遠見出
　　版公司，2003。

空軍總司令部情報署編，《空軍戡亂戰史》，第 1 冊。未註明出版時地。

胡適著，季羨林主編，《胡適全集》，第 33 卷—日記（1938-1949）。合肥：安徽教育
　　出版社，2003。

姚崧齡編著，《張公權先生年譜初稿》，上冊。臺北：傳記文學出版社，1982。

俞濟時，《八十虛度追憶》。臺北：國防部史政編譯局，1983。

軍事科學院軍事歷史研究部編，《中國人民解放軍六十年大事記（1927-1987）》。北京：軍事科學出版社，1988。

孫宅巍，《蔣介石的寵將陳誠》。鄭州：河南人民出版社，2005。

徐永昌，《徐永昌日記》，第9冊。臺北：中央研究院近代史研究所，1991。

秦孝儀總編纂，《總統蔣公大事長編初稿》，第7卷上冊。臺北：1978。

唐縱，《唐縱失落在大陸的日記》。臺北：傳記文學出版社，1998。

陸鏗，《陸鏗回憶與懺悔錄》。臺北：時報文化出版公司，1997。

陳芸娟，《山東流亡學生研究（1945-1962）》。臺北：山東文獻雜誌社，1998。

陳嘉驥，《東北變色記》。臺北：撰者出版，漢威出版社總經銷，2000。

張力訪問、紀錄，《黎玉璽先生訪問紀錄》。臺北：中央研究院近代史研究所，1991。

張玉法、沈松僑訪問，沈松僑紀錄，《董文琦先生訪問紀錄》。臺北：中央研究院近代史研究所，1986。

張志強、王放編著，《1948‧長春：未能寄出的家信與照片》。濟南：山東畫報出版社，2003。

張軍、宋凱，《蔣介石五大主力興亡實錄》。武漢：湖北人民出版社，2006。

曾景忠、梁之彥選編，《蔣經國自述》。北京：團結出版社，2005。

許世友，《許世友回憶錄》。北京：解放軍出版社，1986。

許農合主編，《解放檔案——中國人民解放軍征戰紀實》，卷中。北京：中共黨史出版社，2006年二版。

國防大學《戰史簡編》編寫組，《中國人民解放軍戰史簡編》。北京：解放軍出版社，2001年修訂版。

國防部史政局編，《中華民國戰史紀要》。臺北：編者印行，1971。

郭汝瑰，《郭汝瑰回憶錄》。北京：中共黨史出版社，2009。

黃時樞編著，《還都南京》。上海：大成出版公司，1948。

葉飛，《葉飛回憶錄》。北京：解放軍出版社，1988。

董彥平，《蘇俄據東北》。臺北：反攻出版社，1965。

楊得志，《楊得志回憶錄》。北京：解放軍出版社，1993。

熊式輝，《海桑集——熊式輝回憶錄1907-1949》。香港：明鏡出版社，2008。

鄧家孫編，《范漢傑先生年譜初稿》。編者印行，1978。

蔣中正，《蔣介石日記》（1946 年至 1948 年部分）。美國史丹福大學胡佛研究所圖書
　　檔案館藏。

劉玉章，《戎馬五十年——劉玉章回憶錄》。臺北：撰者印行，1966 年再版。

劉統，《東北解放戰爭紀實，1945-1948》。北京：人民出版社，2004。

劉鳳翰、張力訪問，毛金陵紀錄，《丁治磐先生訪問紀錄》。臺北：中央研究院近代史
　　研究所，1991。

劉曉寧，《國府還都》。南京：南京出版社，2005。

謝本書，《民國勁旅　滇軍風雲》。昆明：雲南人民出版社，2004。

聶榮臻，《聶榮臻回憶錄》，下冊。北京：解放軍出版社，1984。

瀋陽軍區《圍困長春》編委會編，《圍困長春：一個特殊類型的戰役》。長春：吉林文
　　史出版社，1988。

羅鏑樓編撰，《羅卓英先生年譜》。臺北：羅偉郎出版，1995。

蕭克，《蕭克回憶錄》。北京：解放軍出版社，1997。

五、論文及專文

〈主席駐節北平誌盛〉，《益世報》（天津），1945 年 12 月 19 日，第一版。

〈堅守中的長春）〉，《中央日報》（上海），1948 年 9 月 12 日，第三版。

〈社評：莫失盡人心！〉，《大公報》（重慶），1945 年 9 月 27 日，第二版。

〈社評：復員工作如何？〉，《大公報》（重慶），1945 年 11 月 15 日，第二版。

〈社評：慰收復區同胞〉，《大公報》（天津），1945 年 12 月 2 日，第二版。

〈社評：戡亂軍事的新部署——設立華北剿匪總司令部的意義〉，《新聞報》（上海），
　　1947 年 12 月 5 日，（二）。

〈社評：讓人民多表達意見〉，《大公報》（天津），1945 年 12 月 14 日，第二版。

〈社評：代民眾陳訴〉，《大公報》（上海），1945 年 12 月 21 日，第二版。

〈社評：不要集勞於一人之身——與其空喊擁護領袖不若克盡職守為領袖分勞分
　　憂〉，《世界日報》（北平），1947 年 11 月 29 日，第二版。

〈社論：有感於蔣主席的公告〉，《益世報》（天津），1945 年 12 月 16 日，第一版。

〈社論：悼鄭洞國將軍〉，《中央日報》（長沙），1948 年 10 月 25 日，第二版。

〈社論：華北軍政檢討會議並勗傅作義總司令〉，《北平日報》（北平），1948 年 8 月

18 日。

〈社論：魯局鳥瞰〉，《寧波日報》（寧波），1948 年 9 月 23 日，第一版。

〈長春得失〉，《寧波日報》（寧波），1948 年 10 月 23 日，第二版。

〈捕獲王耀武經過情形〉，中共山東省委黨史資料徵集研究委員會、中共濟南市委黨
　　史資料徵集研究委員會、濟南市博物館編，《濟南戰役》。濟南：山東人民出版社，
　　1988。

〈從任何方面都可看出華北的重要──敬盼蔣主席今後能以較多時間留駐北平〉，《世
　　界日報》（北平），1947 年 10 月 5 日，第二版。

〈戰神羽翼下的錦州〉，《和平日報》（臺北），1948 年 10 月 7 日，第五版。

〈談還都運輸〉，《華北日報》（北平），1946 年 6 月 5 日，第二版。

〈瀋陽觀撤兵〉，《中央日報》（重慶），1946 年 3 月 30 日，第五版。

〈瞻仰察綏健兒的光榮──察綏慰勞團隨行記〉，《華北日報》（北平），1947 年 11 月
　　28 日，第二版。

一禾，〈從傅作義談起〉，《中央週刊》，第 9 卷第 51 期，1947 年 12 月。

一禾，〈論傅作義將軍〉，《中華日報》（臺北），1948 年 1 月 12 日，附刊，第五版。

一民，〈誰是蔣主席最親信的人？〉，《新民報》（南京），1946 年 10 月 10 日。

子健，〈兩艘新軍艦重慶號‧靈甫號在香港〉，《申報》（上海），1948 年 8 月 2 日，（五）。

于衡，〈被圍困的長春城──採訪二十五年之五〉，《傳記文學》，第 20 卷第 5 期，1972
　　年 5 月。

大川，〈煙臺撤退記〉，《大公報》（天津），1948 年 10 月 30 日，第五版。

王立本，〈國共內戰在西北（1945-1949）──從陝西鏖兵到蘭州對決〉，臺北：國立
　　臺灣大學歷史研究所博士論文，2006 年 6 月。

王奇生，〈戰時大學校園中的國民黨：以西南聯大為中心〉，《歷史研究》，2006 年第 4
　　期。

王耀武，〈濟南戰役的回憶〉，《文史資料選輯》，第 18 輯，北京：中華書局，1961。

方仁，〈蔣夫人長春行〉，《申報》（上海），1946 年 1 月 31 日，（一）。

毛樹奎，〈還都大典片羽〉，《申報》（上海），1946 年 5 月 6 日，（二）。

文心玨，〈我所知道的錢大鈞〉，中國人民政治協商會議全國委員會文史資料研究委員
　　會編，《文史資料選輯》，第 81 輯。北京：文史資料出版社，1982。

戈衍棣，〈察綏小康局面〉，《大公報》（天津），1947 年 11 月 14 日，第九版。

冉無，〈從長春報紙看長春末日的景象〉，《世紀評論》，第 4 卷第 18 期，1948 年 10

月。

史說，〈新編第七軍在長春〉，中國政治協商會議全國委員會文史資料研究委員會《遼瀋戰役親歷記》編審組編，《遼瀋戰役親歷記（原國民黨將領的回憶）》。北京：文史資料出版社，1985。

《申報》資料室，〈國府遷都回顧〉，《申報》（上海），1946 年 5 月 5 日，（四）。

《申報》資料室，〈凱旋南京記——國府還都的新頁〉，《申報》（上海），1946 年 5 月 5 日，（四）。

《正論》特約記者〈貓鼠之鬥的華北戰局〉，《正論》，新 7 號，1948 年 7 月。

白金，〈天津人的苦悶〉，《益世報》（天津），1945 年 12 月 26 日，第二版。

江沛、熊亞平，〈鐵路與石家莊城市的崛起：1905－1937 年〉，《近代史研究》，2005 年第 3 期。

朱民威，〈蔣主席的座機〉，《新聞天地》，第 30 期，1947 年 12 月。

朱恆齡，〈歡迎英國兩贈艦〉，《寧波日報》（寧波），1948 年 8 月 17 日，第二版衣復恩述，朱民威記，〈自美駕機返國的經歷〉，《大公報》（重慶），1943 年 1 月 19 日，第三版。

仲亨，〈濟南之失（外三章）〉，《展望》，第 2 卷第 20 期，1948 年 10 月。

仲亨，〈週末專欄〉，《展望》，第 2 卷第 22 期，1948 年 10 月。

李中奇，〈解放戰爭中蔣介石來瀋情況所見〉，《文史資料存稿選編》，第 20 冊——軍政人物（下）。北京：中國文史出版社，2002。

李以劻，〈范漢傑的崢嶸歲月與鋒鏑餘生〉，《傳記文學》，第 65 卷第 3 期，1994 年 9 月。

李仙洲，〈萊蕪戰役蔣軍被殲始末〉，收入中國人民政治協商會議全國委員會文史資料研究委員會編，《文史資料選輯》，第 28 輯。北京：文史資料出版社，1962。

李厚壯，〈國共內戰在山東〉，臺灣大學歷史研究所碩士論文，1997 年 6 月。

宋子昂，〈揚子公司的一麟半爪〉，《文史資料選輯》，第 36 輯。北京：中華書局，1962 年 12 月。

宋希濂，〈一九四八年蔣介石在南京召集的最後一次重要軍事會議實況〉，《文史資料精選》，第 13 冊，北京：中國文史出版社，1990。

辛莘，〈主席北巡前後〉，《時與文》，第 2 卷第 14 期，1947 年 12 月。

吳一知，〈煙臺撤退的悲劇〉，《新聞天地》，第 51 期，1948 年 11 月。

吳克華，〈塔山阻擊戰〉，紅旗飄飄編輯部編，《解放戰爭回憶錄（增訂本）》。北京：

中國青年出版社，1961 年 2 版。

吳鳶，〈王耀武被俘前後〉，《文史資料存稿選編》，第 10 冊——全面內戰（中），2002。

何志斌，〈我隨吳化文將軍起義始末〉，《文史資料存稿選編》，第 10 冊——全面內戰
（中）。北京：中國文史出版社，2002。

杜聿明，〈蔣介石解決龍雲的經過〉，中國人民政治協商會議全國委員會文史資料研究
委員會編，《文史資料選輯》，第 5 輯。北京：中華書局，1960。

杜聿明，〈遼瀋戰役概述〉，《文史資料精選》，第 13 冊，北京：中國文史出版社，1990。

汪朝光〈蔣介石與 1945 年昆明事變〉，《近代史研究》，2009 年第 3 期。

呂西敏，〈刼後四平見聞錄（三）〉，《益世報》（上海），1947 年 7 月 12 日，第二版。

呂德潤，〈蔣主席蒞瀋記（二）〉，《大公報》（天津），1946 年 6 月 4 日，第二版。

肖瑜，〈毛澤東的戰略決策最英明？——錦州攻堅戰再考察〉，《二十一世紀》，第 112
期，2009 年 4 月。

林家琦，〈給北方帶來溫暖——記蔣主席蒞臨北平〉，《中央日報》（南京），1947 年 10
月 13 日，第七版。

林偉儔，〈塔山戰役的回憶〉，《文史資料精選》，第 13 冊。北京：中國文史出版社，
1990。

金冲及，〈較量：東北解放戰爭的最初階段〉，《近代史研究》，2006 年第 4 期。

金冲及，〈蔣介石是怎樣應對三大戰略決戰的？〉，《近代史研究》，2010 年第 1 期。

季君子，〈從盧漢的三張王牌談到東北滇軍的結局〉，《寧波日報》（寧波），1948 年 11
月 6 日，第四版。

季明，〈雞肋！雞肋！——冷眼看東北的新趨勢〉，《觀察》，第 5 卷第 10 期，1948 年
10 月。

周雨，〈上海各界首領歡迎宣慰大員記〉，《大公報》（上海），1945 年 12 月 14 日，第
三版。

周崖影，〈武漢三鎮人民迎主席〉，《申報》（上海），1946 年 5 月 8 日，（七）。

竺磊，〈匆匆來去看承德〉，《益世報》（天津），1946 年 9 月 19 日，第四版。

邵慎之，〈馬歇爾在南京〉，《中央日報》（重慶），1945 年 12 月 24 日，第二版。

胡一貫、任卓宣、殷海光、胡煥庸、吳俊升、馬大英、張六師、陳定閎，〈我們對當
前軍事情勢的意見〉，《中央日報》（長沙），1948 年 10 月 31 日，第二版。

柳金銘、趙恩有、沈兆璜，〈東北解放戰爭大事記（一）（1945 年 8 月 8 日～12 月 30
日）〉，《東北地方史研究》，1987 年第 4 期。

姚家駿，〈孤立的沙城——榆林〉，《中央日報》（南京），1947 年 12 月 30 日，版七。

姚崧齡輯，〈張公權日記中有關東北接收交涉經過（八）〉，《傳記文學》，第 38 卷第 1
　　期，1981 年 1 月，頁 112。

孫世杰，〈「四保臨江」及其歷史作用〉，《松遼學刊》，1985 年第 2 期。

孫連仲，〈孫連仲回憶錄〉，收入《孫仿魯先生述集》。臺北：孫仿魯先生九秩華誕籌
　　備委員會，1981。

徐盈，〈蔣主席在北平〉，《大公報》（上海），1945 年 12 月 25 日，第二版。

秦孝儀，〈總統的修持和天趣〉，收入曹聖芬編著，《蔣總統的生活與修養》。臺北：蔣
　　總統對中國及世界之貢獻叢編編纂委員會，1967。

唐矢，〈李宗仁回北平〉，《新聞天地》，第 45 期，1948 年 8 月。

唐槐，〈主席在平校閱青年軍〉，《和平日報》（南京），1947 年 10 月 25 日，第五版。

馬行健，〈逃出死亡綫〉，《中央日報》（瀋陽），1948 年 8 月 14 日，第一版。

范大英，〈范漢傑將軍生平〉（手稿）。

范叔寒，〈長春——今之人間地獄（上）（下）〉，《益世報》（天津），1948 年 9 月 16 日
　　及 17 日，第三版。

范漢傑，〈進攻沂蒙山區和膠東兩戰役紀要〉，《文史資料存稿選編》，第 10 冊——全
　　面內戰（中），2002。

范漢傑，〈錦州戰役回憶〉，《文史資料選輯》，第 20 輯，北京：中華書局，1963。

范漢傑，〈1946 年春蔣介石對東北的陰謀〉，《文史資料選輯》，第 146 輯，北京：中
　　國文史出版社，2001。

振聲，〈血洒四平街——趙琳師長接防東北，主席親贈蘋果慰勞〉，《和平日報》（上海），
　　1946 年 6 月 2 日，第五版。

陳炎、沈兆璜、柳金銘，〈勝利的戰略進攻——東北解放戰爭研究（三）〉，《東北地方
　　事研究》，1988 年第 2 期。

陳卓吾，〈華北和當家人——傅作義〉，《世紀評論》，第 4 卷第 5 期，1948 年 7 月。

陳高傭，〈星期論壇——戰後人心的分析〉，《申報》（上海），1946 年 1 月 6 日，（三）。

陳嘉驥，〈傅作義、楚溪春與安春山——記察綏國軍出援東北之役〉，《傳記文學》，第
　　26 卷第 1 期，1975 年 1 月。

陳靜餘，〈陳繼承官運〉，《新聞天地》，第 54 期，1948 年 12 月。

張玉法，〈戰後國共戰爭在山東的一幕：青島及膠東之守備與撤退（1945-1949）〉，收
　　入《一九四九年：中國的關鍵年代學術討論會論文集》。臺北：國史館，2000。

張志輝、許建新，〈戰錦方為大問題——毛澤東與林彪在錦州戰役上的分歧〉，《世紀
　　橋》，2008 年第 19 期。

張皓、陳銀屏，〈從期望到失望：1948 年北平「七五」事件再探討〉，《史學集刊》，
　　2012 年第 3 期，張毓中，〈滄海拾筆——張毓中回憶錄（九）〉，《傳記文學》，第
　　86 卷第 6 期，2005 年 6 月。

張翼鵬，〈抗戰勝利先總統蔣公巡視北平見聞記〉，《西北雜誌》，第 13 期，1988 年 2
　　月。

張膽，〈「長春春常在」——蔣夫人蒞長花絮〉，《益世報》（天津），1946 年 1 月 30 日，
　　第二版。

曹應，〈蔣總統在北平〉，《新聞天地》，第 50 期，1948 年 10 月。

陸鏗，〈東北十五年來第一件大事：蔣主席慰問行（上）〉，《中央日報》（南京），1946
　　年 6 月 2 日，第三版。

陶富業，〈我所知道的萊蕪戰役〉，《文史資料存稿選編》，第 9 冊——全面內戰（上），
　　2002。

郭德權，〈我所認識的馬歇爾將軍〉，《傳記文學》，第 30 卷第 1 期，1977 年 1 月。

梁敬錞，〈馬歇爾奉使來華（初稿）（下）〉，《傳記文學》，第 29 卷第 5 期，1976 年 11
　　月。

莫文驊，〈英雄塔山〉，中共中央黨史資料徵集委員會、中國人民解放軍遼瀋戰役紀念
　　館建館委員會、《遼瀋決戰》編審小組合編，《遼瀋決戰》，上冊。北京：人民出
　　版社，1988。

曾澤生，〈起義紀實〉，《人物》，1986 年第 1 期。

萬鍾民，〈蔣主席抵平以後的北方政軍〉，《觀察》，第 3 卷第 17 期，1947 年 12 月。

黃明，〈王耀武將軍怎樣治理山東〉，《和平日報》（南京），1947 年 12 月 16 日，第一
　　版。

黃政，〈孟良崮戰役整編七十四師被殲始末〉，《文史資料存稿選編》，第 9 冊——全面
　　內戰（上），2002。

黃倜，〈濟南戰役中國民黨駐濟空軍撤退之經過〉，《文史資料存稿選編》，第 10 冊——
　　全面內戰（中），2002。

葉舟，〈動蕩中的長春市（長春通訊）〉，《新路》，第 1 卷第 2 期，1948 年 5 月。

喬家才，〈喬家才入獄記〉，收入李敖，《我最難忘的事和人》。臺北：李敖出版社，2001
　　年修訂一版。

董升堂，〈回憶馬法五被俘前後〉，收入中國人民政治協商會議全國委員會文史資料研究委員會編，《文史資料存稿選編》，第 9 冊——全面內戰（上），2002。

惠德安，〈國民黨軍在葫蘆島作戰側記〉，全國政協文史資料研究委員會《遼瀋戰役親歷記》編審組編，《遼瀋戰役親歷記（原國民黨將領的回憶）》。北京：文史資料出版社，1985。

賀江楓，〈從學潮走向政潮——1948 年北平「七五」慘案研究〉，《南京大學學報》（哲學·人文科學·社會科學版），2012 年第 1 期。

賀奎，〈錦州戰役和遼西地方團隊的被殲〉，全國政協文史資料研究委員會《遼瀋戰役親歷記》編審組編，《遼瀋戰役親歷記（原國民黨將領的回憶）》。北京：文史資料出版社，1985。

遇之，〈轉變中的北方戰場（天津通訊）〉，《新路》，第 2 卷第 2 期，1948 年 11 月。

楊奎松，〈國民黨人在處理昆明學潮問題上的分歧〉，《近代史研究》，2004 年第 5 期。

楊維真，〈國共內戰時期東北戰場中的滇軍（1946-1948）——以第六十軍為中心的探討〉，《中華軍史學會會刊》，第 6 期，2001 年 8 月。

《新路》特約記者，〈長春·瀋陽·錦州——東北通訊〉，《新路》，第 1 卷第 3 期，1948 年 5 月。

《新路》特約記者，〈蔣總統到了北方（天津通訊）〉，《新路》，第 1 卷第 23 期，1948 年 10 月。

煙臺聯中同學集體執筆，〈一段艱辛的流亡之旅 〉，收入陶英惠、張玉法編，《山東流亡學生史》。臺北：山東文獻社，2004。

趙浩生，〈唱呵，南京！——誌國府還都典禮盛況〉，《申報》（上海），1946 年 5 月 6 日，（二）。

趙浩生，〈「五五茶會」紀盛〉，《申報》（上海），1946 年 5 月 7 日，（二）。

趙鳳森，〈論「四保臨江」歷史地位與「三下江南」的關係〉，《東北地方史研究》，1988 年第 1 期。

裴仁，〈傅作義的多線作戰〉，《時與文》，第 3 卷第 3 期，1948 年 4 月。

廖耀湘，〈遼西戰役紀實〉，《文史資料精選》，第 13 冊，1990。

聞一多，〈一二·一運動始末記〉，「一二·一」運動史編寫小組編，《「一二·一」運動史料匯編》，第 1 輯。內部發行，1980。

黎茹，〈長春春愁深〉，《新聞天地》，第 40 期，1948 年 5 月。

樊放，〈蔣主席在瀋陽（二）〉，《世界日報》（北平），1946 年 6 月 4 日，第一版。

蔣廷黻，〈善後救濟總署：幹什麼？怎樣幹？〉，《大公報》（重慶），1945 年 11 月 16
　　日，第三版。

劉浩，〈奉派進城〉，《人物》，1986 年第 1 期。

鄭洞國，〈從猖狂進攻到放下武器〉，《文史資料精選》，第 13 冊，1990。

鄭洞國，〈放下武器〉，《人物》，1986 年第 1 期。

龍國鈞，〈長春解放經過〉，《文史資料精選》，第 13 冊，1990。

戴毅，〈慰勞察綏野戰軍〉，《新聞報》（上海），1947 年 12 月 11 日，（十）。

韓先楚，〈東北戰場與遼瀋戰役〉，收入中共中央黨史資料徵集委員會、中國人民解放
　　軍遼瀋戰役紀念館建館委員會、《遼瀋決戰》編審小組合編，《遼瀋決戰》，上冊。
　　北京：人民出版社，1988。

韓清濤，〈東北三顆強心丸〉，《申報》（上海），1948 年 8 月 24 日，（五）。

闕漢騫，〈戎馬關山話當年—闕漢騫回憶錄〉，收於趙雍之編著，《戎馬關山話當年——
　　陸軍第五十四軍史略》。臺北：胡翼烜發行，1997。

嚴冬，〈陳誠去職前後〉，《展望》，第 2 卷第 5 期，1948 年 5 月。

魏文華，〈僕僕關內外的傅作義〉，《新潮日報》（長沙），1947 年 10 月 24 日。

羅歷戎，〈胡宗南部入侵華北和清風店被殲經過〉，《文史資料精選》，第 12 冊。北京：
　　中國文史出版社，1990。

蕭勁光，〈我軍歷史上第一個大的圍城戰役〉，《人物》，1986 年第 1 期。

蘇洞國，〈昌濰失守・魯局鳥瞰〉，《觀察》，第 4 卷第 15 期，1948 年 6 月。

《觀察》記者，〈關內外的烽火〉，《觀察》，第 3 卷第 23 期，1948 年 1 月。

《觀察》記者，〈內戰全局的檢討與展望〉，《觀察》，第 5 卷第 1 期，1948 年 8 月。

《觀察》特約記者，〈熱河：東北與西北之間的走廊〉，《觀察》，第 2 卷第 7 期，1947
　　年 4 月。

《觀察》特約記者，〈四平解圍之日專機視察報告〉，《觀察》，第 2 卷第 21 期，1947
　　年 7 月。

《觀察》特約記者，〈長城線內外的爭奪〉，《觀察》，第 3 卷第 7 期，1947 年 10 月。

《觀察》特約記者，〈歲尾年頭戰局總分析〉，《觀察》，第 3 卷第 21 期，1948 年 1 月。

《觀察》特約記者，〈北方政局觀測〉，《觀察》，第 4 卷第 20 期，1948 年 7 月。

《觀察》特約記者，〈范漢傑與遼西戰場〉，《觀察》，第 5 卷第 3 期，1948 年 9 月。

《觀察》特約記者，〈濟南之戰〉，《觀察》，第 5 卷第 6 期，1948 年 10 月。

《觀察》特約記者，〈總統北巡與北方大局〉，《觀察》，第 5 卷第 8 期，1948 年

10 月。

Cheng, Victor Shiu Chiang, "Imagining China's Madrid in Manchuria:The Communist Military Strategy at the Onset of the Chinese Civil War ,1945-1946, " *Modern China*, Vol. 31, No. 1, January 2005.

大江平和，〈熊希齡と香山慈幼院——1920 年から 1927 年までの財政を中心に〉，《人間文化創成科学論叢（お茶の水女子大学大学院）》，第 15 卷，2013 年 3 月。

國家圖書館出版品預行編目(CIP)資料

僕僕風塵：戰後蔣中正的六次北巡(1945-1948) /
  胡平生著. -- 初版. -- 臺北市：元華文創，民
107.01
    面；　公分

  ISBN 978-986-393-933-7(平裝)

 1.國共內戰　2.民國史

628.6   106017373

僕僕風塵
　——戰後蔣中正的六次北巡(1945-1948)

胡平生　著

發 行 人：陳文鋒
出 版 者：元華文創股份有限公司
聯絡地址：100 臺北市中正區重慶南路二段 51 號 5 樓
電　　話：(02) 2351-1607
傳　　真：(02) 2351-1549
網　　址：www.eculture.com.tw
E - m a i l：service@eculture.com.tw
出版年月：2018（民 107）年 01 月 初版
定　　價：新臺幣 560 元

ISBN 978-986-393-933-7(平裝)

總 經 銷：易可數位行銷股份有限公司
地　　址：231 新北市新店區寶橋路 235 巷 6 弄 3 號 5 樓
電　　話：(02) 8911-0825　　傳　　真：(02) 8911-0801